Être Femme

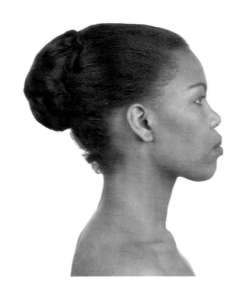

ASSOCIATION MÉDICALE CANADIENNE

Être Femme

Miriam Stoppard, M.D., M.R.C.P., et Catherine Younger-Lewis, M.D., C.C.F.P.

Sélection
Reader's Digest

Sélection du Reader's Digest (Canada) Ltée
MONTRÉAL

UN LIVRE DORLING KINDERSLEY

Être Femme
est l'adaptation en langue française de *WOMAN'S BODY, A Manual for Life,*
créé et réalisé par Carroll & Brown Limited pour Dorling Kindersley Ltd (Londres)

Nous remercions tous ceux qui ont contribué à la réalisation de cet ouvrage.
Direction de l'ouvrage : Amy Carroll • **Conseiller de la rédaction :** Dr Miriam Stoppard •
Consultants : Jennifer Altman, James A Bee, Gillian Bendelow, Nigel Brown, Felicity Challoner, Sheelagh Colton, Susie Dinan,
Linda Ficker, Jill Gaskel, Sami Girling, Diane Jakobson, Molly Jennings, Valerie J Lund,
Dr Jessica Mann, Lesley H Rees, Ann Sandison, Mr John Schetrumpf, Linda Shaw, Mary Sheppard, Nicholas Siddle, Robert Whittle •
Direction artistique : Denise Brown • **Photographes :** Debi Treloar, Jules Selmes, assistés de Steve Head •

ADAPTATION CANADIENNE
sous la direction de l'équipe éditoriale de Sélection du Reader's Digest
Rédaction : Agnès Saint-Laurent
Lecture-correction : Joseph Marchetti
Couverture : John McGuffie

ASSOCIATION MÉDICALE CANADIENNE
Président : Bruno L'Heureux, M.D.
Secrétaire général : Léo-Paul Landry, M.D.
Directeur exécutif : Barbara E. Drew
Directeur des publications : Stephen Prudhomme
Rédacteur en chef : Bruce P. Squires, M.D., Ph.D.
Conseiller médical : Catherine Younger-Lewis, M.D., C.C.F.P.

Réalisation de l'adaptation canadienne :
Bookmaker
Traduction : Huguette Brusick et Jean-Jacques Schakmundès
Lecture-correction : Christine Jost et Noémie de La Selle
Montage PAO : Michèle Andrault

PREMIÈRE ÉDITION

Édition originale
© 1994, Dorling Kindersley Limited

Édition canadienne
© 1995, Sélection du Reader's Digest, (Canada) Ltée, 215 avenue Redfern, Westmount, Qué. H3Z 2V9

Données de catalogage avant publication (Canada)
Vedette principale au titre : Être Femme
Traduction de : *Woman's Body.* Comprend un index.
ISBN 0-88850-327-X
1. Femmes - Santé et hygiène. 2. Femmes - Physiologie. 3. Femmes - Psychologie.
I. Stoppard, Miriam. II. Younger-Lewis, Catherine. III. Sélection du Reader's digest (Canada) (Firme).

RA 778.W6514 1995   613 0424   C95-940460-0

Sommaire

Tout au long du livre, certains mots
sont écrits en PETITES CAPITALES *pour indiquer
que le sujet est traité de manière
plus approfondie à un autre endroit
de l'ouvrage. Reportez-vous à l'index
pour trouver les pages.*

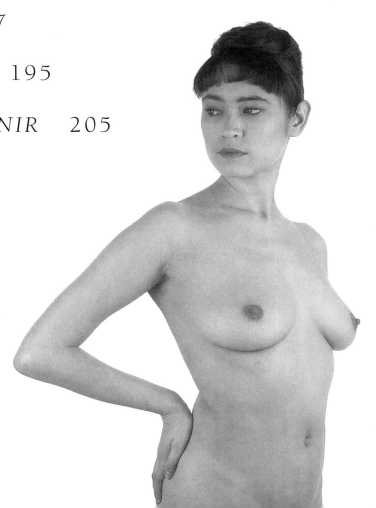

INTRODUCTION

*Ce livre s'adresse à toutes les femmes quels que soient leur âge
et leur milieu. L'adolescente comme la femme mûre y trouveront
des informations. Mais ce sont surtout les mères et leurs filles qui,
ensemble, en tireront le meilleur profit, la plus jeune ayant
la chance d'y découvrir son corps et ses possibilités, ce qui avait
sans doute été refusé à son aînée. Le corps de la femme est
une source de vie, un objet constant de fascination, d'admiration
et de désir, l'origine et l'expression de multiples réalisations tant
physiques qu'artistiques.*

*Ces huit chapitres, abondamment illustrés, vous apprendront tout
du physique et de la psychologie de la femme, de la formation
et de l'évolution de son corps et des mille façons dont
elle peut l'utiliser et en prendre soin.*

*Mésomorphe
négroïde*

LE CORPS

Des millions d'années d'évolution ont fait de l'être humain
l'espèce la plus complexe, dotée d'une intelligence et d'une
sensualité très vives. Et les progrès de la médecine et de
l'alimentation ont prolongé l'espérance de vie de la femme
au-delà de celle de l'homme. Son anatomie et sa physiologie
sont ici étudiées en détail, de même que les maladies qui peuvent
l'affecter. Mais les femmes ne sont pas toutes les mêmes :
cet ouvrage décrit les divers types morphologiques, les traditions
culturelles et sociales qui ont modelé des comportements,
des attitudes et des mentalités très variés. Enfin,
il expose les similitudes et les différences existant entre
le corps de la femme, celui de l'homme et celui des autres
espèces animales.

Critères de séduction

L'ESPRIT

L'histoire de la psychologie montre que la personnalité est
forgée par les croyances et les traditions d'une société ou d'une
culture données. La femme exerce de multiples fonctions :

Les muscles du bras

elle travaille, elle a des activités intellectuelles, elle est mère, elle est amante. Parfois bien coulée dans le moule de la société, elle peut aussi dépasser les conventions établies pour réaliser de grandes choses, à l'instar de tant de femmes célèbres du passé.

LA SEXUALITÉ

La sexualité féminine est un mélange de pulsions émotionnelles et physiques par lesquelles le corps et l'esprit expriment de puissants désirs. De par son anatomie, la femme dispose d'une gamme complexe de comportements sexuels lui permettant de réaliser ses fantasmes les plus secrets et d'accéder au plaisir.
Mais le plaisir ne doit pas faire oublier la raison : les maladies sexuelles sont donc exposées ici, ainsi que les meilleures méthodes de protection.

Le massage
de la poitrine

LA SANTÉ

Le bien-être et la santé sont indispensables pour profiter au maximum de la vie et tirer le meilleur parti de son potentiel. Pour cela il est souhaitable de connaître les bases d'une bonne alimentation ainsi que le rôle des diverses substances nutritives, des produits alimentaires aux vitamines et aux minéraux, pour adopter un régime alimentaire équilibré. Il est intéressant de comparer les habitudes alimentaires des différentes sociétés et religions, et de mieux connaître les maladies nutritionnelles, de la boulimie à l'anorexie, afin de pouvoir les éviter.

Pour garder la meilleure forme possible, il est bien sûr conseillé de faire régulièrement de l'exercice. Moins violents que l'aérobic ou le squash, par exemple, la marche, la danse, le yoga... conviennent parfaitement pour dynamiser le corps. Ce livre prodigue aussi toutes sortes de conseils sur les massages, les contrôles de santé, les médecines douces...

Intérieur de
la trompe de Fallope

Points réflexes
de la plante du pied

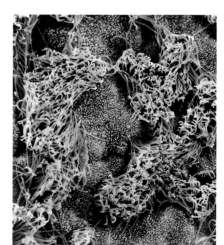

LA FÉCONDITÉ

Dès la naissance, la petite fille possède tous ses ovocytes (près d'un demi-million), mais moins de six cents seulement parviendront à maturité et seuls quelques-uns pourront être fécondés. La fécondité est un sujet complexe, expliqué ici avec une clarté qui aidera à comprendre pourquoi certaines femmes ne peuvent concevoir d'enfant. À l'inverse, les méthodes de contraception sont examinées pour que chacune découvre celle qui lui convient le mieux.

LA MATERNITÉ

C'est un état naturel, facile à supporter pour la plupart des femmes. Vous trouverez dans cet ouvrage des explications sur l'évolution du corps pendant la grossesse et après l'accouchement, et leurs effets sur le caractère et les sentiments. Enfin, une comparaison entre les façons dont conception, grossesse et naissance sont vécues dans les différentes sociétés vous permettra d'éclairer vos propres réactions.

LE TROISIÈME ÂGE

Bien sûr vieillir est inéluctable, mais on ne devrait plus en avoir peur, bien au contraire. Les femmes ont aujourd'hui une espérance de vie telle qu'elles pourront vivre bien au-delà de la ménopause. En fait, toute l'attitude des femmes face à la ménopause est en train de changer . Libérées des soucis de l'éducation de leurs enfants, les Canadiennes de cet âge peuvent envisager une vie sereine, se redécouvrir et réaliser ce qu'elles n'ont pu faire jusque-là. Informées des aspects physiques et psychologiques du vieillissement, elles peuvent les voir venir avec confiance et sérénité.

Un lien très particulier unit la mère à l'enfant

LA FEMME EN DEVENIR

Le passage de l'état de fillette à celui de femme est différent pour chacune. Comparer son évolution au schéma général du développement physique et émotionnel des jeunes filles permet de mieux vivre cette période. Les mères ont un rôle important à jouer en discutant avec leurs filles, en leur expliquant en quoi la puberté des garçons est différente et comment les adolescentes vivent cette période dans les autres sociétés. Une jeune fille doit être fière de son corps.

Femme ménopausée

Il est impossible d'exposer dans un seul ouvrage les multiples facettes du corps féminin. Toute une équipe d'auteurs, d'éditeurs, de concepteurs, d'illustrateurs et de photographes a cependant uni ses efforts pour présenter la femme dans son infinie variété. Si, en refermant ce livre, vous vous sentez mieux informée et fière d'être ce que vous êtes, c'est que nous avons atteint notre but.

Patricia Huston, M.D., M.P.H.
Association médicale canadienne

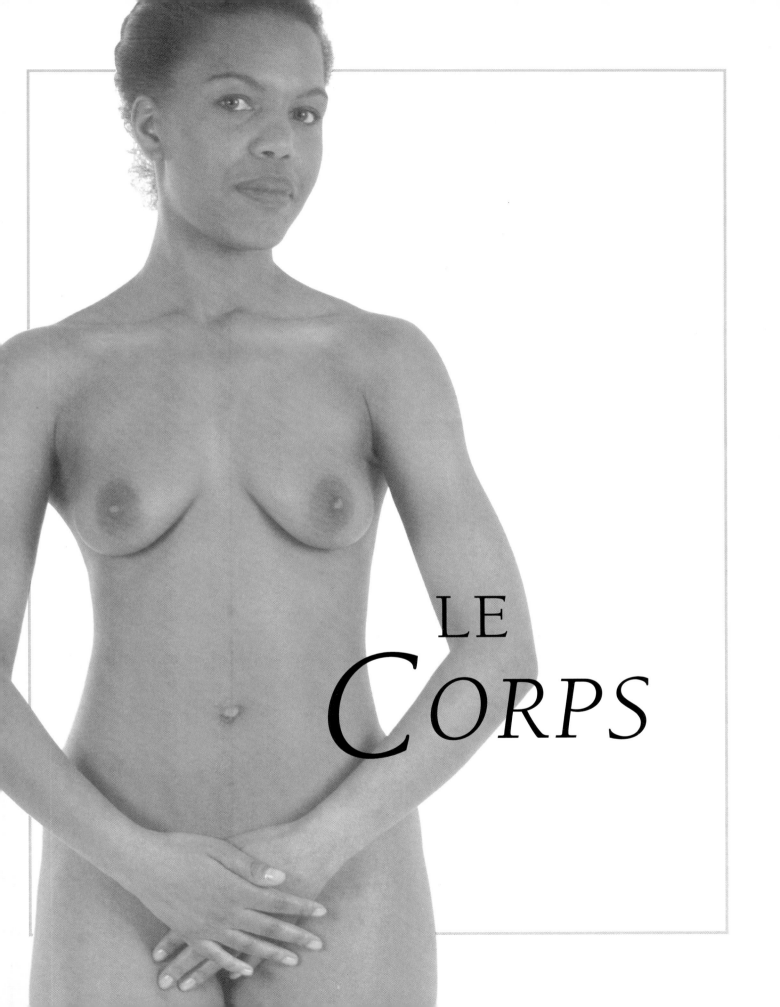

LE
CORPS

L E CORPS

Un corps de femme
La taille et la morphologie du corps
féminin sont extrêmement variées.
Indépendamment de sa corpulence,
une femme est endomorphe (aspect
arrondi), mésomorphe (aspect
piriforme) ou ectomorphe
(aspect longiligne). Voir description plus
détaillée p. 17. De même, la femme
appartient à un groupe racial donné
(voir p.19). La femme ci-dessus
est de type eurasien, mésomorphe
et de corpulence moyenne.

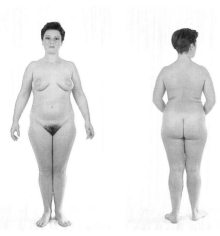

Endomorphe, corpulence moyenne, 24 ans, groupe caucasien

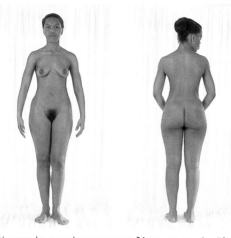

Mésomorphe, corpulence moyenne, 26 ans, groupe négroïde

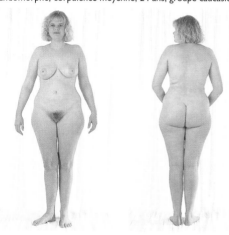

Mésomorphe, corpulence massive, 27 ans, groupe caucasien

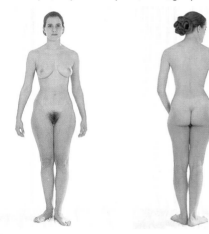

Ectomorphe, corpulence moyenne, 26 ans, groupe caucasien

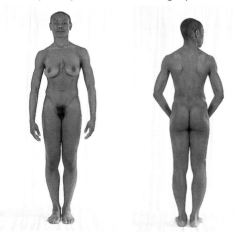

Ectomorphe, corpulence massive, 22 ans, groupe négroïde

Mésomorphe, corpulence fine, 25 ans, groupe caucasien

LE SQUELETTE DE LA FEMME

Généralement composé
de 206 os, le squelette est
une charpente ; il assure
la protection et le soutien
des muscles et des tissus mous
environnants.
Il est, en comparaison,
généralement plus petit et plus
léger que celui de l'homme
et les os en sont moins denses.
Proportionnellement à sa taille
et à sa corpulence,
la femme a des épaules plus
étroites, une cage thoracique
plus courte et un bassin plus
large que l'homme.

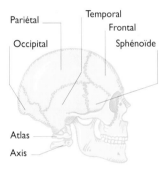

Pariétal — Temporal
Frontal
Occipital — Sphénoïde

Atlas
Axis

Crâne

*C'est une cavité osseuse constituée
de 29 os plats soudés, qui protègent
le cerveau (encéphale) et les délicats
organes sensoriels. La première
vertèbre cervicale (atlas) s'articule
autour de la deuxième (axis)
pour permettre les mouvements
de rotation de la tête et la localisation
des stimuli sensoriels.*

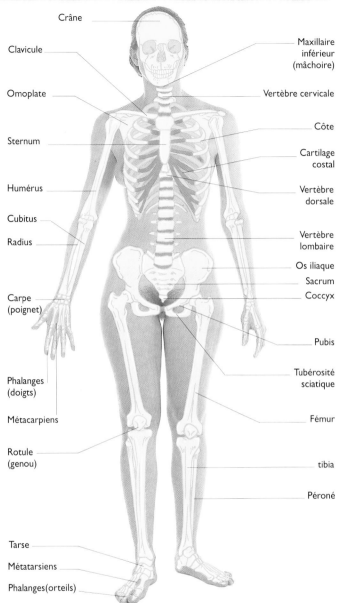

Crâne
Clavicule
Omoplate
Sternum
Humérus
Cubitus
Radius
Carpe (poignet)
Phalanges (doigts)
Métacarpiens
Rotule (genou)
Tarse
Métatarsiens
Phalanges(orteils)

Maxillaire inférieur (mâchoire)
Vertèbre cervicale
Côte
Cartilage costal
Vertèbre dorsale
Vertèbre lombaire
Os iliaque
Sacrum
Coccyx
Pubis
Tubérosité sciatique
Fémur
tibia
Péroné

ET CHEZ L'ANIMAL?

*Tous les mammifères
ont un même squelette de base.
Ainsi, le cou de l'être humain
et celui de la girafe
ont le même nombre
de vertèbres, malgré
leur différence de longueur.*

LES OS

L'os est revêtu du périoste,
sous lequel se trouvent
les ostéocytes, cellules
enfoncées dans la lamellae
minéralisée. La surface interne
de l'os est l'endoste, qui entoure
la cavité de la moelle osseuse,
dans laquelle se forment
les globules sanguins
et les plaquettes.

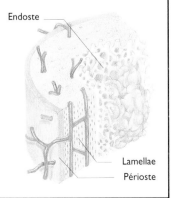

Endoste
Lamellae
Périoste

LES ARTICULATIONS

Ce sont les articulations qui
unissent les os et permettent
la souplesse des mouvements.
Les articulations fixes,
par exemple celles du crâne, sont
fermement amarrées ;
les articulations cartilagineuses,
comme celles du bassin, donnent
de la souplesse ; les articulations
synoviales autorisent une grande
liberté de mouvements.

ARTICULATIONS MOBILES

Leur surface est recouverte d'un
cartilage qui réduit les frottements.
La cavité articulaire est remplie de
liquide synovial lubrifiant.

Énarthrose

*Ce type d'articulation permet de bouger
dans tous les sens.
Ex. : hanche et épaule.*

Articulation en selle

*Elle bouge d'avant en arrière
dans plusieurs plans.
Ex. : pouce.*

Articulation trochléenne

*Le coude, le genou et d'autres
articulations ne peuvent bouger
que dans un seul plan.*

Articulation arthrodiale

*Les articulations intracarpiales de la
main permettent les mouvements
avant, arrière et latéraux.*

ET CHEZ L'HOMME ?

Du fait de leur fonction différente, les bassins de l'homme et de la femme sont très dissemblables.

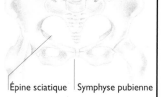

Épine sciatique | Symphyse pubienne

Le bassin de la femme est une large cavité creuse inclinée vers l'avant. Ses os sont plus fins et moins denses que ceux de l'homme. Le grand bassin (hanches) et le petit bassin sont généralement plus larges que chez l'homme et la symphyse pubienne est plus large (plus de 90°) et plus arrondie. Les épines sciatiques ne jouent un rôle que pendant l'accouchement.

Symphyse pubienne

Le bassin de l'homme est également incliné vers l'avant, mais, contrairement à celui de la femme, conçu pour l'accouchement, il est plus étroit et plus profond. Cela permet de soutenir des muscles et des os plus lourds, plus denses et plus épais que ceux de la femme. Le bassin de l'homme est généralement plus étroit et l'angle de la symphyse pubienne très aigu (moins de 90°).

LES LIGAMENTS

Constituants importants des articulations, ces bandes de tissu résistant, blanc, fibreux et légèrement élastique relient les extrémités osseuses entre elles et empêchent une mobilité articulaire excessive. Elles soutiennent aussi certains organes, notamment l'utérus, la vessie et les seins.

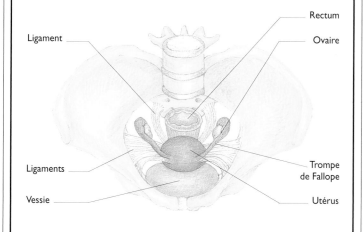

Ligament — Rectum
— Ovaire
Ligaments —
Vessie — — Trompe de Fallope
— Utérus

LA COLONNE VERTÉBRALE

Elle est constituée de 24 os de forme cylindrique, ou vertèbres, prolongés par les vertèbres soudées du sacrum et les tout petits os du coccyx (en forme de queue). Cette colonne soutient la tête et le tronc. Des disques intervertébraux résistants et fibreux, au noyau gélatineux, séparent les vertèbres, revêtues de cartilage. La colonne vertébrale protège en son centre la moelle épinière, composée de substance grise centrale entourée de substance blanche. La substance grise contient les cellules nerveuses, les VAISSEAUX SANGUINS et les CELLULES GLIALES (de soutien). La substance blanche contient les axones (prolongements des cellules nerveuses situées dans le cerveau et la moelle épinière), qui acheminent les messages entre la moelle épinière et le cerveau.

— Crâne
Vertèbres cervicales
Vertèbres dorsales
Vertèbres lombaires
Sacrum
Coccyx

Une protection osseuse mobile

Les vertèbres protègent la moelle épinière, soutiennent le corps et donnent au rachis sa mobilité.

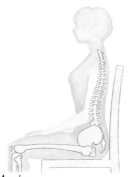

Artère vertébrale
Moelle épinière
Vertèbre
Corps vertébral

LA POSTURE

La colonne vertébrale de la femme ressemble à un S allongé. Normalement, les vertèbres lombaires forment un léger creux vers l'avant, les vertèbres thoraciques et sacrées vers l'arrière. Cela permet d'amortir les chocs, qui risqueraient d'atteindre le cerveau, vulnérable.

Debout
La tête, les épaules et les hanches sont normalement alignées. Une mauvaise posture est source de tensions dans le corps.

Assise
Dans une posture correcte, les épaules et les hanches sont alignées.

Avec de hauts talons
Pour compenser l'inclinaison de son corps vers l'avant, la femme accentue la cambrure lombaire.

LA TAILLE

Dans le groupe des races blanches, on constate une élévation progressive de la stature, indépendamment du régime alimentaire, due vraisemblablement au métissage croissant entre les ethnies. La femme occidentale mesure en moyenne 1,63 m. En revanche, la plupart des femmes de la tribu des Tutsis, au Rwanda et au Burundi, mesurent 1,78 m, tandis que les femmes Mbuties du Zaïre ne dépassent pas 1,35 m. Bien qu'il puisse y avoir jusqu'à 60 cm de différence entre deux femmes, il n'y en a que 7,5 à 12,5 entre l'homme et la femme de taille moyenne. Cette infime différence a grandement contribué aux notions traditionnelles de féminité et de masculinité. Une petite taille est symbole de grande féminité, une grande taille de grande virilité. Beaucoup de femmes ont de ce fait une préférence instinctive pour des compagnons plus grands qu'elles. Pour la même raison, les femmes très grandes sont souvent considérées comme peu féminines.

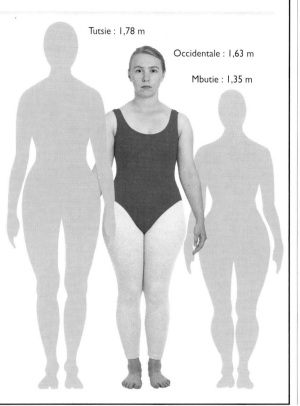

Tutsie : 1,78 m

Occidentale : 1,63 m

Mbutie : 1,35 m

TAILLES RECORDS

Pauline Musters (1876-1895) mesurait 61 cm. C'est la taille la plus petite jamais enregistrée. Zeng Jinlian (1964-1982), à l'autre extrême, mesurait 2,47 m.

LA RÉPARTITION DE LA GRAISSE

Près de 20 à 25 % du poids de la femme est constitué de graisse (contre 15 à 20 % chez l'homme). Les dépôts graisseux sont indispensables à la fertilité : la femme doit avoir au moins 16 % de graisse dans son corps pour assurer la production hormonale nécessaire à la grossesse. La graisse se place surtout sur les cuisses, les fesses, les seins, le haut des bras et l'abdomen, ce qui donne à la femme sa silhouette en rondeurs. Malgré l'engouement occidental pour les femmes très minces, la plupart des hommes sont instinctivement attirés par les femmes aux belles rondeurs, symbole de fertilité. Avec la ménopause, les dépôts graisseux se déplacent et sont alors à peu près les mêmes que ceux des hommes : ils s'accumulent surtout autour de la taille, d'où l'embonpoint lié à l'âge.

Répartition de la graisse
Les zones en bleu indiquent la répartition des plus importants dépôts graisseux sur le corps de la femme.

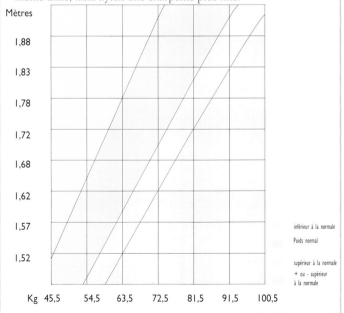

LE POIDS ET LA TAILLE

Le rapport comparatif poids/taille permet à chacun de se situer par rapport au poids idéal. Ce n'est cependant qu'une moyenne. Une femme ectomorphe ayant une forte charpente osseuse pèsera par exemple davantage, mais sera plus mince qu'une endomorphe de même taille, mais ayant une charpente plus fine.

Mètres

1,88

1,83

1,78

1,72

1,68

1,62

1,57

1,52

inférieur à la normale

Poids normal

supérieur à la normale
+ ou - supérieur
à la normale

Kg 45,5   54,5   63,5   72,5   81,5   91,5   100,5

PLUS IL Y EN A...

Contrairement à la célèbre
affirmation de la duchesse
de Windsor « on n'est jamais
trop mince », les femmes
bien enrobées ont
énormément de succès dans
de nombreuses cultures
de par le monde.

Ainsi, dans certaines
tribus du Nigeria, on donne
aux jeunes filles en âge
de se marier les meilleurs
aliments pour les faire
grossir et les rendre plus
désirables.

STÉATOPYGIE

*Les femmes de
certaines races, comme
les Bochimanes
d'Afrique, ont un fort
excès de graisse sur
les cuisses et les
fesses. C'est ce
qu'on appelle
la stéatopygie, dont
la Vénus hottentote
est l'archétype.
En cas de famine,
cet excès de graisse
sert de réserve
au corps. Selon certains
experts, les femmes
de l'Antiquité étaient
ainsi constituées.*

LE CULTURISME ÉLIMINE LA GRAISSE

L'un des objectifs du culturisme est de transformer
la graisse en muscle pour affiner la silhouette.
Chez la femme, c'est la poitrine qui subit la modification
la plus importante, les seins disparaissant presque,
ou totalement dans certains cas. Les fesses et les cuisses
deviennent très musclées et toniques. Poussé à l'extrême,
le culturisme peut donner au corps un aspect asexué.
Une culturiste professionnelle risque de ne plus pouvoir OVULER
et de ne plus avoir de RÈGLES si son corps n'a pas suffisamment
de graisse pour générer les hormones appropriées.

LA STRUCTURE DES MUSCLES

Le corps de la femme compte plus de 600 muscles, qui représentent environ 40 % de son poids. Il existe trois types de muscles (page de droite) : les muscles striés, lisses et le muscle cardiaque. La majorité d'entre eux sont volontaires, c'est-à-dire sous le contrôle direct de la volonté (striés), les autres sont partiellement ou totalement involontaires (lisses et cardiaque).

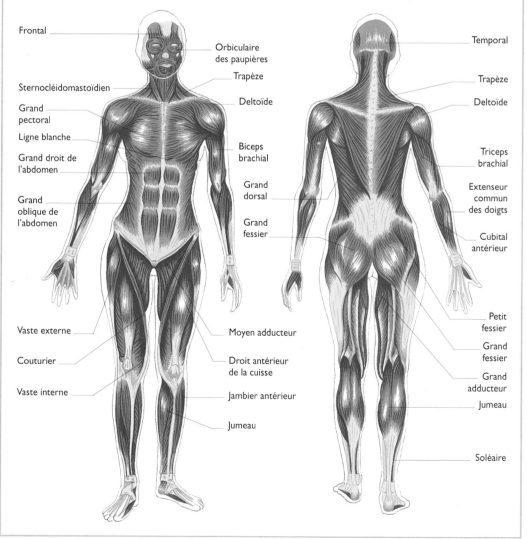

LES TYPES DE MUSCLES

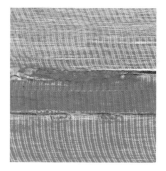

Muscles striés

Ce sont les muscles du squelette. Les extenseurs ouvrent les articulations, les fléchisseurs les referment ; les adducteurs ramènent les membres vers le corps, les abducteurs les en éloignent ; les rotateurs pivotent vers l'intérieur ou l'extérieur ; les sphinctériens (constricteurs) entourent et ferment les orifices.

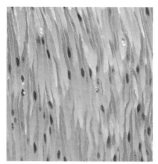

Muscles lisses

Ils tapissent les parois des organes internes, dont ils favorisent le fonctionnement. Ils permettent, par exemple, aux organes digestifs d'acheminer les aliments et les déchets, et à l'utérus d'expulser le bébé à l'accouchement. Les muscles lisses sont composés de cellules allongées en forme d'aiguille, groupées en faisceaux.

Muscle cardiaque

Uniquement situé dans le cœur, ce muscle travaille sans répit pour propulser le sang dans l'appareil circulatoire en se contractant régulièrement, plus de 100 000 fois par jour. Il est formé de nombreuses cellules courtes et ramifiées (en rose), séparées par des charnières intercellulaires (en bleu).

LES MUSCLES LES PLUS GROS

Le grand fessier est en général le muscle le plus volumineux du corps chez la femme. Il va du bas de la colonne vertébrale au haut du fémur et actionne le mouvement de la cuisse. L'utérus est un muscle en forme de poire de 6 à 7 cm. Son volume est, quant à lui, multiplié par 35 pendant la grossesse, et il pèse à terme plus de 1 kg, ce qui en fait le muscle le plus gros.

LE RÔLE DES MUSCLES DU SQUELETTE

Les muscles du squelette vont généralement par deux, de chaque côté des articulations. Ainsi, lorsque l'un se contracte, l'autre se relâche lentement pour contrôler harmonieusement le mouvement.

Les muscles sont constamment en légère contraction, ce qui leur donne une tonicité permanente.

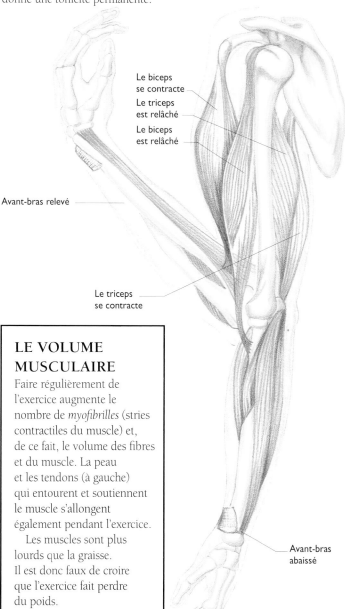

Le biceps se contracte
Le triceps est relâché
Le biceps est relâché
Avant-bras relevé
Le triceps se contracte
Avant-bras abaissé

LES TENDONS

Ces cordes fibreuses transmettent la force musculaire aux os du squelette. Puissants, flexibles mais relativement peu élastiques, ils sont principalement constitués de paquets de collagène (fibres ayant une grande force de tension) et de quelques vaisseaux sanguins. Les plus volumineux sont innervés. Là où ils sont soumis à des frottements importants, les tendons sont enfermés dans des gaines fibreuses et baignent dans un liquide lubrifiant.

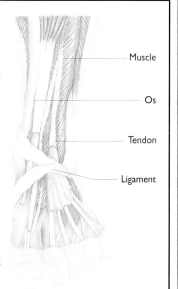

Muscle
Os
Tendon
Ligament

LE VOLUME MUSCULAIRE

Faire régulièrement de l'exercice augmente le nombre de *myofibrilles* (stries contractiles du muscle) et, de ce fait, le volume des fibres et du muscle. La peau et les tendons (à gauche) qui entourent et soutiennent le muscle s'allongent également pendant l'exercice.

Les muscles sont plus lourds que la graisse. Il est donc faux de croire que l'exercice fait perdre du poids.

TENNIS-ELBOW

En dépit de ce nom,
la douleur et la sensibilité
affectent la face externe
du coude et l'arrière
de l'avant-bras peuvent être
dues à des activités autres
que le tennis, dès lors qu'il
y a un usage excessif des
muscles extenseurs du
poignet et des doigts : c'est
le cas lorsqu'on plie
fréquemment le coude en
serrant fortement quelque
chose dans la main
ou lorsqu'on prend souvent
un bébé dans les bras.

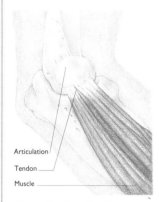

Articulation

Tendon

Muscle

Tuméfaction douloureuse
*La sollicitation constante
des tendons au point d'attache crée
une inflammation.*

LES FIBRES

*Le pourcentage de fibres rapides
(qui brûlent du glucose) et de
fibres lentes (qui brûlent les
graisses) dans le muscle varie
d'une femme à l'autre, d'où
l'hypothèse que l'excès de fibres
rapides freine la consommation
de graisses par le muscle. Les
différents types de fibres sont
fixés dès la naissance. Seuls
les exercices d'endurance
peuvent transformer quelques
fibres rapides en fibres lentes.
Les femmes à muscles rapides
sont généralement douées pour
le sprint et les haltères ; celles
à muscles lents pour la course
sur longue distance.*

EXPLOITS SPORTIFS

Les détentrices actuelles de records font preuve d'aptitudes extraordinaires. Ce fut le cas de Hilda Lorna Johnstone, qui participa aux épreuves équestres de dressage aux jeux Olympiques de 1972, à l'âge de 70 ans et 5 jours.

VITESSE
À l'âge de 28 ans, l'Américaine Delorez Florence Griffith Joyner réalisa une pointe de vitesse à 39,56 km/h dans l'épreuve du 100 m en 1988.

ENDURANCE
Le 15 octobre 1989, Paula Newby-Fraser, du Zimbabwe, réalisa les épreuves du triathlon (natation sur 3,8 km, cyclisme sur 180 km et course à pied sur 42,195 km) en 9 h 56 s, soit à peine 40 secondes de plus que le vainqueur masculin.

La Norvégienne Ingrid Kristiansen détient le record du marathon (42,195 km) : le 21 avril 1985, elle a terminé le marathon de Londres en 2 h 21 min 6 s.

Le 29 juillet 1978, l'Américaine Penny Dean battait le record de la traversée de la Manche à la nage en 7 h 40 min.

SAUT
Galina Chistyakova (de l'ex-URSS) a battu, le 11 juin 1988, le record du saut en longueur avec 7,52 m.

Au saut en hauteur, c'est la Bulgare Stefka Kostadinova qui a réalisé la meilleure performance, avec 2,09 m, le 11 juin 1987.

Un jeune talent sportif
En 1990, l'Américaine Jennifer Capriati devenait la plus jeune joueuse de tennis ayant gagné le tournoi de Wimbledon : elle avait 14 ans et 3 mois.

HALTÉROPHILIE
La Chinoise Li Yajuan a établi le record de 115 kg à l'arraché et 150 kg au jeté (soit un total de 265 kg) le 24 mai 1992.

TENNIS
C'est l'Américaine Billie-Jean King qui a remporté le plus de trophées aux tournois de Wimbledon entre 1961 et 1979 : 6 simples, 10 doubles dames, 4 doubles mixtes, soit un total de 20 trophées.

L'Américaine Martina Navratilova, née en 1956, a pour sa part remporté le nombre record de 9 simples à Wimbledon, entre 1978 et 1990.

BIATHLON
Myriam Bédard de Loretteville, Québec, remporte les deux médailles d'or individuelles aux jeux olympiques d'hiver de Lillehamer en 1994. C'est la première Nord-Américaine à réussir cet exploit.

LA FORCE MUSCULAIRE DES FEMMES

On considère traditionnellement que la force musculaire des femmes est inférieure à celle des hommes. Mais cela ne semble plus s'appliquer aujourd'hui qu'à la partie supérieure du corps car l'homme a une cage thoracique et des poumons plus développés. Pour ce qui est du bas du corps, les femmes ont tendance à rattraper les hommes. La différence de force musculaire a commencé à s'estomper dès le milieu du XXe siècle, les femmes améliorant leurs performances de façon spectaculaire tandis que celles des hommes ne progressaient que faiblement.

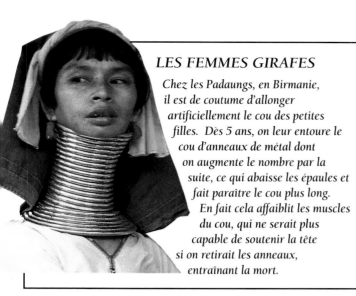

LES FEMMES GIRAFES

*Chez les Padaungs, en Birmanie,
il est de coutume d'allonger
artificiellement le cou des petites
filles. Dès 5 ans, on leur entoure le
cou d'anneaux de métal dont
on augmente le nombre par la
suite, ce qui abaisse les épaules et
fait paraître le cou plus long.
En fait cela affaiblit les muscles
du cou, qui ne serait plus
capable de soutenir la tête
si on retirait les anneaux,
entraînant la mort.*

LA MODE

Pour se donner un corps en forme de
sablier, les femmes du début du siècle
portaient gaines et corsets à baleines
et allaient jusqu'à se faire enlever
chirurgicalement une ou plusieurs
côtes. Vers 1870, la tournure (ou
faux-cul) accentuait artificiellement
la cambrure des reins des élégantes.
Aujourd'hui, de nombreuses femmes
font de la gymnastique et suivent
des RÉGIMES dans le but d'obtenir
la minceur des mannequins
qui leur servent de modèles.

UNE TÊTE ALLONGÉE

Dans plusieurs tribus
indigènes américaines et
chez les Mayas d'Amérique
centrale, on coinçait la tête
des bébés entre deux
planches pour allonger
et aplatir le crâne. C'était
un signe de grande beauté.

Une technique particulière

MUSCULATION

La production de protéines
augmente le VOLUME
MUSCULAIRE. Malgré le
danger, certains athlètes
prennent des anabolisants,
qui remplacent
la TESTOSTÉRONE dans
le développement
musculaire.

LES DIFFÉRENTS TYPES DE CORPS

Les formes féminines sont tellement variées que
leur classification est loin d'être une science
exacte. On distingue cependant des tendances qui
ont été regroupées sous trois types, dont les
extrêmes sont aisément identifiables. On peut
toujours déterminer la structure de base d'un
corps, même si les lignes en ont été modifiées par
différents facteurs : accessoires (ci-dessus), maladie, famine, régime, musculation (à gauche), culturisme ou chirurgie esthétique.

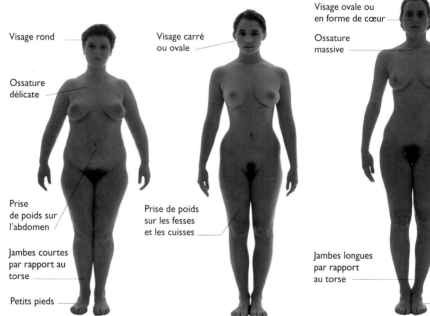

Visage rond

Ossature
délicate

Prise
de poids sur
l'abdomen

Jambes courtes
par rapport au
torse

Petits pieds

Visage carré
ou ovale

Prise de poids
sur les fesses
et les cuisses

Visage ovale ou
en forme de cœur

Ossature
massive

Jambes longues
par rapport
au torse

Grands
pieds

Endomorphe
*L'endomorphe a une ossature fine
et grossit en général très facilement.
Dans ce cas, elle prend une forme
arrondie, car elle s'empâte surtout
autour de l'abdomen.
Les jambes sont plus courtes
que le torse, et la poitrine plus forte
que la moyenne.*

Mésomorphe
*La mésomorphe, à l'aspect piriforme,
est le plus typiquement féminine.
Elle a des hanches plus larges
que les épaules et des jambes
de même longueur que le torse.
Quand elle grossit, c'est d'abord
des cuisses, puis des hanches
et des fesses.*

Ectomorphe
*Si elle est mince, l'ectomorphe
prend un aspect longiligne.
Elle a de longues jambes par rapport
à son torse et une ossature massive.
Si elle prend du poids,
ce qui lui est difficile, celui-ci
se répartit uniformément sur
tout le corps.*

L'ÉVOLUTION DE LA SILHOUETTE FÉMININE

*Tout au long de l'histoire, l'idéal féminin s'est modifié
en fonction des canons que l'on attribuait à la beauté.
En Occident, le XXe siècle a produit
à lui seul une vaste gamme
de silhouettes « idéalement » belles.*

Années 1970
La mère nourricière
*Pendant la période hippie, ce sont
les femmes aux formes généreuses
et aux cheveux longs,
telle Mama Cass, du groupe
« The Mamas and the Papas »,
qui sont à la mode.*

Années 1950
La Vénus
*Marilyn Monroe
est l'archétype du corps
en sablier : forte poitrine,
taille de guêpe et hanches
ultraféminines.*

Années 1920
La femme émancipée
*À l'époque du jazz, la femme modèle
est mince, élégante, sans taille,
et coupe ses cheveux à la garçonne.*

Années 1990
La femme libérée
*La femme idéale des années 1990
est robuste, en pleine forme physique
et sûre d'elle sur le plan sexuel.*

Années 1960
La femme sexy
*Dans le film Barbarella,
Jane Fonda personnifie la femme
sexy du futur : mince, bien faite,
cheveux longs et lèvres pulpeuses.*

LES GROUPES RACIAUX

Exception faite des mélanges raciaux, il existe quatre grands groupes ethniques qui se distinguent soit par des traits facilement reconnaissables, soit par des caractères uniquement identifiables par des tests spécialisés. Au sein de chacun d'eux, on retrouve les trois TYPES DE CORPS.

Groupe caucasien

C'est le groupe le plus varié. Il comprend les Nordiques, grandes et blondes, les Méditerranéennes, plus petites et plus brunes, et les Indiennes et les Arabes, à l'ossature fine et à la peau foncée.

49 %

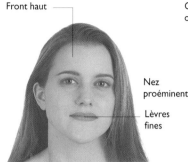

Front haut

Cheveux raides, ondulés ou frisés, blonds à bruns

Nez proéminent

Lèvres fines

Visage angulaire

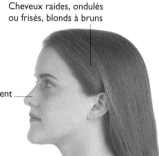

Peau blanche à brune

Groupe jaune

Résistantes et bien adaptées aux climats rudes, particulièrement au froid, de la femme inuit, trapue, à la Tartare, plus grande, elles présentent des silhouettes très diverses.

28 %

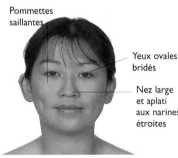

Pommettes saillantes

Yeux ovales bridés

Nez large et aplati aux narines étroites

Tête étroite

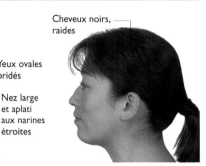

Cheveux noirs, raides

Peau blanche à jaune

Groupe négroïde

Ce groupe comprend une très grande variété de forme, depuis la grande Tutsie, qui atteint en général 1,78 m, jusqu'à la minuscule Mbutie, dont la taille moyenne est de 1,35 m.

12 %

Front bombé

Nez généralement large

Lèvres charnues

Tête étroite

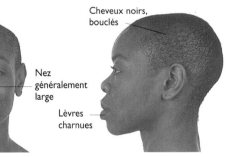

Cheveux noirs, bouclés

Peau brune à noire

Les métissages

Ces femmes ont un aspect très varié car elles présentent un mélange des caractères raciaux hérités. Ci-contre : une femme de type eurasien.

9 %

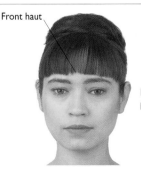

Front haut

Nez proéminent

Visage souvent angulaire

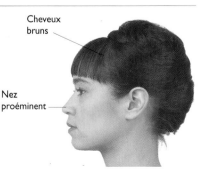

Cheveux bruns

Peau blanche à brun foncé

LE QUATRIÈME GROUPE

C'est le plus ancien, il comprend les Aborigènes d'Australie, les Hottentots, les Mélanésiens (ci-dessous) et Bochimans.
Il ne représente que 2 % de la population mondiale. On pense que les trois autres groupes raciaux (à gauche) en sont issus.

INFLUENCES CLIMATIQUES

Le milieu a joué un grand rôle dans l'évolution des caractères physiques de l'être humain. Ainsi, la diminution des heures d'ensoleillement au fur et à mesure qu'on s'éloignait de l'équateur a réduit la production de VITAMINE D. Les cheveux et la peau, foncés à l'origine, se sont éclaircis.

Le visage des représentants du groupe jaune, comme celui de cette femme inuit (ci-dessous), s'est enrobé de graisse pour s'adapter au froid et a conservé la bride épicanthique (pli de la peau sur la paupière supérieure) pour se protéger de la réverbération de la neige.

L E CERVEAU ET LES NERFS

ET CHEZ L'HOMME ?

L'homme est en général plus grand et plus lourd que la femme, il en est de même de son cerveau. Chez la femme, cependant, le cerveau représente environ 2 % du poids total, contre 1 % seulement chez l'homme. On ne constate qu'une légère différence de forme et de taille entre les deux sexes : par exemple, le cerveau antérieur de l'homme est proportionnellement plus gros que celui de la femme.

◆

Chez la plupart des gens, l'hémisphère cérébral gauche, ou HÉMISPHÈRE DOMINANT, contrôle le langage et la pensée logique. Il est plus gros que le droit, qui gère la perception de l'espace et certaines réactions automatiques. Il semble que les deux hémisphères se diversifient plus tard chez la fille que chez le garçon et que les fonctions logiques et automatiques ne soient pas aussi nettement séparées chez la femme. Peut-être est-ce le fait d'un certain conditionnement, car rien ne prouve scientifiquement qu'il y ait une différence entre les deux sexes.

L'ANATOMIE

Le cerveau est le centre de contrôle de toutes nos actions, conscientes, subconscientes ou réflexes. C'est le siège de la personnalité, et sa disposition détermine l'intelligence et les aptitudes. À lui seul, il consomme 20 % de l'oxygène et de l'énergie du corps.

Le cerveau antérieur contrôle et gère l'ensemble de tous nos actes conscients. Il est formé de deux grands hémisphères cérébraux, entourés d'un revêtement superficiel de substance grise, le cortex, parcouru de nombreux sillons profonds. Le nombre des cellules qui tapissent le cortex a été estimé à 90 ou 100 millards. Il contrôle la perception, la compréhension, la communication et les mouvements volontaires. Les deux hémisphères sont reliés par le corps calleux, sorte de « pont »

constitué de plus de 200 millions de fibres nerveuses. L'hippocampe et l'amygdale font partie du système limbique, qui contrôle les émotions, les sentiments et dans une certaine mesure la mémorisation. Les noyaux gris centraux régissent les réactions motrices complexes et le sentiment de plaisir. Le diencéphale recouvre le thalamus, centre de distribution de l'information, ainsi que l'hypothalamus et l'hypophyse, pivot central du SYSTÈME ENDOCRINIEN.

Les cerveaux moyen et postérieur forment le tronc cérébral, qui relaie l'information reçue et trasmise par la moelle épinière et régit la respiration, le sommeil et l'éveil. Le cervelet qui se situe au- dessous des hémisphères cérébraux donne leur précision aux mouvements.

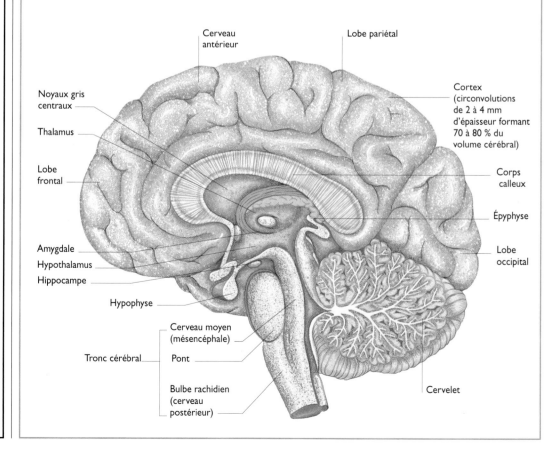

NEURONES ET SYNAPSES

Le cerveau contient près de 100 milliards de cellules nerveuses, ou neurones, formées chacune d'un axone et de plusieurs ramifications, ou dendrites. Ces dernières se rejoignent en des points appelés synapses, qui sont plus de 100 000 milliards.

Les signaux électriques se propagent le long de l'axone et provoquent à son extrémité, dans la synapse, la libération de substances chimiques contenues dans de petites poches, ou vésicules. Ces substances chimiques traversent le léger interstice séparant les dendrites, qu'elles stimulent ou inhibent. La stimulation répétée des synapses favoriserait le phénomène de la MÉMOIRE.

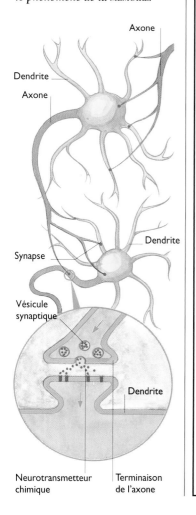

Axone
Dendrite
Axone
Dendrite
Synapse
Vésicule synaptique
Dendrite
Neurotransmetteur chimique
Terminaison de l'axone

LA CARTE DU CERVEAU

Le cortex est divisé en aires remplissant chacune une fonction particulière. Au sein des aires sensitives (vision, audition) et motrices, la spécialisation est encore plus poussée : non seulement chaque partie du corps y est représentée sur une sorte de « carte », mais chaque stimulus (par exemple, la couleur, la forme, le mouvement) y est traité par une partie distincte.

Les aires associatives des lobes pariétal, temporal et frontal font la synthèse de tous les éléments traités dans les autres aires.

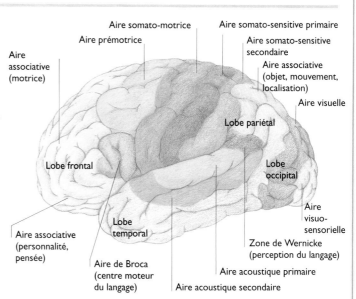

Aire somato-motrice
Aire prémotrice
Aire somato-sensitive primaire
Aire somato-sensitive secondaire
Aire associative (motrice)
Aire associative (objet, mouvement, localisation)
Aire visuelle
Lobe pariétal
Lobe frontal
Lobe occipital
Aire visuo-sensorielle
Lobe temporal
Zone de Wernicke (perception du langage)
Aire associative (personnalité, pensée)
Aire de Broca (centre moteur du langage)
Aire acoustique primaire
Aire acoustique secondaire

LES CENTRES DU LANGAGE

L'aspect technique du langage est contrôlé par l'hémisphère gauche. La zone de Wernicke, à l'arrière du cortex, est le centre de la compréhension, tandis que l'aire de Broca, à l'avant, est celui de son expression. Les accidents cardio-vasculaires ou les tumeurs peuvent provoquer aphasie ou troubles du langage : les lésions de la zone de Wernicke détruisent la faculté de compréhension du langage, celles de l'aire de Broca entraînent des troubles de l'élocution. L'aspect émotionnel du langage est quant à lui contrôlé par l'hémisphère droit. Une atteinte des zones correspondant aux deux aires de cet hémisphère droit peut détruire la faculté de saisir la portée émotionnelle du langage ou celle de l'exprimer (aphasie) Ces mêmes lésions, par ailleurs, n'engendrent aucun trouble du langage lorsqu'elles siègent dans l'autre hémisphère. Il existe des traitements pour remédier aux différents troubles du langage.

Ces troubles peuvent revêtir des aspects très variés : troubles de l'activité de communication (logorrhée ou mutisme par exemple), troubles du débit verbal tels que le bégaiement ou encore troubles sémantiques où les mots sont détournés de leur sens. Ils ne se manifestent pas seulement de façon isolée, mais aussi dans un contexte plus vaste, lié à un handicap physique, à un problème d'apprentissage ou à une perte d'audition.

Le traitement se fait habituellement en deux temps. Tout d'abord un programme d'exercices est entrepris pour améliorer un aspect particulier de la capacité ou de la performance du langage (par exemple, technique de perfectionnement de l'élocution). Dans un deuxième temps, le thérapeute travaille avec les proches du malade (famille, professeurs ou amis), leur explique la nature des difficultés et la façon dont ils peuvent aider ce dernier. L'objectif est de créer le climat le plus favorable possible à une véritable communication.

LA BILATÉRALITÉ DU CERVEAU

L'information provenant d'un côté du corps parvient au côté opposé du cerveau, de sorte que l'hémisphère gauche ressent et contrôle le côté droit du corps, et vice versa. Mais il ne s'agit pas d'une symétrie complète, car chaque hémisphère a également des fonctions spécifiques.

Ainsi, le côté gauche contrôle le contenu du langage, l'analyse logique et sérielle, les aptitudes musicales (ton, rythme, analyse de la mélodie). Le côté droit contrôle le contenu émotionnel du langage, l'évaluation musicale, l'évaluation de l'espace et des réactions automatiques, les facultés artistiques et musicales.

L'hémisphère gauche est dominant chez la plupart des droitiers et chez beaucoup de gauchers. Chez ces derniers, on note cependant parfois une dissymétrie moins marquée entre les deux hémisphères.

Chez d'autres gauchers, c'est l'hémisphère droit qui est dominant. Les gauchers sont aussi plus sujets à la dyslexie, moins fréquente chez les femmes.

LE CONTRÔLE MOTEUR

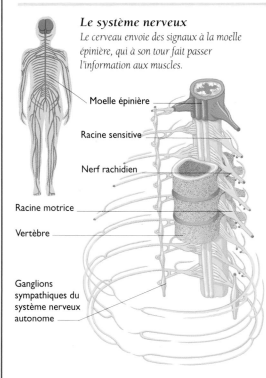

Le système nerveux
Le cerveau envoie des signaux à la moelle épinière, qui à son tour fait passer l'information aux muscles.

Moelle épinière

Racine sensitive

Nerf rachidien

Racine motrice

Vertèbre

Ganglions sympathiques du système nerveux autonome

Le point de départ de la plupart des mouvements se situe dans le cortex moteur, qui reçoit les stimulations sensorielles émises par l'environnement et par l'ensemble du corps. À partir du cortex, ces signaux se propagent dans une boucle de NEURONES, sorte de centre de régulation, passent à travers les NOYAUX CENTRAUX et reviennent au cortex. Les centres nerveux situés sur le trajet de cette boucle ont deux fonctions : amplifier l'ordre donné ou le limiter. Une seconde boucle de neurones, placée entre le cortex et le cervelet, donne au mouvement sa précision et sa coordination.

LA MÉMOIRE MOTRICE

Les mouvements rapides qui demandent une certaine dextérité, comme écrire, jouer d'un instrument ou taper à la machine, sont mémorisés par le cortex. À force de réaliser et de répéter un même mouvement, celui-ci s'enregistre dans une « mémoire motrice ». Le cervelet joue également un rôle dans l'apprentissage de ce processus. Dès qu'un mouvement est mémorisé, il devient en quelque sorte téléguidé, car le cerveau n'a plus besoin d'intervenir, et cela même s'il s'agit d'un ensemble de gestes complexes comme ceux qui sont nécessaires pour jouer un morceau de musique.

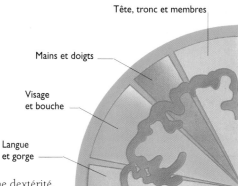

Tête, tronc et membres

Mains et doigts

Visage et bouche

Langue et gorge

La carte motrice
Le cortex moteur est divisé en zones contrôlant chacune les mouvements d'une partie du corps. Plus cette zone est grande, plus les mouvements que peut réaliser la partie du corps correspondante sont complexes et précis.

LE TOUCHER

Le cortex somato-sensitif (ci-dessous) traite l'information provenant des récepteurs du toucher en différents points du corps. Plus la zone corticale de contrôle est grande, plus la partie du corps correspondante est sensible. L'homuncule (ci-dessous, en bas) illustre les parties les plus sensibles du corps. Elles sont fonction de leur importance sur le dessin.

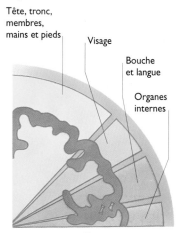

Tête, tronc, membres, mains et pieds

Visage

Bouche et langue

Organes internes

Carte sensorielle
Le cortex somato-sensitif contrôle l'intensité des sensations.

Homuncule
Le cortex contrôle différemment chaque partie du corps.

LA DOULEUR

Le mécanisme de la douleur est un mécanisme de protection qui annonce la présence d'une lésion ou d'un traumatisme. Le tissu lésé libère des substances chimiques qui stimulent les terminaisons des nerfs sensitifs. À leur tour, ceux-ci envoient les messages douloureux au cerveau par la moelle épinière (à droite).

Pour réduire l'intensité de la douleur ressentie, le corps produit des endorphines, substances chimiques qui bloquent la transmission des signaux dans les SYNAPSES situées sur le trajet de la douleur. La morphine, par exemple, reproduit l'action des endorphines.

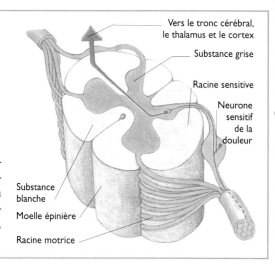

Vers le tronc cérébral, le thalamus et le cortex

Substance grise

Racine sensitive

Neurone sensitif de la douleur

Substance blanche

Moelle épinière

Racine motrice

VISUALISER LE CERVEAU

Avant l'apparition des techniques qui mesurent l'activité du cerveau vivant, les neurologues ne disposaient que des résultats anatomiques de l'autopsie pour évaluer les anomalies du comportement et des facultés chez les patients atteints d'affections cérébrales. Ils faisaient également des tests invasifs sur les singes. Les techniques actuelles ne nécessitent plus de telles pratiques. L'imagerie par résonance magnétique (IRM) montre les détails anatomiques, tandis qu'une caméra à positrons permet d'évaluer l'activité de zones spécifiques en mesurant le flux sanguin qui les traverse, et sert à étudier la fonction cérébrale.

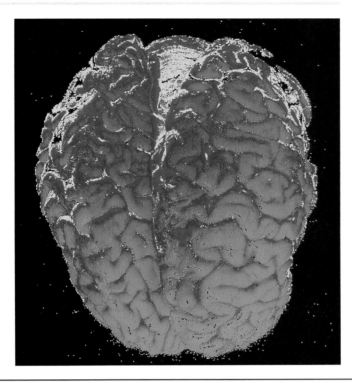

L'ÉVOLUTION

Au stade du fœtus, le cerveau de la fille se développerait plus vite que celui du garçon, tous les organes féminins étant complètement formés dès le huitième mois. À partir de ce moment, les connexions entre NEURONES augmentent et s'affinent jusqu'à 25 ans environ, après quoi elles commencent à décliner. Vers la cinquantaine, les neurones commencent à mourir, mais les survivants peuvent compenser en produisant de nouvelles ramifications et de nouvelles synapses. Dans un cerveau qui a subi un traumatisme ou un accident vasculaire, les neurones ne se ramifient plus. On peut cependant parfois recouvrer partiellement les fonctions lésées, car les zones environnantes intactes peuvent prendre le relais de la fonction perdue.

LA PUISSANCE

Le cerveau de la femme est six fois plus gros que celui de la plupart des mammifères (voir le rapport cerveau/taille du corps ci-dessous). La puissance du cerveau dépend également de la densité de l'innervation et de la coordination des circuits électriques. Le cortex n'existe que chez les mammifères, et c'est chez l'être humain qu'il est le plus gros.

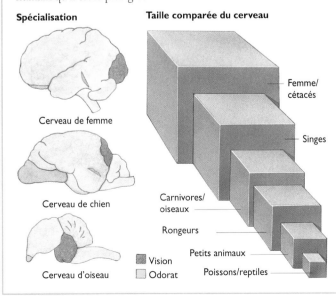

Spécialisation

Cerveau de femme

Cerveau de chien

Cerveau d'oiseau

Taille comparée du cerveau

Femme/cétacés

Singes

Carnivores/oiseaux

Rongeurs

Petits animaux

Poissons/reptiles

☐ Vision ☐ Odorat

LA MÉMOIRE

Les éléments mémorisés sont stockés dans le cortex au moyen d'un support codant l'activité électrique interneuronale. La stimulation d'un fragment de ce support permet d'activer l'ensemble de la mémoire. Il existe trois types de mémoire, utilisant différents centres du CERVEAU ANTÉRIEUR : la mémoire active, qui emmagasine du matériel pendant la réalisation de tâches complexes ; la mémoire déclarative, qui stocke les connaissances, y compris le langage ; et la mémoire associative, qui relie actions et résultats.

LA PROTECTION DU CERVEAU

Le crâne protège le cerveau, tandis qu'une membrane méningée robuste, la dure-mère, le fixe et l'empêche de bouger. Le cerveau baigne dans le liquide céphalo-rachidien, qui le maintient dans un milieu homéostatique et élimine toutes les substances toxiques qui y sont produites. Une membrane située dans les vaisseaux sanguins empêche les toxines de pénétrer dans le cerveau tout en laissant passer l'oxygène et les nutriments.

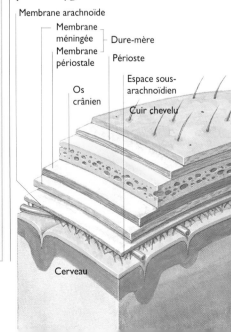

Membrane arachnoïde

Membrane méningée

Membrane périostale

Dure-mère

Périoste

Os crânien

Espace sous-arachnoïdien

Cuir chevelu

Cerveau

LE SOMMEIL

La femme adulte a besoin en moyenne de 9 h 30 de sommeil par nuit, contre 8 heures pour l'homme. Cela veut dire qu'elle passe pratiquement un tiers de sa vie endormie. Le nourrisson dort près de 16 heures par jour, l'adolescente de 10 à 11 heures, et la femme âgée de 4 à 6 heures (voir tableau ci-dessous).

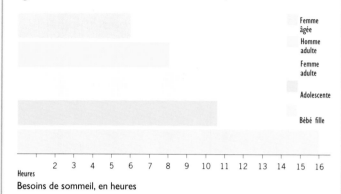

Femme âgée
Homme adulte
Femme adulte
Adolescente
Bébé fille

| Heures | 2 | 3 | 4 | 5 | 6 | 7 | 8 | 9 | 10 | 11 | 12 | 13 | 14 | 15 | 16 |

Besoins de sommeil, en heures

MODIFICATIONS PHYSIOLOGIQUES DURANT LE SOMMEIL

La tension artérielle baisse, le pouls et la respiration ralentissent, la température du corps descend, l'irrigation sanguine s'accroît, la digestion se poursuit, les muscles se détendent et la vitesse du MÉTABOLISME diminue de 20 %. Le cerveau réagit de moins en moins aux stimuli externes au fur et à mesure que le sommeil devient plus profond.

LE FACTEUR « S »

Également connu sous le nom de muramyl peptide, le facteur S est composé des résidus de bactéries digérées. Il entre dans les processus chimiques du corps et jouerait un rôle dans le déclenchement du sommeil. Le facteur S interagit avec la SÉROTONINE, neurotransmetteur très important pour la régulation du sommeil.

LES MOUVEMENTS PENDANT LE SOMMEIL

Le dormeur change de position plusieurs fois pendant son sommeil. Il existe un sommeil lent, au cours duquel le sujet fait de grands mouvements au moins toutes les 20 minutes et de plus petits toutes les 5 minutes environ. En revanche, durant le sommeil paradoxal, seuls les yeux bougent rapidement, tandis que le corps est pratiquement immobile et les muscles détendus, à l'exception de quelques sursauts occasionnels.

LES INSOMNIES

Leurs causes sont nombreuses : problèmes émotionnels, DÉPRESSION, modification du rythme quotidien habituel. Il ne s'agit généralement pas d'une absence totale de sommeil, même si la personne souffrant d'insomnie soutient en toute bonne foi qu'elle n'a pas fermé l'œil de la nuit, mais de difficultés à s'endormir ou de périodes d'éveil qui n'apportent pas le repos nécessaire. Les somnifères procurent parfois un certain soulagement, mais risquent de créer une accoutumance.

SES PHASES

L'électroencéphalogramme enregistre cinq phases durant une nuit de sommeil : quatre phases de sommeil lent et une de sommeil paradoxal, qui alternent selon des cycles de 60 à 90 minutes. Le sommeil est plus profond au début de la nuit et devient de plus en plus léger. Les derniers cycles ne comprennent généralement pas les phases 3 ou 4, mais ils comprennent des épisodes de sommeil paradoxal plus longs.

LE SOMMEIL PARADOXAL

Présent dans tous les cycles, le sommeil paradoxal (ou sommeil REM) se manifeste pour la première fois 60 à 70 minutes après l'endormissement. Il occupe environ 25 % du sommeil.

LE SOMMEIL LENT

La *phase 1* est une période de somnolence préludant au sommeil véritable. Elle occupe 5 % du sommeil.

La *phase 2* est un état plus profond, connu sous le nom de « sommeil vrai ». Elle représente jusqu'à 50 % du sommeil.

La *phase 3* est une phase de transition. Elle compte pour 7 % du temps de sommeil total.

La *phase 4*, qui dure près de 13 % du temps chez les jeunes adultes, est la plus profonde. C'est pendant cette phase qu'est sécrétée l'hormone de croissance. Sa durée décroît avec l'âge, jusqu'à disparaître presque totalement chez les personnes âgées.

Les phases du sommeil

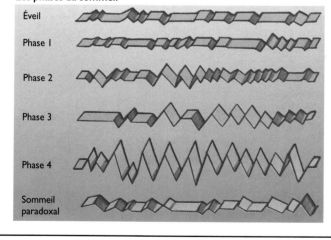

Éveil
Phase 1
Phase 2
Phase 3
Phase 4
Sommeil paradoxal

LE RÊVE

Tout le monde rêve pendant le sommeil paradoxal, mais ne s'en souvient pas toujours au réveil. Le rêve n'est pas simplement le système d'enregistrement du cerveau ou une sélection de messages aléatoires ; il intègre également les stimuli survenus durant le sommeil. Il favorise peut-être le passage de la mémoire immédiate à la mémoire à long terme. Il permet parfois de résoudre des problèmes évoqués juste avant le sommeil et, pour beaucoup, il reflète les conflits émotionnels.

LES AFFECTIONS DU CERVEAU

MALADIE D'ALZHEIMER

Selon des études récentes, elle touche une personne sur cinq vers 80 ans. On constate chez ces malades une activité réduite des régions pariétale et temporale du CORTEX. La maladie se manifeste d'abord par une perte croissante de la mémoire, puis de la perception du temps et de l'orientation. Certains malades deviennent également agressifs et paranoïaques. On constate une augmentation du dépôt de protéines amyloïdes et une accumulation de protéines anormales dans les NEURONES, qui finissent par mourir.

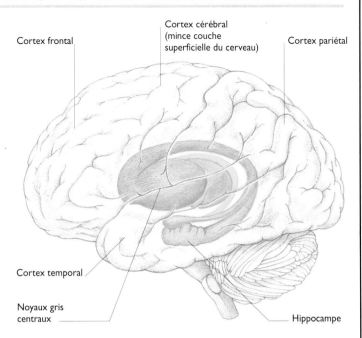

Cortex frontal

Cortex cérébral (mince couche superficielle du cerveau)

Cortex pariétal

Cortex temporal

Noyaux gris centraux

Hippocampe

TROUBLES MOTEURS

La maladie de Parkinson et la chorée d'Huntington se caractérisent par la perte de la coordination des mouvements due à une dégénérescence graduelle de certaines cellules des NOYAUX GRIS CENTRAUX, ce qui déséquilibre la boucle motrice cortex-noyaux gris centraux. La lenteur des mouvements, typique de la maladie de Parkinson, est due à une stimula-tion insuffisante, tandis que les mouvements désordonnés et spasmodiques de la chorée d'Huntington proviennent d'un excès de stimula-tion. Ce sont des maladies évolutives. La chorée d'Huntington est une maladie génétique transmise par un GÈNE DOMINANT. Les causes de la maladie de Parkinson ne sont pas encore très bien connues.

L'ÉPILEPSIE

L'épilepsie, qui se manifeste soit par une perte momentanée de conscience, soit par des crises dites de « haut mal » caractérisées par des convulsions, affecte 1 personne sur 200. La crise s'annonce parfois par une aura (odeur, bruit ou inquiétude), mais elle peut aussi survenir sans préavis. Pendant la crise, les neurones du cortex sont moins inhibés, ce qui entraîne des décharges régulières simultanées de centaines de neurones : ces décharges provoquent les mouvements saccadés du corps.

La fréquence des crises est très variable, allant de quelques-unes durant toute une vie à plusieurs par jour. Dans sa vie, 1 personne sur 20 aura une unique crise d'épilepsie. Les médicaments en viennent à bout.

LES ACCIDENTS CÉRÉBRO-VASCULAIRES (ACV)

Les ACV (« attaques » en terme populaire) sur-viennent le plus souvent après 45 ans ; ils sont dus à un caillot ou à une hémorragie qui arrêtent l'irri-gation sanguine d'une partie du cerveau. On sup-pose que, privés d'oxygène, les NEURONES deviennent plus actifs et libèrent un excès de glu-tamate, neurotransmetteur qui, en trop grande quantité, provoque l'ouverture des canaux récep-teurs et l'entrée massive de calcium. Cet afflux active les enzymes qui désorganisent la structure des cellules, ce qui entraîne la libération de radi-caux libres extrêmement nocifs. Les neurones endommagés perdent leur aptitude à transmettre les messages, et la zone lésée perd ses fonctions.

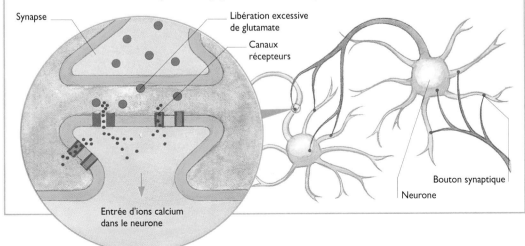

Synapse

Libération excessive de glutamate

Canaux récepteurs

Entrée d'ions calcium dans le neurone

Bouton synaptique

Neurone

LA DÉPRESSION

Les causes des maladies dépressives ou maniaco-dépressives sont multiples : déséquilibre des transmissions chimiques au niveau du cerveau, circonstances sociales ou psychologiques difficiles, dérèglement hormonal et, même, facteurs génétiques. L'absence d'ensoleillement peut également engendrer une DÉPRESSION SAISONNIÈRE.

Le traitement est de deux types : psychothérapie et administration d'anti-dépresseurs modifiant la production, la libération ou l'élimination des neurotransmetteurs.

LA SCHIZOPHRÉNIE

Elle survient généralement entre 15 et 25 ans chez les deux sexes, mais tend à se déclarer 5 ans plus tard chez la femme.
Elle commence parfois de façon insidieuse : le sujet devient de plus en plus introverti, renfermé et sensible au STRESS. Puis il perd le sens des réalités, devient paranoïaque et est la proie de délires et d'hallucinations, le plus souvent de type auditif.

De caractère exceptionnellement héréditaire, la schizophrénie frappe environ 1 % de la population mondiale. Revêtant des formes très différentes, plusieurs thérapeutiques sont mises en œuvre. La maladie est généralement traitée par des psychotropes, parfois, dans les cas aigus, par un électrochoc.

LA CHIRURGIE DU CERVEAU

Les connaissances, les équipements et les techniques en matière de chirurgie cervicale ont fait des progrès considérables dans les deux dernières décennies du XXᵉ siècle.

On y a normalement recours à la suite d'accidents à la tête et en cas de tumeurs cancéreuses. Les spécialistes disposent aujourd'hui d'équipements sophistiqués tels que l'imagerie par résonance magnétique (IRM), la tomographie par émission de positrons (TEP) et le scanner, qui permettent une vision du cerveau vivant, sans parler du laser. Ces techniques permettent d'affiner le diagnostic, améliorant de ce fait les chances de succès des interventions. Cependant, le succès d'une intervention sur une tumeur est lié, malgré les progrès de la technique neurochirurgicale, à son emplacement ; car, dans une région vitale, l'opération risquerait d'entraîner des risques fonctionnels ne représentant aucun bénéfice thérapeutique.

La géographie du cerveau reste néanmoins très peu connue, et la plupart de ces techniques n'en sont qu'à leurs balbutiements. Ainsi, un très petit nombre seulement de chirurgiens traitent actuellement le cancer du tronc cérébral au laser.

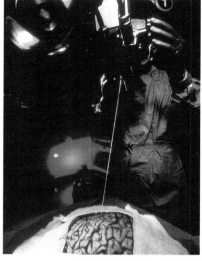

Traitement au laser
La précision du laser est incomparable pour détruire les tumeurs cancéreuses du cerveau, si leur emplacement le permet.

LES GREFFES DU CERVEAU

Contrairement à la plupart des organes, le cerveau ne peut se reconstituer. En outre, certains mécanismes limitant la prolifération des cellules nerveuses empêchent le remplacement des axones endommagés. On a cependant obtenu des résultats positifs en greffant du tissu cervical sain de fœtus humain à des animaux souffrant de troubles cérébraux et à quelques patients atteints de la MALADIE DE PARKINSON. L'utilisation de tissu fœtal pose des problèmes éthiques (risque de trafic, entre autres) et pratiques, de sorte que les biologistes cherchent aujourd'hui à produire génétiquement des cellules capables de fournir les substances chimiques disparaissant avec les neurones (à droite).

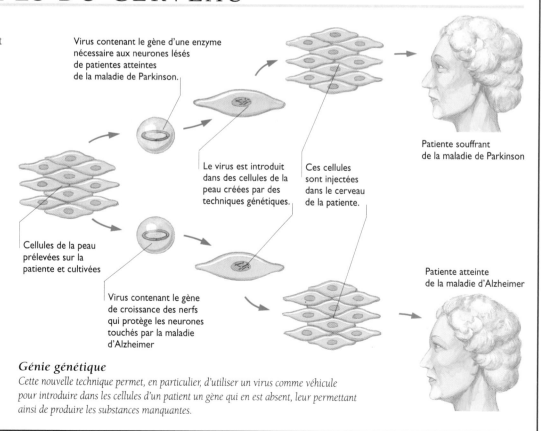

Virus contenant le gène d'une enzyme nécessaire aux neurones lésés de patientes atteintes de la maladie de Parkinson.

Cellules de la peau prélevées sur la patiente et cultivées

Le virus est introduit dans des cellules de la peau créées par des techniques génétiques.

Ces cellules sont injectées dans le cerveau de la patiente.

Virus contenant le gène de croissance des nerfs qui protège les neurones touchés par la maladie d'Alzheimer

Patiente souffrant de la maladie de Parkinson

Patiente atteinte de la maladie d'Alzheimer

Génie génétique
Cette nouvelle technique permet, en particulier, d'utiliser un virus comme véhicule pour introduire dans les cellules d'un patient un gène qui en est absent, leur permettant ainsi de produire les substances manquantes.

*L*A PEAU

LA STRUCTURE DE LA PEAU

La peau recouvre toute la surface du corps et protège les organes internes. Sa texture et sa structure ne sont pas partout identiques.

Poils et cheveux couvrent la quasi-totalité de la peau sauf certaines parties glabres : paume des mains, plante des pieds, lèvres. La partie la plus chevelue est le sommet de la tête, la moins poilue, le dessus des mains et des pieds et le visage. La peau est formée de trois éléments principaux : l'ÉPIDERME, constitué de KÉRATINOCYTES (cellules vivantes) et de la couche cornée (partie la plus externe de l'épiderme faite de kératinocytes morts) ; le DERME (constitué de structures spécialisées telles que les glandes sudoripares et les follicules pileux), entouré de tissu de soutien fibreux et de collagène ; enfin, le tissu sous-cutané, composé de tissu fibreux et de graisse.

Les kératinocytes sont générés par la couche basale de l'épiderme. Ils remontent lentement vers la couche superficielle, ou couche cornée, au fur et à mesure que celle-ci se desquame.

Ce cycle de régénérescence de la peau est d'environ 28 jours. Les cheveux et les ongles sont des extensions de la peau. Ils sont, en effet, issus du même processus de fabrication, mais sont constitués principalement de kératine, qui est l'élément dominant de la couche cornée de l'épiderme.

LE SAVIEZ-VOUS ?

La peau de l'être humain couvre une surface variant entre 1,50 et 2 m². Son poids est d'environ 4 kg. Son épaisseur est comprise entre 0,1 et 4 mm, parfois plus, en fonction de son emplacement. On a calculé qu'une parcelle de peau de 6,5 cm² contient 4,50 m de vaisseaux sanguins, 3,75 m de nerfs, 1 500 récepteurs sensoriels, 650 glandes sudoripares (sueur), 100 glandes sébacées (sébum huileux) et plus de 3 millions de cellules. La poussière domestique est constituée à 90 % de cellules de peau mortes, issues du processus naturel de la desquamation.

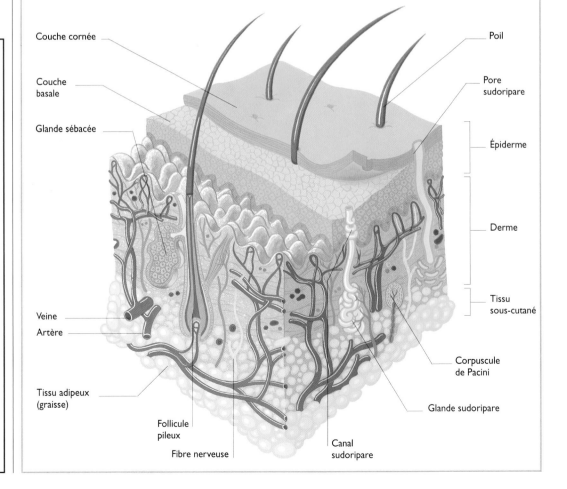

Couche cornée — Couche basale — Glande sébacée — Veine — Artère — Tissu adipeux (graisse) — Follicule pileux — Fibre nerveuse — Canal sudoripare — Poil — Pore sudoripare — Épiderme — Derme — Tissu sous-cutané — Corpuscule de Pacini — Glande sudoripare

L'ÉPIDERME

La peau n'a pas partout la même épaisseur : elle est par exemple très épaisse sur la plante des pieds et très fine sur les paupières. L'épiderme est la première couche protectrice, la plus robuste. La couche superficielle, ou couche cornée, est faite de cellules mortes qui, observées au microscope, font penser à des pavés (ci-contre). Plusieurs millions de cellules épidermiques meurent et se détachent chaque jour de la surface de la peau. Elles sont immédiatement remplacées par de nouvelles cellules, formées à partir de la couche basale, partie la plus profonde de l'épiderme. Ces kératinocytes (cellules épidermiques vivantes), qui contiennent une forte proportion de kératine (protéine fibreuse), s'aplatissent en remontant de l'assise basale vers la couche cornée.

Un certain nombre d'autres cellules réparties dans l'assise basale, les MÉLANOCYTES, produisent la MÉLANINE, pigment protecteur déterminant la couleur de la peau, mais aussi celle des cheveux et de l'iris de l'œil. L'exposition au soleil stimule les mélanocytes, qui produisent davantage de mélanine pour protéger le corps des rayons ultraviolets. L'épiderme est également le siège de la transformation de cholestérol en vitamine D sous l'effet de la lumière du jour.

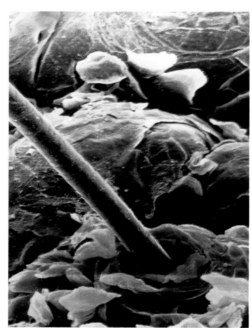

Fragment de peau
au microscope électronique
De la couche cornée kératinisée de l'épiderme, sort un poil.
Des millions de cellules mortes se détachent chaque jour
de la surface de la peau et sont instantanément remplacées.

LES FONCTIONS
DE LA PEAU

La peau est une barrière physique et immunologique contre les attaques du monde extérieur. Elle protège le corps de l'agression des TOXINES et des bactéries. Elle joue également un rôle important pour maintenir la température corporelle constante (à droite).

Elle est le siège des récepteurs sensoriels du toucher, de la douleur, de la pression, de la chaleur et du froid. On y trouve également des structures importantes comme les poils, les glandes sudoripares, chargées de réguler la température interne. Les ongles sont aussi une production de la peau. Ils sont chargés d'accentuer la sensibilité du toucher et contribuent à une meilleure dextérité.

LE DERME

Composé d'une protéine fibreuse (le collagène) et de tissu conjonctif, le derme constitue la masse de peau la plus importante. Il contient des vaisseaux sanguins, des NERFS, des récepteurs sensoriels, des VAISSEAUX LYMPHATIQUES, des glandes sudoripares, des glandes sébacées et des FOLLICULES PILEUX avec leurs muscles arrecteurs. (Les glandes et les follicules pileux sont formés de CELLULES ÉPIDERMIQUES spécialisées qui se prolongent dans le derme.) Les GLANDES SÉBACÉES sécrètent une substance huileuse, le SÉBUM. Elles sont de deux sortes : APOCRINES (aisselles et régions génitales) et ECCRINES (toute la surface). Elles maintiennent l'équilibre du pH de la peau, débarrassent les pores des poussières et des graisses qui les obstruent et participent à la régulation de la température corporelle.

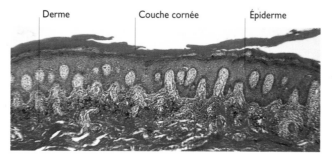

Derme   Couche cornée   Épiderme

LE CONTRÔLE
DE LA TEMPÉRATURE

La peau sert à maintenir la température corporelle constante, à environ 37 °C. Si celle-ci s'élève, les GLANDES SUDORIPARES ECCRINES libèrent de la sueur, dont l'évaporation sur la peau nue rafraîchit le corps. À cela s'ajoute la dilatation des vaisseaux sanguins du DERME (ci-dessous), qui dissipe la chaleur. Si au contraire la température corporelle devient inférieure à la normale, les vaisseaux sanguins se resserrent pour conserver la chaleur, et les muscles érecteurs des FOLLICULES PILEUX dressent les poils pour tenter d'enfermer une couche d'air chaud à la surface de la peau. Mais, les poils n'étant pas assez nombreux pour y parvenir, il se forme ce qu'on appelle la « chair de poule ».

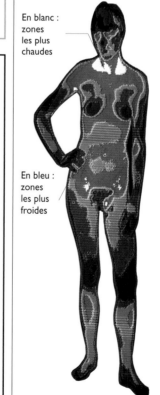

En blanc : zones les plus chaudes

En bleu : zones les plus froides

Carte thermique
Elle montre combien la température peut varier d'un point du corps à l'autre.

LA SENSIBILITÉ DE LA PEAU

La peau contient plusieurs types de récepteurs : ceux du toucher, de la pression, de la douleur, du chaud et du froid. On dénombre environ sur tout le corps 500 000 points de pression, 250 000 de froid, 30 000 de chaud, 3 500 000 de piqûre. Les sensations sont différentes selon l'endroit. La peau du clitoris, des lèvres et du bout des doigts, est beaucoup plus sensible que celle du dos. On peut évaluer la sensibilité de la peau en mesurant la distance nécessaire pour ressentir deux sensations distinctes provoquées simultanément à sa surface par deux stimuli (avec la pointe d'un crayon par exemple). Plus cette distance est courte, plus la peau est sensible.

Évaluation de la sensibilité

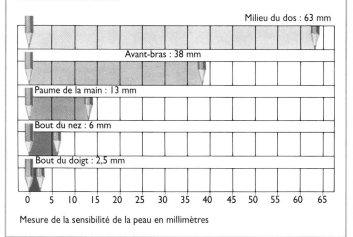

Milieu du dos : 63 mm
Avant-bras : 38 mm
Paume de la main : 13 mm
Bout du nez : 6 mm
Bout du doigt : 2,5 mm

0 5 10 15 20 25 30 35 40 45 50 55 60 65

Mesure de la sensibilité de la peau en millimètres

UN GARDE DU CORPS

La peau joue un important rôle de défense. C'est une barrière entre le monde extérieur et l'organisme qu'elle protège contre les traumatismes mécaniques, chocs, frottements, etc, et les agressions chimiques et bactériennes. En effet, le SÉBUM (huile) sécrété par les GLANDES SÉBACÉES recouvre tout le corps d'un film protecteur contre la prolifération des bactéries. Elle possède en outre son propre système immunitaire (tissu lymphoïde associé à la peau), constitué d'un réseau de cellules immunitaires capables de reconnaître et de détruire toute

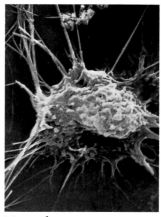

Macrophage
Cette grosse cellule du monocyte du sang est ici montrée dans sa phase active de destruction d'une bactérie, qu'elle englobe.

substance étrangère, notamment les TOXINES et les bactéries. Ce sont les cellules de Langerhans, formées dans la moelle osseuse, qui passent les premières à l'attaque : elles réagissent immédiatement à la présence d'une substance étrangère, puis attirent sur le site de la blessure ou de l'infection des GLOBULES BLANCS (cellules « tueuses »), tels que les LYMPHOCYTES et les MACROPHAGES, chargés d'immobiliser et de détruire les envahisseurs.

LES DESSINS DE LA PEAU

EMPREINTES

Les doigts et la paume de la main, tout comme les orteils et la plante du pied, sont couverts de crêtes et de sillons destinés à une meilleure préhension. Un vaste réseau de capillaires et de récepteurs sensoriels du toucher et de la douleur recouvre la pulpe des doigts. Les empreintes digitales sont les marques laissées par les sillons de la pulpe des doigts. Elles sont propres à chaque individu.

LIGNES DE DIVISION

Créées dans le DERME par des amas de fibres de COLLAGÈNE entremêlées, elles dessinent des lignes longitudinales sur la peau des membres et des cercles sur le cou et le tronc. En cas d'intervention chirurgicale, il vaut mieux, pour une bonne cicatrisation, veiller à ne pas les inciser perpendiculairement.

PLIS DE FLEXION

Ils se forment à l'endroit où le TISSU SOUS-CUTANÉ et le derme sont reliés à l'hypoderme sous-jacent.

Empreintes digitales (ci-dessus)
De minuscules sillons dessinent dans la couche cornée kératinisée de l'épiderme des formes particulières, propres à chaque individu.

Carte chiromancienne (à droite)
Les chiromanciens prétendent lire dans la main le caractère et l'avenir d'un individu.

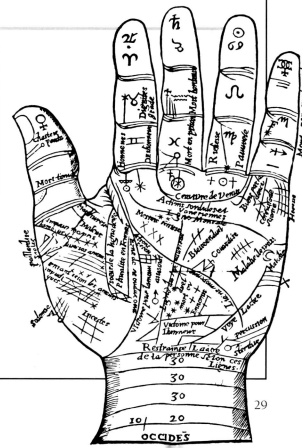

LA COULEUR DE LA PEAU

Les MÉLANOCYTES, qui produisent le pigment colorant de la peau, la MÉLANINE, représentent 10 % des cellules de la couche basale de l'ÉPIDERME. Grâce à des ramifications en forme de vrille, ces cellules transmettent la mélanine aux autres cellules de l'épiderme, où elle s'accumule, formant ainsi une couche protectrice contre les méfaits des rayons ultraviolets. Ce sont les mélanocytes qui transforment la tyrosine en mélanine sous l'effet des ultraviolets. La quantité de mélanine et sa répartition dans l'épiderme déterminent la couleur de la peau. Les femmes négroïdes à la peau d'ébène produisent les plus grandes quantités de mélanine, tandis que les caucasiennes celtes à la peau rose et aux cheveux roux en produisent le moins. Beaucoup de caucasiennes nordiques ont la peau rosée : c'est parce qu'on y voit par transparence l'HÉMOGLOBINE des globules rouges du sang. Chez les femmes jaunes et caucasiennes du Sud (d'origine méditerranéenne, sud-américaine, indienne et arabe), c'est un pigment jaune, le carotène, qui s'accumule dans l'épiderme et les couches sous-jacentes. La peau des caucasiennes d'origine nordique peut également prendre une teinte jaunâtre si elles absorbent trop d'aliments contenant du carotène, telles les carottes.

Dos de femme négroïde

Dos de femme caucasienne

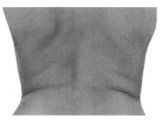
Dos de femme jaune

LES TACHES

Les taches de rousseur sont dues à une légère surcharge en pigments ; les grains de beauté sont produits par une accumulation plus importante de MÉLANOCYTES. Bien placés, les grains de beauté sont souvent considérés comme un attrait supplémentaire.

VARIATIONS DE COULEUR

Une peau qui change brusquement de couleur peut dénoter une émotion ou être le signe d'une maladie latente.

ROUGEUR

Le rouge qui monte au front est causé par la dilatation des capillaires sanguins du DERME. On rougit sous l'effet d'une émotion forte ou d'une trop grande chaleur.

TACHES PLUS FONCÉES

Il s'agit le plus souvent de réactions physiologiques, mais parfois aussi d'une maladie de la peau, comme l'ECZÉMA ou l'ACNÉ ROSACÉE. Dans des cas plus rares, elles peuvent être dues à des maladies systémiques comme CARDIOPATHIE, HYPERTENSION ou fièvre.

PÂLEUR

Le blanchissement passager de la peau peut indiquer une réaction émotionnelle de peur ou de colère ou une réaction physique au froid. Il est causé par le resserrement des capillaires sanguins du derme. Une peau pâle peut être signe d'ANÉMIE.

CYANOSE

C'est la coloration bleue de la peau due à une insuffisance d'oxygénation des capillaires des tissus cutanés. Elle est le signe de troubles circulatoires et se rencontre dans différentes affections, notamment cardiaques.

MARQUES DE NAISSANCE

De nombreux bébés naissent avec des taches sur la peau, mais rares sont celles qui persistent jusqu'à l'âge adulte. On peut généralement camoufler les plus petites par du maquillage, tandis que la chirurgie esthétique ou le laser viennent à bout des plus importantes.

HÉMANGIOME

C'est le terme médical désignant les taches de vin, marques de naissance rougeâtres ou violacées, plates ou en relief.

Les hémangiomes en relief sont généralement causés par un amas de vaisseaux sanguins dilatés : ils sont normalement rouge vif et protubérants et sont appelés angiomes capillaires. Il arrive qu'ils prennent une teinte bleuâtre. Les hémangiomes plats sont rouge violacé : on les appelle taches de vin. Les traitements au laser parviennent parfois à les atténuer et la cryochirurgie (chirurgie à très basse température) à les éliminer.

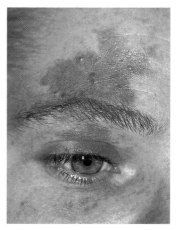

Tache de vin
Cette zone de peau rouge violacé, souvent défigurante, peut persister toute la vie.

TACHES CAFÉ AU LAIT

Ces marques brunâtres dues à une plus forte pigmentation de certaines zones de la peau persistent à l'âge adulte, mais elles sont facilement camouflables sous un maquillage.

LES PRODUITS DE SOINS

Les produits cosmétiques du commerce apportent généralement une sensation de relaxation et de bien-être, parfois amplifiée par l'odeur du parfum qu'ils contiennent. En fait, ces produits n'agissent pas de façon durable sur la structure de la peau, puisque les couches externes de l'épiderme sont mortes. En revanche, ils ne la déshydratent pas et ne détruisent pas ses huiles essentielles contrairement à l'eau et au savon. Ils apportent aussi une protection contre les méfaits du soleil et du vent.

DÉMAQUILLANTS

Les huiles contenues dans les crèmes et laits démaquillants détachent de la surface de la peau la saleté et le maquillage. Des particules microscopiques, comme celles de noyaux d'abricot broyés ou de haricots azuki, sont parfois ajoutées aux préparations pour détacher les cellules mortes. Leur application stimule la microcirculation de la peau par un effet de léger massage.

TONIQUES

Les toniques et rafraîchissants contiennent de l'alcool ou des substances similaires qui, en s'évaporant rapidement, procurent une légère sensation de picotement et resserrent les pores.

HYDRATANTS

Ces crèmes et lotions laissent à la surface de la peau une légère couche grasse, qui l'adoucit et l'assouplit. Les hydratants contiennent des huiles (lanoline : sébum de mouton), de la paraffine, de l'eau, du parfum et des agents conservateurs.

Le COLLAGÈNE, la réticuline et l'élastine entrent parfois dans la composition de ces produits. Il s'agit de substances qui se forment dans les cellules vivantes de la couche basale de l'ÉPIDERME et que l'on trouve dans toute peau saine. Appliquées superficiellement sur les cellules mortes de la couche cornée de l'épiderme, elles ont une efficacité réduite.

LES RIDES

Avec l'âge, le COLLAGÈNE contenu dans le DERME se déshydrate, de sorte que la peau perd de sa fermeté et de sa souplesse. Ce processus est exacerbé par le ralentissement de la production d'huile par les GLANDES SEBACÉES et d'eau par les glandes sudoripares, ainsi que par la perte de graisse du TISSU SOUS-CUTANÉ. L'apparition de rides et de taches qui en résulte est souvent aggravée par l'exposition au vent, et surtout au soleil. En recouvrant la peau d'une couche protectrice contre les éléments, les crèmes et les lotions hydratantes et surtout filtrantes ne peuvent certes pas réparer une peau abîmée, mais elles permettent de ralentir le processus de dégradation.

LES PRODUITS DE BEAUTÉ

Les femmes dépensent des millions de dollars chaque année en produits de beauté. La plupart des crèmes et lotions hydratantes sont à base d'émulsions d'huile et d'eau. On en trouvait déjà dans l'Antiquité, composées d'eau, de cire d'abeille et d'huile d'olive. Les huiles végétales, qui ont été assez largement remplacées par des huiles minérales au début de ce siècle, semblent revenir à la mode.

Les crèmes et lotions sont de plus en plus légères, moins grasses. Les plus légères sont les émulsions d'acides gras, glycérol et eau : on leur donne souvent le nom de « laits ». Les crèmes aux acides de fruits ont un effet rajeunissant.

LA RÉGLEMENTATION

Plus de 8 000 ingrédients sont utilisés en cosmétologie : huiles, cires, alcools, parfums, pigments, minéraux et agents de conservation. Seuls 300 environ d'entre eux sont autorisés dans les pays occidentaux. Au Canada, les fabricants ne sont pas obligés aujourd'hui de donner la liste complète des ingrédients qu'ils utilisent. En revanche, c'est obligatoire aux États-Unis.

En principe, la plupart des ingrédients utilisés sont sûrs. On s'est cependant aperçu que certains savons et crèmes abrasifs contenaient des substances interdites extrêmement toxiques, telles que le mercure et le monobenzyléther hydroquinone.

Le terme « hypoallergène » utilisé par les fabricants de cosmétiques, sur l'étiquette d'un produit, indique simplement qu'on ne connaît pas de réaction allergique à celui-ci. Le terme n'est pas défini par la réglementation gouvernementale.

Vieillissement de la peau
Les effets combinés des éléments atmosphériques et du vieillissement font apparaître les rides.

LE NETTOYAGE DE PEAU

Plusieurs techniques permettent de faire en quelque sorte peau neuve. Appliqués sur le visage, les masques absorbent la graisse superficielle, les impuretés et la couche supérieure de cellules mortes et nettoient la peau en profondeur. Il en existe différentes sortes dans le commerce : les gels, qui adhèrent à la peau et qu'il faut décoller une fois qu'ils ont pris, et les masques à base d'argile, qu'il faut laver ou essuyer après qu'ils ont séché.

Le peeling est en revanche une méthode beaucoup plus radicale, que seul un spécialiste, de préférence un dermatologue, devrait réaliser. Il consiste à gommer plusieurs couches d'ÉPIDERME en utilisant une enzyme ou un agent abrasif. La peau ainsi provisoirement plus fine a effectivement l'air plus jeune. C'est un traitement très délicat qu'il est dangereux de répéter trop souvent. Il peut néanmoins être très efficace pour traiter les cicatrices d'acné.

LE MAQUILLAGE

Toutes les femmes, et de nos jours beaucoup d'hommes, utilisent des produits de beauté pour masquer des imperfections (pores dilatés, taches, cicatrices) ou tout simplement pour avoir un teint plus lisse et plus mat. Il existe ainsi un grand nombre de poudres, de fonds de teint, de crèmes, etc. Les poudres sont transparentes ou teintées, elles contiennent habituellement du talc et du kaolin (argile). Elles colorent la peau et, par des jeux d'ombres, mettent les traits en valeur.

Pinceau

Poudre teintée

Perles de poudre

Fard à joues (crème)

CES PRODUITS NE SONT PAS INOFFENSIFS

On sait actuellement que plusieurs substances utilisées dans les produits de beauté peuvent être dangereuses pour la santé, irritent la peau ou provoquent des réactions allergiques.

Les agents de conservation destinés à empêcher la prolifération des bactéries une fois le produit entamé sont également parfois irritants. Aussi a-t-on tendance à en mettre moins dans les produits, ce qui augmente le risque d'infection bactérienne.

Selon certaines études, 1 g ou 1 ml d'un produit ne devrait pas contenir plus de 1000 unités formant des colonies de micro-organismes. Et il ne devrait pas y en avoir plus de 100 unités dans les produits de soin du contour des yeux, qui doivent être particulièrement purs.

Ces chiffres sont ceux analysés dès la fabrication. Mais le nombre de micro-organismes risque d'augmenter si les agents de conservation utilisés ne sont pas efficaces. Les notices accompagnant les produits indiquent rarement leur durée de vie. Il est certain, néanmoins, qu'une fois ouvert, un produit de beauté doit être rapidement utilisé si on veut éviter qu'il ne soit contaminé, alors qu'il peut falloir plusieurs mois avant qu'il ne soit vide. Il est donc difficile de le considérer comme un produit de consommation courant sujet à une date de péremption et de le jeter...

UNE PEAU LUMINEUSE

Poudre de soie, nacre, agents artificiels sont introduits dans certains produits sophistiqués de maquillage du visage, pour accrocher la lumière et donner du brillant ou de l'éclat au visage en unifiant le teint.

LA DERMABRASION

Certaines femmes y ont recours pour retrouver une peau plus fine et plus jeune. Cette technique, que seul un chirurgien dermatologue peut pratiquer, consiste à poncer mécaniquement la surface de la peau pour en éliminer les imperfections. La peau ainsi traitée devient plus fragile, se fendille ou se marque plus facilement.

LE TATOUAGE

Imprimer sur la peau des dessins indélébiles a toujours fasciné, au point que certains fanatiques vont jusqu'à se couvrir le corps des motifs les plus extravagants. On réalise les tatouages en introduisant dans le derme des pigments permanents, souvent du carbone, mais aussi d'autres teintures colorées, qui finissent néanmoins par s'estomper avec le temps. On ne connaît pas vraiment les effets de ces teintures sur l'organisme, quoiqu'on en ait retrouvé des traces dans les GANGLIONS LYMPHATIQUES des aisselles et de l'aine.

Le tatouage n'est pas seulement une parure. Il revêt un sens magique et, dans de nombreuses cultures, il a un sens initiatique. Mais, dans les pays occidentaux et dans certains milieux, il s'agit plutôt d'une question de mode.

L'ablation des tatouages est difficile et douloureuse. La marque étant profonde, il faut en effet enlever la peau jusqu'au derme. Il en reste généralement des cicatrices. Le laser permet cependant aujourd'hui d'obtenir de meilleurs résultats. Les médecins déconseillent le tatouage car les aiguilles servant à injecter les pigments risquent de transmettre le SIDA ou l'HÉPATITE.

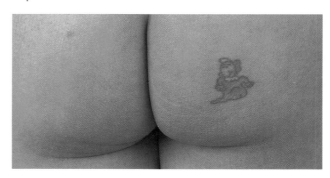

LES AUTOBRONZANTS

Grâce aux émollients qu'ils contiennent, ces produits, désormais très au point, s'étalent uniformément et sont vite absorbés par la peau, à laquelle ils donnent toutes les teintes du bronzage. Certains restent en surface et partent au lavage. D'autres pénètrent plus profondément et sont quasi permanents : ils ne s'estompent qu'au fur et à mesure du renouvellement des cellules de l'ÉPIDERME.

LE SOLEIL ET LA PEAU

Le rayonnement solaire comprend des rayons visibles, des infrarouges et trois types d'ultraviolets, responsables du bronzage et des brûlures de la peau : les UVA, les UVB et les UVC.

Les UVA de longueur d'onde longue ont un effet bronzant, les UVB, plus courts, bronzent et brûlent. Tous ces rayons affectent facilement l'ADN des cellules et les MÉLANOCYTES responsables de la pigmentation et peuvent être à l'origine de maladies cutanées, notamment de CANCERS (ci-dessous). À l'heure actuelle, très peu de rayons UVC, potentiellement très dangereux, atteignent la Terre, car ils sont filtrés par la couche d'ozone de l'atmosphère. La présence de trous dans cette dernière est de ce fait très préoccupante. Les rayons UV peuvent aussi affecter les CELLULES DE LANGERHANS de l'ÉPIDERME, qui détruisent les bactéries ou les cellules cancéreuses.

PROTECTION NATURELLE

Lors d'une exposition au soleil, les mélanocytes de l'épiderme produisent davantage de MÉLANINE. Pour se défendre contre les méfaits des UV, la peau commence par foncer, puis elle épaissit, tandis que s'accélère le renouvellement des cellules. Voilà pourquoi les femmes âgées qui ont passé une grande partie de leur vie en plein air ont la peau tannée.

PROTECTION ARTIFICIELLE

La plupart des produits solaires protègent seulement des rayons UVB (le degré de protection est indiqué par un indice : plus celui-ci est élevé, meilleur est le degré de protection), parfois des rayons UVA. Beaucoup de femmes n'utilisent pas de produits solaires. Sans doute par négligence ou, plus vraisemblablement, par méconnaissance des dangers encourus. Négligence d'autant plus coupable qu'une protection bien adaptée n'est pas contradictoire avec un bronzage de rêve. Même les peaux noires auraient besoin de protection.

Peau	Peler	Brûler	Bronzer
Rose	☺☺☺	☺☺☺	
Blanche	☺☺☺	☺☺☺	☺
Crème	☺	☺☺	☺☺
Jaune	☺	☺☺	☺☺
Bronzée	☺	☺	☺☺☺
Brune		☺	☺☺☺
Noire			☺☺☺☺

Les « soleils » indiquent l'importance du risque.

LE CANCER DE LA PEAU EN RECRUDESCENCE

Bien que la plupart des cancers de la peau guérissent s'ils sont traités à temps par ablation chirurgicale, il existe malgré tout des cas mortels. Il est préoccupant de constater que leur nombre a progressé de 7 % chez les femmes au teint clair, dans le monde entier, depuis une dizaine d'années. On estime que les femmes de 30 ans, au teint clair, à la peau sensible au soleil et couverte de taches de rousseur et de grains de beauté, que les femmes ayant des antécédents de mélanome malin (ci-dessous) et que celles qui ont eu un ou plusieurs coups de soleil graves durant leur enfance sont beaucoup plus vulnérables. La réduction de la couche d'ozone (en Australie ainsi qu'au sud et au nord du continent américain) et des années d'exposition à un fort ensoleillement seraient aussi des facteurs aggravants.

LE CANCER DE LA PEAU

ÉPITHÉLIOMA BASOCELLULAIRE

C'est le plus fréquent des cancers de la peau chez les caucasiennes au teint clair. Il peut se déclarer au niveau du poil et commence par un petit nodule plat, aux bords rugueux souvent surélevés, généralement sur le visage, la tête ou le cou. Le nodule grossit, prend l'aspect d'une ulcération, puis éclate et saigne. Bien que l'atteinte des tissus cutanés puisse être localement considérable, ce type de cancer ne s'étend généralement qu'aux tissus environnants et ne forme donc pratiquement pas de métastases en d'autres parties du corps. Aussi ce cancer est-il considéré comme presque inoffensif à condition d'être traité à temps. Encore faut-il être vigilant et ne pas hésiter à consulter un dermatologue.

ÉPITHÉLIOMA SPINOCELLULAIRE

Il atteint généralement les femmes de plus de 60 ans et affecte l'épiderme. Il débute par un nodule croûteux, semblable à une verrue, sur les parties découvertes de la peau, notamment les mains, le visage, le cou ou les oreilles. Traité à temps, il forme rarement des tumeurs secondaires.

MÉLANOME MALIN

Bien qu'il soit chaque année plus fréquent, ce type de cancer n'est pas très courant. Il se caractérise par des tumeurs composées de mélanocytes (cellules productrices du pigment colorant de la peau) cancéreux. S'il est retiré à temps, le cancer ne se développera pas.

Diagnostic
Les cancers de la peau sont facilement décelables, et le diagnostic est immédiat. L'ablation chirurgicale, sous anesthésie locale, est le traitement le plus fréquent. Le mélanome malin est la forme la plus dangereuse, parfois mortelle, s'il n'est pas traité immédiatement.

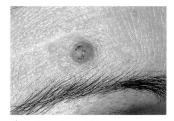
Épithélioma basocellulaire

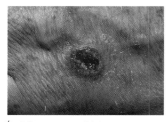
Épithélioma spinocellulaire

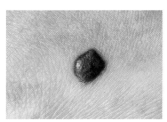
Mélanome malin

ET CHEZ L'ANIMAL ?

*La structure de la peau
est fondamentalement
la même chez la plupart
des animaux, les différences
étant dues à des fonctions
spécialisées. Chez les oiseaux
et certains mammifères,
elle est relativement fine
car elle est protégée
par des plumes, de la fourrure
ou des épines. Chez les espèces
aquatiques, la peau,
dépourvue de poils,
a épaissi pour remplir son rôle
protecteur. Chez certains
animaux, la peau est devenue
une carapace.*

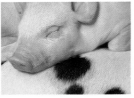

Porc
*Habitant des marécages
à l'origine, il a une peau épaisse
et peu de poils.*

Léopard
*La peau des mammifères
à fourrure est protégée
par l'épaisseur de leurs poils.*

Crocodile
*Chez certains animaux, comme le
rhinocéros et le crocodile, la peau
est devenue une carapace.*

LES BRÛLURES

On peut déterminer le degré
des brûlures en fonction de leur
profondeur : elles sont du premier
degré quand elles affectent
l'ÉPIDERME, du second degré
quand elles touchent
l'épiderme et le DERME,
du troisième quand elles
atteignent les trois couches.
Selon l'âge et la surface
de peau brûlée, les brûlures
du troisième degré
provoquent de graves
infections, parfois la mort.

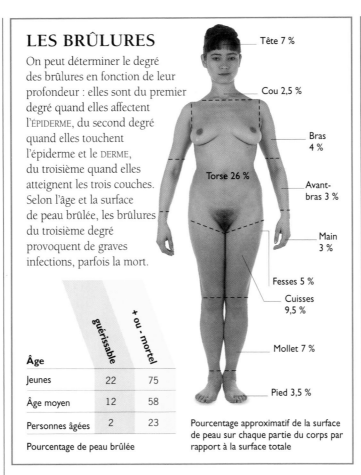

Tête 7 %
Cou 2,5 %
Bras 4 %
Torse 26 %
Avant-bras 3 %
Main 3 %
Fesses 5 %
Cuisses 9,5 %
Mollet 7 %
Pied 3,5 %

Âge	guérissable	+ ou - mortel
Jeunes	22	75
Âge moyen	12	58
Personnes âgées	2	23

Pourcentage de peau brûlée

Pourcentage approximatif de la surface
de peau sur chaque partie du corps par
rapport à la surface totale

TÉLANGIECTASIE

Cet éclatement des petits
vaisseaux sanguins survient
généralement par suite
d'une altération du tissu
de soutien de la peau lié
au vieillissement ou à une
surexposition au soleil
et au vent. Il peut également
être dû à une maladie
de la peau comme l'acné
rosacée. On remarque alors
en permanence le présence
de rougeurs sur les joues
et sur le nez.

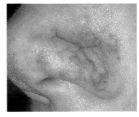

Couperose du visage
*Peu esthétique, elle se traite
par électrocoagulation
ou au laser.*

LA TRANSPIRATION

Les glandes eccrines, présentes sur toute la surface de la peau, contrôlent la température, tandis que les glandes apocrines, situées à l'aine,
aux aisselles et autour des mamelons sont à
l'origine de l'odeur corporelle. Elles sécrètent
toutes de la sueur, substance laiteuse contenant
des graisses et des protéines. Ce processus
naturel est amplifié en cas d'OBÉSITÉ, pendant
les RÈGLES et à la MÉNOPAUSE, mais aussi en cas
d'anxiété, d'infection et de fièvre. L'alcool, les
drogues ou l'hypoglycémie activent également
la transpiration.

ODEURS CORPORELLES

Au moment de l'émission, la sueur n'a pas
d'odeur. Celle-ci est provoquée par une réaction
chimique qui se produit quand la sueur reste
sur la peau quelques heures, enfermée dans les
vêtements.

Les glandes sudoripares ont aussi un rôle
excréteur, mais il est faible. Toutefois, elles évacuent certains produits alimentaires, tels les
épices et l'ail.

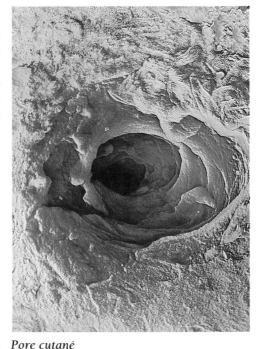

Pore cutané
*Au microscope, les minuscules pores ressemblent à de petits
tunnels s'enfonçant dans la peau.*

LES DERMATITES

IRRITANTE
C'est la forme la plus courante, causée par l'exposition à des substances irritantes, par exemple les détergents.

ALLERGIQUE DE CONTACT
Elle survient souvent après un contact avec une substance allergène, mais disparaît dès que cesse le contact.

Allergie de contact
Réaction de la peau de l'abdomen à une fermeture à glissière.

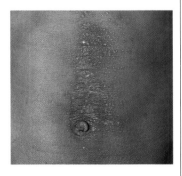

SÉBORRHÉIQUE
Des taches rouges squameuses apparaissent sur la peau aux endroits où les glandes SÉBACÉES sont le plus nombreuses (visage, cuir chevelu). C'est la cause la plus courante des PELLICULES.

VARIQUEUSE
La peau devient fragile et sensible aux chocs et aux écorchures. Cette dermatite affecte les femmes plus âgées souffrant de VARICES et ayant souffert de thrombose veineuse profonde.

ECZÉMA
Il s'accompagne de rougeurs et de démangeaisons. De petites vésicules apparaissent et provoquent des infections en éclatant. Parfois, la peau épaissit et la couche externe se desquame. Il peut être dû à des agents irritants ou allergisants.

LES PETITS PROBLÈMES

ECCHYMOSES
En cas d'éclatement des vaisseaux sanguins, le sang qui se répand dans les tissus environnants coagule et forme des hématomes. La structure du sang y est altérée par une série de réactions chimiques en chaîne, qui donnent à la peau une couleur tour à tour bleue, noire et jaune. Un grand nombre d'ecchymoses, ou « bleus », peut être dû à une carence en vitamine C ou être signe d'hémophilie, maladie hémorragique qui n'atteint que les hommes.

URTICAIRE
C'est une réaction allergique produisant des éruptions. Certains aliments, par exemple les fraises, les crustacés ou les champignons, peuvent susciter des allergies. La chaleur et l'allergie aux rayons ultraviolets sont également cause d'urticaire : on parle alors de boutons de chaleur.

« FEUX SAUVAGES »
Ils sont provoqués par le virus de l'herpès simple. Une fois dans l'organisme, notamment si le système immunitaire est affaibli par la maladie ou soumis à de brusques variations climatiques, le virus se développe et se manifeste par des « feux sauvages ». Ces boutons apparaissent sur les lèvres et dans les narines, mais parfois aussi sur les organes génitaux si le virus a été transmis lors de rapports sexuels. Le liquide clair des petites vésicules qui apparaissent est très contagieux.

ACNÉ
Due à l'inflammation du follicule pileux engorgé de sécrétions de SÉBUM et de KÉRATINE, elle est généralement associée à des modifications hormonales, notamment pendant la PUBERTÉ. Elle se manifeste par des points noirs (comédons), des papules, des kystes. Souvent douloureuse, l'acné risque de laisser des cicatrices.

FURONCLES
Il s'agit d'une forte infection des follicules pileux qui se remplissent de pus. Il faut les percer pour les vider, après quoi ils guérissent complètement.

VERRUES
D'origine virale, elles sont extrêmement contagieuses et prolifèrent sur tout l'ÉPIDERME, par suite d'une division cellulaire très rapide qui se traduit par un renflement de la peau.

MYCOSE SUPERFICIELLE
Très contagieuse, cette infection est due à un champignon : elle se manifeste par une éruption en forme de cercles rouges et provoque des démangeaisons. Elle touche souvent les ongles et le cuir chevelu.

« PIED D'ATHLÈTE »
Cette infection due à un champignon touche la peau située entre les orteils, mais parfois aussi les parties humides du corps, comme l'aine.

PSORIASIS

Caractérisée par des plaques rouges, cette affection passagère ou chronique atteint les membres. Elle frappe une personne sur cinquante et serait héréditaire.
Les CAUCASIENNES semblent souffrir davantage de psoriasis que les JAUNES ou les NÉGROÏDES.
On peut le traiter par des médicaments qui ralentissent la croissance des cellules cutanées, et par l'exposition aux rayons ultraviolets.

ZONA

Le virus du zona infecte les nerfs d'une partie de la peau, entraînant une éruption très douloureuse. Il est aussi responsable de la varicelle. Après une infection, le virus ne disparaît pas complètement. Il reste latent dans les ganglions et peut se réactiver en cas de baisse des défenses immunitaires. Il se multiplie alors le long des trajets nerveux provoquant l'apparition de vésicules douloureuses. Le virus du zona se développe chez les personnes dont le système immunitaire est affaibli. Trois personnes sur cent souffriraient de zona, surtout après 50 ans. Des complications peuvent survenir : atrophie musculaire, INCONTINENCE intestinale ou urinaire provisoire, paralysie faciale, surdité. Mais ce sont surtout les yeux qui peuvent être touchés, avec parfois perte de la vision. Le zona est extrêmement douloureux : une personne sur dix souffre de névralgies avant 60 ans, une sur deux après. Les lésions siègent le plus fréquemment au thorax. L'éruption est souvent précédée d'un mal de tête et d'un peu de fièvre. Une sensation de brûlure est ressentie dans les zones qui seront envahies.

L ES CHEVEUX

La chevelure

Le cuir chevelu porte à lui seul environ 100 000 follicules pileux, totalement formés chez le fœtus dès 6 mois. Les blondes ont plus de cheveux que les brunes. Ce sont les rousses qui en ont le moins.

ET CHEZ L'HOMME ?

Le nombre de follicules pileux est identique, mais les hommes ont le visage et la poitrine plus poilus. Ils perdent davantage leurs cheveux sous l'effet de modifications de la testostérone, l'hormone mâle. Les femmes peuvent en perdre après une grossesse ou après la MÉNOPAUSE.

Caucasienne aux cheveux blonds ondulés

Caucasienne aux cheveux lisses brun clair

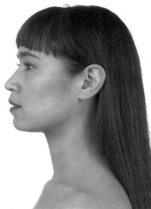

Eurasienne aux cheveux lisses brun foncé

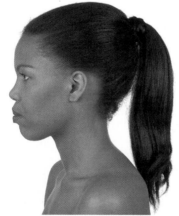

Négroïde aux cheveux noirs frisés avec queue de cheval postiche

Caucasienne aux cheveux roux frisés

Négroïde aux cheveux noirs frisés

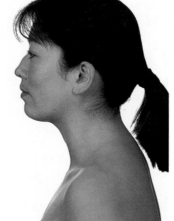

Jaune aux cheveux noirs lisses

Caucasienne aux cheveux blonds

LE « SINGE SUPÉRIEUR AQUATIQUE »

Les premiers êtres humains étaient couverts de poils, à l'instar de leurs cousins, les singes. Pendant la PÉRIODE AQUATIQUE, une couche de graisse s'est formée à la surface du corps pour le protéger du froid. De ce fait, les poils qui le recouvraient se sont raréfiés. Il en reste des traces dans les poils de LANUGO du fœtus (ci-dessous).

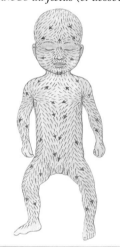

LA STRUCTURE

Le cheveu est un filament souple issu d'un FOLLICULE PILEUX dont la racine, ou bulbe pileux, est située dans un creux de l'ÉPIDERME. La partie visible est la tige pilaire, composée en grande partie d'une protéine fibreuse, la KÉRATINE. La partie externe, ou CUTICULE, est constituée de plusieurs couches de cellules plates, allongées. Elle recouvre l'ÉCORCE, constituée de cellules en forme de fuseau. Au centre du cheveu, se trouve la MOELLE, formée de grosses cellules accompagnées de vacuoles pleines d'air. Elle est absente chez le nouveau-né, apparaît à la puberté et est très importante chez les personnes âgées. Les cellules de la cuticule ne sont en fait que des cellules mortes kératinisées.

Tige pilaire

Couche cornée

Couche basale

Glande sébacée

Bulbe pileux

Papille dermique contenant les vaisseaux sanguins

Moelle
Écorce
Cuticule

Muscle arrecteur

Artère

Veine

LA COULEUR

Le cheveu doit sa couleur au nombre de pigments de MÉLANINE (ci-dessous) produits par des cellules différenciées. La combinaison, la quantité et le site de ces pigments sur la tige pilaire donnent toutes les nuances possibles de blond, roux, brun ou noir. L'apparition de cheveux blancs est un processus complexe dû à la dépigmentation, mais aussi à une mauvaise réfraction de la lumière sur la tige. L'exposition au soleil éclaircit les cheveux par décoloration, de même que les maladies graves, par baisse de production de pigments. Il est peu probable que des facteurs comme la pollution ou la prise de médicaments aient une quelconque influence.

LA MÉLANINE

Elle se compose de mélanocytes, fines granulations produites par des cellules différenciées à la base du follicule pileux. Ces granulations sont transportées vers les cellules de l'écorce et de la moelle de la tige pilaire (ci-contre). Le nombre et la taille de ces granules déterminent les couleurs différentes des cheveux.

Chez les blondes, le pigment est pâle, il a pour nom phaemélanine, et est situé uniquement dans l'écorce. Chez les femmes aux cheveux de jais, il est foncé, c'est l'eumélanine et il est situé dans la moelle, l'écorce et la tige. L'érythromélanine est le pigment qui donne leur couleur aux rousses.

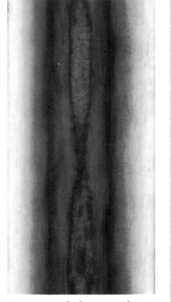

Structure de la tige pilaire
La moelle est entourée par l'écorce (en bleu sur cette vue au microscope) et la cuticule (en blanc).

CHEVEUX BLANCS

L'apparition des cheveux blancs est en grande partie héréditaire. Chez la caucasienne, elle se manifeste généralement dès 34 ans, mais seulement vers 44 ans chez la négroïde. Il est évident que les cheveux blancs se voient davantage chez les brunes, mais les blondes n'y échappent pas et 28 % des femmes finissent par avoir les cheveux complètement blancs. Le blanchissement des cheveux est dû à la perte progressive de l'activité de synthèse des mélanocytes. On constate qu'un cheveu n'a presque plus de grains de mélanine.

D'autres facteurs favorisent la dépigmentation des cheveux : le STRESS, la maladie, le DIABÈTE, la MALNUTRITION, l'ANÉMIE ainsi que les traumatismes physiques ou émotionnels.

TEXTURE ET IMPLANTATION

Cheveux en grains de poivre

Il s'agit de boucles en spirale, très frisées et largement espacées les unes des autres. Cette implantation est surtout fréquente chez les groupes raciaux les plus anciens, notamment chez les Hottentots (ci-dessus) et les Bochimans, les Aborigènes d'Australie et les Mélanésiens.

Elles sont déterminées par plusieurs GÈNES, différents de ceux qui conditionnent la couleur. Le gène des cheveux lisses et rêches, fréquents chez les JAUNES, est dominant sur celui des cheveux très frisés, tandis que le cheveu fin et lisse, courant chez les CAUCASIENNES, est toujours porté par un gène récessif.

Les cheveux « laineux » que portent quelques rares caucasiennes du nord de l'Europe (généralement blondes) sont sans doute le fruit d'une mutation. Ils sont crépus et cassants, très différents de la chevelure très frisée des NÉGROÏDES.

Les boucles très frisées sont de deux types : elles ont un diamètre constant ou poussent en spirale, c'est-à-dire avec un diamètre décroissant à partir du cuir chevelu. Ces boucles auraient, dit-on, un rôle protecteur contre les forts rayons du soleil. Les boucles en spirale sont très fréquentes dans les zones de forêts humides, on pense que leur structure plus lâche facilite la transpiration, permettant ainsi une meilleure régulation de la chaleur.

CRÊTES ET ÉPIS

Tout individu possède sur le dessus de la tête, vers l'arrière, une sorte d'épi qui donne aux cheveux un mouvement circulaire en forme de volute, le plus souvent dans le sens inverse des aiguilles d'une montre. Certaines femmes ont deux épis, ou plus, n'allant pas forcément dans le même sens. Les cheveux ne sont pas toujours implantés de la même façon. Il existe une pousse typique, en forme de V, à partir du front. L'épi peut se localiser au niveau du front, ce qui n'est pas sans contrarier le bel ordonnancement d'une frange.

LA CHUTE DES CHEVEUX

Elle a généralement un caractère héréditaire, mais peut être due à une modification hormonale provisoire, par exemple une grossesse, pendant laquelle la chute naturelle des cheveux est stoppée pour reprendre un cycle normal 3 mois après la grossesse. De même, une maladie immunitaire comme la pelade peut en être la cause.

Le stress, la fièvre, la famine ou certains médicaments (particulièrement la chimiothérapie anticancéreuse) font aussi tomber les cheveux. Dès que la cause disparaît, les cheveux recommencent à pousser.

Certains stéroïdes utilisés par les culturistes risquent néanmoins de provoquer une perte irréversible des cheveux, même après l'arrêt de la prise. D'autre part, l'excès de vitamine A et les régimes carencés en protéines peuvent ralentir leur pousse.

POUSSE ET TEXTURE

Les cheveux, comme les poils, poussent à des rythmes variés selon le sexe, l'âge et la localisation sur le corps. On estime cette pousse en moyenne de 0,5 à 1,5 mm par semaine ; elle atteint son maximum entre l'adolescence et la quarantaine, puis commence à ralentir. Les cheveux deviennent clairsemés lorsque la repousse ne suffit plus à compenser la chute.

CYCLES DE CROISSANCE

Les FOLLICULES PILEUX de la chevelure féminine sont actifs pendant 6 ans environ, contre 3 ans chez les hommes. La période de croissance varie selon les individus, mais elle peut aller jusqu'à 10 ans. Leur longueur est déterminée par le cycle cellulaire et le rythme de pousse du cheveu. La période active de tous les follicules pileux est suivie par une phase de repos pendant laquelle le cheveu meurt. Il

reste cependant encore en place pendant 3 à 6 mois. La matrice reprend alors son activité et, en repoussant, le nouveau cheveu fait tomber l'ancien. On perd près de 100 cheveux chaque jour. La vitesse de pousse détermine la longueur du cheveu. Le record de longueur a été de 3,65 m, mais la longueur moyenne se situe entre 0,60 et 1 m.

TEXTURE, BOUCLES ET FRISETTES

Tous les cheveux ne sont pas implantés de la même manière et vont dans des sens différents. C'est là un héritage de la PÉRIODE AQUATIQUE, les cheveux suivant le sens de l'eau pendant la nage. L'épaisseur et la forme du follicule pileux en déterminent également la texture. Un follicule plat en forme de ruban donne des cheveux frisés ; un follicule ovale donne des cheveux ondulés, et un follicule parfaitement rond donne des cheveux lisses.

À TRAVERS LES ÂGES

La chevelure a toujours été symbole de féminité et d'attirance sexuelle. Tout au long des siècles, la longueur et le style des coiffures n'ont cessé de changer : voyantes ou sages, simples ou compliquées, au gré de modes éphémères ou de l'évolution de la condition féminine. En cette fin de XXe siècle, chaque femme choisit le style qui lui convient le mieux.

XVIe siècle (à gauche)
La mode est aux petites boucles frisées au fer, agrémentées de garnitures sur le sommet de la tête et les côtés.

XVIIIe siècle (à droite)
C'est le siècle de toutes les extravagances : véritables échafaudages de rubans, postiches, souvent soutenus par des fils de laiton, le tout couronné d'un chapeau.

1920 (ci-dessus)
Les femmes coupent leurs cheveux à la garçonne. Coco Chanel est l'une des premières à lancer cette mode, qui s'installera lentement, avec des variantes : cheveux lisses ou en bandeaux, bouclés et formés en accroche-cœurs.

1950 (ci-dessus)
Des chignons élaborés, tout en hauteur, bouclés ou lisses donnent une note de sophistication.

1960 (à gauche)
La coupe courte au carré est très populaire chez les yéyés des années 1960.

CHEVEUX EN FORME

PERMANENTE

Grâce à un procédé chimique, la permanente donne au cheveu volume, souplesse et tenue, en le gainant d'un film élastique. Même les femmes aux cheveux lisses peuvent ainsi avoir des coiffures frisées, bouclées ou tout simplement plus gonflées aux racines.

Il en existe deux sortes. Les permanentes alcalines brisent la molécule de la fibre et la restructurent différemment. Elles durent longtemps, mais agressent le cheveu en profondeur. En revanche, les permanentes acides respectent davantage le pH du cheveu et sont donc plus douces. Elles ne durent que de 6 à 8 semaines.

MISE EN PLIS

Rouleaux, pinces à gaufrer, fers à friser, bigoudis souples permettent une mise en forme rapide et provisoire, surtout sur cheveux lisses ou de texture fine ou moyenne.

Pour une meilleure tenue, on enduit les cheveux, secs ou mouillés, d'une lotion ou d'une mousse fixantes, qui leur donneront également plus de volume. En partant du front, on place régulièrement les rouleaux vers l'arrière. Les gros rouleaux donnent une coiffure souple, les petits une petite boucle frisée.

On peut laisser sécher la mise en plis naturellement ou utiliser un sèche-cheveux. Dans ce dernier cas, on laisse refroidir avant de retirer les rouleaux, en commençant pas ceux du bas. En variant le sens et la taille des rouleaux, on obtient des styles de coiffure très variés.

Les pinces à gaufrer permettent de friser en même temps toute une surface de cheveux, surtout lisses et longs.

DÉFRISAGE

Le principe est le même que celui de la permanente : détruire les liens moléculaires qui structu-

À chacune son style
La femme peut aujourd'hui s'amuser à changer de style, de couleur, de coupe au gré de sa fantaisie.

rent le cheveu pour les reconstruire ailleurs. C'est un traitement très agressif qui fragilise le cheveu et le rend très cassant.

COLORATION

Chaque femme réagit différemment aux teintures en fonction de la porosité de son cheveu. La coloration semi-permanente ne modifie pas la structure du cheveu. La couleur obtenue est moins vivante et s'estompe au fil des shampooings. La coloration-crème, avec apport d'oxydant, pénètre en revanche dans l'écorce : elle commence par éclaircir, puis apporte le reflet définitif. Elle dure environ 1 mois et laisse des racines apparentes lors de la repousse. Les colorations fragilisent le cheveu et le rendent cassant.

PERRUQUES ET POSTICHES

Changer de tête ou masquer une chute de cheveux, tout est aujourd'hui possible grâce aux perruques en cheveux naturels ou artificiels. Les postiches sont des mèches plus ou moins épaisses, qui se fixent aux cheveux naturels attachés.

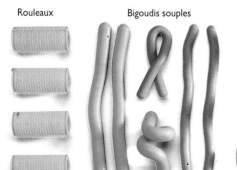

Rouleaux   Bigoudis souples

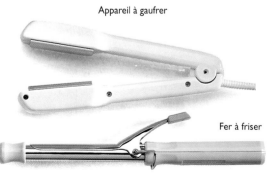

Appareil à gaufrer

Fer à friser

L'HIRSUTISME

C'est l'apparition d'un excès de poils durs chez la femme, répartis comme chez l'homme (ci-dessous). Il n'implique pas la présence d'une maladie sous-jacente, mais se manifeste parfois en cas de syndrome des ovaires polykystiques (déséquilibre hormonal provoquant plusieurs KYSTES OVARIENS) et d'hyperplasie surrénalienne (surproduction d'ANDROGENES).

La plupart des femmes estiment avoir trop de poils et s'épilent les aisselles, les jambes, le tour des lèvres, les sourcils. Les techniques d'épilation sont nombreuses : pince à épiler, rasoir, cire, crèmes dépilatoires, décoloration, électrolyse... plus ou moins douloureuses, et favorisent une repousse plus ou moins rapide.

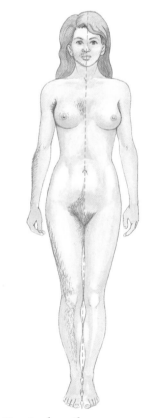

L'excès de poils
À droite, système pileux d'une femme normale ; à gauche, hirsutisme total.

LES SOINS CAPILLAIRES

La nature des cheveux varie à l'infini, des cheveux fins et impossibles à coiffer aux chevelures épaisses, rêches et crépues. Leur aspect dépend autant de leur structure que de leur état. Les cheveux rêches et frisés reflètent moins bien la lumière que les cheveux lisses et fins. Ces derniers en revanche sont plus sensibles à l'électricité statique, et donc plus difficiles à coiffer.

Les écailles qui gainent le cheveu adhèrent généralement à la tige (à droite). Mais, en cas de traumatismes trop répétés (teintures, séchage, brushing, soins mal adaptés), les cheveux deviennent fourchus (ci-dessous).

SHAMPOOINGS

Ce sont en principe des détergents qui font disparaître la graisse, les salissures, les cellules mortes et tout autre résidu. Mal choisis, ils risquent d'abîmer les cheveux, notamment en favorisant la sécrétion de sébum, comme c'est le cas des shampooings pour cheveux dits « gras », qui contiennent une plus grande quantité de détergent. Il existe aujourd'hui toute une gamme de shampooings traitants adaptés à chaque nature ou à chaque problème de cheveux.

PRODUITS TRAITANTS

La tige capillaire étant une structure partiellement morte, les applications de tels produits n'ont qu'une efficacité passagère sur la surface du cheveu, qu'ils rééquilibrent, assouplissent ou gonflent.

BROSSAGE ET BRUSHING

Pour bien démêler les cheveux et répartir le sébum sur toute leur longueur, il est indispensable de les brosser régulièrement, mais en douceur, dans tous les sens. Le brushing permet des coiffures plus souples, mais risque de traumatiser le cheveu si les mèches sont trop serrées ou le sèche-cheveux trop chaud. Il est bon d'utiliser des lotions avant-brushing.

RENFORÇATEURS DE MISE EN PLIS

Il en existe une grande variété suivant les diverses natures de cheveux et l'usage qu'on veut en faire. Appliqués avant le brushing ou la mise en plis, les fixateurs et les mousses gonflantes gainent le cheveu et font tenir la coiffure plus longtemps. Ils lui donnent du volume et du brillant tout en lui conservant sa souplesse, afin d'éviter l'effet de casque. La laque, qui fixe la coiffure, s'applique sur les cheveux coiffés.

Cheveux sains
Les écailles sont bien plaquées sur la tige.

Cheveux abîmés
Cheveux fourchus vus au microscope : ils sont la conséquence d'agressions de diverses natures – shampooings trop décapants, brushings trop énergiques, sèche-cheveux trop chaud.

LES PELLICULES

Ce sont des amas de cellules cutanées mortes ou squamées. Elles apparaissent généralement lorsque le cuir chevelu est en mauvais état, parfois du fait d'une sorte d'ECZÉMA, la DERMATITE SÉBORRHÉIQUE, ou en cas d'autres maladies de la peau, notamment le PSORIASIS.

LES POUX

POUX DE TÊTE

Ce sont de minuscules insectes au corps aplati qui glissent entre les cheveux et se fixent au cuir chevelu, dont ils sucent le sang. Ils irritent la peau et donnent de fortes démangeaisons qui sont généralement le premier symptôme de leur présence. Les femelles pondent tous les jours une importante quantité d'œufs, ou lentes, qui se collent au cheveu. On les trouve le plus souvent sur la nuque, là où les cheveux poussent le plus rapidement.

Les poux sont extrêmement contagieux et touchent le plus souvent les enfants. Contrairement à ce que l'on croyait, ils préfèrent les cheveux propres. On a constaté ces dernières années une recrudescence d'épidémies dans les écoles, mais on dispose aujourd'hui pour les traiter de lotions spéciales, très efficaces, qui doivent être suivies d'un shampooing doux. Pour être réellement efficace, le traitement doit être appliqué à toute la famille et accompagné d'un bon nettoyage du linge et de la literie.

POUX DU PUBIS

Ils se transmettent par contact sexuel et provoquent en général de fortes démangeaisons. Une lotion insecticide et un bon lavage des vêtements et de la literie en viennent à bout.

*L*ES YEUX

Des couleurs et des formes

Comme chez tous les primates, le rôle des yeux, placés à l'avant du visage, est fondamental chez l'être humain. On estime en effet que près de 80 % de toutes les informations transmises au cerveau sont relayées par la vision. Les yeux bruns sont les plus répandus, mais, notamment chez les caucasiennes du Nord, on rencontre souvent des yeux pâles, bleus, verts, violets, noisette ou gris. Chez les jaunes, la paupière supérieure porte un pli cutané, l'épicanthus, qui recouvre les deux coins de l'œil et lui donne son aspect bridé caractéristique. Ce pli est d'ailleurs présent chez tous les fœtus mais disparaît après la naissance, sauf chez les jaunes et les enfants trisomiques.

 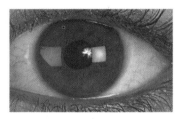

Métis caucasienne-négroïde : yeux ronds, brun clair

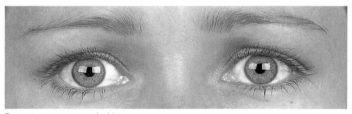

Caucasienne : yeux ronds, bleus

Négroïde : yeux en amande, brun foncé

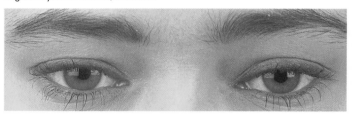

Eurasienne : yeux verts, bridés, en amande

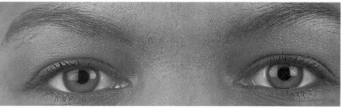 

Négroïde : yeux bruns, en amande

ET CHEZ L'HOMME ?

L'œil de la femme est légèrement plus petit que celui de l'homme et comprend une plus grande proportion de sclérotique (blanc de l'œil). Les GLANDES LACRYMALES des femmes seraient plus actives.

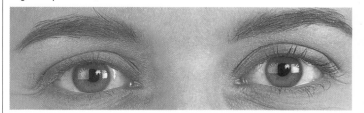

Caucasienne : yeux noisette/gris, ronds

LES SOURCILS

Sourcils épilés

Sourcils dessinés et maquillés

Situés sur une petite protubérance arquée au-dessus de l'œil, les sourcils contribuent à donner au visage son expression. Ils sont plus fournis chez les hommes. Les femmes en modifient la forme au gré de la mode en les épilant, en les redessinant ou en les colorant.

Au XVIIe siècle, les faux sourcils (en poil de souris) étaient à la mode. Dans les années 1950, les sourcils épais, comme ceux de Sophia Loren (ci-contre), étaient redevenus populaires. Cette tendance renaît dans les années 1990, en plus naturel.

LES CILS

L'œil est protégé par quelque 200 cils, plus nombreux sur le bord de la paupière supérieure que sur celui de la paupière inférieure, d'une durée de vie de 3 à 4 mois. Ils ne perdent pas leur pigmentation, sauf en cas de maladie, ce qui est très rare.

LA COULEUR

Gris
Violet
Vert olive
Vert
Bleu
Noisette
Brun

La couleur de l'œil est déterminée par la quantité et la localisation de la MÉLANINE dans l'iris. Une grande quantité de pigment donne une coloration brun foncé s'il est situé dans les couches superficielles de l'iris et une coloration plus pâle, de noisette ou vert à gris ou bleu, s'il se trouve dans les couches plus profondes. Les yeux ont l'air violets lorsque les vaisseaux sanguins sont visibles, par transparence, sous une fine couche de pigment.

LE REGARD

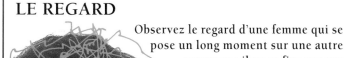

Observez le regard d'une femme qui se pose un long moment sur une autre personne : il ne se fixe pas sur un trait particulier, mais balaye tout le visage, plus particulièrement les yeux, le nez et la bouche (à gauche). Étudiez un groupe de femmes en

Le regard
Les lignes roses indiquent la direction et l'intensité du regard.

train de converser : les mouvements de leurs yeux sont exactement prévisibles. Celle qui parle commence par jeter un coup d'œil à son interlocuteur pour capter son attention, puis regarde ailleurs, pour revenir à lui un peu avant de cesser de parler pour voir l'effet de ses paroles. Et cela quelle que soit la longueur du discours.

L'interlocutrice, pour sa part, garde les yeux fixés sur le visage de l'oratrice et l'encourage de temps en temps d'un signe de tête ou d'un mot, si leurs yeux se rencontrent.

On a pu observer que ce type d'encouragement est en général plus fréquent chez les femmes, qui manifestent plus d'expressivité, tant gestuelle (mimiques, hochements de tête) que verbale (exclamations...). En revanche, les hommes sont plus économes, plus sobres, semble-t-il, puisqu'ils n'acquiescent que s'ils sont d'accord.

Lorsque, à son tour, l'interlocutrice répond, elle reproduit le même comportement.

L'ANATOMIE

Les cellules sensorielles de l'œil sont une extension du cerveau qui a bourgeonné pendant le DÉVELOP-PEMENT DE L'EMBRYON. De tous les organes, ce sont les yeux qui grandissent le moins de la naissance à l'âge adulte.

Avant d'arriver au fond de l'œil, sur la rétine, où se fera la mise au point, le rayon lumineux traverse la cornée et le cristallin. La rétine contient 137 millions de cellules sensibles à la lumière : 130 millions de bâtonnets responsables de la vision en noir et blanc et qui permettent la perception des objets et des silhouettes par faible éclairage, tandis que 7 millions de cônes captent les couleurs et adaptent la vision aux situations fortement éclairées. Les cônes sont concentrés dans la tache jaune. Il n'y a pas de bâtonnets dans la fovéa (dépression de la rétine située au centre de la tache jaune). Un réseau de cellules nerveuses à la surface de la rétine trans-

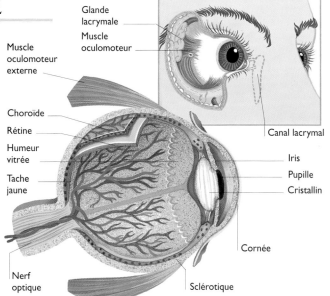

Glande lacrymale
Muscle oculomoteur
Muscle oculomoteur externe
Choroïde
Rétine
Humeur vitrée
Tache jaune
Nerf optique
Canal lacrymal
Iris
Pupille
Cristallin
Cornée
Sclérotique

forme les signaux lumineux en impulsions électriques, qui sont transmises au cerveau par le nerf optique. L'œil comporte 70 % des récepteurs sensoriels du corps ; il peut traiter simultanément 1,5 million de messages. Les pupilles se dilatent et se contractent selon l'intensité lumineuse.

LES LARMES

La glande lacrymale est située au-dessus et en arrière du globe oculaire. Elle sécrète un liquide salé contenant des lysozymes (substances antibactériennes). Lorsqu'on cligne des paupières, ce liquide lubrifie la surface de l'œil et s'écoule par le canal lacrymal. Les émotions fortes, l'anxiété et une irritation de l'œil font généralement pleurer. Les femmes pleurent 4 fois plus que les hommes à cause d'une hormone.

LE DALTONISME

Cette anomalie n'affecte pas la perception des trois couleurs principales : plus fréquemment, elle empêche de distinguer le rouge du vert. Elle est d'origine génétique et se manifeste plus rarement chez les femmes que chez les hommes. Mais même si elles n'en sont pas atteintes, celles-ci peuvent transmettre l'anomalie à leurs enfants.

Test du dessin
Les personnes ayant une vision parfaite distinguent les points de différentes couleurs et les dessins qu'ils forment.

LA VISION DES COULEURS

Comme tous les primates, l'être humain ne perçoit qu'une partie du spectre électromagnétique, à savoir le bleu, le vert et le rouge. En effet, il ne perçoit pas les longueurs d'onde de plus de 750 nm (infrarouges), ni celles de moins de 380 nm (ultraviolets). Ce sont les cônes de la tache jaune et de la fovéa qui enregistrent la couleur en réagissant avec une grande sensibilité au bleu, au vert et au rouge,

et une moins grande aux autres couleurs du spectre – lorsque les longueurs d'onde des couleurs se chevauchent, on perçoit les couleurs intermédiaires : le violet, par exemple, est le résultat du chevauchement de bleu et de rouge. On ne distingue pas les couleurs dans l'obscurité et il faut regarder directement l'image pour que la lumière s'imprime sur la tache jaune.

780 nm · 700 nm · 600 nm · 500 nm · 400 nm · 390 nm

Rouge invisible
Infrarouge
Ondes radio
Spectre des couleurs perçues par l'œil humain
Ultraviolet
Rayons gamma

Tableau des longueurs d'ondes
Le spectre des couleurs, mesurées en nanomètres (un nanomètre [nm] est égal à un dix-millionième de mètre), perçues par l'œil humain ne représente qu'une petite partie du spectre électromagnétique (ci-dessus).

Rétine sensible à la lumière
Couches de cellules sensibles à la lumière vues au microscope électronique à balayage. La lumière frappe d'abord les cellules superficielles (en blanc), puis elle est détectée par les bâtonnets et les cônes.

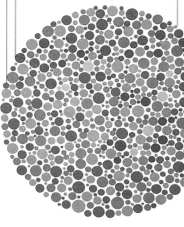

L'ACCOMMODATION

L'œil de l'être humain accommode beaucoup mieux l'image que celui de la plupart des mammifères. La lumière pénètre dans le globe oculaire par la pupille, qui se dilate ou se contracte en fonction des conditions d'éclairage, de l'état du cristallin et des émotions. Le cristallin se modifie pour permettre aux rayons lumineux de former une image nette sur la rétine. Il devient très plat et allongé pour accommoder sur de longues distances (plus de 7 m), il épaissit et devient rond pour la vision rapprochée. C'est l'action du muscle ciliaire qui modifie sa courbure et permet le phénomène de l'accommodation. La distance d'accommodation varie avec l'âge, de 7 cm chez le nourrisson à 40 cm chez les personnes âgées. L'image qui s'imprime sur la rétine est à l'envers (ci-dessous) : c'est le cerveau qui la « retourne » automatiquement.

L'acuité de la vision se mesure en dioptrie (unité de mesure du pouvoir de réfraction du cristallin) : elle est de 14 dioptries chez l'enfant et diminue progressivement, jusqu'à une seule dioptrie chez les personnes âgées.

La vision est conditionnée par le nombre des récepteurs et la densité (cônes et bâtonnets qui ont des fonctions spécialisées). On compte près de 200 000 récepteurs par millimètre carré chez la femme, ce qui donne un excellent pouvoir de résolution tant que la vision reste parfaite. Il est encore plus aigu chez certains animaux, par exemple la rétine de la buse compte 1 million de récepteurs par millimètre carré.

LE CHAMP VISUEL

La position des yeux sur le devant du visage permet une vision binoculaire, c'est-à-dire que l'être humain a un champ de vision de 180°, sans bouger la tête ; les deux yeux couvrant en même temps 90°. Il peut ainsi évaluer les distances, voir les détails, affiner son acuité visuelle en cas de faible luminosité et voir le relief, qualité qu'il partage avec les primates.

☐ Vision monoculaire

☐ Vision monoculaire panoramique

☐ Vision binoculaire

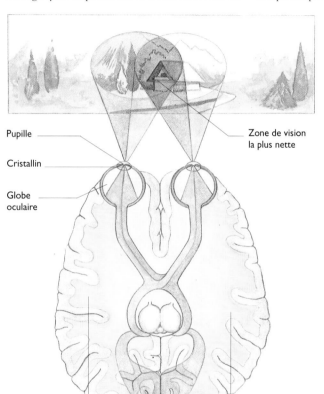

Pupille

Cristallin

Globe oculaire

Zone de vision la plus nette

Hémisphère gauche

Hémisphère droit

Le fonctionnement de la vision
L'hémisphère gauche du cerveau couvre le champ de vision droit de chaque œil, tandis que le droit couvre le champ visuel gauche : la vision est nette lorsque les deux images se superposent.

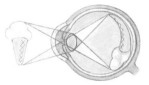

Vision de loin
Le cristallin s'aplatit pour accommoder la vision sur les images éloignées.

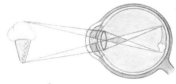

Vision de près
Le cristallin s'arrondit pour accommoder la vision sur les images proches.

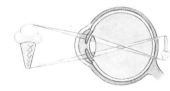

Hypermétropie
L'image se forme en arrière de la rétine : elle est floue.

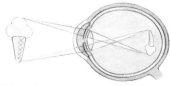

Myopie
L'image se forme en avant de la rétine : elle est floue.

Champ visuel du chat

Champ visuel du lapin

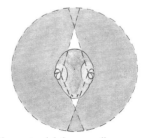

Champ visuel de la grenouille

Champ visuel de l'être humain

LE MAQUILLAGE

Les femmes ont depuis toujours mis en valeur leurs yeux de diverses façons pour plaire et amplifier les messages envoyés par ce mode d'expression. Les Égyptiennes se fardaient déjà les yeux, mode qui s'est maintenue jusqu'à nous, l'œil étant un point clé du maquillage.

Les faux cils augmentent la longueur et l'épaisseur des cils naturels, le mascara ou la teinture les foncent et leur donnent un aspect plus fourni. Il existe des gouttes bleues qui rendent la sclérotique plus blanche par contraste et des lentilles de contact colorées qui modifient la couleur de l'iris. L'eyeliner souligne la forme de l'œil et l'agrandit. Le khôl est un fard de couleur sombre qui intensifie le regard. Il est très utilisé dans le monde arabe. Certaines femmes adoptent une solution définitive en utilisant le tatouage.

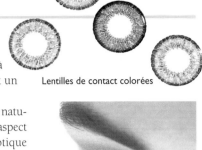

Lentilles de contact colorées

QUESTION DE CULTURE

Dans certaines sociétés à dominance masculine, essentiellement dans le monde islamique, les femmes sont souvent obligées de se couvrir la tête et le visage en public, surtout en ville. Elles ne peuvent donc communiquer que par l'expression du regard.

Cacher le visage (à gauche)
Même lorsque le visage d'une femme est tout à fait masqué, ses yeux parlent pour elle.

Embellir l'œil
Un maquillage délicat de la paupière et du contour de l'œil le met en valeur.

Affirmer un statut social
Les punks maquillent leurs yeux en signe d'appartenance à un clan.

LA CHIRURGIE ESTHÉTIQUE

La blépharoplastie, pratiquée sur les paupières supérieure et inférieure pour enlever les rides et les poches sous les yeux, est l'une des interventions de chirurgie esthétique les plus courantes. On opère également les paupières tombantes.

Paupière supérieure
Un lambeau de peau en forme de croissant (entre les pointillés) est enlevé et les bords sont recousus.

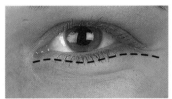

Paupière inférieure
La peau est incisée sous l'œil (pointillés), tirée vers le côté et recousue. La cicatrice est invisible.

LE LANGAGE DES YEUX

L'intensité de la lumière et les stimuli affectent la taille des pupilles. Elles se dilatent si la lumière est faible ou si la personne regarde quelque chose de plaisant ou d'excitant, mais se contractent en pleine lumière ou si le regard se pose sur quelque chose de désagréable. Par exemple, les pupilles des femmes se dilatent presque toujours lorsqu'elles regardent un bébé, qu'elles en soient la mère ou pas. En revanche, le phénomène ne se produit chez l'homme que s'il est le père.

La sclérotique, ou blanc de l'œil, est plus importante chez l'être humain que chez les autres espèces animales. C'est le résultat de l'évolution produite pendant la PÉRIODE AQUATIQUE pour développer les mouvements de l'œil et favoriser la communication. Fixer quelqu'un est signe de forte attirance ou d'agressivité.

Le regard amoureux
Au début d'une relation, les amoureux se regardent souvent dans les yeux. Ils cherchent inconsciemment à réagir à la dilatation de la pupille de l'autre, ce qui développe les sentiments qu'ils éprouvent l'un pour l'autre.

LES TROUBLES DE LA VISION

*Il existe un certain nombre
de troubles courants
de la vision. En cas
de MYOPIE (mauvaise vision
de loin), l'image se forme
en avant de la RÉTINE, et
non dessus, généralement
parce que le globe oculaire
est trop gros pour la
distance d'accommodation
nécessaire entre la RÉTINE
et le cristallin.
L'HYPERMÉTROPIE (mauvaise
vision de près) se produit
lorsque la mise au point se
fait en arrière de la rétine
parce que la cornée, moins
souple, accommode mal
et que le globe oculaire est
trop court. Avec l'âge, le
cristallin durcit et le MUSCLE
CILIAIRE s'affaiblit, il devient
de plus en plus difficile
d'accommoder la vision de
près : c'est la PRESBYTIE, qui,
vers la quarantaine,
nécessite le port de lunettes.
Pour corriger ces
troubles, il est utile de
porter des lunettes à double
foyer ou à vision
progressive, qui permettent
en même temps une bonne
vision de loin et de près.*

AFFECTIONS OCULAIRES

CATARACTE

Il s'agit d'une opacification du cristallin due à une modification de
sa structure protéique. La cataracte peut être congénitale et due à
une infection contractée par la mère pendant la grossesse – notamment la rubéole. Mais, le plus souvent, elle se manifeste à partir de
50 ans, avec plus ou moins de sévérité selon son emplacement :
elle est plus grave au centre du cristallin que sur les bords. Il arrive
qu'un seul œil soit touché. Les symptômes vont d'un léger
brouillard à une baisse très prononcée de la vision : le cristallin ne
laissant plus passer que quelques filets de lumière, et jusqu'à la
cécité. Presque deux fois plus de femmes que d'hommes en sont
touchées. Les diabétiques en sont souvent atteints précocement.
L'opération, rendue nécessaire par une perte importante de la
vision, est aujourd'hui parfaitement au point et efficace.

ORGELETS

Ce sont de petits abcès situés à la racine d'un cil, sur le bord de la
paupière ou près de l'angle interne de l'œil, qui gonflent et rougissent ; ils sont souvent douloureux. Ils peuvent disparaître spontanément ou suppurer et éclater. Ils sont plus fréquents chez l'enfant
et l'adolescent, et affectent plus particulièrement les diabétiques.

CONJONCTIVITE

L'inflammation de la conjonctive (muqueuse recouvrant la sclérotique et tapissant l'intérieur des paupières) provoque une gêne,
une rougeur et des sécrétions. Elle est généralement due à une
infection (virus, rougeole) ou à une allergie (par exemple au mascara ou à la FIÈVRE DES FOINS).

GLAUCOME

L'élévation excessive de la tension intra-oculaire se manifeste par la
compression et l'obstruction des minuscules vaisseaux sanguins et
du NERF OPTIQUE. Le glaucome peut entraîner la perte de la vision.
Le traitement est médical, chirurgical en cas d'échec.

LES LUNETTES

*Les verres correcteurs améliorent
la vision tandis que les lunettes
de soleil ne servent
qu'à se protéger du rayonnement
du soleil. Le port de lunettes
modifie la physionomie,
aussi faut-il apporter le plus
grand soin au choix des montures,
ce que ne démentiront pas
les personnages publics.
Épaisses, elles donnent
un air sévère et autoritaire
(en haut) ; rondes,
elles donnent l'air naïf
ou plus jeune (en bas).*

LES LENTILLES DE CONTACT

Ce sont de petits disques très fins, concaves et
transparents que l'on pose sur la cornée pour
corriger un défaut de vision. La courbure de la
lentille modifie l'angle de pénétration de la
lumière dans l'œil et corrige ainsi le TROUBLE qui
l'affecte (ci-dessus). Les lentilles de contact peuvent se substituer aux lunettes dans la plupart
des cas.

Les lentilles dures ou souples sont les plus
courantes. Il existe également des lentilles
rigides perméables au gaz, des lentilles souples
dites à port permanent et des lentilles jetables.
Dans la plupart des cas, il faut retirer ses lentilles et les entretenir quotidiennement.

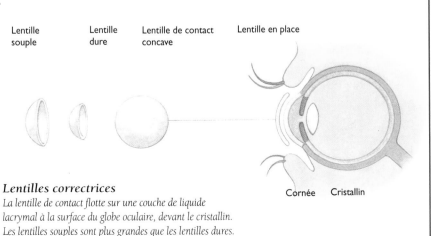

Lentille souple · Lentille dure · Lentille de contact concave · Lentille en place · Cornée · Cristallin

Lentilles correctrices

*La lentille de contact flotte sur une couche de liquide
lacrymal à la surface du globe oculaire, devant le cristallin.
Les lentilles souples sont plus grandes que les lentilles dures.*

LES OREILLES

À chacun son oreille

L'oreille est unique, il n'en existe pas deux paires identiques présentant les mêmes replis du pavillon (partie externe). On avait même envisagé à une époque d'identifier les criminels grâce aux circonvolutions de leur oreille, mais les empreintes digitales se sont révélées d'un usage plus facile. La taille du lobe ainsi que son attache sont également variables : une femme sur trois a un lobe légèrement rattaché au visage, tandis que les autres ont des lobes pendants. Curieusement, la consistance de la cire (cérumen) diffère entre les races : les négroïdes et la plupart des caucasiennes produisent une cire collante tandis que certaines caucasiennes et toutes les jaunes ont une cire sèche.

ET CHEZ LHOMME ?

Les oreilles des femmes sont plutôt plus petites et plus formées que celles des hommes. Leurs lobes sont également plus courts (sauf s'ils ont été artificiellement allongés). Le gène des poils de l'oreille est porté par le chromosome Y (mâle), c'est pourquoi les femmes n'ont pas de poils dans les oreilles. De plus, les oreilles des femmes sont moins souvent décollées. Les femmes se font souvent percer les oreilles pour des raisons culturelles ou esthétiques donnant lieu récemment au « piercing », qui consiste à y faire de multiples trous.

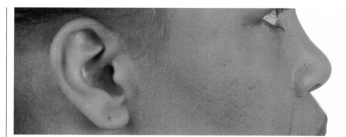

Négroïde : pavillon arrondi, petit lobe pendant

Eurasienne : pavillon structuré, lobe légèrement attaché

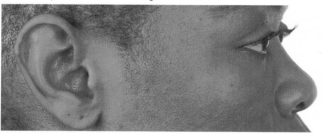

Négroïde : pavillon structuré, lobe charnu pendant

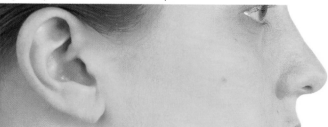

Caucasienne : pavillon charnu, lobe pointu pendant

Métis : pavillon et lobe charnus et anguleux

ET CHEZ L'ANIMAL ?

Comparé à nombre d'animaux, l'être humain entend assez bien, mais il ne peut bouger les oreilles. C'est l'éléphant d'Afrique qui a les plus grandes oreilles : il les étale lorsqu'il charge et les utilise en guise d'éventails pour se rafraîchir. Les chevaux et les ânes peuvent faire pivoter leurs oreilles, de 180°. Les mammifères marins ont des oreilles dont le PAVILLON *est tout petit ou même inexistant.*

Pavillon fuselé

Pavillon mobile

Grand pavillon souple

L'ANATOMIE DE L'OREILLE

L'oreille constitue un récepteur de son particulièrement performant, et est aussi le centre de l'équilibre. Elle comprend l'oreille externe, l'oreille moyenne, l'oreille interne. La première se compose du PAVILLON, formation cartilagineuse couverte de peau qui ouvre sur le conduit auditif, long de 2,5 cm, et remonte vers le TYMPAN. La paroi interne des deux tiers du conduit auditif est tapissée de 4 000 glandes qui sécrètent le cérumen. Dans l'oreille moyenne, la TROMPE D'EUSTACHE amène l'air depuis la gorge, pour maintenir une pression équilibrée de chaque côté du tympan. L'oreille interne ou labyrinthe se situe dans la cavité osseuse et constitue l'appareil de perception proprement dit.

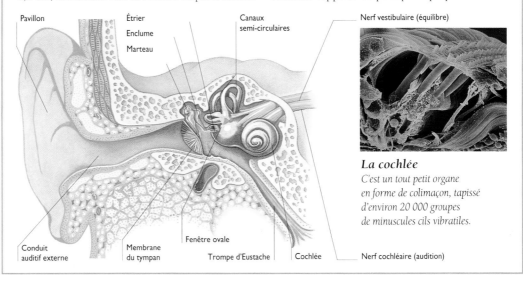

La cochlée

C'est un tout petit organe en forme de colimaçon, tapissé d'environ 20 000 groupes de minuscules cils vibratiles.

LA PROPAGATION DU SON DANS L'OREILLE

Les vibrations sonores pénètrent dans l'oreille par le PAVILLON, traversent le conduit auditif et viennent frapper le TYMPAN en agitant sa surface. Elles sont ensuite transmises à une chaîne de trois osselets : le marteau, l'enclume et l'étrier. La pression est amplifiée 22 fois en passant par la fenêtre ovale vers la COCHLÉE. Les vibrations amplifiées excitent les cellules nerveuses de la cochlée. Les impulsions ainsi générées sont relayées vers le cerveau par le NERF COCHLÉAIRE.

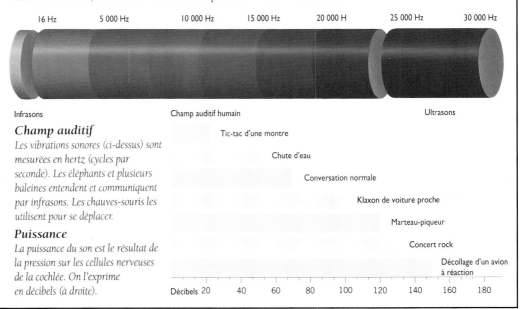

Champ auditif

Les vibrations sonores (ci-dessus) sont mesurées en hertz (cycles par seconde). Les éléphants et plusieurs baleines entendent et communiquent par infrasons. Les chauves-souris les utilisent pour se déplacer.

Puissance

La puissance du son est le résultat de la pression sur les cellules nerveuses de la cochlée. On l'exprime en décibels (à droite).

L'ÉQUILIBRE

La COCHLÉE (tube spiralé) et l'intérieur des CANAUX SEMI-CIRCULAIRES (zone de l'équilibre) sont remplis de liquide et contiennent de minuscules cils vibratiles. Lorsque la tête bouge, le liquide se déplace, entraînant les cils vibratiles qui transmettent les implusions nerveuses au cerveau.

Les canaux semi-circulaires maintiennent le corps en équilibre pendant le mouvement ; la cochlée le fait pendant qu'il est au repos. C'est pourquoi des infections de l'oreille peuvent donner des vertiges. Si le cerveau ressent une perte d'équilibre, il donnera à certains muscles l'ordre de se contracter et à d'autres celui de se détendre pour rétablir cet équilibre.

Exercices d'équilibre
Certains numéros de cirque exigent un équilibre exceptionnel.

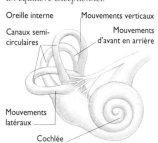

Oreille interne — Mouvements verticaux — Canaux semi-circulaires — Mouvements d'avant en arrière — Mouvements latéraux — Cochlée

LES AFFECTIONS DE L'OREILLE

Les maux d'oreille, qui surviennent en cas d'infection de l'oreille moyenne ou externe, sont généralement provoqués par un virus ou une bactérie qui, en provenance du nez ou de la gorge, empruntent la TROMPE D'EUSTACHE pour pénétrer dans l'oreille moyenne.

Les bourdonnements ou acouphènes sont relativement fréquents : le malade entend en permanence une sonnerie ou un bourdonnement, parfois très fort. Les personnes âgées en sont le plus souvent atteintes.

La maladie de Menière, dont on ne connaît pas vraiment les causes, se caractérise par des vertiges, des bourdonnements et une surdité. Bien que les symptômes ne soient pas permanents, c'est pourtant une maladie totalement invalidante. On la rencontre rarement avant 50 ans.

LA PARURE DES OREILLES

Les femmes ornent leurs oreilles depuis plus de 4 000 ans. Les boucles d'oreilles, qui étaient à l'origine des amulettes porte-bonheur, sont toujours à la mode.

Dans certaines régions d'Afrique, de longs lobes sont considérés comme le summum de la beauté et les lobes des fillettes sont percés et étirés systématiquement pour les rendre plus attirants. Dans certaines sociétés, on considère les oreilles comme le siège de la sagesse.

Oreilles percées
La façon ostentatoire dont sont percées et ornées les oreilles dénote ici un rang social élevé.

Percer plusieurs trous est à la mode

LA SURDITÉ

Elle peut être congénitale ou progressive. Il en existe deux types principaux : la surdité de transmission, liée à un mauvais passage du message de l'extérieur vers l'oreille interne, et la surdité de perception, ou neuro-sensorielle, qui touche les nerfs transmettant les messages de l'oreille au cerveau. La première généralement progressive, peut être due à une infection, à une atteinte du tympan, à la présence de liquide dans l'oreille moyenne ou à de l'otospongiose (sclérose de l'étrier). La seconde, souvent congénitale peut aussi résulter d'une blessure à la tête. Le mutisme peut être la conséquence d'une surdité sévère (congénitale ou précoce).

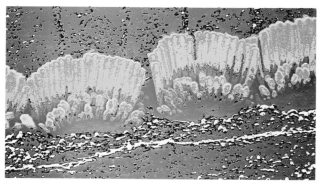

Si les minuscules cils de la cochlée se cassent, il risque d'y avoir perte de l'audition.

_L_ E NEZ

Un organe adaptable

_Le nez a évolué au cours des millénaires
pour s'adapter à l'environnement.
Cet extraordinaire organe traite l'air,
qu'il réchauffe et humidifie,
mais qu'il filtre aussi pour le débarrasser
des poussières et débris avant
qu'il n'atteigne les poumons.
Afin de fonctionner correctement, le nez
a besoin d'air chaud et humide,
c'est pourquoi il a évolué sous
des climats froids et secs, devenant plus
grand et plus étroit pour permettre aux
fosses nasales d'humidifier suffisamment
(99 %) l'air allant vers les poumons.
En revanche, dans les régions chaudes
et humides, le nez est devenu plus plat
et plus large car il ne devait plus traiter
que 25 % environ de l'humidité
nécessaire aux poumons._

ET CHEZ L'HOMME ?

_Le nez de la femme
est généralement
plus petit et plus plat
que celui de l'homme.
On pense que cela éveille
l'instinct protecteur du mâle.
On a en effet constaté
que les hommes sont attirés
par les femmes
ayant un petit nez,
du moins dans nos sociétés
occidentales._

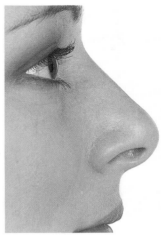

Négroïde : nez moyen, plat

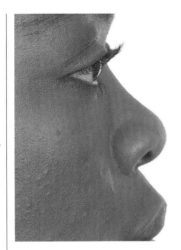

Caucasienne : nez moyen anguleux

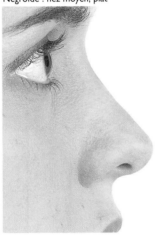

Eurasienne : nez anguleux

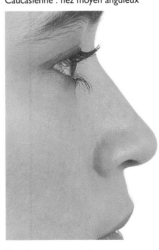

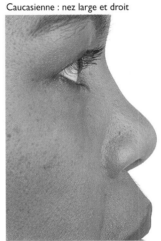

Caucasienne : nez large et droit

Négroïde : petit nez concave

Métis : petit nez

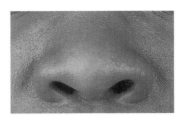

Négroïde : nez large

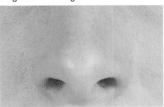

Caucasienne : nez étroit

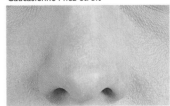

Caucasienne : nez moyen

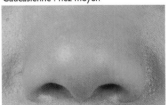

Négroïde : nez moyen

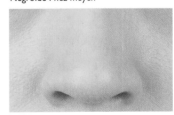

Eurasienne : nez étroit

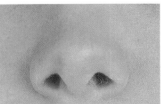

Métis : nez camus

ET CHEZ L'ANIMAL ?

Le nez humain peut reconnaître une gamme incroyable d'odeurs. C'est également un organe de conditionnement d'air extrêmement efficace. Le nez des animaux est en revanche très différent tant par la forme que par la fonction.

L'éléphant
Sa trompe est assez forte pour tuer un léopard et assez délicate pour ramasser un brin d'herbe.

Le chameau
Ses narines se ferment à volonté pour empêcher le sable de pénétrer dans les poumons.

Le dauphin
Sa narine unique, située derrière la tête, se ferme quand le dauphin plonge.

L'ANATOMIE DU NEZ

Le nez est le système de conditionnement d'air de l'appareil respiratoire. Pour éviter de dessécher et d'endommager les muqueuses, l'air qui pénètre dans les poumons doit être chaud (35 °C), humide (95 %) et pur (sans poussières). Les cavités nasales sont tapissées de vaisseaux sanguins qui chauffent l'air, et de muqueuses qui en assurent la purification. Ces muqueuses sécrètent 1 litre de mucus par jour, et renferment des millions de CILS animés d'un battement régulier 12 à 15 fois par seconde, dépla-çant le mucus vers la gorge à un rythme de 1 cm par minute. Les poussières et débris sont pris dans le mucus, qui est ensuite avalé. Les cils battent plus lentement chez les personnes qui fument, boivent de l'alcool ou sont malades. L'action du nez devient alors moins efficace. Le nez joue un autre rôle : il est le siège de l'ODORAT (ci-dessous). Le squelette du nez comprend un os appelé l'os propre du nez, et des cartilages. La membrane intérieure qui le tapisse est la muqueuse pituitaire.

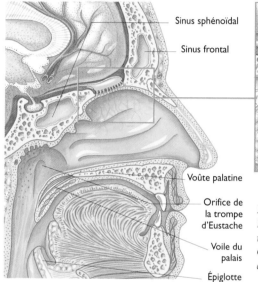

Sinus sphénoïdal

Sinus frontal

Voûte palatine

Orifice de la trompe d'Eustache

Voile du palais

Épiglotte

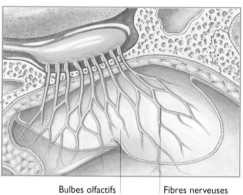

Bulbes olfactifs — Fibres nerveuses

Les fibres olfactives nerveuses
La partie supérieure des fosses nasales est tapissée de fibres nerveuses olfactives spécialisées qui perçoivent les odeurs. Ces fibres traversent l'épithélium olfactif et se prolongent dans les fosses nasales.

L'ODORAT

Le nez est le principal organe de l'odorat et du goût (la langue ne sait détecter que quatre saveurs principales : sucré, acide, salé et amer ; toutes les autres saveurs sont « goûtées » par le nez). Le nez remplit cette fonction par l'inter-médiaire des bulbes olfactifs, deux récepteurs de l'odorat de la taille d'un timbre poste qui contiennent 5 millions de fibres ciliées jau-nâtres. Afin de sentir correctement, il faut aspi-rer profondément de manière à ce que l'air s'engouffre au-dessus des fibres nerveuses ol-factives (à droite). L'odeur doit se présenter sous forme liquide ou être dissoute dans le mu-cus de la paroi nasale. On estime que l'être humain peut reconnaître près de 4 000 odeurs différentes. Un « nez » exceptionnel (par exem-ple celui des parfumeurs et des œnologues) est capable de reconnaître jusqu'à 10 000 odeurs différentes.

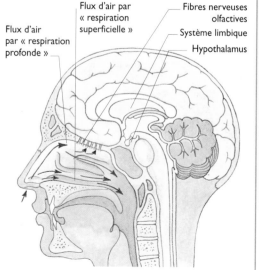

Flux d'air par « respiration superficielle »

Flux d'air par « respiration profonde »

Fibres nerveuses olfactives

Système limbique

Hypothalamus

Processus de l'odorat
Les molécules odoriférantes doivent se dissoudre pour stimuler les fibres nerveuses qui transmettent le message.

LES ODEURS CORPORELLES

De tous les signaux qu'émet une femme, le plus attirant et le plus subtil est son odeur. Les GLANDES APOCRINES *des aisselles, la* VULVE *et le vagin libèrent d'infimes quantités de substances odorantes contenant des « copulines » (phéromones féminines). Cette sécrétion est plus importante pendant l'*OVULATION. *Certaines études laissent penser que ces substances exercent un pouvoir d'attraction puissant et inconscient sur les hommes. Il est évident qu'un tel produit commercialisé ferait des ravages, mais aucun substitut satisfaisant n'a encore été trouvé.*

La couleur des cheveux semble également influer sur l'odeur. On dit que les brunes exhalent une odeur de musc, les rousses un fort parfum sucré et les blondes un parfum capiteux et fruité.

LES PARFUMS

Dès la plus haute Antiquité, les femmes aisées s'enduisaient le corps d'huiles parfumées. En Égypte et à Rome, les parfums étaient particulièrement prisés : les femmes en mettaient sur leurs cheveux, leurs vêtements et leurs meubles ainsi que dans l'eau de leur bain.

Coco Chanel
Son parfum le N° 5 reste le plus populaire et le plus recherché au monde.

Les parfums ont généralement trois niveaux ou « notes » : la plus haute qui donne la première impression ; la moyenne, qui en est le « cœur » ; et la base qui transmet le parfum et le laisse persister. Certaines substances actuelles, notamment les « parfums lourds » des années 1980, contiennent un minimum de notes supérieures et de base : on les appelle des parfums « horizontaux ». Il existe trois principales familles : à base de fleurs, de citron vert, et orientaux. Mais ce ne sont pas les seuls. À côté des parfums naturels, d'origine animale ou végétale, les parfums synthétiques sont nombreux dans la parfumerie moderne, par exemple l'aldéhyde (une des principales composantes du célèbre N° 5 de Chanel) et l'océanique.

LES SINUS

Ces cavités de la face allègent le crâne et servent de caisse de résonance à la voix. Les sinus sont tapissés d'une muqueuse semblable à celle des parois du nez et de la gorge. Les sinus sphénoïdal, maxillaire, frontal et ethmoïdal communiquent avec les fosses nasales. Le mucus qu'ils produisent s'ajoute à celui que produit le nez. Si la muqueuse gonfle par suite d'une infection, l'écoulement du mucus par le nez et la gorge est gêné. Cette inflammation aiguë se traduit par une congestion et des maux de tête. Elle peut être causée par une infection dentaire.

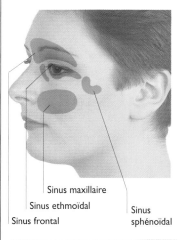

Sinus maxillaire
Sinus ethmoïdal
Sinus frontal
Sinus sphénoïdal

NEZ CONTRE NEZ

Le nez a une signification importante dans de nombreuses cultures. Chez les Maoris et les Inuits, par exemple, on se salue en se frôlant à peine le nez, et non en se frottant comme on le croit généralement. Dans de nombreuses sociétés africaines, asiatiques et indiennes d'Amérique (ci-dessous), on le pare d'ornements élaborés. Les bijoux de nez ont parfois été à la mode dans le monde occidental, mais seulement dans certains groupes ethniques ou clans, comme chez les punks. En Occident, les femmes sont obsédées par les petits nez enfantins. C'est pourquoi la chirurgie plastique (rhinoplastie) est tellement pratiquée. Cet appendice est symboliquement très investi, au point que la croyance populaire établit une relation entre la longueur du nez et celle du sexe de l'homme.

Le nez idéal
Pour les Occidentaux, le nez « parfait » devrait présenter un angle naso-facial (entre le dos du nez et le front) de 36 à 40° et un angle de la columelle (entre la base du nez et la lèvre supérieure) de 90 à 120°. Grace Kelly en était le parfait exemple.

La décoration du nez
Un ou plusieurs trous sont percés dans la partie inférieure du septum (fine cloison séparant les narines) ou dans la partie charnue des narines.

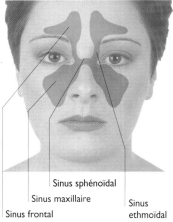

Sinus sphénoïdal
Sinus maxillaire
Sinus frontal
Sinus ethmoïdal

Chambres de résonance
La position et la taille des sinus jouent un rôle capital pour la sonorité et la qualité de la voix.

LA BOUCHE

De multiples fonctions

La bouche mène aux systèmes digestif et respiratoire. Elle permet de moduler des sons, des paroles, grâce aux lèvres, à la langue, au palais et aux dents. Les lèvres ont une forte connotation sexuelle : gonflées par le désir, elles rappellent la vulve. Rien d'étonnant après tout cela qu'on les maquille pour les mettre en valeur !

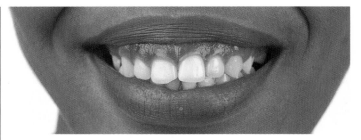

Négroïde : bouche moyennement large, lèvres pleines, dents blanches

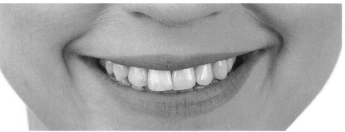

Eurasienne : bouche étroite, lèvres moyennes, dents nacrées

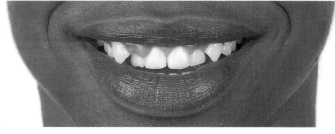

Négroïde : bouche large, lèvres pleines, dents blanches

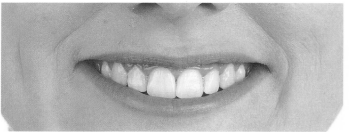

Caucasienne : bouche moyennement large, lèvres minces, dents d'ivoire

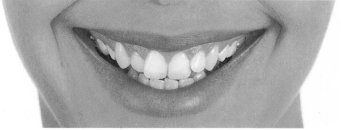
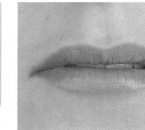

Métis : bouche large, lèvres pleines, dents d'ivoire

ET CHEZ L'ANIMAL ?

Les êtres humains sont les seuls primates dont les lèvres sont ourlées vers l'extérieur, laissant dépasser la muqueuse interne, ce qui explique la différence de texture de la bouche par rapport au reste du visage. Cette évolution, qui remonte à l'ÉPOQUE AQUATIQUE, a eu pour rôle d'accentuer les expressions faciales.

L'ANATOMIE DE LA BOUCHE

C'est dans la bouche que se produit la première phase de la digestion, la dégradation des aliments avant la déglutition. La bouche est le siège du goût. Elle renferme la langue, les dents et le méat des canaux salivaires, qui jouent un rôle dans le goût, la mastication, la déglutition des aliments solides et liquides ainsi que dans l'élocution. La langue est riche de 3 000 à 4 000 papilles qui sont les récepteurs du goût, par l'intermédiaire de nerfs qui transportent l'influx nerveux au cerveau.

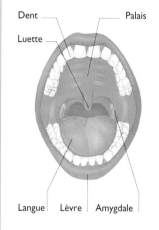

Dent
Palais
Luette

Langue | Lèvre | Amygdale

Premier organe digestif
La digestion est un processus chimique qui commence dans la bouche : les aliments sont broyés par les dents et imprégnés de salive pour être avalés plus facilement.

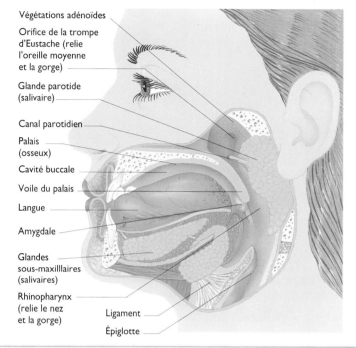

Végétations adénoïdes
Orifice de la trompe d'Eustache (relie l'oreille moyenne et la gorge)
Glande parotide (salivaire)
Canal parotidien
Palais (osseux)
Cavité buccale
Voile du palais
Langue
Amygdale
Glandes sous-maxilllaires (salivaires)
Rhinopharynx (relie le nez et la gorge)
Ligament
Épiglotte

FLORE ET FAUNE

La bouche d'une personne en bonne santé peut contenir jusqu'à 40 espèces de bactéries, de virus, de champignons et de protozoaires. Un millilitre de SALIVE (ci-dessous) contient près d'un milliard de bactéries streptococciques et une cellule de la surface de la langue près de 100 bactéries.

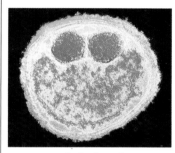

Bactéries de la bouche
Vue au microscope d'une coupe de Fusobacterium nucleatum, *bactérie de la gingivite suppurée.*

LA SALIVE

Les glandes salivaires sécrètent près d'un litre de salive par jour. Les aliments en augmentent la sécrétion, la peur et l'excitation la réduisent et donnent une impression de bouche sèche. La salive contient une enzyme digestive et du mucus, elle humidifie la bouche, permet de goûter et d'avaler les aliments. C'est un des éléments de la transformation chimique des aliments dans le processus de la digestion. Elle atténue aussi l'effet des acides responsables de caries dentaires et contient un facteur de croissance de l'épiderme qui accélère la cicatrisation des coupures et éraflures de la peau. Tous les mammifères produisent de la salive.

LES MUSCLES FACIAUX

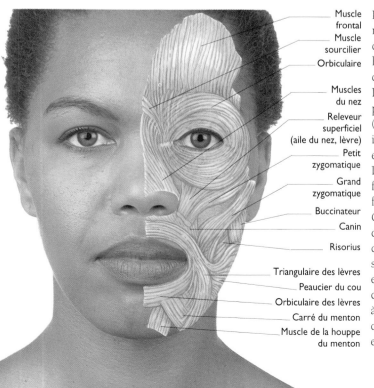

Muscle frontal
Muscle sourcilier
Orbiculaire
Muscles du nez
Releveur superficiel (aile du nez, lèvre)
Petit zygomatique
Grand zygomatique
Buccinateur
Canin
Risorius
Triangulaire des lèvres
Peaucier du cou
Orbiculaire des lèvres
Carré du menton
Muscle de la houppe du menton

La bouche est la partie la plus mobile et la plus expressive du visage. Elle est contrôlée par les muscles des lèvres, des joues, du menton et des mâchoires. L'ensemble du visage compte plusieurs douzaines de muscles (seuls les principaux sont illustrés ici), responsables de près de 7 000 expressions faciales différentes. Les expressions habituelles finissent par se marquer sous forme de rides ou de plis. Certaines rides sont la marque de l'anxiété ou du pessimisme, d'autres telles les « pattes d'oies » sont le reflet d'un tempérament enjoué et optimiste. Les muscles du visage sont directement reliés à la peau qui les recouvre, de sorte que des exercices peuvent en améliorer la tonicité.

LE BAISER

Marque de respect, de salutation ou d'amour, le baiser est universel. Dès l'Antiquité, on rend hommage en baisant la main ou le pied du souverain, du pape ou de l'évêque. Le baiser de salutation est tout aussi ancien, empreint de tout un rituel lié au statut social, aux circonstances et au sexe : baiser sur la joue, le plus fréquent, ou sur les lèvres, même entre personnes du même sexe, dans plusieurs sociétés et à diverses époques, ou encore sur le front, plus paternel ou condescendant, enfin le baise-main, etc.

Mais le baiser est avant tout un signe d'amour. C'est sans doute sa plus ancienne forme. Il a évolué depuis l'époque la plus primitive où la mère, à l'instar des oiseaux, mâchait les aliments avant de les faire glisser dans la bouche de son enfant. De là toute la symbolique qui l'entoure. C'est la manifestation de la tendresse et de la sollicitude d'un parent, mais aussi celle de la passion et du plaisir sexuel.

Au cinéma, le baiser constitue un des moments forts de nombreux films. Destinée à faire vibrer le spectateur, la « scène du baiser » est donc particumièrement soignée par le metteur en scène. Le film américain *The Kiss* (1896) immortalisera le premier baiser cinématographique.

Geste d'amour
Le pape pose un baiser sur le front.

Geste de passion
Le baiser sur la bouche est pour un couple le prélude à d'autres baisers beaucoup plus intimes.

Geste de tendresse
Il contient tout l'amour maternel.

L'ORALITÉ

Le plaisir et le sentiment de sécurité que tire le nourrisson de la succion du sein maternel se retrouvent tout au long de la vie à des degrés variés.

Les enfants sucent souvent leur pouce ou tètent le coin d'un « doudou » pour se rassurer. Plus tard, l'adulte retrouvera la même sensation de plaisir et de sécurité à fumer, à manger des douceurs, à siroter des boissons chaudes ou sucrées. Ces habitudes orales – ronger ses ongles, fumer – sont difficiles à perdre.

LE SOURIRE

Il est l'apanage de l'être humain et se manifeste de diverses façons. Le sourire discret, lèvres closes, est le moins expressif : il est fréquent chez ceux qui veulent cacher des imperfections dentaires.

Plus les lèvres s'écartent et montrent les dents supérieures, plus le sourire est éclatant. Il va jusqu'au rire à gorge déployée.

Dans le sourire forcé, quelle qu'en soit la raison, le coin des lèvres reste vers le bas.

On ne sourit pas seulement avec la bouche, car nombre de muscles sont mobilisés et, quand les muscles des yeux sont de la partie, le sourire est plus franc.

Sourire franc

Demi-sourire

LE CANCER DE LA BOUCHE

Il peut toucher les lèvres, la langue, le plancher buccal, le palais, les maxillaires. On note deux causes principales : la fumée et l'alcool, surtout s'ils sont associés. Le premier symptôme est généralement l'apparition d'une induration ou d'une ulcération indolore sur les lèvres ou la langue. En se développant, il peut affecter la déglutition et la parole. On le traite généralement par ablation chirurgicale et radiothérapie, bien que cela soit fréquemment défigurant et puisse provoquer des problèmes physiques et psychiques durables.

On compte au Canada plus de 3 000 nouveaux cas de ce cancer par an, et ce nombre ne cesse d'augmenter pour les deux sexes.

L'ANATOMIE DE LA LANGUE

La langue est un organe musculo-muqueux, mobile, fixé au fond de la cavité buccale. Les dix-sept muscles dont elle est formée lui assurent une grande mobilité. Lorsqu'on relève la langue, on observe le frein qui la retient. Elle est indispensable pour déglutir, goûter, parler et respirer. Sa surface présente trois types de papilles foliées, fongiformes et caliciformes gustatives, ou bourgeons du goût (ci-dessous), et les papilles filiformes, plutôt liées à la mastication. Ces dernières sont abrasives, en forme de cône, elles donnent à la langue sa couleur blanchâtre, et couvrent les deux tiers

antérieurs de la langue. Elles lui donnent aussi sa surface rugueuse, utile pour lécher. Les papilles fongiformes (en forme de champignon) sont nombreuses vers le devant de la langue. La forte concentration des vaisseaux sanguins donne à la langue sa couleur rouge.

Certaines personnes peuvent toucher le bout de leur nez avec leur langue, d'autres ont la langue si fortement attachée au plancher buccal qu'elles ont des difficultés d'élocution. D'autres encore sont capables de rouler la langue en forme de tube. C'est une disposition d'origine génétique.

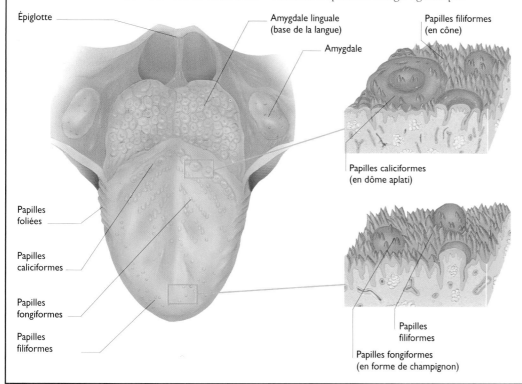

Épiglotte

Amygdale linguale (base de la langue)

Amygdale

Papilles filiformes (en cône)

Papilles caliciformes (en dôme aplati)

Papilles foliées

Papilles caliciformes

Papilles fongiformes

Papilles filiformes

Papilles filiformes

Papilles fongiformes (en forme de champignon)

UN MOYEN D'EXPRESSION

La langue du nourrisson qui tète exerce deux sortes de mouvements, que l'on retrouve dans certains comportements de l'adulte.

Ainsi, le mouvement sinueux par lequel le bébé cherche le mamelon de sa mère devient chez l'adulte un comportement d'exploration sexuelle lorsqu'il fait sa toilette. Quand il est repu, le nourrisson tire la langue pour rejeter le sein maternel : l'adulte se sert de ce geste de rejet dans au moins deux circonstances particulières. Quand il se concentre, il lui arrive de laisser sortir le bout de sa langue comme pour signifier à quiconque viendrait l'interrompre qu'il ne veut être dérangé en aucun cas, qu'il rejette toute présence extérieure. Quand il souhaite marquer violemment son mécontentement il va tirer la langue en sachant que ce geste sera interprété comme une insulte.

Il arrive également que l'adulte imprime à sa langue un mouvement de va-et-vient qui symbolise celui du pénis lors de l'accouplement. L'origine de ce geste est plus lié au fait que la forme des lèvres évoque la vulve féminine qu'à un reliquat de comportement enfantin.

LE GOÛT

La bouche contient près de 5 000 papilles gustatives, qui se renouvellent tous les 7 jours. La majorité sont situées sur la langue, mais il y en a dans toute la bouche. Les papilles fongiformes, situées sur le devant de la langue, sont en général les plus sensibles au salé et au sucré ; les papilles foliées, situées sur les côtés, sont sensibles au goût acide ; les papilles caliciformes, situées à l'arrière, sont celles qui réagissent au goût amer.

Le sens du goût s'est développé parce qu'il était essentiel pour nos ancêtres de distinguer les fruits mûrs (doux) des fruits verts (acides), d'identifier

les aliments éventuellement dangereux (goûts amer et acide) et aussi pour maintenir l'équilibre chimique du corps (sel).

Mais les papilles gustatives ne distinguent les goûts que d'une manière assez rudimentaire : c'est l'odorat qui raffine le goût. Certains ont un odorat extrêmement développé, ce qui leur permet d'accéder à des carrières particulières de goûteurs de vin (œnologue), par exemple.

Le goût a un rôle physiologique : il régule l'ingestion des aliments. Le processus de la faim est contrôlé et modifié par le goût et l'odorat.

ET CHEZ L'ANIMAL ?

Les papilles filiformes sont parfois plus rêches chez certains mammifères. Il en est ainsi par exemple chez le chat, qui utilise sa langue lorsqu'il fait sa toilette pour se lustrer le poil et lécher ses aliments pour les attendrir.

LA DENTITION

L'être humain a deux dentitions.
Les dents temporaires,
ou dents de lait, caduques,
au nombre de 20,
font leur apparition dès l'âge
de 6 mois. Les dents
permanentes les remplacent
à partir de 6 ans.

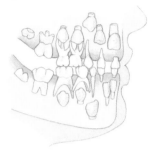

Dents de lait (7 ans)

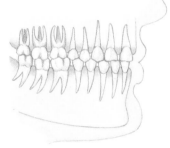

Dents permanentes (21 ans)

LA CARIE DENTAIRE

La carie est causée
par les bactéries vivant
sur la plaque dentaire.
Elles se nourrissent de
la fermentation des glucides
(sucres) et les transforment
en acide. Celui-ci attaque
l'émail et produit une cavité.
Si le processus n'est pas
enrayé, la carie atteint
la dentine. Les personnes
ne mangeant pas de sucres
raffinés – comme celles
qui vivent dans des sociétés
primitives ou des régions
en guerre où ces aliments
sont introuvables –
ont généralement de très
bonnes dents.

L'ANATOMIE DES DENTS

La dent est faite de trois couches : l'émail, à l'extérieur de la couronne ; la dentine, solide, au-dessous ; et la pulpe, molle, au centre. L'émail est fait de minéraux durs et très denses (calcium et phosphore). La pulpe contient un grand nombre de vaisseaux capillaires et de nerfs, qui y pénètrent par le canal radiculaire. Le cément maintient la racine dans l'os alvéolaire.

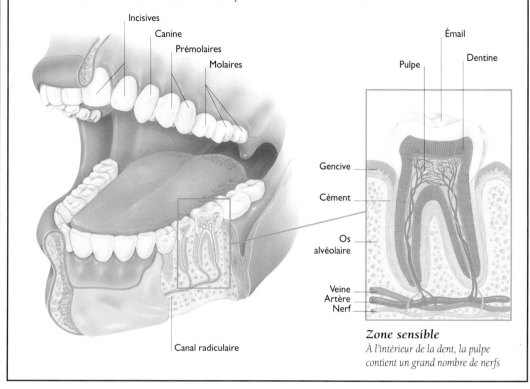

Zone sensible
À l'intérieur de la dent, la pulpe contient un grand nombre de nerfs

LES PROTHÈSES DENTAIRES

COURONNE
Lorsqu'une dent est cassée au-dessus de la racine, on taille la partie restante de manière à pouvoir la coiffer d'une couronne creuse en céramique, métal ou résine.

FACETTES
Un fin revêtement de résine ou de céramique est collé sur le dessus de la dent pour la cacher si elle est décolorée ou ébréchée.

PONT
On remplace les dents manquantes par une prothèse du même nombre de dents fixée par une armature métallique ou par des couronnes sur les dents adjacentes, ou vissée dans l'alvéole.

DENTIER
Cette denture artificielle est fixée à un palais en résine conçu pour s'adapter parfaitement aux contours du palais réel grâce à des moulages. Une fois la prothèse réalisée, le dentiste l'ajuste pour obtenir un confort total. Un dentier dure environ 5 ans. Un adulte sur cinq porte un dentier.

LES MALADIES DES GENCIVES

Si la plaque dentaire (dépôt contenant des bactéries) n'est pas éliminée, il se forme du tartre qui irrite la gencive et l'infecte, causant de la gingivite. Non traitée, la gingivite débouche sur une parodontite, qui attaque l'os. La gencive se rétracte et, dans des cas très graves, la dent bouge et tombe. La plupart des gens souffrent de temps en temps d'irritations des gencives – une personne sur dix en est exempte, une sur sept présente un risque de parodontite. Contrairement à ce que l'on pourrait croire, le brossage des dents est recommandé dans la gingivite.

*L*E COU ET LA GORGE

ET CHEZ L'HOMME ?

Le cou de la femme est plus long et plus mince (on parle de cou de cygne) que celui de l'homme, plus trapu à la base et moins fuselé (cou de taureau). Les hommes doivent leur voix grave à des cordes vocales plus longues et un larynx plus grand. Les cordes vocales de la femme (ci-dessous) mesurent 7 mm de moins que celles de l'homme (ci-dessous en bas). Le larynx de l'homme est environ 30 % plus grand que celui de la femme.

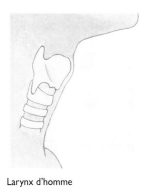

Larynx d'homme

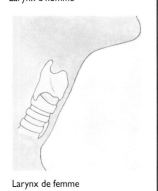

Larynx de femme

L'ANATOMIE DU COU

La musculature complexe du cou joue un rôle important dans les mouvements de la bouche et de la mâchoire. Grâce à elle, on peut lever, baisser et tourner la tête. Le cou est une région essentielle par les organes qui le traversent. Il comprend des vaisseaux sanguins importants conduisant au cerveau, les cordes vocales (ci-dessous) et le larynx (organe de la phonation). La position du cou est essentielle pour la posture de l'ensemble du corps. Une mauvaise position est source de contractures musculaires et de tensions qui peuvent être soulagées par des exercices d'étirement.

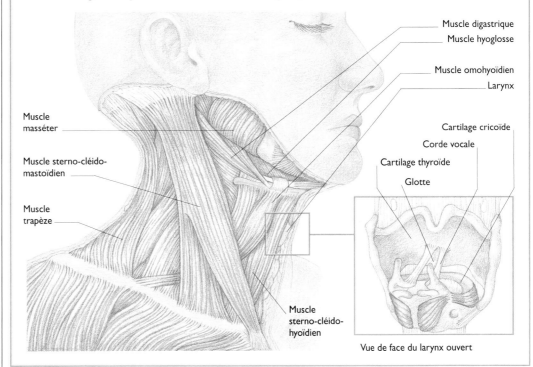

Muscle digastrique
Muscle hyoglosse
Muscle omohyoïdien
Larynx
Cartilage cricoïde
Corde vocale
Cartilage thyroïde
Glotte

Muscle masséter

Muscle sterno-cléido-mastoïdien

Muscle trapèze

Muscle sterno-cléido-hyoïdien

Vue de face du larynx ouvert

LES CORDES VOCALES

Ce sont deux petits replis muqueux situés dans le LARYNX. Elles s'ouvrent et se ferment pour laisser passer l'air des poumons dans le larynx.

Le larynx est un organe très mobile, il s'élève lors de la déglutition et lors de l'émission de sons aigus et il s'abaisse pour émettre les sons graves.

La GLOTTE est l'espace délimité par les cordes vocales. En la traversant, l'air fait vibrer les cordes vocales et produit les sons, graves ou aigus selon le degré de tension des cordes vocales.

L'angoisse contracte les cordes vocales, c'est pourquoi on peut rester sans voix ou émettre des sons particulièrement aigus lorsqu'on est anxieux ou terrorisé.

Respiration : le larynx est ouvert.

Il est fermé quand on mange ou parle.

COU ET SEXUALITÉ

*Le cou comprend plus
de terminaisons nerveuses
que toute autre partie du corps :
c'est donc une zone
particulièrement sensible.
Sa situation entre la bouche
et les seins est également
significative. Comme pour
les autres attributs physiques
qui diffèrent de façon importante
entre les sexes, les femmes
exploitent la sveltesse
de leur cou en l'offrant au regard
et en le parant de bijoux.*

*Il est le lieu d'élection
du parfum, qui s'exhale au gré
des mouvements de la tête.*

*La délicatesse de sa peau
lui vaut une sensibilité extrême
où se marque en rose le passage
des émotions.*

*Dans le monde occidental,
on voit parfois des bleus typiques
dans le cou d'adolescents
ou d'amoureux ardents.
Ce sont des marques laissées
par la succion des lèvres,
signant la sensualité du couple.*

*Chez les animaux également,
le cou est une zone très attirante
lors des parades nuptiales
ou de l'accouplement.
Les girafes par exemple entrela-
cent leurs longs cous pendant
la parade nuptiale, tandis
que les chats ou les lions serrent
fortement la peau du cou de leur
femelle entre leurs mâchoires
pendant l'accouplement.*

Zone sensuelle
*Les baisers dans le cou sont
particulièrement intimes, provocants
et excitants.*

LA VOIX

Contrairement à la majorité des animaux, l'être humain utilise sa voix comme moyen principal de communication. Il a ainsi mis au point des combinaisons complexes de sons qui constituent le langage. Le passage d'un langage gestuel à un langage verbal s'est sans doute produit durant la PÉRIODE AQUATIQUE, où le corps, à moitié immergé dans l'eau, ne pouvait plus jouer pleinement son rôle gestuel.

Bien que le LARYNX, les CORDES VOCALES, la langue, les dents, les lèvres et les joues puissent produire des phonèmes (sons) très différents, chaque langage n'en utilise qu'un nombre limité, ce qui lui donne son caractère unique. Dans le monde occidental, la voix féminine couvre de 230 à 255 cycles par seconde, tandis que celle de l'homme est plus grave, avec une moyenne de 130 à 145 cycles par seconde. Selon des recherches récentes, la voix de la femme deviendrait plus grave. Chaque voix est unique.

LE CHANT
Les notes musicales se forment comme les sons, mais l'air est expulsé des poumons avec plus de force, comme pour le cri.

Les bébés abaissent leur diaphragme avant de prendre une grande inspiration pour pleurer très fort. Cette capacité inconsciente se perd en grandissant et doit être réapprise par les chanteurs (ci-dessus).

LE CHUCHOTEMENT
Lorsqu'il n'est pas dû à une inflammation, le chuchotement est le mode vocal du secret ou de l'intimité. La rigidité des cordes vocales produit le chuchotement. En se contractant volontairement, les cordes vocales ne peuvent plus vibrer, et ce sont alors la bouche, la langue et les lèvres qui forment les sons à partir de l'air délicatement exhalé.

*Pour tenir longtemps la note, il faut prendre
une très profonde inspiration.*

LES CRIS
La puissance de la voix dépend de la vitesse et de la force avec lesquelles l'air est expulsé à travers la glotte (espace entre les cordes vocales). Plus l'air est expulsé violemment, plus le cri est fort. Les hommes ont tendance à parler et crier plus fort que les femmes, car ils ont généralement une capacité pulmonaire plus grande, dans un thorax plus développé.

LE HURLEMENT
Cri primitif ou réaction de peur ou de douleur, le hurlement est très répandu chez de nombreuses espèces animales, notamment le chien, le loup et la hyène. Les femmes et les enfants peuvent aussi hurler en cas de peur panique ou d'émotions fortes. Le processus est le même que pour le cri, mais les cordes vocales sont encore plus tendues.

La puissance du hurlement dépend donc de la capacité pulmonaire, de la pression et de la section du larynx de l'émetteur.

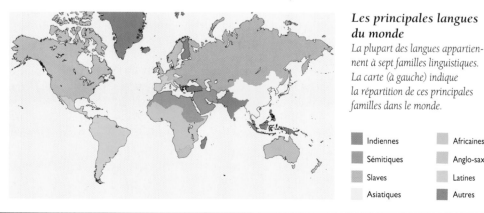

**Les principales langues
du monde**
*La plupart des langues appartiennent à sept familles linguistiques.
La carte (à gauche) indique
la répartition de ces principales
familles dans le monde.*

- Indiennes
- Sémitiques
- Slaves
- Asiatiques
- Africaines
- Anglo-saxonnes
- Latines
- Autres

LES COLLIERS

Plusieurs sociétés primitives croyaient que l'âme se trouvait à la base du cou. Et c'est pour protéger cette partie du corps du mauvais œil que l'habitude fut prise de l'orner abondamment. Avec le temps, cette fonction de protection a été oubliée et les colliers n'ont plus eu qu'un rôle décoratif (ci-dessous). Dans certaines sociétés, l'absence de bijou autour du cou montre qu'une jeune fille est vierge ; chez d'autres, le port d'un collier spécial a le même sens.

LES AFFECTIONS

Les troubles affectant le cou ou la gorge sont internes, comme la laryngite, ou externes, comme le torticolis.

LE MAL DE GORGE

Une inflammation de la gorge est généralement le signe que le corps lutte contre une infection comme un rhume ou une rhino-pharyngite.

LA LARYNGITE

Le larynx peut être enflammé à cause d'une maladie ou d'une infection ou parce que l'on a forcé la voix en criant, en hurlant ou en chantant. La parole ou les cris exercent une plus forte pression sur le larynx que le chant.

LE TORTICOLIS

Très douloureux, il est souvent produit par des contractures ou des spasmes musculaires consécutifs à une mauvaise posture, surtout chez les personnes travaillant devant un bureau ou un écran d'ordinateur. Il peut aussi s'installer pendant le sommeil ou être dû à des problèmes psychologiques, ou à un stress important.

LE TRAUMATISME CRANIO-CERVICAL (COUP DU LAPIN)

Il est provoqué par une violente et très rapide flexion du cou d'avant en arrière, fréquente lors d'accidents de voiture, notamment lors d'un carambolage ou d'un freinage brusque. Les vertèbres cervicales appuient sur les nerfs, provoquant une forte douleur. Les fractures de vertèbres peuvent causer une paralysie ou la mort.

LE SAVIEZ-VOUS ?

C'est la cantatrice française Mado Robin (1918-1960) qui a chanté la note la plus haute au monde (un si au-dessus d'un contre-ut) dans son interprétation de l'opéra de Donizetti Lucie de Lammermoor.

◆

La voix humaine porte jusqu'à 17 km sur une mer d'huile, la nuit, par temps calme.

◆

À Haïti, les adeptes du culte vaudou croient encore que le siège de l'âme se trouve dans la nuque.

◆

Les cous étirés des femmes girafes, chez les Padaungs de Birmanie, peuvent mesurer jusqu'à 39 cm.

ET CHEZ L'ANIMAL ?

L'être humain ne peut tourner la tête de plus de 90° de chaque côté, soit 180° en tout, ce qui est peu par rapport à certains animaux. La musculature de son cou ne le lui permet pas. La chouette peut faire un tour de 180° de chaque côté, soit 360° en deux demi-tours.

LE COU MIS EN VALEUR

Dans de nombreuses cultures, on accorde au cou une importance particulière, comme au Japon (à gauche). Au XVIᵉ siècle et jusqu'au milieu du XVIIᵉ, les femmes de la haute société de certains pays d'Europe portaient des fraises élaborées. Ces imposantes collerettes de linon ou de dentelle gaufrées et empesées devinrent, vers 1570, l'un des éléments distinctifs du vêtement féminin (à droite). D'un volume parfois exagéré, ces extraordinaires ornements vestimentaires en devenaient gênants, ne fût-ce que pour manger.

Le collier de chien, ou tour de cou, en velours, à la mode au début de ce siècle était considéré comme très érotique. Les fluctuations de la mode le remettent à l'honneur en cette fin de siècle, dans ses déclinaisons les plus variées, simples ou ornées de breloques.

Source de plaisir

Au Japon, le caractère érotique du cou est particulièrement mis en valeur par le col rigide du kimono. Celui-ci se détache de la nuque et permet d'apercevoir la base du cou et une partie du dos lorsque la geisha se penche en avant.

Objet de rigueur

En faisant ressortir la tête, la fraise semblait vouloir faire ignorer le reste du corps.

*L*ES SEINS

La taille des seins

On l'exprime en mesurant le tour de poitrine (en centimètres) et le volume du sein (bonnets de A à D). La Canadienne moyenne porte du 90 B. Une femme n'a jamais deux seins parfaitement identiques, et leur aspect comme leur volume varient beaucoup de l'une à l'autre. Il en est de même pour l'aréole, dont la taille, la couleur et la position sont différentes. Avec l'âge et les grossesses, la poitrine s'affaisse naturellement et s'aplatit. Le soutien-gorge maintient la poitrine et la met en valeur.

ET CHEZ L'HOMME ?

Les seins masculins (certains hommes accusent des rondeurs inhabituelles à leur sexe) sont la version non développée des seins de la femme. En effet, c'est à elle seule qu'incombe le soin d'allaiter ses enfants, et sa poitrine, aux rondeurs érotiques, est aussi un puissant symbole sexuel. D'une femme à l'autre, les seins varient plus par le volume, la forme et l'aspect que bien d'autres parties du corps.

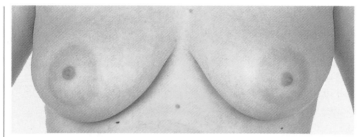

95 C. Tour de poitrine supérieur à la moyenne, bonnet moyen

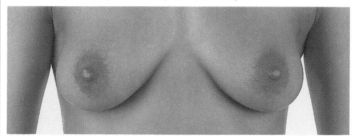

85 B. Petit tour de poitrine, bonnet inférieur à la moyenne

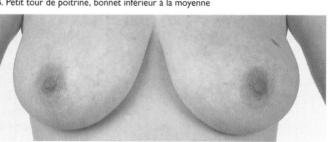

95 D. Tour de poitrine supérieur à la moyenne, très grand bonnet

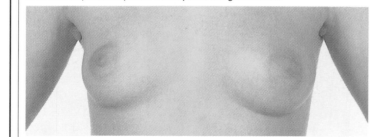

85 A. Tour de poitrine moyen, petit bonnet

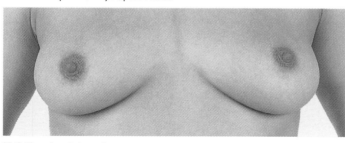

90 C. Tour de poitrine et bonnet moyens

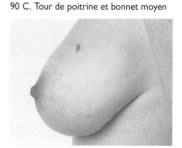

90 C. Tour de poitrine et bonnet moyen

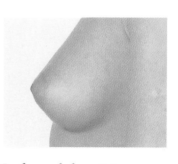

La forme de la poitrine

Les gros seins (ci-dessus, au centre) sont lourds, et très près de la cage thoracique. Ils s'affaissent très vite sans soutien-gorge. Les plus petits (ci-dessus) sont plus légers et plus ronds. Ils se tiennent droits et dégagés de la cage thoracique.

62

LE MAMELON

Situé dans l'aréole, à la pointe du sein, le mamelon est plus foncé que le reste du sein. Le muscle aréolaire permet l'érection du mamelon, qui fonce et s'élargit pendant la grossesse et les rapports sexuels. Il contient de petits orifices par lesquels s'écoule le lait. C'est assez rare, mais un mamelon surnuméraire (polymastie) situé sur une ligne qui va de l'aisselle à l'aine peut se développer, mais ne possédera pas une structure glandulaire et graisseuse normale.

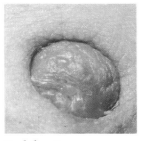

Ombilication du mamelon
Dans cette anomalie, le mamelon est plat ou retourné vers l'intérieur. Attention ! une ombilication soudaine du mamelon peut être signe de cancer.

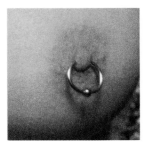

Mamelon percé
Le mamelon ainsi percé reste en érection permanente, du fait de l'anneau.

LA STRUCTURE DU SEIN

Le sein est composé de lobules glandulaires, sécrétant le lait, enrobés dans du tissu adipeux et fibreux. Les canaux excréteurs de ces glandes débouchent au niveau du MAMELON (à gauche). Le sein est accolé au muscle pectoral, de chaque côté de la cage thoracique par un fascia (fines bandes de tissu peu élastique). Le volume de la glande mammaire s'accroît pendant la grossesse.

La lactation
Au cours de la grossesse, les œstrogènes et la progestérone déclenchent le développement des glandes mammaires et des lobules contenant le lait, excrété par les canaux galactophores aboutissant au mamelon.

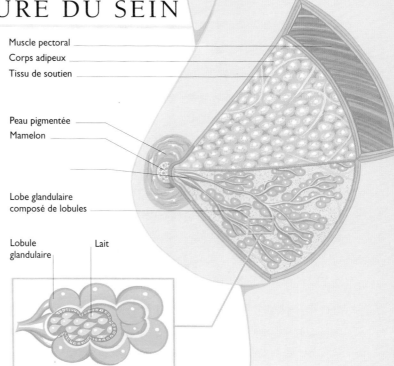

Muscle pectoral
Corps adipeux
Tissu de soutien
Peau pigmentée
Mamelon
Lobe glandulaire composé de lobules

Lobule glandulaire
Lait

LES SOUTIENS-GORGE

Afin que les ligaments qui les soutiennent ne se détendent pas, les seins, dont chacun peut peser de 250 à 500 g, doivent être maintenus par un soutien-gorge, qui sert aussi à mettre en valeur la poitrine. Du plus simple au plus sophistiqué, il varie avec la mode et est un élément de la parure féminine. La grande variété de modèles offerte aux femmes à des prix abordables leur permet de mettre un soutien-gorge en harmonie avec leur tenue. La tendance est à nouveau aux dessous raffinés. Un rembourrage permet d'augmenter la taille des seins, tandis qu'un soutien-gorge pigeonnant à armatures remonte la poitrine et accentue ses rondeurs.

Conçu pour la course, ce soutien-gorge ne gêne pas les épaules.

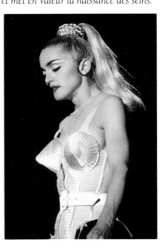

Balconnet
Un rembourrage grossit la poitrine et met en valeur la naissance des seins.

Soutien-gorge de sport
Il maintient fermement la poitrine et permet tous les mouvements.

Fantaisie futuriste
Un soutien-gorge provocant et agressif

DÉVELOPPEMENT ANORMAL DU SEIN

Le développement des seins commence à la puberté ; il s'achève entre 18 et 20 ans.

HYPERMUSCULATION

Les culturistes qui prennent des stéroïdes perdent leurs seins ronds au profit de pectoraux surdéveloppés.

SEINS D'ANOREXIQUE

Les femmes qui souffrent d'anorexie mentale ont très peu de graisse et une silhouette plutôt asexuée. Leurs seins reviennent au stade prépubertaire.

POLYMASTIE (SEINS SURNUMÉRAIRES)

Cette anomalie, connue dès la plus haute antiquité, était souvent considérée comme le symbole de la fertilité et n'est pas sans évoquer une certaine animalité originelle. Les seins surnuméraires ne sont en fait que des reliquats embryonnaires de mamelons. Anne Boleyn, une des femmes d'Henri VIII, aurait eu cette particularité.

Déesse de la Fertilité
Découverte à Éphèse, elle personnifie la Fertilité. Ses seins sont en forme de testicules de taureau.

LA MAMMOPLASTIE

Des interventions de chirurgie esthétique permettent de corriger des asymétries, de modifier le volume et la forme du sein, de remonter une poitrine tombante ou de redonner une silhouette jeune et attirante. On y a également recours pour donner du volume à des seins lorsqu'ils ne se sont pas assez développés ou après une ablation pour raisons médicales (voir MASTECTOMIE et CHIRURGIE RÉPARATRICE DU SEIN). Le sein est un fort symbole de féminité et son ablation a de graves répercussions psychologiques, allant de la perte de confiance en soi à la dépression.

PLASTIE MAMMAIRE DE RÉDUCTION

Le tissu graisseux et la peau en excès sont enlevés au cours de cette intervention délicate.

On pratique trois incisions : une pour retirer l'excès de tissu, une autre autour de l'aréole et une troisième en forme de trou de serrure pour reloger le mamelon. Le tissu graisseux que l'on conserve est réinséré sous la peau et le mamelon est remonté là où l'incision en trou de serrure a été faite.

PLASTIE MAMMAIRE D'AUGMENTATION

La peau et les muscles sont progressivement étirés plusieurs semaines avant l'intervention pour permettre la pose d'un implant. L'incision est faite soit autour de l'aréole, soit sous le sein, soit dans le creux axillaire, en fonction du volume et de la fermeté du sein.

L'implant est inséré sous le MUSCLE PECTORAL ou derrière le tissu mammaire, de manière à reposer sur le muscle pectoral.

Implant (à droite)
C'est un petit sac rempli généralement de solution saline. Celui illustré est en silicone : ce type d'implant est rarement utilisé au Canada depuis 1992 car sa sécurité à long terme est mise en cause.

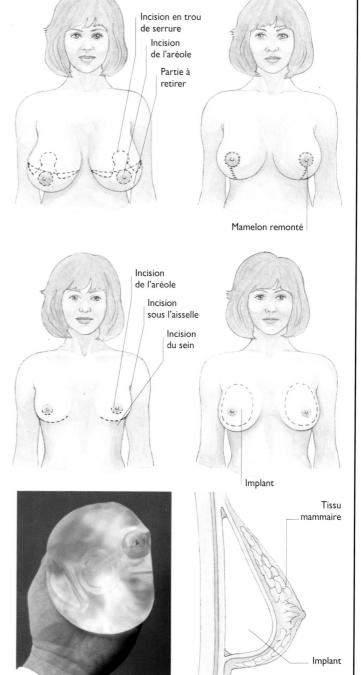

Incision en trou de serrure
Incision de l'aréole
Partie à retirer
Mamelon remonté

Incision de l'aréole
Incision sous l'aisselle
Incision du sein
Implant
Tissu mammaire
Implant

MASTOSE SCLÉROKYSTIQUE

Près de 75 % des tumeurs du sein sont bénignes. Ce sont les kystes (cavités remplies de liquide), les adénofibromes (tumeurs bénignes) et l'hyperplasie du tissu conjonctif (épaississement des glandes mammaires). Ces tumeurs bénignes sont à surveiller. Elles affectent près de 20 % des femmes entre 20 et 50 ans.

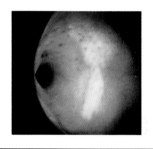

CANCER DU SEIN

Le nombre de cancers du sein est en augmentation dans plusieurs pays. Dans les pays occidentaux, c'est la première cause de décès des femmes de 35 à 50 ans. Au Canada, le cancer du sein tue plus de 5 000 femmes par an.

Depuis 1993, on estime qu'une femme sur neuf risque d'avoir un cancer du sein. Seule la prévention peut faire chuter ces statistiques.

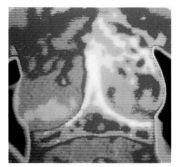

Cancer du sein
Sur cette image thermique, on voit nettement la trace blanche (zone plus froide) du cancer du sein gauche.

LES RISQUES DE CANCER DU SEIN

À part les antécédents familiaux, une mauvaise hygiène de vie est un facteur de risque important dans l'apparition des cancers du sein.

RÉGIME TROP GRAS

Il y a une corrélation entre le régime alimentaire et le taux de cancers. Au Japon, cette maladie est l'une de celles qui progressent le plus (58 % entre 1975 et 1985), progression qui semble liée à l'alimentation, devenue beaucoup plus grasse. À titre préventif, il est préférable d'avoir un régime pauvre en graisses : moins de 20 % du total des calories absorbées. C'est un principe de base pour bien s'alimenter.

Le cancer du sein dans le monde

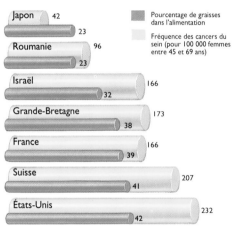

HORMONES ET MORPHOLOGIE

Les femmes ENDOMORPHES (rondes) trop grosses, dont les amas graisseux sont concentrés sur l'abdomen et autour des organes internes, présentent un plus grand risque de cancer du sein que les femmes MÉSOMORPHES (piriformes) trop grosses, dont la graisse se dépose sur les hanches et les cuisses, ou que les femmes ECTOMORPHES (filiformes).

L'HORMONOTHÉRAPIE POSTMÉNOPAUSIQUE, qui implique la prise d'ŒSTROGÈNES, modifie les taux hormonaux et serait un facteur de risque chez un petit nombre de femmes. Le risque serait également plus grand chez les femmes qui ont eu leurs RÈGLES très tôt, chez celles qui n'ont pas eu d'enfants ou les ont eus très tard, ainsi que chez celles qui ont eu une MÉNOPAUSE tardive.

ANTÉCÉDENTS FAMILIAUX

Une femme dont la mère, la sœur, la grand-mère ou une tante a eu un cancer du sein avant la ménopause court trois fois plus de risques qu'une autre de développer elle-même un cancer. Si le cancer a touché les deux seins, le risque est alors dix fois supérieur.

RISQUES LIÉS À L'ENVIRONNEMENT

Certains facteurs, comme le tabac, la pollution industrielle, les gaz d'échappement, certains produits chimiques, comme les engrais, seraient des facteurs aggravants.

Facteurs	Risque élevé	Risque moyen	Risque faible
Antécédents familiaux	Proches parentes	Parentes éloignées	Pas d'antécédents familiaux
Antécédents personnels	Règles précoces Pas d'enfants Rapports sexuels tardifs Ménopause tardive	Premier enfant après 35 ans Maladie bénigne du sein	Règles tardives Enfant avant 20 ans Rapports sexuels précoces Ménopause précoce
Régime	Obésité Régime riche en graisses animales (plus de 35 % de l'apport journalier)	Régime modéré en graisses animales (20-30 % de l'apport journalier)	Régime pauvre en graisses (moins de 20 % de l'apport journalier)
Groupes ethniques	CAUCASIENNES de l'Ouest, NÉGROÏDES, JAUNES	Européennes du Sud, Américaines du Sud	NÉGROÏDE d'Afrique JAUNES de l'Est
Morphologie	ENDOMORPHE	MÉSOMORPHE	ECTOMORPHE
Âge	Plus de 40 ans	25-39 ans	Moins de 25 ans
Environnement	Grandes villes	Villes	Zones rurales

L'AUTOEXAMEN DU SEIN

Traité dès son apparition, le CANCER DU SEIN peut être guéri. Il est donc primordial que les femmes examinent elles-mêmes, tous les mois, leurs seins pour détecter toute grosseur ou toute modification d'aspect. Cet examen est particulièrement important et doit être pratiqué dès l'âge adulte, de préférence 3 ou 4 jours après la fin des règles. Les femmes dont les seins ont une consistance grumuleuse doivent se faire examiner régulièrement par un médecin.

EXAMEN VISUEL

Placez-vous devant un miroir, les bras le long du corps, observez vos seins pour détecter tout changement de volume, de forme ou d'aspect. Notez toute gêne autre que celle précédant les règles. Levez les bras et observez à nouveau.

PALPATION

Allongez-vous sur le dos, un bras au-dessus de la tête, et tâtez le sein du côté du bras levé. Palpez en douceur la totalité du sein, en étant attentive au pourtour et au mamelon. Pour que la main glisse mieux, enduisez-la de savon ou de talc. Recommencez l'opération de l'autre côté.

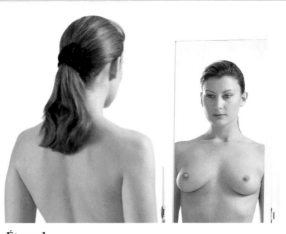

Étape 1
Surveillez toute modification de l'aspect de la peau et tout écoulement qui sourd du mamelon.

Étape 2
Levez les deux bras et vérifiez.

Palpez à plat, d'un mouvement circulaire, le tour du sein.

Vérifiez aussi l'aisselle.

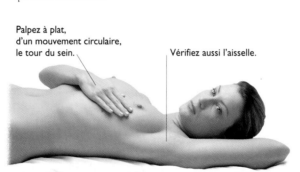

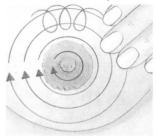

Étape 3
Allongée sur le dos, tâtez le tour du sein et le mamelon.

LA MAMMOGRAPHIE

Cet examen radiographique permet de détecter des tumeurs d'à peine 0,5 cm qui, à ce stade, n'ont pu encore essaimer et donner des métastases. La mammographie précoce a fait monter à 82 % le taux de rémission à 5 ans. Pour les femmes qui n'en ont pas bénéficié, le taux est de 60 %.

Toutefois, une mammographie régulière n'est nécessaire que pour les femmes de plus de 50 ans, ou plus tôt pour les femmes à risque. On s'interroge actuellement sur l'effet possible de l'exposition aux rayons, lors de la mammographie, dans le déclenchement d'un cancer du sein.

Mammogramme
Le sein est placé sur l'appareil, puis comprimé doucement afin d'exposer aux rayons la plus grande surface possible de tissu. On prend deux clichés différents par sein.

NODULES CANCÉREUX

Toutes les grosseurs du sein ne sont pas cancéreuses : il s'agit la plupart du temps de kystes ou d'adénofibromes bénins. Le pourcentage de cancers détectés en certains emplacements est indiqué ci-dessous. Ils peuvent être également révélés par des GANGLIONS aux aisselles.

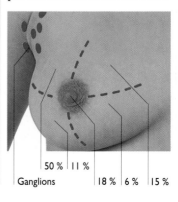

50 % | 11 %
Ganglions   18 % | 6 % | 15 %

LA MASTECTOMIE

Après une biopsie confirmant le diagnostic de cancer, on peut procéder à une ablation partielle ou totale du sein. Le traitement est fonction de la taille de la tumeur, de l'atteinte des ganglions périphériques ainsi que d'autres facteurs. Plus tôt la grosseur est détectée, plus elle est petite, et plus les traces de son ablation seront discrètes.

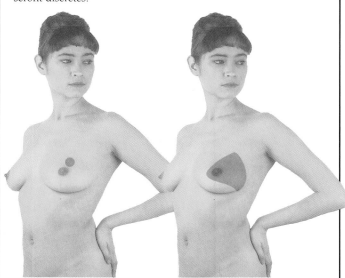

Tumorectomie
On enlève la tumeur. Après l'intervention, l'aspect du sein est presque normal.

Mastectomie partielle
On enlève la tumeur et une partie des tissus environnants et du tissu mammaire sous-jacent.

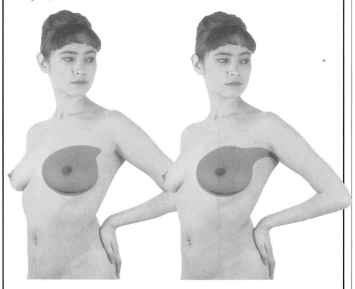

Mastectomie totale (ou simple)
On enlève tout le sein, mais le muscle pectoral et les ganglions périphériques restent en place.

Mastectomie totale et curage ganglionnaire
On enlève le sein et les ganglions périphériques susceptibles de contenir et de véhiculer des cellules cancéreuses.

TRAITEMENTS POSTCHIRURGICAUX

CHIMIOTHÉRAPIE

Certains médicaments agissent sélectivement sur les cellules cancéreuses. Ils peuvent augmenter de 10 % le taux de rémission à 10 ans. Ils entraînent néanmoins des effets secondaires souvent désagréables, mais temporaires, tels que chute des cheveux ou nausées. En outre, d'autres cellules normales à division rapide, par exemple dans la moelle osseuse, peuvent être endommagées par la chimiothérapie qui touche les tissus proches.

HORMONOTHÉRAPIE

Le tamoxifène est utilisé pour bloquer la sécrétion des ŒSTROGÈNES, agents favorisant le développement de la tumeur. Cette propriété bloquante du tamoxifène pourrait être exploitée pour prévenir les cancers du sein ; par contre, la tamoxifène augmenterait les risques de cancer de l'utérus.

RADIOTHÉRAPIE

Le traitement aux rayons X détruit les cellules cancéreuses ou ralentit leur développement. Il est généralement prescrit après une intervention chirurgicale pour détruire les cellules restantes, mais il peut également remplacer la chirurgie pour faire diminuer la tumeur. Ce traitement laisse parfois des séquelles – douleur dans le haut de la poitrine et invalidité dans les épaules ou les bras – pendant plusieurs années, sinon à vie.

IMPLANTS D'IRIDIUM

Dans certains pays, des fils d'iridium radioactif sont implantés dans le sein pour détruire toute cellule cancéreuse qui subsisterait après l'ablation d'une tumeur.

CHIRURGIE RÉPARATRICE DU SEIN

Elle peut être pratiquée en même temps que la MASTECTOMIE (à gauche) ou après. Le plus souvent une poche de peau, de graisse et de muscle ayant la forme d'un sein est insérée à la place du sein retiré. On peut reconstituer de nouveaux mamelons par des greffes de tissu et un tatouage.

LES PROTHÈSES MAMMAIRES

Diverses prothèses peuvent être glissées dans un soutien-gorge pour remplacer un sein. Certaines sont même incorporées au soutien-gorge. De couleur chair, elles sont destinées à donner l'apparence et le toucher d'une poitrine naturelle.

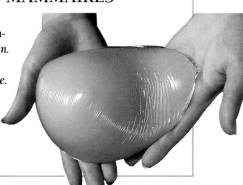

LES BRAS ET LES MAINS

Des fonctions variées

Lorsque l'être humain a commencé à se tenir debout, ses membres antérieurs, qui jusqu'alors avaient deux fonctions, la marche et la préhension, se sont spécialisés, les mains ne servant plus qu'à la manipulation. Chargées de rechercher la nourriture et de la préparer, les femmes primitives ont acquis une grande habileté manuelle, et grâce à leurs doigts devenus très souples, elles ont créé les premiers objets domestiques – pots, bols, etc. Le geste typiquement féminin du bras serré contre le corps avec l'avant-bras replié et le poignet souple est sans doute une survivance de la façon dont les mères primitives portaient leur nourrisson : elles le tenaient bien serré contre leur flanc gauche, gardant ainsi une main libre pour travailler et, de plus, l'enfant était rassuré par les battements du cœur maternel. Le fait que la plupart des femmes soient droitières s'expliquerait par ce geste.

ET CHEZ L'HOMME ?

Les femmes ont des bras plus courts et plus minces que ceux des hommes. Elles tiennent les bras plus près du corps, car leurs épaules sont plus étroites. Leurs mains et leurs doigts, généralement plus souples et plus flexibles, leur permettent de réaliser des travaux de plus grande précision que les hommes.

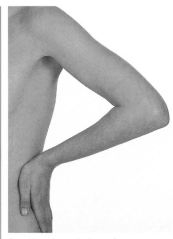

Caucasienne ectomorphe de corpulence moyenne

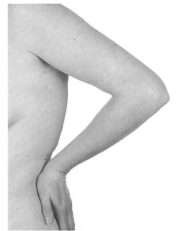

Caucasienne mésomorphe de corpulence massive

Négroïde mésomorphe de corpulence moyenne

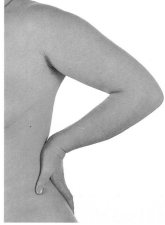

Caucasienne endomorphe de corpulence moyenne

Caucasienne mésomorphe de corpulence fine

Négroïde ectomorphe de corpulence massive

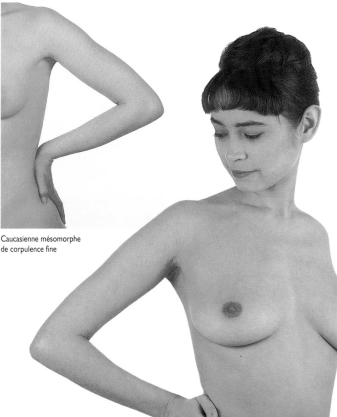

Eurasienne mésomorphe de corpulence moyenne

L'ANATOMIE DES BRAS ET DES MAINS

Le bras a trois fonctions : jeter, soulever et servir de « grue » à la main. Il est formé de trois os principaux : l'humérus, le cubitus et le radius. C'est la relation entre le cubitus et le radius qui permet la rotation de la main. Le bras est rattaché au corps par une articulation mobile au niveau de l'omoplate. Le deltoïde permet de soulever des poids, de lever le bras et de l'éloigner du corps. Le biceps le plie. Le triceps renforce l'avant-bras. Les muscles de l'avant-bras le font pivo-ter et assurent la robustesse et la flexibilité des mains et des doigts. Les plus petits muscles de la main permettent les mouvements précis des doigts et du pouce. Prolongement du cerveau, la subtilité des mouvements dont est capable la main est remarquable ; très innervée, c'est aussi la partie la plus sensible du corps. Elle assure la fonction de préhension avec une précision telle qu'aucune prothèse ne saurait rivaliser.

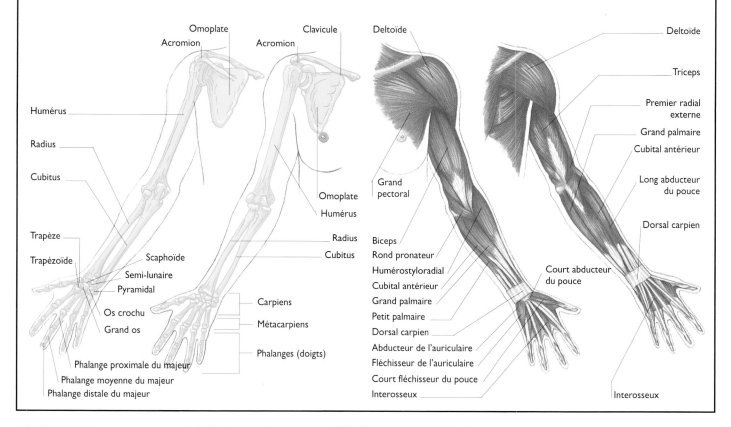

L'AISSELLE

L'aisselle (ou creux axillaire), zone plus ou moins velue sous le bras, possède de très nombreuses GLANDES APOCRINES, qui sécrètent des substances odorantes, parfois plus grasses que la sueur habituelle. À l'air libre, ces substances dégagent une odeur forte et sexuellement excitante mais qui devient aigre et très désagréable à travers les vêtements. Les caucasiennes et les négroïdes ont de nombreuses glandes apocrines, alors que les jaunes en ont peu, voire pas du tout.

LES ONGLES

Les ongles, évolution de l'ÉPIDERME (couche externe de la peau), sont composés d'une protéine rigide, la KÉRATINE. Ils protègent le bout des doigts et des orteils et sont des structures pratiquement mortes. Malgré l'absence de terminaisons nerveuses, les ongles sont enrobés de tissu sensitif (il y a près de 17 000 récepteurs du toucher dans la main, la plupart situés au bout des doigts), ce qui leur permet de ressentir le plus léger frémissement lorsqu'ils touchent un objet. La partie visible de l'ongle n'a que 0,5 mm d'épaisseur ; elle est généralement rose pâle du fait de la présence de nombreux capillaires sous le lit. L'ongle pousse à partir de la matrice, située sous la peau. Un croissant blanc appelé lunule est souvent visible à sa base, mais il est parfois couvert par le sillon unguéal (cuticule). Il faut environ 6 mois pour qu'un ongle repousse totalement, et deux fois plus longtemps pour l'ongle du pied. Après un choc violent, l'ongle noircit et tombe avant de repousser.

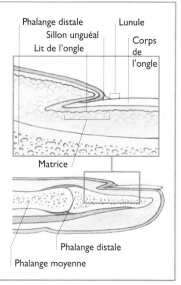

DES SIGNES QUI PARLENT

La signification de certains gestes des bras ou des mains semble universelle : donner l'accolade, lever les bras pour manifester sa joie ou, au contraire, pour se rendre, agiter la main pour saluer ou encore serrer la main. Le fait que la paume de la main soit généralement plus pâle rend les signes encore plus parlants. Ainsi la paume levée et présentée de face est partout interprétée comme une injonction à s'arrêter : « n'approchez pas », « reculez ». Dans un autre registre, on se souviendra de la plaque de métal qui fut déposée par les premiers astronautes lors de leur séjour sur la Lune, à l'adresse d'éventuelles intelligences extra-terrestres, montrant deux silhouettes humaines qui offrent une main tendue, paume ouverte, coude au corps, en signe de paix. Quoi de plus universel que ce geste de la main qui prétend communiquer un message essentiel. Le langage des

Un petit doigt recourbé
Il serait le symbole du détachement de la Vierge Marie par rapport à la sexualité.

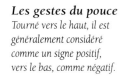

Les gestes du pouce
Tourné vers le haut, il est généralement considéré comme un signe positif, vers le bas, comme négatif.

signes des malentendants est la forme la plus aboutie de la communication gestuelle. Les gestes des doigts ont également une signification suivant le doigt utilisé. Ainsi l'index sert à désigner la direction ou à attirer l'attention. Dans les peintures religieuses anciennes, certaines femmes étaient représentées avec le petit doigt recourbé : ce geste devait s'interpréter comme leur refus de toute forme de dépendance sexuelle. Certaines féministes de la fin du XIXᵉ siècle avaient repris ce geste à leur compte et repliaient le petit doigt en buvant leur thé pour montrer qu'elles refusaient toute aliénation sexuelle.

ANATOMIE DE LA MAIN

La main compte 22 os reliés par des muscles et des tendons. C'est la partie du corps la plus sensible : le bout du doigt à lui seul contient des milliers de terminaisons nerveuses.

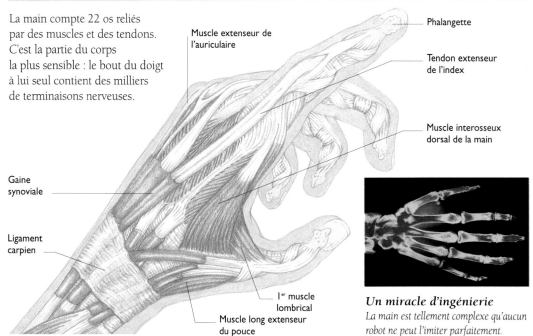

Muscle extenseur de l'auriculaire

Phalangette

Tendon extenseur de l'index

Muscle interosseux dorsal de la main

Gaine synoviale

Ligament carpien

Iᵉʳ muscle lombrical

Muscle long extenseur du pouce

Un miracle d'ingénierie
La main est tellement complexe qu'aucun robot ne peut l'imiter parfaitement.

ET CHEZ L'ANIMAL ?

La paume de la main et la plante des pieds des humains sont, contrairement à celles des primates, pauvres en MÉLANINE, et de ce fait ont une couleur pâle. Ce phénomène est sans doute apparu au cours de la période aquatique pour permettre à nos lointains ancêtres de communiquer dans l'eau. On suppose également que les signes universels de salutation et de capitulation datent de cette même période.

◆

Comme tous les primates, l'homme peut replier ses membres supérieurs pour manipuler les objets. Ses os du carpe forment le poignet. Chez les chiens, les chats et les chevaux, les os du carpe sont articulés de façon à assurer la fonction d'un genou.

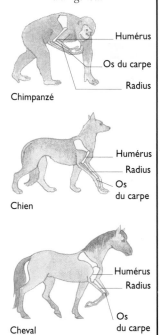

Humérus
Os du carpe
Radius
Chimpanzé

Humérus
Radius
Os du carpe
Chien

Humérus
Radius
Os du carpe
Cheval

LA PARURE

Les femmes ont toujours accordé beaucoup d'importance à la décoration de leurs bras et de leurs mains, utilisant bijoux, décors indélébiles comme les tatouages et les scarifications, souvent signe d'un statut social, ou marques provisoires tels les délicats motifs au henné tracés sur les mains – et parfois, sur les pieds – des femmes arabes et indiennes, en particulier à l'occasion du mariage.

Comme les colliers et les broches, les bracelets étaient à l'origine destinés à protéger du mauvais œil celle qui les portait. Cependant, ils sont rapidement devenus un signe de richesse, de statut social et de beauté. On retrouve la notion de protection dans les bracelets de breloques porte-bonheur (ci-dessous) ou les bracelets de cuivre. Mais c'est le bracelet-montre qui est le plus porté dans notre monde industrialisé.

Les bagues sont à la fois décoratives et symboliques. Selon qu'elles sont arborées à un doigt ou à un autre, qu'elles sont seules ou en nombre, les bagues sont des signes qui s'interprètent en fonction de la personnalité de celle qui les porte. Elles sont aussi un signe d'appartenance sociale.

La bague la plus ancienne est l'alliance que toute femme occidentale mariée porte à l'annulaire gauche. Cette tradition vient de Rome, où l'on croyait que dans l'annulaire passait une veine, une artère ou un nerf, directement reliés au cœur. La bague de fiançailles, également lourde de symbole, indique l'engagement et, contrairement à l'alliance, n'est portée que par la femme, de même que la « bague de fidélité » que lui offre son mari après la naissance d'un enfant ou pour un anniversaire de mariage. Les danseuses indiennes teignent en rouge le bout de leurs doigts pour mettre en valeur les mouvements délicats et complexes de leurs mains. Pour la même raison, les danseuses thaïlandaises mettent de longs faux ongles de papier en forme de fleurs.

Breloques porte-bonheur (ci-dessus)
Ce type de bracelet a été très à la mode au XIXᵉ siècle. Chaque élément a une signification particulière.

Bracelet-serpent (à gauche)
Symbole de santé et de jeunesse dans les civilisations anciennes.

AFFECTIONS DES MAINS

Problème	Causes et symptômes
Callosité	Durcissement de l'épiderme dû à des frottements
Gerçures	Fissures de la peau causées par le grand froid
Panaris	Infection du doigt
Taches pigmentées	Taches résultant d'un excès de soleil (KÉRATOSE SOLAIRE)
Mains moites	Réaction à un stress
Tache blanche	Tache résultant d'un choc à la racine de l'ongle
Bursite	Inflammation des petites poches de liquide articulaire due au surmenage
Microtraumatismes répétés	Lésions dues à la répétition trop fréquente d'un même geste causant une irritation des nerfs et des muscles
Dédoublement des ongles	Souvent dû à de mauvais traitements ou à une immersion prolongée dans l'eau
Envies	Déchirures douloureuses de la peau entourant l'ongle, souvent dues à un dessèchement cutané
Ongle noir	Normalement consécutif à un choc violent
Ongles blanchâtres	Peuvent être signe d'anémie ou de mauvaise circulation

LES GAUCHERS

Depuis des temps immémoriaux, la main gauche est considérée comme la main de la méchanceté, de la maladresse ou du malheur. Peut-être est-ce dû au fait que seulement 12 % de la population mondiale, sans distinction de race, est gauchère. Elle est donc traditionnellement la main « inutilisée ». En Inde et au Moyen-Orient, elle est jugée « impure » et n'est utilisée qu'en relation avec les besoins naturels du corps, tandis que la main droite, « pure », sert à tous les autres usages. Dans ces sociétés, on force les gauchers à devenir droitiers, ce qu'on ne fait plus en Occident.

DES ONGLES DÉCORÉS

Les ongles longs et décorés ont toujours été signe de statut social élevé puisqu'ils sont incompatibles avec tout travail manuel. Dans certaines civilisations, par exemple dans la Chine des mandarins, on les laissait pousser jusqu'à ce qu'ils se recourbent naturellement et deviennent durs comme de la corne. Aujourd'hui, les femmes occidentales se couvrent les ongles de vernis de couleur et mettent de faux ongles si les leurs sont abîmés.

Faux ongles des danseuses thaïlandaises

*L*ES ORGANES GÉNITAUX

ET CHEZ L'ANIMAL ?

Chez la plupart des femelles de mammifères terrestres, le vagin s'ouvre vers l'arrière (c'est ce qu'on appelle un rétro-vagin), juste sous la queue quand elles en ont une. Cela correspond à la position de l'accouplement.

Chez la femme, comme chez la plupart des mammifères marins, baleine et dauphin par exemple, il est en position ventrale. On pense que c'est parce que les éléphants ont connu une période semi-aquatique que leurs femelles ont conservé un vagin ventral, puisque cette caractérisque se retrouve chez tous les mammifères marins.

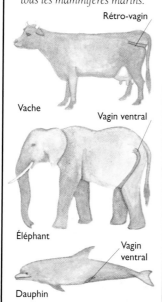

Rétro-vagin

Vache

Vagin ventral

Éléphant

Vagin ventral

Dauphin

LA PILOSITÉ PUBIENNE

Les poils du pubis commencent à apparaître entre 9 et 13 ans sur les grandes lèvres, puis s'étendent progressivement vers le haut sur le mont de Vénus et vers les côtés jusqu'au haut des cuisses. Ils sont en général plus épais et plus foncés que les cheveux ou les autres poils. Il est donc difficile de distinguer les vraies blondes ou rousses à la couleur de leurs poils pubiens.

Certaines femmes n'ont qu'un petit triangle de poils, d'autres, notamment les caucasiennes du Nord, en sont abondamment pourvues. Il arrive que des femmes rasent leurs poils pubiens ou leur donnent les formes les plus variées. Dans l'art occidental, leur représentation fut longtemps interdite, et dans le cinéma américain, notamment à une certaine époque ils ont constitué un critère de censure.

Avec l'âge, les poils du pubis blanchissent et se raréfient.

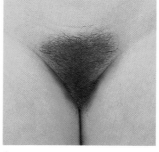

Jaune
Triangle très net, les poils sont de bruns à noirs, courts et un peu clairsemés.

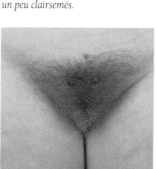

Caucasienne
Les poils sont brun clair, fins, longs et foisonnants. Ils sont plutôt touffus chez ce type de femme.

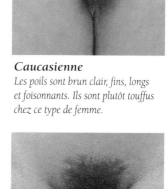

Caucasienne du nord de l'Europe
Poils fournis, blond foncé, formant un large triangle.

Caucasienne du sud de l'Europe
Poils courts, épais, noirs, formant une bande très régulière.

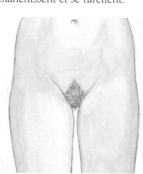

Jeune fille pubère
Quelques rares poils commencent à apparaître sur le bord externe des grandes lèvres.

Jeune femme adulte
Vers 20 ans, la plupart des femmes ont une zone pubienne nettement définie.

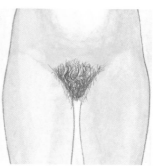

Femme mûre
Les poils poussent jusque sur le haut des cuisses, chez la femme d'âge moyen.

LA VULVE

La vulve est la partie externe des organes génitaux féminins. Elle comprend le MONT DE VÉNUS, les GRANDES et PETITES LÈVRES, les orifices de l'urètre et du vagin, la fourchette, le CLITORIS et le capuchon du clitoris.

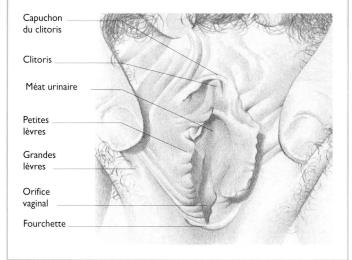

Capuchon du clitoris
Clitoris
Méat urinaire
Petites lèvres
Grandes lèvres
Orifice vaginal
Fourchette

LE VESTIBULE

L'espace compris entre les deux petites lèvres s'appelle le vestibule. Il contient les orifices de l'urètre et du vagin et les GLANDES APOCRINES primaires, qui libèrent un liquide lubrifiant pendant la phase d'excitation sexuelle. La proximité des orifices vaginal, anal et urétral explique que beaucoup de femmes souffrent d'infections bactériennes, comme la CYSTITE, ou mycosiques, comme la CANDIDOSE.

C'est pourquoi il faut veiller à ne pas ramener les impuretés vers la vulve.

LE MONT DE VÉNUS

C'est le tissu adipeux mou qui recouvre la symphyse pubienne (articulation des deux os pubiens). Après la puberté, la PILOSITÉ PUBIENNE recouvre toute cette zone, souvent en forme de triangle. Très sensible à la pression et à la caresse, le mont de Vénus donne de fortes sensations de plaisir. Le simple effleurement de ses poils procure un « choc électrique » très excitant.

Cette appelation poétique du « pénil » est une référence à Vénus, déesse de l'Amour.

LES LÈVRES

LES GRANDES LÈVRES

Les deux plus grandes forment la partie externe de la VULVE (ci-dessus). Elles partent du périné et se rejoignent au MONT DE VÉNUS (ci-dessus, à droite). Elles cachent en général complètement les autres organes génitaux externes et sont recouvertes de poils.

Les grandes lèvres sont faites de tissu adipeux et portent sur leur face interne des glandes ECCRINE (sueur), APOCRINE (substances odorantes) et SÉBACÉES (lubrifiant). Ces dernières lubrifient la vulve, tandis que les glandes apocrines déchargent un mucus lubrifiant responsable de l'odeur musquée que dégagent les organes génitaux de la femme pendant la phase d'excitation. Les grandes lèvres contiennent aussi de nombreuses terminaisons nerveuses.

LES PETITES LÈVRES

Ce sont de très délicats replis de peau, cachés par les grandes lèvres, allant de la FOURCHETTE, derrière l'entrée du vagin, jusqu'au CLITORIS, où elles se rejoignent pour former le prépuce (capuchon du clitoris).

Les petites lèvres sont beaucoup plus innervées que les grandes et contiennent davantage de glandes sébacées sécrétant du SÉBUM qui lubrifie le VESTIBULE (en haut, à droite). Entre l'hymen et les petites lèvres, au tiers postérieur de la vulve, s'ouvrent les glandes de Bartholin. Avec les sécrétions des glandes sudoripares et du vagin, le sébum offre une protection imperméable contre l'urine, le sang des règles et les bactéries. Les petites lèvres sont souvent asymétriques et parfois très larges, voire, chez certaines femmes, plus larges que les grandes lèvres.

LES CEINTURES DE CHASTETÉ

Qui n'a entendu parler des célèbres ceintures de chasteté dont les maris jaloux du Moyen Âge affublaient leur épouse avant de partir aux croisades ? En réalité, elles seraient apparues en Italie, vers 1400, soit près de 2 siècles après la dernière croisade. On en trouve encore quelques spécimens, qui datent probablement du XVIIIe ou du XIXe siècle, où elles auraient été fabriquées à titre de curiosité. Il existe néanmoins des preuves que de telles ceintures ont été utilisées, quoique occasionnellement, du XVe siècle jusqu'au début du XXe.

Le port de ces ceintures était extrêmement désagréable, on l'imagine aisément. Certaines étaient fermées par une serrure, d'autres soudées directement. Appliquées tout contre le corps, et malgré les trous pratiqués pour les besoins naturels, elles étaient loin de permettre une bonne hygiène. Chargé de fantasme, cet « instrument de torture » fait partie, à l'occasion, de la panoplie de certaines pratiques érotiques.

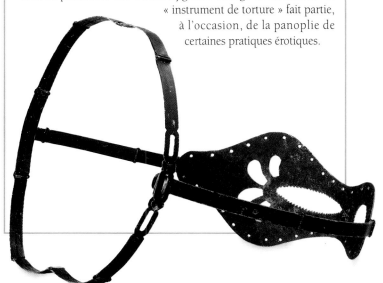

LE CLITORIS

C'est un petit organe érectile, homologue du pénis masculin. Il tient son nom d'un mot grec signifiant clé. Il a les mêmes composants que le pénis : corps caverneux, gland, frein (et le même nombre de terminaisons nerveuses), ce qui signifie que son extrémité renflée est extrêmement sensible au toucher. Bien que sa hampe mesure 2 à 5 cm de long, il semble plus petit parce qu'il est replié sur lui-même et que seul le gland est visible.

Deux minces ligaments de 5 cm environ partent de la hampe vers les côtés du vagin. L'extrémité est recouverte par le capuchon du clitoris qui s'écarte lorsque le clitoris, excité, entre en érection et double de volume pendant les préludes sexuels.

C'est une très importante zone érogène, lorsqu'il est stimulé. L'absence d'érection peut bloquer et empêcher l'orgasme.

Le clitoris est l'objet de la principale mutilation sexuelle : l'excision.

LE VAGIN

Sorte de canal musculaire, extrêmement élastique et capable d'une grande extension, le vagin mesure généralement 9 cm sur sa face postérieure et 7,5 cm sur sa face antérieure. Au repos, il a 1,5 à 2 cm de large et ses parois peuvent se toucher. Les femmes grandes et fortes ont tendance à avoir de plus longs vagins.

La peau qui tapisse les parois vaginales ressemble à celle de la paume de la main, mais sa surface est une muqueuse et sécrète un liquide. Cette muqueuse de 3 à 4 millimètres d'épaisseur desquame continuellement, ce qui permet la technique du frottis. Le milieu vaginal est fortement acide, ce qui constitue une protection contre les germes. Ses parois sont formées de sillons qui lui permettent de se détendre considérablement et de s'élargir pour laisser passer l'enfant pendant l'accouchement.

Dans le fond du vagin s'ouvre le col de l'utérus. Toute cette partie se dilate pendant la phase d'excitation sexuelle pour permettre une pénétration aisée du pénis, quelle qu'en soit la taille. Le vagin peut être presque droit ou incliné vers l'arrière, selon que l'utérus est en antéversion ou en rétroversion (ci-dessous). Pendant les rapports sexuels, de l'air peut rester pris dans la partie du vagin postérieure au col et être bruyamment expulsé pendant la pénétration du pénis.

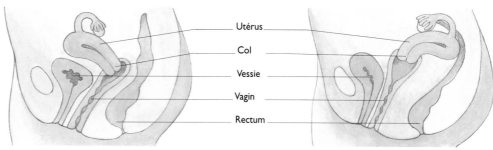

Utérus
Col
Vessie
Vagin
Rectum

Vagin incliné vers l'arrière
La plupart des femmes ont un utérus en antéversion (dirigé vers l'avant), un vagin légèrement incliné vers l'arrière.

Vagin presque droit
Chez les femmes qui ont un utérus rétroversé (dirigé vers l'arrière), l'angle du vagin est plus droit.

LES ODEURS VAGINALES

Une vulve saine a généralement une odeur salée, légèrement musquée. Mais chaque femme a sa propre odeur, plus forte pendant la phase d'excitation, de même que pendant l'OVULATION et la MENSTRUATION.

Certaines femmes, notamment les jeunes, ont de plus en plus tendance à utiliser des déodorants ou des parfums intimes. Toutefois, les produits chimiques qu'ils contiennent risquent d'irriter le vagin et de provoquer des réactions allergiques.

L'HYMEN

À la naissance, l'entrée du vagin est souvent partiellement couverte par une fine membrane appelée hymen (du grec *humên*, membrane. Hymen était aussi le dieu du mariage). On pense qu'il s'agit d'une adaptation de la PÉRIODE AQUATIQUE, destinée à empêcher la pénétration du sable dans le vagin. Certains sports comme la course, le saut, l'escalade, la bicyclette ou l'équitation risquent d'entamer l'hymen, de sorte qu'il n'en reste plus à l'âge adulte que quelques lambeaux (il ressemble alors à une minuscule anémone de mer). Il est cependant parfois plus épais et résistant chez certaines femmes, au point de ne pas être déchiré par la pénétration du pénis. Dans un cas sur 2 000 environ, une petite intervention chirurgicale peut être nécessaire.

La présence de l'hymen a longtemps été considérée comme la preuve de la virginité. Aujourd'hui les choses ont évolué dans les pays occidentaux. Au Moyen-Orient et en Extrême-Orient, cependant, il est extrêmement important que la jeune mariée ait un hymen intact. Le drap sanguinolent exhibé au lendemain de la nuit de noces devait en faire foi au regard de la famille. Il existe d'ailleurs des chirurgiens fort habiles qui le réparent ou le remplacent le cas échéant…

ET CHEZ L'HOMME ?

Avant la distinction des sexes, tous les fœtus sont identiques et ont une structure de type féminin. Puis, chez le mâle, les tissus de la vulve se soudent pour former le scrotum et le pénis. Cette soudure est encore visible chez l'homme adulte : c'est la ligne plus foncée qui se trouve au milieu du scrotum et sous le pénis. L'anatomie du clitoris est proche de celle du pénis. La peau qui recouvre le gland du pénis est l'équivalent du capuchon du clitoris et s'appelle PRÉPUCE.

LA CYSTITE

C'est une infection de la vessie due à une bactérie vivant généralement dans l'intestin ou autour de l'anus. Elle est plus fréquente chez la femme que chez l'homme étant donné la proximité de l'anus et de l'orifice urétral. Une fois dans l'urètre, les bactéries se multiplient et irritent la paroi, puis se propagent jusqu'à la vessie qu'elles infectent à son tour. La cystite se manifeste par une fréquente envie d'uriner, mais l'émission d'urine est très peu abondante, douloureuse et fatigante. Certaines formes entraînent l'émission d'urines sanguinolentes. La cystite peut être isolée ou au contraire être le symptôme d'une maladie de l'appareil urogénital.

Un traitement rapide s'impose, non seulement pour apaiser la douleur, mais pour éviter que l'infection ne s'étende aux reins.

La femme doit toujours prendre garde à ne pas ramener de germes de l'anus vers l'urètre.

LA CANDIDOSE

Cette infection due à un champignon, *Candida albicans*, normalement présent dans l'intestin, touche 80 % des femmes à un moment ou à un autre. Elle se manifeste par des pertes vaginales blanchâtres épaisses, une sécheresse du vagin, une irritation et des démangeaisons locales des organes sexuels ainsi que par une odeur de levure. Il arrive aussi que les antibiotiques détruisent les bactéries contrôlant la croissance de *Candida*.

CANCER DU COL DE L'UTÉRUS

Le cancer du col de l'utérus frappe surtout les jeunes femmes. Il présente une phase précancéreuse longue et bien déterminée, facile à diagnostiquer par un frottis vaginal.
Les risques sont aggravés par le tabac, le nombre élevé de partenaires sexuels (de la femme elle-même ou de son partenaire habituel), et par des rapports sexuels précoces.

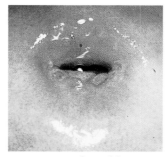 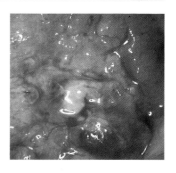

Un organe vulnérable
Vue du col utérin sain (à gauche). Col présentant des cellules précancéreuses (à droite). Le cancer du col est surtout fréquent dans la tranche d'âge 25-35 ans. Il semble lié à la présence de verrues (condylomes génitaux) dans le vagin ou sur le pénis du partenaire.

MUTILATIONS SEXUELLES

On estime que 90 millions de femmes dans le monde les subissent, généralement avant l'âge de 7 ans, surtout dans les pays d'Afrique, d'Asie et d'Amérique du Sud, mais aussi chez certains groupes ethniques du monde occidental. Ce sont des pratiques beaucoup plus mutilantes que l'équivalent masculin, la circoncision.

Ces pratiques n'ont aucune raison médicale valable, contrairement à la circoncision qui peut être rendue nécessaire pour des raisons d'hygiène. Elles relèvent de la religion ou de la tradition, les femmes non mutilées étant considérées comme de mœurs légères. Selon certaines croyances, le clitoris continuerait à grandir pour devenir un pénis si on ne l'enlevait pas. L'excision a été pratiquée depuis toujours, semble-t-il.

Généralement le fait de non-professionnels utilisant des instruments souvent grossiers et non stérilisés, elle consiste à amputer une partie des organes génitaux, avec des risques d'infections pelvienne et urinaire, de tétanos, de septicémie, de cystite et d'abcès à l'intérieur et autour de la vulve, de problèmes de miction, de menstruation, d'accouchement, de douleur pendant les relations sexuelles, de dépression mentale, de frigidité et de graves troubles psychologiques.

Elle a été prônée en Europe au siècle dernier et même au début de ce siècle pour de prétendues raisons médicales, pour traiter les troubles féminins tels que l'hystérie, l'ÉPILEPSIE, la DÉPRESSION, la folie, la masturbation et la nymphomanie. On peut dire qu'elle est éradiquée dans cette partie du monde.

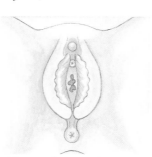 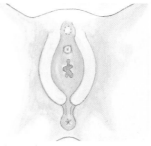 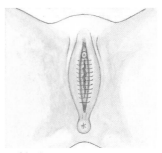

Ablation du capuchon du clitoris
Connue sous le nom de sunna (signifiant tradition) dans les pays arabes musulmans, elle implique l'ablation du capuchon du clitoris.

Clitoridectomie
C'est l'excision, qui consiste à retirer le clitoris, une partie ou la totalité des petites lèvres, parfois même une partie des grandes lèvres. Elle est encore très répandue.

Infibulation
Encore plus radicale, cette pratique implique l'ablation de l'ensemble de la vulve et la suture de la presque totalité de l'orifice. Elle sévit en Afrique.

LES JAMBES ET LES PIEDS

Négroïde : mésomorphe de corpulence moyenne

Caucasienne jaune : mésomorphe de corpulence moyenne

Les membres inférieurs

La longueur des jambes varie en fonction du type du corps : celles des endomorphes sont légèrement plus courtes que le buste ; celles des mésomorphes sont de même longueur ; celles des ectomorphes sont légèrement plus longues. Leur volume et leur forme, de même que ceux des pieds, qui supportent tout le poids du corps en station debout, varient également.

Caucasienne négroïde : méso-morphe de corpulence moyenne

Caucasienne : endomorphe de corpulence moyenne

ET CHEZ L'ANIMAL ?

L'être humain est le seul mammifère qui a adopté la station debout et utilise uniquement ses deux membres inférieurs pour marcher. Certains animaux cependant, comme les ours et les singes, peuvent se dresser sur leurs pattes postérieures.

Caucasienne : ectomorphe de corpulence moyenne

Négroïde : ectomorphe de corpulence massive

L'ANATOMIE DE LA JAMBE

Le sang doit lutter contre la pesanteur pour remonter des pieds vers le cœur ; c'est pourquoi la circulation veineuse des membres inférieurs est lente. Cellulite ou varices peuvent résulter de cette lenteur. D'où la nécessité d'une bonne circulation, améliorée, notamment, par l'exercice physique.

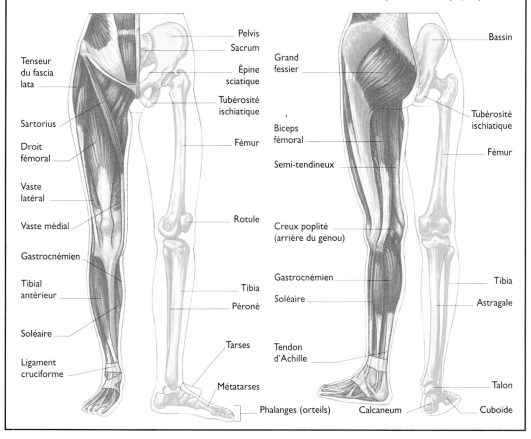

Tenseur du fascia lata — Pelvis — Sacrum — Épine sciatique — Tubérosité ischiatique — Fémur
Sartorius — Droit fémoral — Vaste latéral — Vaste médial — Rotule — Tibia — Péroné
Gastrocnémien — Tibial antérieur — Soléaire — Ligament cruciforme — Tarses — Métatarses — Phalanges (orteils)

Grand fessier — Biceps fémoral — Semi-tendineux — Creux poplité (arrière du genou) — Gastrocnémien — Soléaire — Tendon d'Achille — Bassin — Tubérosité ischiatique — Fémur — Tibia — Astragale — Talon — Cuboïde — Calcaneum

MAXI OU MINI ?

Le sexe de la femme se trouve au point de jonction des jambes, ce qui les rend particulièrement érotiques et a fait longtemps de cette partie du corps une région taboue. C'est pour cela que la longueur du vêtement féminin a toujours eu une telle importance dans l'histoire : plus la jupe est courte, plus il est évidemment facile d'éveiller l'imagination. Le XIXe siècle a été le plus prude à cet égard : laisser entrevoir une cheville était on ne peut plus choquant ; on cachait les jambes, on n'en parlait que par métaphore. On allait même jusqu'à garnir de volants les pieds des meubles. Au XXe siècle, la longueur des jupes (ci-dessous) continue à avoir une signification sexuelle, mais elle est aussi fonction des aléas économiques et tout simplement de la mode. En cette fin de siècle la minijupe se porte bien et coexiste très naturellement avec les autres longueurs.

1921 — 1925 — 1933 — 1941 — 1948 — 1953 — 1960 — 1967 — 1971

LES FESSES

Elles sont plus développées chez les femmes que chez les femelles des autres espèces animales. Il s'agit sans doute d'une évolution datant de l'ÉPOQUE AQUATIQUE, au cours de laquelle une couche de graisse sous-cutanée et une musculature plus puissante sont apparues pour faciliter la station debout nouvellement acquise. Les femmes ont des fesses plus fortes et plus rondes que les hommes. Dans certaines tribus, comme les Boschimans, les fesses sont particulièrement développées (la célèbre Vénus hottentote du musée de l'Homme en fait foi). Elles furent sans doute objet de vénération pendant les époques primitives ainsi qu'en attestent de nombreuses statuettes préhistoriques en pierre taillée.

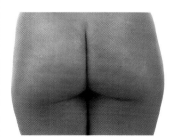

Des rondeurs féminines
Quelle que soit leur forme, les fesses ont toujours été un signe évident de féminité.

UN LANGAGE

La position des jambes, le fait qu'elles soient totalement ou partiellement nues donne des indications sur le comportement de leur propriétaire. Leur mise en valeur renseigne également sur la personnalité de leur propriétaire, selon qu'elles seront parées de collants fantaisistes ou sophistiqués, ou au contraire classiques, ne cherchant pas à attirer l'attention.

JAMBES ÉCARTÉES

La femme qui se tient les jambes écartées, qu'elle soit debout, assise ou allongée, est sûre d'elle, sexy, dominante et décontractée. Le fait qu'elle ne cherche pas à cacher ou à protéger son sexe indique qu'elle sait ce qu'elle veut et ne se soucie pas de paraître vulnérable.

JAMBES SERRÉES

Elles sont signe de bonne éducation mais aussi d'indifférence, d'inhibition ou de soumission. Elles indiquent également une certaine énergie, mise au service des bonnes causes.

JAMBES CROISÉES

À priori décontractée, cette position dénote le besoin de prendre son temps, mais aussi de se protéger. Le besoin de protection et de défense est particulièrement vif lorsque les pieds se croisent également, position typiquement féminine que seule rend possible la conformation du bassin de la femme.

Les jambes parlent
Lorsque deux personnes sont assises côte à côte, la façon dont elles croisent inconsciemment les jambes en dit long sur leurs relations. Croisées et tournées l'une vers l'autre (ci-dessus), elles indiquent de l'intérêt ou une certaine intimité. Au contraire, tournées vers l'extérieur, elles marqueront la distance, aussi bien imposée par une réserve de bon aloi que teintée d'hostilité.

CHAÎNETTES ET ANNEAUX

En Birmanie, les femmes Padaungs ont les jambes cerclées de bracelets de cuivre, tandis qu'au Nigeria, les femmes Waririkes s'entourent toute la jambe de bracelets de laiton pendant le mois précédant leur mariage (ci-dessous). En Occident, le port de chaînettes autour de la cheville a une forte connotation érotique.

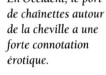

JAMBES ET SEXUALITÉ

Les jambes longues sont considérées comme un symbole de féminité et de sexualité. C'est ainsi que de nombreuses représentations montrent des jambes dont la taille est démesurée par rapport au reste. Il n'est que de voir la silhouette des créatures de rêve qui figurent dans les magazines ou un simple défilé de mannequins. Bas ou collants avec couture ou ornés de motifs, porte-jarretelles, minijupes qui laissent deviner l'entrejambe ou le haut des cuisses, bottes, etc., sont autant d'accessoires destinés à attirer l'attention sur cette partie du corps.

Un petit bout de jarretière

Au début du XXᵉ siècle, alors que les femmes cachaient pudiquement leurs jambes, les hommes se bousculaient dans les cabarets pour aller voir les danseuses de french cancan dévoiler leurs jambes.

LES AFFECTIONS

Lésions de la jambe. Elles sont généralement handicapantes car, même sans gravité, elles risquent de restreindre les mouvements. Du fait de sa grande flexibilité, le genou est particulièrement vulnérable à trop de sollicitations et à de brusques torsions par exemple, lors d'un accident de ski, qui risquent d'en détruire totalement les ligaments ou le cartilage et d'en affecter la stabilité à long terme.

Syndrome des jambes sans repos (besoin continuel de remuer les jambes, en particulier lorsque la personne est allongée). Près d'une personne sur 20, en majorité des femmes, en souffre, surtout la nuit. Certains médecins ont trouvé des causes hormonales tandis que d'autres estiment qu'il ne s'agit que de troubles psychosomatiques. Ces symptômes, fréquemment héréditaires, apparaissent au moment de la puberté, puis cessent pour réapparaître pendant une grossesse et à la ménopause.

Affections des pieds. 2 femmes sur 5 souffrent des pieds : pied d'athlète (affection mycosique située entre les orteils), ongles incarnés, cors. Si les femmes ont plus de problèmes de pieds que les hommes, c'est sans doute que leurs chaussures sont souvent trop étroites ou mal adaptées. Certaines modes ont mis à mal les extrémités féminines, principalement lorsque s'est imposée celle des talons aiguilles au bout démesurément effilé.

LES ODEURS

La peau glabre de la plante du pied est très riche en glandes sudoripares, ce qui implique que chaque individu laisse une trace odoriférante personnelle, facilement détectée par un chien policier même si le pied n'est pas nu et si la trace date de plus de 15 jours.

Grâce aux odeurs déposées par chacun d'eux, nos lointains ancêtres primates pouvaient repérer leurs allées et venues réciproques dans la forêt vierge. Aujourd'hui, les odeurs de pieds sont considérées comme un signe de négligence et de mauvaise hygiène, d'où l'usage abondant de déodorants. Cette façon de régler ce délicat problème n'est évidemment pas appropriée, car rien ne saurait remplacer, en cette matière, une hygiène rigoureuse en l'absence de toute affection particulière.

Les Aborigènes d'Australie ont un odorat particulièrement développé et peuvent suivre une trace de pied nu longtemps après le passage de l'individu.

ANATOMIE DU PIED

Le pied se compose de 26 os, 114 ligaments et 20 muscles. Il supporte le poids du corps en station debout et sert de levier pour le propulser en avant tout en faisant les ajustements nécessaires pour le maintenir en équilibre. Avec les mains, les pieds comprennent la moitié des os du corps. Les doigts palmés, c'est-à-dire reliés par une membrane, dont sont pourvues 6 % des fillettes à la naissance, seraient un reliquat de l'ÉPOQUE AQUATIQUE. Les malformations congénitales, tel le pied bot, sont assez fréquentes. Dans la majorité des cas leur cause est inconnue.

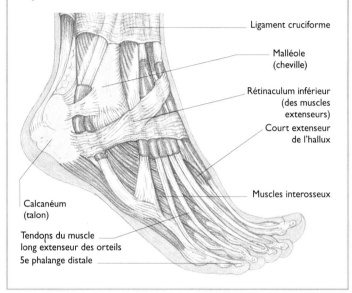

Ligament cruciforme

Malléole
(cheville)

Rétinaculum inférieur
(des muscles
extenseurs)

Court extenseur
de l'hallux

Muscles interosseux

Calcanéum
(talon)

Tendons du muscle
long extenseur des orteils

5e phalange distale

LES CHAUSSURES

Dans notre monde occidental, la plupart des femmes passent près des deux tiers de leur vie les pieds chaussés de cuir. Or le pied n'est pas définitivement formé avant 20 ans. À cet âge, beaucoup de femmes ont donc déjà comprimé leurs pieds pendant plusieurs années dans des chaussures trop étroites, trop hautes, trop courtes ou les trois à la fois, pour être à la mode.

Les chaussures ont souvent une connotation sexuelle. Certaines expressions telles que « trouver chaussure à son pied » sont le reflet de cette association entre la chaussure et le sexe. De même, il est courant d'attacher à la voiture des nouveaux mariés de vieilles chaussures.

US ET COUTUMES

Parce que les pieds des hommes sont en général plus grands que ceux des femmes, les petits pieds sont devenus signe de féminité et les femmes aux grands pieds ont longtemps fait l'objet de moqueries, ce qui suscite chez elles un complexe.

En Chine, pendant des millénaires, les pieds bandés ont été le signe d'une situation sociale élevée. On bandait les pieds des fillettes dès leur plus jeune âge, en les repliant de manière que les quatre orteils appuient sur le talon, le gros orteil seul restant libre.

Les « lotus d'or » étaient les plus admirés : ils ne dépassaient pas 7,5 cm. Les pieds bandés ne pouvaient jamais reprendre leur forme originelle et empêchaient une démarche normale. Les femmes aux pieds bandés étaient très recherchées : elles avaient des pieds minuscules, donc extrêmement féminins, elles étaient physiquement incapables de travailler, donc d'un rang élevé, et ne pouvaient se déplacer facilement. De plus, leurs pieds estropiés offraient un attrait sexuel supplémentaire. Le per-

sonnage de Cendrillon a son origine en Chine. La Cendrillon chinoise ne se distinguait de ses sœurs tout aussi belles que par ses minuscules pieds bandés, des « lotus d'or » seuls à pouvoir se glisser dans la pantoufle de vair.

Les femmes indiennes se couvrent souvent les pieds et aussi les mains, de motifs compliqués, dessinés au henné, pour des occasions spéciales.

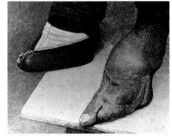

Les pieds bandés
Un pied écrasé par le port de bandelettes pendant de nombreuses années est le symbole poignant de la soumission totale de la femme à l'homme.

Un beau décor
De délicats motifs sont peints au henné sur le pied nu de cette mariée indienne. Au bout de quelques heures, on lave le henné et il reste un dessin à la couleur dorée qui dure plusieurs semaines.

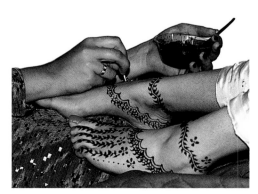

L*E SYSTÈME ENDOCRINIEN*

L'ANATOMIE

Produit du système endocrinien, les hormones régissent l'équilibre individuel. Le terme apparaît assez tardivement dans le vocabulaire médical, néanmoins la notion de sécrétion interne à laquelle elles renvoient est cernée par Claude Bernard dès 1851. Le système endocrinien est un ensemble de glandes qui règlent les fonctions du corps par leurs sécrétions, ou hormones, directement libérées dans le sang. Les hormones jouent un rôle important dans la croissance, le MÉTABOLISME, la température, l'activité sexuelle et la reproduction, la MENSTRUATION, les CONTRACTIONS DE L'ACCOUCHEMENT, la LACTATION et l'ALLAITEMENT, la réaction au STRESS. Leurs effets peuvent être immédiats ou différés, temporaires ou durables.

Les hormones agissent également sur les mécanismes qui nous font ressentir les émotions. Lorsque le centre du cerveau (le SYSTÈME LIMBIQUE) est stimulé, il envoie des signaux au CORTEX et à d'autres aires cérébrales. L'émotion est ensuite enregistrée par les principales glandes (HYPOTHALAMUS et HYPOPHYSE) et l'hormone appropriée est libérée (voir LA PRODUCTION D'HORMONES, ci-dessous). Le corps réagit à chaque émotion en sécrétant une hormone distincte, qui elle-même suscite une réaction physiologique. Par exemple, la peur déclenche une sécrétion de CATÉCHOLAMINES par les surrénales, qui enclenchent la RÉACTION DE COMBAT OU DE FUITE.

Glandes productrices d'hormones
Les glandes productrices d'hormones se trouvent dans toutes les parties du corps. Chacune sécrète des hormones particulières, ayant une fonction bien précise.

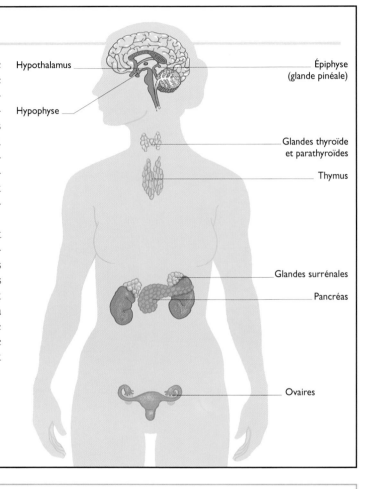

Hypothalamus

Hypophyse

Épiphyse (glande pinéale)

Glandes thyroïde et parathyroïdes

Thymus

Glandes surrénales

Pancréas

Ovaires

LA PRODUCTION D'HORMONES

L'HYPOTHALAMUS et l'HYPOPHYSE sont au centre du SYSTÈME ENDOCRINIEN (ci-dessus), qu'ils surveillent et régulent par un mécanisme de rétrocontrôle très complexe. La plupart des messages circulant entre le cerveau et le corps passent par l'hypothalamus, qui a donc connaissance de toutes les sensations ressenties, qu'il s'agisse de la douleur après un choc à l'orteil, du plaisir d'écouter de la musique ou d'éléments inconscients, comme le bon équilibre hormonal ou nutritionnel. L'hypothalamus équilibre les réactions de l'ensemble des glandes endocrines par l'intermédiaire de l'hypophyse (glande pituitaire), située juste au-dessous.

En réaction aux stimuli électriques ou hormonaux

de l'hypothalamus, l'hypophyse libère ses propres hormones (dites stimulines) dans le sang, qui les véhicule vers les cellules cibles, y compris les autres glandes endocrines.

L'hypothalamus produit également deux hormones, l'OCYTOCINE et l'hormone antidiurétique ou ADH, qui passent par les fibres nerveuses dans le lobe postérieur de l'hypophyse, où elles sont stockées pour être ensuite libérées dans le sang.

La production d'hormones de synthèse est possible depuis une vingtaine d'années. Certaines sont utilisées à des fins thérapeutiques pour leurs effets proches ou identiques à ceux produits par des hormones naturelles.

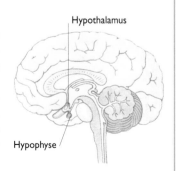

Hypothalamus

Hypophyse

L'hypothalamus
Il sécrète des hormones, les stimulines, qui passent par un canal spécial directement dans l'hypophyse.

LE CONTRÔLE DE LA PRODUCTION HORMONALE

Le contrôle de la production hormonale est assuré par un mécanisme de rétroaction entre une glande individuelle (la THYROÏDE dans l'exemple ci-dessous), l'HYPOTHALAMUS et l'HYPOPHYSE (glandes principales). Si la production d'hormones d'une glande donnée est trop forte ou trop faible, les deux glandes principales décèlent ces variations dans le sang et réagissent en modifiant la production.

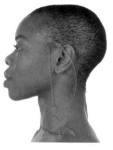

Rétrocontrôle normal

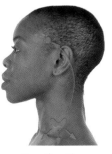

Hyperthyroïdie

Hypothyroïdie

LE FONCTIONNEMENT HORMONAL

La production et la régulation hormonales sont sous le contrôle des glandes endocrines, dont les plus importantes sont l'hypothalamus et l'hypophyse. Bien que les hormones soient transportées par le sang dans tout le corps, ce système est d'une extrême précision.

En effet, à chaque hormone ne correspond qu'un seul message chimique, qui ne peut être perçu que par un récepteur donné dans les cellules cibles appropriées (comme s'il s'agissait d'une clé qui n'ouvrirait qu'une seule serrure).

Ainsi l'HORMONE FOLLICULO-STIMULANTE est responsable de la maturation de l'ovule, de même que la PROGESTÉRONE, qui fait éclore l'ovule mûr et assure un developpement fœtal normal. Certaines d'entre elles, telles les hormones stéroïdes, ont une action particulièrement ciblée. L'ocytocine, par exemple, provoque les contractions de l'utérus pendant l'accouchement et déclenche la sécrétion du lait dans les canaux galactophores des seins lorsque le bébé tète. D'autres, telles les hormones protéiques, peuvent être perçues par les récepteurs de nombreuses cellules cibles et déclenchent donc des effets beaucoup plus généraux dans le corps.

Les hormones ont des effets temporaires (par exemple la quantité d'INSULINE libérée par le pancréas varie en fonction du taux sanguin de glucose) ou durables (les ANDROGÈNES ont une activité prolongée sur le développement sexuel de la femme pendant la puberté). Pratiquement tous les systèmes sont affectés par un fonctionnement hormonal spécifique. Malgré les nombreuses données que nous possédons, leur mode de fonctionnement n'est pas encore élucidé.

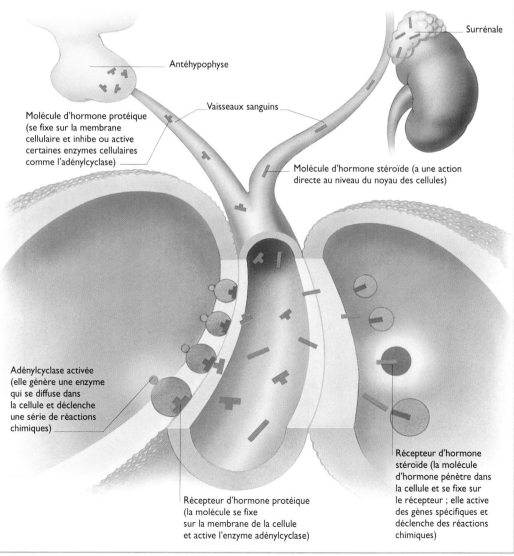

L'HYPOPHYSE

C'est la glande la plus importante par sa fonction. De la taille d'un petit pois, elle est formée de deux parties principales, comprenant un lobe antérieur et un lobe postérieur. Elle sécrète six hormones : l'hormone de croissance ; la PROLACTINE, qui produit le LAIT MATERNEL ; deux hormones affectant le MÉTABOLISME – la THYRÉOSTIMULINE ou TSH, et l'ACTH (hormone corticotrope hypophysaire) ; deux hormones stimulant la production d'ovules et d'hormones sexuelles par les ovaires, à savoir l'HORMONE LUTÉINISANTE (LH) et l'HORMONE FOLLICULO-STIMULANTE (FSH). L'hypophyse stocke également deux hormones sécrétées par l'hypothalamus : l'OCYTOCINE, qui stimule les contractions de l'utérus pendant l'accouchement, et l'hormone antidiurétique (ADH), qui agit sur les reins pour régler la quantité d'eau dans le corps.

Les pathologies de l'hypophyse sont diverses. Son insuffisance est responsable du nanisme et son hyperfonctionnement du gigantisme.

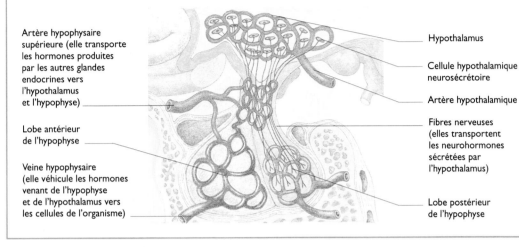

Artère hypophysaire supérieure (elle transporte les hormones produites par les autres glandes endocrines vers l'hypothalamus et l'hypophyse)

Lobe antérieur de l'hypophyse

Veine hypophysaire (elle véhicule les hormones venant de l'hypophyse et de l'hypothalamus vers les cellules de l'organisme)

Hypothalamus

Cellule hypothalamique neurosécrétoire

Artère hypothalamique

Fibres nerveuses (elles transportent les neurohormones sécrétées par l'hypothalamus)

Lobe postérieur de l'hypophyse

Le contrôle hormonal

L'artère hypophysaire véhicule vers l'hypothalamus et l'hypophyse les hormones produites par les glandes endocrines périphériques. En réponse à cette information, l'hypothalamus sécrète des neurohormones spécifiques vers l'hypophyse. À son tour, cette dernière sécrète dans la veine hypophysaire des hormones de contrôle des glandes endocrines périphériques. Les pathologies de l'hypothalamus affectent l'humeur, entre autres.

TROUBLES DE LA CROISSANCE

Une production insuffisante d'hormone de croissance par l'hypophyse provoque le nanisme, tandis qu'une production trop importante se traduit par une croissance excessive, notamment des mâchoires et des membres. Le nanisme peut avoir pour origine une maladie héréditaire et congénitale appelée achondroplasie. Il y a alors inhibition de la croissance des os longs, notamment dans les membres, qui sont disproportionnés par rapport au reste du corps, surtout à la tête.

Une géante
Rosita, née en 1865 à Vienne, mesurait 2,34 m.

LES DÉSÉQUILIBRES HORMONAUX

Pathologie	Description
Hypothyroïdie	*Due à une production hormonale insuffisante de la THYROÏDE chez le nouveau-né et l'enfant, elle se caractérise par une arriération mentale, des problèmes cutanés, un faciès goitreux et un nanisme.*
Syndrome de Cushing	*Plus courant chez les femmes que chez les hommes, il est dû à une hypersécrétion d'ACTH. Les symptômes sont une obésité particulière localisée à la face, au cou et au tronc, une hypertension artérielle avec rétention d'eau, une fonte musculaire avec fatigue, une hypertrichose faciale. Les malades souffrent souvent d'OSTÉOPOROSE et environ 20 % de DIABÈTE SUCRÉ. Cette maladie peut également être due à une tumeur des glandes SURRÉNALES, provoquant une hypersécrétion de corticostéroïdes.*
Hypogonadisme	*Elle est due à une carence en hormones lutéinisante (LH) et folliculo-stimulante (FSH).*
Diabète insipide	*Généralement dû à un déficit en hormone antidiurétique (ADH), il se caractérise par une émission importante d'urine et une soif intense. Contrairement au DIABÈTE SUCRÉ, il n'y a pas de glucose dans les urines.*

LE DÉCALAGE HORAIRE

Il s'agit des perturbations provoquées par les changements de fuseaux horaires à l'occasion de voyages en avion. Tout individu possède une horloge interne, contrôlée par l'ÉPIPHYSE (à droite), qui règle les fonctions telles que le sommeil, l'état de veille, la faim. C'est ce que l'on appelle le rythme circadien (24 heures). Pendant les longs voyages aériens, l'horloge interne n'est plus synchronisée avec l'horloge externe, ce qui occasionne troubles du sommeil, fatigue et irritabilité. Ces troubles semblent plus sévères en cas de vol d'ouest en est, qui raccourcit la journée, qu'en cas de vol d'est en ouest.

L'ÉPIPHYSE

Également appelée glande pinéale, cette minuscule glande située dans le cerveau réagit à la lumière du jour par les fibres nerveuses reliées aux yeux et au cerveau. À la tombée du jour, elle produit une hormone, la MÉLATONINE, dont la sécrétion est à son maximum la nuit et cesse à l'aube.

Le taux de mélatonine est maximal en hiver, quand les jours sont au plus court et dans les pays qui connaissent la nuit polaire. Il est minimal en été et dans les mêmes pays. La mélatonine jouerait donc un rôle important dans les DÉPRESSIONS HIVERNALES (à droite). Elle agirait également sur le rythme circadien (24 heures), par exemple sur la régulation de la température corporelle, le sommeil, l'appétit, ainsi que sur les biorythmes (ci-dessous).

Régulation des rythmes

L'épiphyse joue un rôle important dans la régulation des rythmes internes de nombreuses espèces, y compris l'être humain, des cycles quotidiens, comme la faim, aux cycles annuels liés aux saisons et à l'ensoleillement.

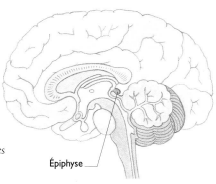

Épiphyse

LA DÉPRESSION HIVERNALE

Cet état est dû à une hypersécrétion de MÉLATONINE par l'ÉPIPHYSE pour compenser le peu de lumière des mois d'hiver. L'excès de cette hormone supprime certaines fonctions du corps, ce qui provoque une dépression caractérisée par une forte anxiété, un manque d'énergie et d'enthousiasme, la propension à tout voir en noir. Ce n'est sans doute pas pour rien que Descartes situait dans l'épiphyse le siège de l'âme ! D'une certaine manière, le syndrome de la dépression hivernale atteint l'individu dans son âme, dans son énergie vitale. Les patients signalent de très fortes envies de glucides (de chocolat, par exemple), qui feraient augmenter le taux de SÉROTONINE, neurotransmetteur qui apporte le bien-être.

Cet état apparaît vers l'âge de 20 ans et diminue après 40 ans. Les femmes y sont quatre fois plus sensibles que les hommes, mais on n'en connaît pas encore vraiment les raisons. Plus on s'éloigne de l'équateur, plus cette affection est fréquente. En outre, il semble qu'elle ait un caractère héréditaire. L'exposition à la lumière artificielle, très proche de la lumière du jour, ou à la lumière utilisée dans les serres pour faire pousser les plantes, soulagerait les symptômes en trompant l'épiphyse qui cesse de sécréter trop de mélatonine.

Les médecins recommandent aux personnes souffrant de dépression hivernale d'essayer de passer le plus de temps possible à l'extérieur pendant les mois d'hiver, ou de partir pour des pays plus ensoleillés. À cet égard, les vertus du soleil sont connues depuis longtemps.

LES BIORYTHMES

Les hormones règlent un certain nombre de fonctions physiologiques périodiques, comme si elles étaient déclenchées par une horloge interne. Le cycle menstruel, par exemple, se répète tous les 25 à 32 jours, celui du sommeil beaucoup plus fréquemment. Chaque femme subirait l'influence de trois cycles internes : un cycle physique de 23 jours, un cycle émotionnel de 28 jours, et un cycle intellectuel de 33 jours. Seule l'influence de l'épiphyse dans ces biorythmes est reconnue unanimement par les scientifiques. Ces cycles coïncident rarement. Les jours les plus critiques seraient ceux où les biorythmes passent la ligne de base : on a en effet constaté qu'il se produisait davantage d'accidents ces jours-là.

Le personnel navigant des longs-courriers pâtit du bouleversement de ses biorythmes.

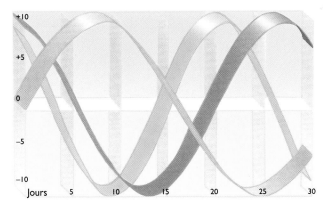

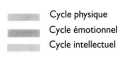

Cycle physique
Cycle émotionnel
Cycle intellectuel

Les biorythmes sur 1 mois

Ces courbes représentent les trois biorythmes d'une femme (née le 3 octobre 1963) pendant le mois d'octobre 1993. Les « bons jours » sont censés être ceux où deux des cycles sont dans la partie basse et une dans la partie haute.

LA THYROÏDE

Cette glande en forme de papillon est située à la base du cou, sous le LARYNX et en avant de la trachée. Elle joue un rôle primordial dans la régulation du MÉTABOLISME (ci-dessous à gauche) grâce à deux hormones, la thyroxine et la tri-iodothyronine. Une troisième hormone, la

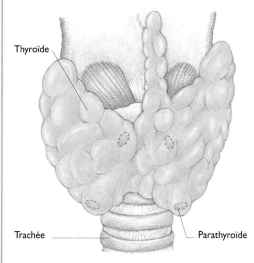

Thyroïde

Trachée

Parathyroïde

La glande thyroïde
Cette glande essentielle est située à la base du cou, en avant de la trachée.

calcitonine, diminue le taux de CALCIUM dans le sang (à droite) en empêchant la résorption osseuse et en favorisant son élimination dans les urines. La thyroïde est composée de deux types de cellules sécrétrices. Les cellules folliculaires sont les plus nombreuses, ce sont elles qui sécrètent la thyroxine et la tri-iodothyronine, tandis que les cellules parafolliculaires, situées entre les follicules, sécrètent la calcitonine, dont l'action est hypocalcémiante.

LES GLANDES PARATHYROÏDES
Ce sont quatre glandes plus foncées, situées derrière la thyroïde, qui sécrètent la parathormone, principale responsable de l'équilibre calcique du corps, en compensant les effets de la calcitonine. En cas d'hypocalcémie, la sécrétion de parathormone augmente, inhibant l'excrétion du calcium par les reins, stimulant l'absorption intestinale du calcium et permettant à l'os de libérer le calcium dans le sang. Par ailleurs, les parathyroïdes se distinguent des autres glandes endocrines en ce que leur fonctionnement ne dépend pas d'un autre organe et n'est pas réglé sur l'hypophyse comme c'est le cas pour nombre d'entre elles.

LE CALCIUM

C'est le minéral le plus abondant dans l'organisme : près de 1 kg chez une femme adulte, dont 99 % se trouvent dans les os et les dents. Le 1 % restant se situe dans le sang. Le calcium joue un rôle important dans la transmission musculaire, la coagulation et la fonction glandulaire.

Lorsque le taux de calcium apporté par l'alimentation est insuffisant, le corps fait appel au calcium osseux, ce qui, à la longue, peut avoir des effets désastreux, notamment chez les femmes ménopausées. En effet, la bonne absorption du calcium est favorisée, pendant la période d'activité génitale, par l'action des ŒSTROGÈNES, dont le taux chute à la MÉNOPAUSE.

LE MÉTABOLISME

Nom donné à l'ensemble des processus chimiques qui ont lieu dans l'organisme. Il comprend le catabolisme, réaction par laquelle une substance complexe est dégradée en substances plus simples, et l'anabolisme, réaction par laquelle une substance complexe est fabriquée à partir de substances plus simples. Le catabolisme produit généralement de l'énergie, tandis que l'anabolisme en consomme. Le métabolisme basal est l'énergie nécessaire au maintien du fonctionnement de l'organisme lorsque celui-ci est au repos. Il est contrôlé par les hormones thyroïdiennes.

LES TROUBLES THYROÏDIENS

THYROÏDE
L'hypothyroïdie (production trop faible d'hormones) comme l'hyperthyroïdie (production trop élevée) peuvent engendrer des troubles sévères du MÉTABOLISME (à gauche) et des fonctions corporelles. Ceux-ci sont dus soit à une anomalie de la thyroïde elle-même, soit au mauvais fonctionnement de l'HYPOPHYSE, qui sécrète les hormones stimulant la thyroïde. Une hypothyroïdie peut être le résultat d'une carence en iode, substance indispensable à la production de l'hormone thyroïdienne. Son absence entraîne l'HYPOTHYROÏDIE congénitale chez l'enfant, le myxœdème chez l'adulte. L'hyperthyroïdie provoque la maladie de Basedow et d'autres troubles.

PARATHYROÏDE
Il est rare que les glandes parathyroïdes sécrètent trop de PARATHORMONE (ci-dessus). Essentiellement d'origine tumorale, cette hyperproduction entraîne une déminéralisation des os, un taux de calcium (ci-dessus) trop élevé dans le sang, qui se manifeste par une fatigue musculaire, de la dépression ainsi que par la formation de calculs rénaux. En cas d'hypoactivité, on assiste à des spasmes musculaires, des convulsions, une perte des sensations nerveuses pouvant aller jusqu'à la paralysie et même à la mort.

LE THYMUS

Situé en arrière du sternum, et à l'avant de la trachée et du cœur, le thymus est formé de deux lobes constitués de tissu LYMPHATIQUE. Il joue un rôle important dans le développement du système immunitaire depuis la 12e semaine de gestation jusqu'à la PUBERTÉ, puis il diminue progressivement de volume.

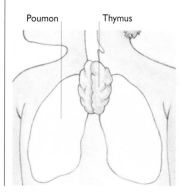

Poumon   Thymus

LE PANCRÉAS

Située sous l'estomac, au contact de l'intestin, cette glande a une double structure correspondant à une double fonction. Les CELLULES ACINEUSES sécrètent les sucs pancréatiques riches en enzymes digestives et les îlots de Langerhans sécrètent des hormones, le GLUCAGON et l'INSULINE (ci-dessous).

Ces deux hormones régissent le taux de glucose, producteur d'énergie, dans le sang et son absorption par les cellules du corps. Le déficit de la sécrétion pancréatique n'apparaît que lorsque les lésions sont étendues.

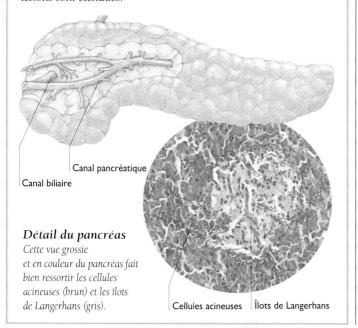

Canal pancréatique
Canal biliaire

Détail du pancréas

Cette vue grossie et en couleur du pancréas fait bien ressortir les cellules acineuses (brun) et les îlots de Langerhans (gris).

Cellules acineuses   Îlots de Langerhans

LE DIABÈTE SUCRÉ

Une carence en insuline due, soit à un mauvais fonctionnement du pancréas lui-même, soit à une insensibilité des tissus récepteurs, augmente considérablement le niveau de GLUCOSE dans le sang (ci-dessous) et, en conséquence, dans les urines. Cette forme de diabète tire son nom de la présence de sucre dans les urines, qui deviennent collantes et sucrées. Si plusieurs causes (lésion de l'hypothalamus ou de la surrénale, ou encore hyperthyroïdie) sont responsables de ce trouble, on observe que la maladie est le plus souvent héréditaire (elle peut exister à l'état latent chez les enfants de diabétiques).

DIABÈTE SUCRÉ NON INSULINODÉPENDANT

Il apparaît surtout chez les personnes de plus de 40 ans. C'est la forme la plus courante, qui représente plus de 90 % de tous les cas de diabète. Le pancréas produit bien de l'insuline, mais, soit elle n'est pas active, soit les tissus récepteurs sont devenus moins sensibles à son action. Cette maladie a un caractère fortement héréditaire. Elle est cependant facilement traitée par des mesures hygiéno-diététiques.

DIABÈTE SUCRÉ INSULINODÉPENDANT

Il apparaît le plus souvent avant 15 ans parce que les cellules bêta des îlots de Langerhans qui produisent l'insuline ont été détruites par les cellules immunitaires de l'organisme. Le traitement consiste en une ou plusieurs injections quotidiennes d'insuline.

Les malades souffrent généralement de troubles vasculaires et nerveux et doivent être traités toute leur vie. Un diabète non traité peut rendre aveugle. Avec l'âge, les diabétiques souffrent de problèmes rénaux, de troubles de la vision, d'ATHÉROSCLÉROSE, et ils sont plus sujets aux ACCIDENTS CARDIOVASCULAIRES.

LE GLUCAGON ET L'INSULINE

Ces hormones sont produites dans les îlots de Langerhans (ci-dessus) du pancréas. Les cellules alpha sécrètent le glucagon et les cellules bêta sécrètent l'insuline. Le glucagon stimule la dégradation du glycogène (stocké dans le foie) en glucose. Ce dernier est ensuite libéré dans le sang, où il fait monter le taux de sucre. L'insuline, pour sa part, provoque la captation de glucose par les muscles, les tissus adipeux et conjonctifs, ce qui abaisse le taux de sucre dans le sang. Un taux anormalement élevé de glucose dans le sang provoque une hyperglycémie, une augmentation de la diurèse et, à l'extrême, une confusion mentale, un coma et la mort. Un taux anormalement bas de glucose dans le sang provoque une hypoglycémie, qui se manifeste par de l'anxiété, des tremblements et une faiblesse musculaire.

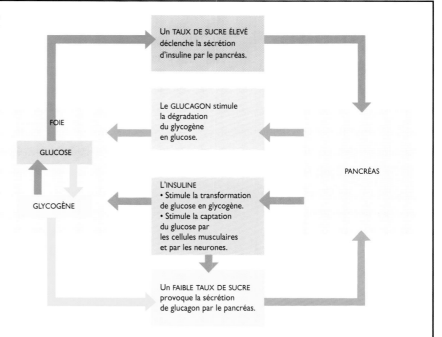

Un TAUX DE SUCRE ÉLEVÉ déclenche la sécrétion d'insuline par le pancréas.

Le GLUCAGON stimule la dégradation du glycogène en glucose.

FOIE

GLUCOSE

GLYCOGÈNE

PANCRÉAS

L'INSULINE
• Stimule la transformation de glucose en glycogène.
• Stimule la captation du glucose par les cellules musculaires et par les neurones.

Un FAIBLE TAUX DE SUCRE provoque la sécrétion de glucagon par le pancréas.

LES GLANDES SURRÉNALES

Les deux glandes surrénales sont situées au-dessus des reins. Elles sont formées de deux éléments si différents qu'on pourrait croire qu'il s'agit de glandes distinctes, l'une se trouvant à l'intérieur de l'autre : une partie externe de tissu glandulaire, la corticale, et une partie interne de tissu nerveux, la médullaire.

La corticale, ou glande corticosurrénale, stimulée par l'HYPOPHYSE, sécrète plusieurs hormones corticostéroïdes : les minéralocorticoïdes, qui contrôlent le taux de sodium et d'eau dans le sang, les glucocorticoïdes, représentées essentiellement par l'hydrocortisone, qui ont une action anti-inflammatoire. Les corticosurrénales stimulent éga-lement la sécrétion de nutriments (par exemple le glucose) dans le sang, augmentent les réserves lipidiques, régularisent la tension artérielle et accé-lèrent la régénération des tissus. En outre, elles libèrent une petite quantité d'hormones sexuelles (androgènes) responsables de l'activité sexuelle et de la pilosité pubienne.

La médullaire, ou glande médullosurrénale, répond aux ordres du système nerveux et ne sécrète que deux hormones, les catécholamines, à savoir l'épinéphrine et la norépinéphrine. C'est à elles que l'on doit le RÉFLEXE DE COMBAT OU DE FUITE devant des situations émotionnelles fortes, telles que la peur ou la colère (ci-dessous).

Les hormones
médullosurrénales
• *Épinéphrine*
• *Norépinéphrine (réaction de*
combat ou de fuite)

Les hormones
corticosurrénales
• *Minéralocorticoïdes :*
aldostérone,
désoxycorticostérone
• *Glucocorticoïdes :*
cortisol, corticostérone
• *Androgènes :*
déhydroépiandrostérone,
androsténédione

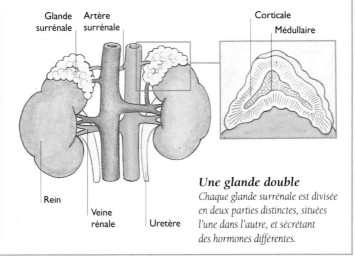

Glande surrénale — Artère surrénale — Corticale — Médullaire — Rein — Veine rénale — Uretère

Une glande double
Chaque glande surrénale est divisée
en deux parties distinctes, situées
l'une dans l'autre, et sécrétant
des hormones différentes.

ET CHEZ L'ANIMAL ?

Comme tous les autres
mammifères, l'être humain
manifeste sa peur en hurlant.
Ce signe d'effroi, totalement
universel, est instantanément
reconnaissable, qu'il s'agisse
du couinement du lapin,
ou du barrissement
de l'éléphant.
Le cri des femmes
et des enfants est généralement
plus aigu que celui
des hommes, car leur larynx
est différent.

RÉFLEXE DE COMBAT OU DE FUITE

Face à un danger, le système nerveux alerte les SURRÉNALES, qui, immédiatement stimulées, libèrent dans le sang des CATÉ-CHOLAMINES (épinéphrine et norépinéphrine), hormones pro-duites par la médullaire (ci-dessus) et déclenchant le réflexe de combat ou de fuite. Ces substances sont dites « sympatho-mimétiques » parce qu'elles produisent une excitation du sys-tème nerveux central. Sous l'effet de l'épinéphrine, les artères coronaires se dilatent et le cœur bat donc plus vite, tandis que, sous l'effet de la norépinéphrine, le sang afflue vers les muscles, certains vaisseaux sanguins se contractent et la ten-sion artérielle s'élève. Le corps est ainsi prêt à l'action, que ce soit pour la fuite ou pour le combat. Cette réaction correspon-dait à une certaine époque, où le danger demandait une riposte physique. Aujourd'hui, ce type de situation n'implique plus forcément la fuite ou l'attaque, mais peut être une cause majeure de STRESS, si ce bouleversement physiologique ne débouche pas sur une action susceptible de résoudre le conflit induit.

LES OVAIRES

Ils produisent les œstrogènes et la progestérone, hormones sexuelles féminines, dont la sécrétion est contrôlée par les hormones folliculo-stimulantes (FSH) et les hormones lutéinisantes (LH) libérées par l'HYPOTHALAMUS et l'HYPOPHYSE.

Les œstrogènes agissent sur le développement des ORGANES GÉNITAUX et l'apparition des caractères sexuels secondaires à la PUBERTÉ. Associés à la progestérone, ils contrôlent le CYCLE MENSTRUEL et le DÉVELOPPEMENT DES SEINS. La plupart des hormones ovariennes sont produites par de minuscules structures en forme de sac, les follicules, contenant en leur centre un ovocyte (ovule). Plusieurs ovocytes sont stimulés par la FSH pendant la première partie du cycle menstruel et produisent la plupart des œstrogènes. Un des follicules parvient à maturité et est libéré sous forme d'ovule, les autres sont réabsorbés par l'ovaire. L'ovocyte libéré de l'ovule se transforme en corps jaune, qui sécrète la progestérone. Certaines femmes libèrent parfois plusieurs ovules par mois, ce qui peut donner des grossesses multiples, si ceux-ci sont fécondés. C'est ce qui se produit parfois lors du traitement de la stérilité, qui déclenche une surstimulation des ovaires.

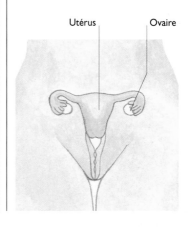

Utérus — Ovaire

LE CYCLE MENSTRUEL

Toutes les femmes ont des règles, ou menstrues (à droite) ; tous les mois, pendant près de la moitié de leur vie. Depuis l'APPARITION DES PREMIÈRES RÈGLES (ci-dessous) jusqu'à la MÉNOPAUSE où celles-ci cessent, une femme a des règles près de 400 fois. Les premières règles apparaissent lorsque le corps de la fillette compte au moins 17 % de graisses (après 11 ans dans les pays occidentaux). La fécondité est maximale autour de 20 ans quoique dans les pays occidentaux les femmes aient tendance à avoir leur premier enfant après 25 ans.

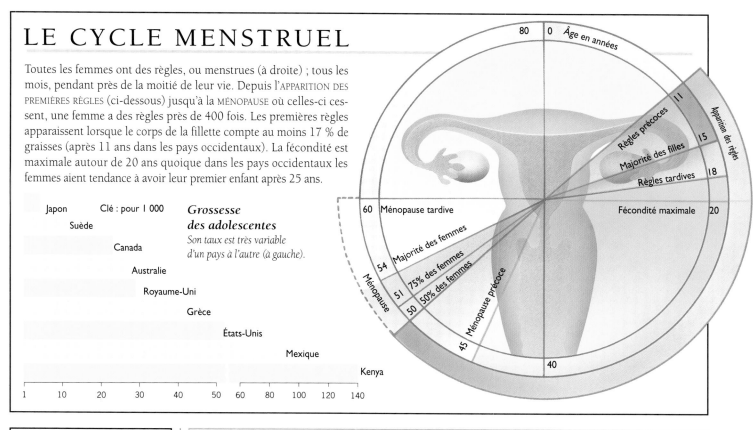

Japon
Suède
Canada
Australie
Royaume-Uni
Grèce
États-Unis
Mexique
Kenya

Clé : pour 1 000

Grossesse des adolescentes
Son taux est très variable d'un pays à l'autre (à gauche).

| 1 | 10 | 20 | 30 | 40 | 50 | 60 | 80 | 100 | 120 | 140 |

L'APPARITION DES RÈGLES

Cette preuve physique de la maturité de la jeune fille est souvent marquée par un rituel ou une cérémonie particulière. Les femmes Atayals de Formose, par exemple, se font tatouer trois rayures sur chaque joue. Dans certaines tribus de la Sierra Leone, on peint en blanc le visage et les bras de la jeune fille pubère et on couvre son corps de dessins décoratifs (ci-dessous).

Pourcentage de réponses

Sans contraception
Pilule
Stérilet

Léger   Moyen   Abondant

Écoulement sanguin
La femme perd en moyenne 60 à 75 ml de sang chaque mois.

Durée
48 % des femmes saignent pendant 3 à 4 jours ; 35 % entre 5 et 6 jours. La majorité des 13 % restantes saignent pendant 7 jours ou davantage. La contraception peut affecter la durée et le volume de l'écoulement.

LE SANG DES RÈGLES

Les femmes distinguent des différences de couleur, volume, consistance et odeur dans le sang de leurs règles au fil des mois et pendant un même cycle. Si on les interroge (ci-dessous), les jeunes femmes qui n'ont pas encore eu d'enfant déclarent que le sang de leurs règles est rouge vif, fluide, abondant et frais. Les mères plus âgées indiquent en revanche avoir un sang foncé, contenant des caillots et ayant une forte odeur. Le sang des règles contient des globules rouges, des cellules rejetées par l'ENDOMÈTRE (muqueuse tapissant l'utérus), des mucosités cervicales, des cellules vaginales et des enzymes.

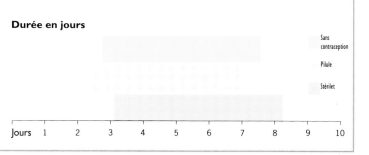

Changement progressif de la couleur du sang pendant une période de règles.

Durée en jours

Sans contraception
Pilule
Stérilet

Jours   1   2   3   4   5   6   7   8   9   10

LES PROTECTIONS HYGIÉNIQUES

Il existe dans le commerce toute une gamme de produits (serviettes et tampons) destinés à la protection intime de la femme pendant ses règles. Mais, dans de nombreuses régions, les femmes ont encore recours à des serviettes en tissu ou à d'autres protections tout à fait rudimentaires – chiffons, papiers. Environ 6 % de femmes ne portent pas du tout de protections.

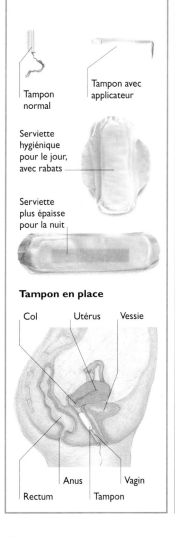

Tampon normal

Tampon avec applicateur

Serviette hygiénique pour le jour, avec rabats

Serviette plus épaisse pour la nuit

Tampon en place

Col   Utérus   Vessie

Anus   Vagin

Rectum   Tampon

LE CYCLE MENSTRUEL

L'ensemble du cycle de la femme est contrôlé par l'HYPOTHALAMUS et l'HYPOPHYSE, dans le cerveau. Un rétrocontrôle de l'utérus et des ovaires est indispensable au maintien du cycle. Une panne de transmission provoque des troubles de la menstruation. La cause soignée, l'effet disparaît.

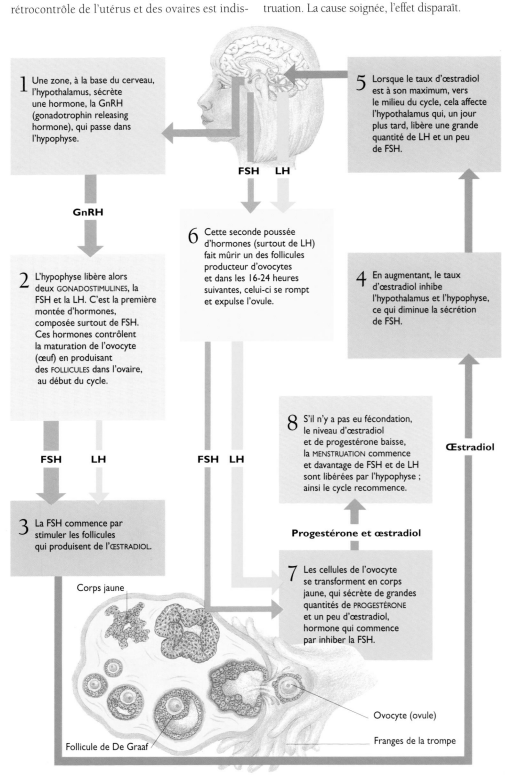

1 Une zone, à la base du cerveau, l'hypothalamus, sécrète une hormone, la GnRH (gonadotrophin releasing hormone), qui passe dans l'hypophyse.

GnRH

2 L'hypophyse libère alors deux GONADOSTIMULINES, la FSH et la LH. C'est la première montée d'hormones, composée surtout de FSH. Ces hormones contrôlent la maturation de l'ovocyte (œuf) en produisant des FOLLICULES dans l'ovaire, au début du cycle.

FSH   LH

3 La FSH commence par stimuler les follicules qui produisent de l'ŒSTRADIOL.

FSH   LH

FSH   LH

6 Cette seconde poussée d'hormones (surtout de LH) fait mûrir un des follicules producteur d'ovocytes et dans les 16-24 heures suivantes, celui-ci se rompt et expulse l'ovule.

5 Lorsque le taux d'œstradiol est à son maximum, vers le milieu du cycle, cela affecte l'hypothalamus qui, un jour plus tard, libère une grande quantité de LH et un peu de FSH.

4 En augmentant, le taux d'œstradiol inhibe l'hypothalamus et l'hypophyse, ce qui diminue la sécrétion de FSH.

Œstradiol

8 S'il n'y a pas eu fécondation, le niveau d'œstradiol et de progestérone baisse, la MENSTRUATION commence et davantage de FSH et de LH sont libérées par l'hypophyse ; ainsi le cycle recommence.

Progestérone et œstradiol

7 Les cellules de l'ovocyte se transforment en corps jaune, qui sécrète de grandes quantités de PROGESTÉRONE et un peu d'œstradiol, hormone qui commence par inhiber la FSH.

Corps jaune

Ovocyte (ovule)

Franges de la trompe

Follicule de De Graaf

MODIFICATIONS DE L'ENDOMÈTRE

Sous l'effet des œstrogènes, l'endomètre (muqueuse tapissant l'utérus) prolifère et s'épaissit. Les vaisseaux sanguins s'y enroulent en spirale. La progestérone provoque la production d'enzymes et d'hormones rendant possible la nidation d'un œuf fécondé dans l'endomètre. S'il n'y a pas fécondation, le taux d'œstrogènes et de progestérone diminue, entraînant des spasmes des vaisseaux sanguins qui provoquent la désintégration d'une partie de la paroi utérine hyperplasiée. Les prostaglandines provoquent des contractions de l'utérus et l'expulsion de l'endomètre sous forme de sang, ce qui constitue le phénomène cyclique des règles.

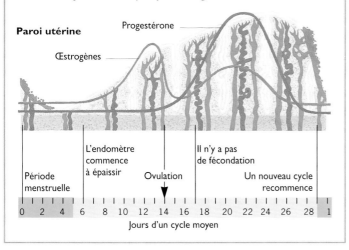

Paroi utérine

Progestérone

Œstrogènes

| Période menstruelle | L'endomètre commence à épaissir | Ovulation | Il n'y a pas de fécondation | Un nouveau cycle recommence |

Jours d'un cycle moyen

0 2 4 6 8 10 12 14 16 18 20 22 24 26 28 1

CHOC TOXIQUE

C'est un syndrome rare lié à l'utilisation de certains tampons hygiéniques très absorbants, sans applicateur, qui pouvaient être laissés en place pendant de longues périodes (12-24 heures). Ils ont été retirés du commerce car ils provoquaient le développement anormal de bactéries dans le vagin. Cette infection peut également être transmise par le doigt au moment de l'introduction. La bactérie produit une toxine qui peut provoquer un choc, une insuffisance rénale, le coma et la mort. Il est préférable de ne pas conserver un tampon plus de 4 heures.

RÈGLES ANORMALES

Pendant les années qui suivent l'apparition des règles et celles qui précèdent la ménopause, les règles sont souvent irrégulières, prolongées et abondantes, du fait d'un déséquilibre hormonal. Le régime, le poids et l'activité influent également sur les règles. Cependant, un écart par rapport à ce qu'une femme considère comme la normale n'est pas forcément anormal. L'irrégularité du flux est généralement liée au taux d'œstrogènes. Lorsqu'il est trop bas, l'écoulement est faible, mais durable ; lorsqu'il est trop élevé, des pertes très abondantes peuvent survenir après une période sans saignement.

Un taux de progestérone bas entraîne souvent des règles prolongées et abondantes : il faut plus longtemps à cette hormone pour arriver à son taux maximal et déclencher l'expulsion de la muqueuse utérine, qui entre-temps s'est anormalement épaissie.

Dilatation et curetage

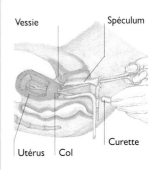

Vessie

Spéculum

Utérus   Col

Curette

Le curetage est souvent utilisé pour diagnostiquer et traiter une ménorragie (règles trop abondantes). Avec une curette (cuiller chirurgicale) introduite dans l'utérus, on racle l'endomètre épaissi.

CROYANCES ET COMPORTEMENTS

Idées reçues	Égypte	Inde : caste hindoue supérieure	Inde : caste hindoue inférieure	Indonésie : Java	Indonésie : îles de la Sonde	Jamaïque	Corée	Mexique	Pakistan : Sind	Pakistan : Pendjab	Philippines	Royaume-Uni
Les règles sont un signe de féminité.	96	95	96	58	85	61	79	57	33	84	95	42
Les règles sont « sales ».	88	69	48	82	93	33	34	53	58	40	41	7
Les règles sont une « maladie ».	67	20	7	19	14	37	22	26	5	3	61	7
Il faut éviter les relations sexuelles pendant les règles.	98	97	94	94	98	91	91	90	88	86	90	54
Il ne faut pas se laver les cheveux pendant les règles.	16	18	2	58	61	21	11	14	36	16	68	5
Il ne faut pas cuisiner pendant les règles.	1	79	75	1	2	27	2	3	3	3	6	0
Il ne faut pas prendre de bain pendant les règles.	42	8	3	7	2	18	72	20	47	44	72	10
Il ne faut pas rendre visite à des amis pendant les règles.	55	49	56	2	2	39	7	16	12	7	24	0
On se sent mal avant et pendant les règles.	58	58	55	65	70	61	53	51	68	50	62	57
On est irritable avant les règles.	42	44	40	34	23	42	52	38	58	39	48	71

Les chiffres représentent le pourcentage de réponses à une enquête de l'UNESCO.

LE SYNDROME PRÉMENSTRUEL

Il s'agit d'un ensemble de symptômes physiques et émotionnels qui se produisent pendant les jours précédant les règles et qui modifient notamment l'humeur. La cause, inconnue, serait liée aux modifications hormonales subies par le corps.

Symptômes

- *Rétention d'eau*
- *Irritabilité*
- *DÉPRESSION*
- *Prise de poids*
- *Envie d'aliments sucrés*
- *Mauvais état de la peau*
- *Douleurs lombaires*
- *Moindre tolérance à l'alcool*
- *Infections urinaires*
- *Essoufflement*
- *Troubles visuels*
- *Engourdissement des doigts*
- *Maux de tête*
- *Maladresse*
- *Congestion nasale*
- *Tendance à la CONJONCTIVITE*

L'AMÉNORRHÉE

C'est l'absence de règles ou leur interruption. Les causes les plus fréquentes en sont la grossesse et l'allaitement, mais elle peut être également due à un poids très inférieur à la normale ou à un surcroît d'exercice physique. Elle peut aussi être la conséquence d'un STRESS, le symptôme de certaines maladies chroniques ou de la prise prolongée de certains médicaments.

L'ENDOMÉTRIOSE

Affection au cours de laquelle des fragments d'endomètre (muqueuse tapissant l'utérus) se répandent dans d'autres parties de la cavité abdominale ou sur des organes du petit bassin. Ces fragments continuent de réagir au cycle menstruel comme s'ils étaient dans l'utérus et saignent chaque mois. Comme le sang ne peut être évacué, il s'accumule pour former des kystes, qui grossissent et occasionnent de fortes douleurs ainsi que des hémorragies internes. Entre 30 et 40 % des femmes qui en souffrent sont stériles. Un traitement médicamenteux ou l'ablation des kystes sont à envisager.

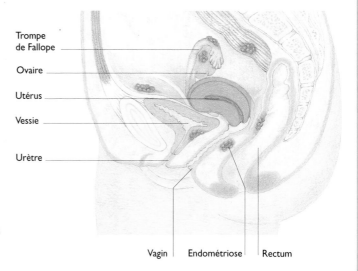

Trompe de Fallope
Ovaire
Utérus
Vessie
Urètre

Vagin   Endométriose   Rectum

Sites de l'endométriose
Elle peut se produire en plusieurs endroits de la cavité abdominale, provoquant des hémorragies internes anormales et des synéchies. De ce fait, des organes internes peuvent se trouver soudés par du tissu cicatriciel (adhérences).

LA DYSMÉNORRHÉE (RÈGLES DOULOUREUSES)

Pendant leurs règles, près de la moitié des femmes souffrent de crampes, de douleurs dans le bas-ventre, les reins, les cuisses, souvent accompagnées de nausées, vomissements et diarrhée. Avant 19 ans, 80 % des jeunes filles en souffriraient plus ou moins. La douleur survient souvent juste avant le début de l'écoulement et peut durer 2 jours. Elle est causée par une forte concentration de prostaglandines, hormones stimulant les contractions de l'utérus, qui interrompent par moment le flux sanguin et privent ainsi les muscles d'oxygène. C'est ce phénomène qui se produit pendant les contractions de l'accouchement. Les exercices ci-dessous peuvent augmenter le flux de sang vers le bassin et soulager les douleurs. Un traitement associant un analgésique et un antispasmodique neutralise bien la douleur.

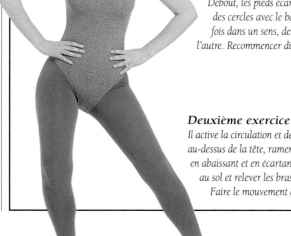

Premier exercice
Il détend les muscles du bassin. Debout, les pieds écartés, faire des cercles avec le bassin, deux fois dans un sens, deux fois dans l'autre. Recommencer dix fois.

Deuxième exercice
Il active la circulation et détend les muscles. Debout, les bras au-dessus de la tête, ramener un genou vers la poitrine en abaissant et en écartant les bras. Redescendre le pied au sol et relever les bras. Répéter avec l'autre genou. Faire le mouvement dix fois.

AFFECTIONS DES OVAIRES

Les ovaires étant situés au plus profond de la cavité abdominale, il arrive que l'on ne détecte pas immédiatement les affections qui les touchent si elles ne se manifestent pas d'une façon précise.

OVARITE

Un ovaire gonflé et enflammé ne peut être détecté sans examen de la cavité abdominale. L'ovarite est généralement causée par le virus des oreillons ou par une salpingite aiguë.

KYSTES OVARIENS

Ils se forment généralement lorsqu'un FOLLICULE OVARIEN ne se rompt pas et ne libère pas d'ovule. La plupart de ces follicules se remplissent de liquide, parfois se transforment en tumeurs bénignes et peuvent perturber le CYCLE MENSTRUEL, provoquer un fort gonflement, des douleurs pendant les relations sexuelles ainsi qu'une douleur ou une gêne inhabituelle pendant les règles. La plupart des kystes ovariens se résorbent spontanément, mais il arrive qu'il faille les drainer ou les retirer chirurgicalement. En principe, on ne procède jamais à l'ablation d'un ovaire uniquement à cause d'un kyste.

LE CANCER DE L'OVAIRE

Bien qu'elle soit relativement rare, cette maladie est la quatrième cause de décès chez la femme, surtout parce qu'elle est difficile à détecter. Dans la plupart des cas, aucun symptôme précis n'apparaît avant que le cancer soit déjà étendu, bien que la malade ait déjà fait état de légers troubles digestifs, de ballonnements et de douleurs abdominales. Il arrive qu'il se produise un épanchement de liquide dans l'abdomen (ascite) et que les ovaires gonflent. Le cancer de l'ovaire est plus fréquent après 50 ans. Les facteurs de risque sont les suivants :

- *Ne pas avoir eu d'enfants*
- *Être ménopausée*
- *Avoir eu un cancer du sein, de l'intestin ou du rectum*
- *Avoir des antécédents familiaux de cancer de l'ovaire*
- *Être atteinte d'obésité*
- *Travailler dans l'industrie électrique, textile ou l'industrie du caoutchouc*
- *Vivre en zone urbaine*
- *Avoir un régime alimentaire riche en graisses*

L'HYSTÉRECTOMIE ET L'OVARIECTOMIE

HYSTÉRECTOMIE

Il s'agit de l'ablation chirurgicale de l'utérus, dont les causes sont les suivantes :

- *Cancer de l'utérus, du col, du vagin, des trompes de Fallope, de l'ovaire*
- *PROLAPSUS UTÉRIN sévère*
- *Salpingite aiguë ou autre maladie pelvienne grave*
- *Hémorragie incontrôlable*
- *Rupture de l'utérus pendant l'accouchement (extrêmement rare)*
- *CANCER de l'endomètre ou ENDOMÉTRIOSE grave*
- *FIBROME important*

Il existe deux techniques d'hystérectomie : par voie abdominale ou par voie vaginale. Demandez l'opinion de deux médecins avant d'accepter une telle intervention.

OVARIECTOMIE

L'ablation d'un ou des deux ovaires est généralement pratiquée pour les raisons suivantes : GROSSESSE EXTRA-UTÉRINE, endométriose, CANCER DE L'OVAIRE ou KYSTE OVARIEN (ci-dessus), salpingite aiguë. Certains chirurgiens procèdent encore à l'ablation des ovaires en cas d'hystérectomie, pour supprimer tout risque de cancer de l'ovaire. Or il est prouvé qu'il y a 1 risque sur 1 000 qu'un cancer de l'ovaire suive une hystérectomie, contre 1 sur 100 chez les femmes de plus de 45 ans qui ont encore un utérus intact. L'ablation des deux ovaires provoque une MÉNOPAUSE précoce. Ce phénomène anticipé n'est pas sans répercussions psychologiques chez une jeune femme.

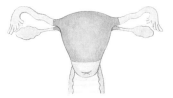

Hystérectomie subtotale
L'utérus est retiré par voie abdominale, tandis que les trompes de Fallope et les ovaires sont fixés à l'extrémité supérieure du col, qui est conservé. Cette opération est relativement rare.

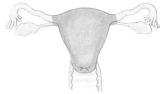

Hystérectomie totale sans les annexes
L'utérus et le col sont retirés par voie vaginale ou abdominale. Les trompes de Fallope et les ovaires sont fixés sur le haut du vagin. C'est l'opération la plus courante.

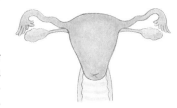

Hystérectomie totale avec ovariectomie
Un des ovaires, ou les deux, les trompes de Fallope, l'utérus et le col sont retirés par voie abdominale. C'est relativement fréquent.

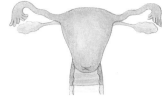

Hystérectomie radicale
Elle implique l'ablation de tout l'organe ainsi que celle des ganglions lymphatiques. Elle est réalisée par voie abdominale et relativement peu courante.

LA CIRCULATION SANGUINE

L'APPAREIL CARDIO-VASCULAIRE

Il se compose de trois éléments :
le sang, le cœur et les vaisseaux
sanguins. Le sang
véhicule l'oxygène, l'eau,
les éléments nutritifs et toutes
les autres substances
indispensables à l'organisme.
Le cœur est une pompe
qui propulse le sang dans tout
le corps, par les VAISSEAUX
SANGUINS (artères, veines,
capillaires). Le sang qui part
du cœur et circule dans
les artères est soumis
à une forte pression, tandis
que celui qui retourne au cœur,
par le système veineux, est sous
faible pression.

C'est pourquoi les parois
des artères sont beaucoup
plus épaisses, plus résistantes
et plus élastiques que celles
des veines, ce qui leur permet
de se dilater sous l'effet
des pulsations cardiaques
pour rendre le courant
sanguin continu et maintenir
la bonne pression.

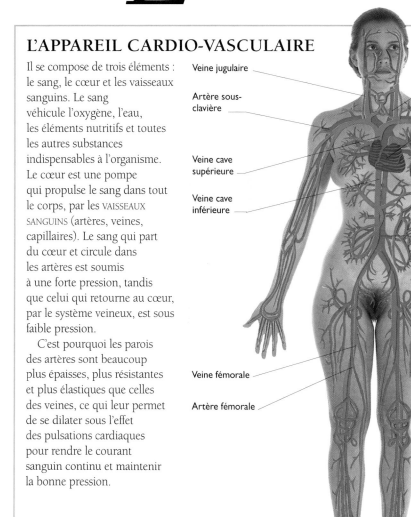

Veine jugulaire

Artère sous-
clavière

Veine cave
supérieure

Veine cave
inférieure

Artère carotide

Cœur

Circulation
pulmonaire

Aorte

Artère
radiale

Veine
iliaque

Artère iliaque

Veine fémorale

Artère fémorale

La circulation du sang
*Le sang est conduit du cœur vers les diverses parties du corps
par les artères, et y revient par les veines.*

LE SANG

*Le corps d'une femme
en bonne santé contient
environ 4 litres de sang,
soit près de 5 % de son
poids. Le sang est un liquide
visqueux, rouge vif
s'il contient beaucoup
d'oxygène, et rouge foncé
s'il en contient peu. Le
plasma, partie liquide du
sang, contient de l'eau
et de nombreuses autres
substances, comme
des protéines,
des hormones,
des anticorps,
des minéraux, de l'acide
urique, du glucose
et du cholestérol.*

Globules
blancs

Globules
rouges

Plasma

Composition du sang
*Le plasma, composé à 90 %
d'eau, représente 55 % du sang.
Le reste est constitué
de 43 % de globules rouges
et de 2 % de globules blancs.*

L'HÉMATOPOÏÈSE

Tous les GLOBULES ROUGES et certains GLOBULES BLANCS
se forment dans la moelle osseuse, à partir de cellules souches.

Monocyte

Lymphocyte

Globule rouge

Cellule
souche

Plaquettes   Neutrophile   Basophile   Éosinophile

LES CELLULES SANGUINES

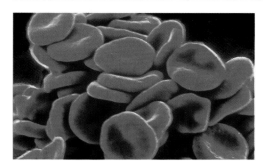

LES GLOBULES ROUGES (À GAUCHE)
En forme de disque biconcave, ils ont une surface importante et une grande élasticité. Formés dans la moelle osseuse, ils transportent l'oxygène des poumons vers le reste du corps et sont les agents de la respiration tissulaire. On en compte environ 5 millions par millimètre cube de sang. C'est l'analyse des globules rouges qui permet de déterminer le GROUPE SANGUIN (ci-dessous à droite) et le FACTEUR RHÉSUS (ci-contre).

LES GLOBULES BLANCS
Ils sont presque deux fois plus gros que les globules rouges et beaucoup moins nombreux (8 000 par millimètre cube de sang). Il en existe cinq types principaux, ayant chacun une fonction légèrement différente, bien que leur rôle principal soit de détruire les bactéries envahissantes. Les NEUTROPHILES, les BASOPHILES et les ÉOSINOPHILES, regroupés sous le nom de GRANULOCYTES, ne vivent que quelques heures ou quelques jours. Ils sont chargés de réagir rapidement à l'invasion du corps par des organismes destructeurs. Les granulocytes libèrent des substances qui attirent d'autres cellules défensives à l'endroit des blessures. Les MONOCYTES ont une plus longue durée de vie. Leur fonction est d'éli-

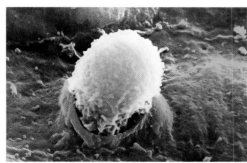

miner les cellules mortes et de digérer les organismes envahisseurs. Les LYMPHOCYTES (ci-dessus) jouent un rôle prépondérant dans le système immunitaire. Ils reconnaissent et attaquent les organismes envahisseurs.

LE FACTEUR RHÉSUS
Le facteur Rhésus est présent chez 85 % des individus (Rh +). Les 15 % d'individus qui en sont dépourvus sont dits Rhésus négatif (Rh –). Être Rh – est un problème pour une femme si elle a déjà eu un enfant Rh + et si elle en attend un autre, également Rh +. En effet, en l'absence d'un traitement approprié, les anticorps qu'elle peut avoir produits au cours de sa première grossesse détruiront les globules rouges du deuxième bébé.

LES GROUPES SANGUINS (A, B, O)
Ce sont des catégories dans lesquelles on classe les individus. En théorie, on peut transfuser les groupes selon le système suivant : A donne à A et AB, reçoit de A et O ; O donne à B et O, reçoit de O ; B donne à B et AB, reçoit de B et O ; AB donne à AB, reçoit de A, B et O. Mais, en pratique, on ne transfuse qu'en isogroupe : A avec A, etc. Sauf O, qui est le donneur universel.

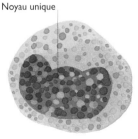

Granulocytes
Les neutrophiles, éosinophiles et basophiles représentent 75 % des globules blancs. Ils se forment dans la moelle osseuse, à partir de cellules souches.

Noyau polylobé

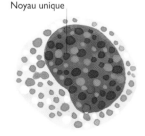

Monocytes
Ce sont les plus gros et ils constituent 5 % du nombre total des globules blancs. Ils se forment à partir de cellules souches dans les ganglions lymphatiques, la rate, le thymus, et la moelle.

Noyau unique

Lymphocytes
Ils se forment en majorité dans les ganglions lymphatiques, la rate, le thymus et la moelle osseuse. Les lymphocytes sont attaqués par le virus VIH.

Noyau unique

LES PLAQUETTES
Ce sont les plus petites cellules du corps ; elles se forment dans la moelle osseuse et jouent un rôle important dans la COAGULATION SANGUINE : elles se fixent sur le COLLAGÈNE des parois vasculaires endommagées. Elles ont une action vasculaire et aident à la rétractation du caillot sanguin. Il y a environ 500 milliards de plaquettes dans 1 litre de sang.

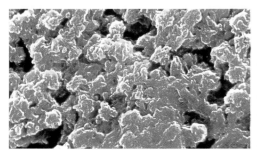

Groupe A (45 %)
Groupe O (45 %)
Groupe B (8 %)
Groupe AB (2 %)

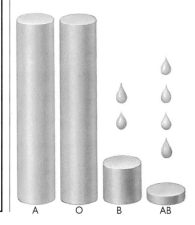

A   O   B   AB

LA COAGULATION DU SANG

Le sang s'échappe des vaisseaux sanguins s'ils sont endommagés. Il se produit alors une contraction du muscle lisse de la paroi vasculaire, dans un spasme. Puis les plaquettes sont aussitôt activées et s'agglutinent à l'endroit de la blessure.

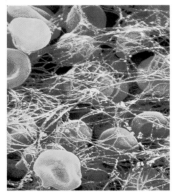

Agent de coagulation
Les plaquettes colmatent la blessure vasculaire en s'agglutinant (clou plaquettaire) et activent la coagulation, permettant la formation d'une protéine, la fibrine. Celle-ci forme une sorte de filet qui enserre les plaquettes.

Début de la coagulation
Les plaquettes s'agglutinent à l'endroit où un vaisseau sanguin est béant.

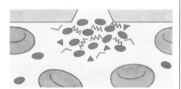

Formation de la fibrine
Les plaquettes libèrent un facteur qui commence la coagulation : la fibrine.

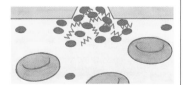

La blessure est scellée
Les particules de fibrine et les plaquettes forment un caillot solide.

LES VAISSEAUX SANGUINS

Les deux types principaux sont les artères et les veines. Le sang quitte le cœur par les artères et y retourne par les veines. Leurs parois sont faites de cinq couches, ou tuniques : deux couches externes protectrices, une couche moyenne (média), faite de MUSCLES LISSES et de tissu élastique, une fine couche de tissu élastique et une seule couche de cellules, l'endothélium.

LES ARTÈRES
Leurs parois, plus épaisses et plus élastiques, leur permettent de se dilater pour supporter la PRESSION SANGUINE qui suit chaque battement du cœur, que l'on peut sentir au pouls. Les artères diminuent progressivement de diamètre et se divisent en artérioles.

LES VEINES
Le flux sanguin veineux est propulsé vers le cœur. Des valvules obligent le sang à s'écouler dans une direction.

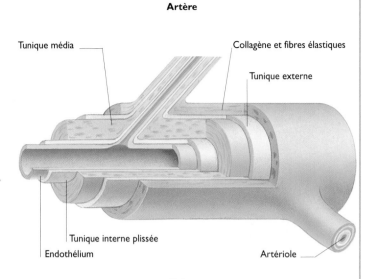
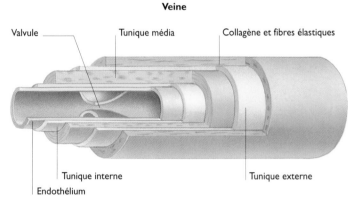

L'AORTE
C'est la principale et la plus grosse artère du corps : à sa sortie du cœur, elle a un diamètre de 3 cm (ci-dessous).

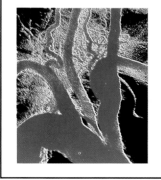

LA CIRCULATION VEINEUSE
La pression sanguine est plus faible dans les veines que dans les artères, aussi le sang y circule-t-il plus lentement. En fonction du courant sanguin, les parois veineuses s'affaissent ou se dilatent. Le sang peut avancer dans les veines grâce aux pressions exercées par les muscles voisins et les artères adjacentes. Dans les plus grosses veines, des valvules semi-circulaires empêchent le sang de refluer. Les veines se divisent en veinules, plus petites.

LA CIRCULATION SANGUINE

Le cœur et les VAISSEAUX SANGUINS assurent en permanence la circulation du sang dans le corps. Ils fournissent aux tissus l'oxygène et les éléments nutritifs, et les débarrassent des déchets. La grande circulation, ou circulation systémique, irrigue toutes les parties du corps sauf les poumons. Ceux-ci ont en effet leur propre circulation, appelée petite circulation ou circulation pulmonaire, dans laquelle le dioxyde de carbone et l'oxy-gène sont échangés au niveau des alvéoles pulmonaires. Le muscle cardiaque est alimenté en oxygène grâce aux artères coronaires, qui sont les premiers vaisseaux à naître de l'AORTE.

LA CIRCULATION SYSTÉMIQUE

Un réseau de 96 km de vaisseaux sanguins véhicule le sang dans tout le corps. Le sang est propulsé par le VENTRICULE gauche du cœur dans l'aorte et ses branches, puis distribué dans tout l'organisme par les artères et ARTÉRIOLES. Le sang perd ainsi progressivement tout son oxygène et retourne enfin aux poumons pour se réoxygéner.

Les artères coronaires naissent les premières de l'aorte, puis viennent les artères sous-clavières et carotides, en direction des bras et de la tête.

L'aorte descend ensuite vers l'abdomen, devant le rachis, donnant naissance à plusieurs petites ou grandes ramifications, dirigées vers le foie, le diaphragme, la RATE, les reins, etc. Au niveau du bassin, l'aorte se divise en deux grosses artères iliaques, qui distribuent le sang aux jambes. Le sang retourne par les VEINES CAVES inférieure et supérieure jusqu'à l'oreillette droite du cœur.

Dans les poumons, l'oxygène passe des ALVÉOLES PULMONAIRES dans les globules rouges. Le sang réoxygéné retourne vers l'oreillette gauche du cœur.

Le débit du cœur est de 65 à 100 ml par contraction. Dans les artères, le sang progresse de 10 à 20 cm par seconde.

Le courant sanguin
Le sang oxygéné quitte le cœur par les artères. Le sang désoxygéné y retourne par les veines. Mais l'artère pulmonaire transporte du sang désoxygéné et la veine pulmonaire du sang oxygéné.

LES VARICES

Quand les VALVULES sont endommagées, elles laissent le sang refluer en amont et s'accumuler dans la veine (ci-dessous). Les femmes sont plus souvent sujettes aux varices que les hommes.

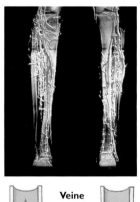

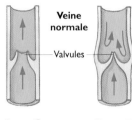

Veine normale

Valvules

Varice

Valvule détériorée

ALIMENTATION SANGUINE DES TISSUS

Les tissus sont irrigués par un réseau de fins vaisseaux capillaires qui sont alimentés par les ARTÉRIOLES et se poursuivent par les VEINULES.

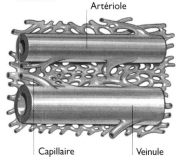

Artériole

Capillaire   Veinule

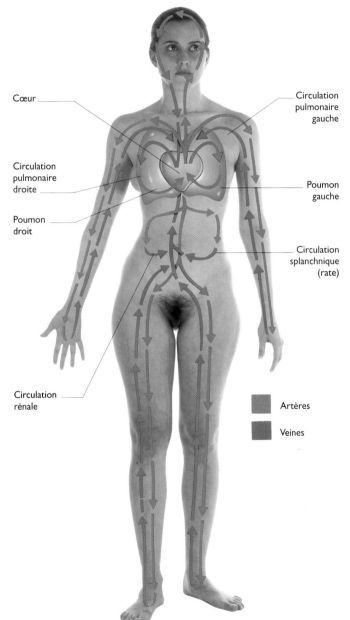

Cœur

Circulation pulmonaire droite

Poumon droit

Circulation rénale

Circulation pulmonaire gauche

Poumon gauche

Circulation splanchnique (rate)

Artères

Veines

LA PRESSION SANGUINE

Le courant sanguin ne peut circuler que sous une certaine pression sanguine (ou tension artérielle), qui varie constamment en fonction des pulsations cardiaques. Elle est le plus forte pendant la contraction des VENTRICULES (pression systolique) et le plus faible entre les contractions (pression diastolique).

La tension artérielle est exprimée par deux nombres : le premier indique la pression systolique (normale chez la femme entre 110 et 140) ; le second, la pression diastolique (normale chez la femme entre 60 et 80). Le battement du pouls correspond à chaque pulsation cardiaque. Chez la femme, il est de 78 à 80 pulsations par minute.

L'ATHÉROSCLÉROSE

Dès l'enfance, la tunique interne des artères se couvre d'athérome, dépôt fibro-lipidique constitué principalement de cholestérol, de lipides sanguins et de tissu fibreux. À terme, ce dépôt forme une plaque athéromateuse contenant parfois également du calcium, qui provoque un durcissement des artères. La plaque athéromateuse obstrue la cavité de l'artère et ralentit la circulation.

C'est la cause essentielle des affections cardio-vasculaires.

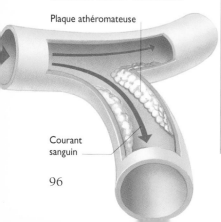

Plaque athéromateuse

Courant sanguin

LE CŒUR

Le cœur d'une femme pèse environ 350 g et a la taille d'un poing fermé. C'est un muscle creux, situé du côté gauche de la poitrine, qui bat en moyenne 100 000 fois par jour. Il est en fait constitué de deux pompes comprenant chacune deux cavités. Les deux cavités de droite reçoivent le sang désoxygéné en provenance de tout le corps et le propulsent vers les poumons, où il est réoxygéné. Il revient vers les cavités de gauche, qui le propulsent à leur tour vers l'organisme.

CAVITÉS CARDIAQUES

Le cœur se compose de quatre cavités, deux supérieures, les oreillettes à la paroi mince, et deux inférieures, les ventricules, à la paroi plus épaisse. Les deux moitiés du cœur sont séparées par une cloison musculaire, le septum interventriculaire.

MYOCARDE

C'est un muscle spécial, irrigué par les artères coronaires, formant la plus grande partie du cœur et lui donnant la force de propulser près de 6 000 litres de sang par jour dans tout le corps.

PÉRICARDE

Constitué de deux feuillets, cet épais sac membraneux entoure le cœur. Entre les feuillets se trouve l'espace péricardique, qui contient un liquide lubrifiant facilitant les battements cardiaques.

ENDOCARDE

C'est une membrane lisse tapissant la paroi interne du cœur et les valvules cardiaques. Il fait suite à la tunique interne des veines et se continue par la tunique interne des artères.

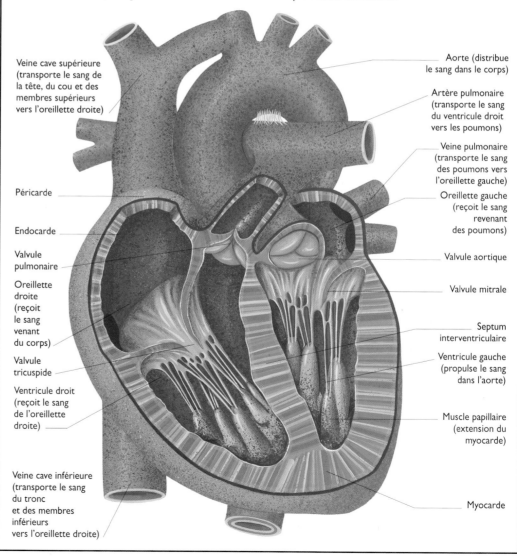

UN TRAVAIL EN DOUCEUR

Les parois musculaires et les valvules du cœur éjectent le sang dans les artères. Les valvules membraneuses situées à l'entrée et à la sortie des cavités cardiaques sont extrêmement résistantes.

Tout au long d'une vie, ces valvules s'ouvrent et se ferment près de 80 millions de fois, en s'adaptant aux besoins de l'organisme.

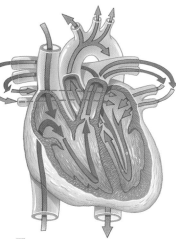

■ Sang oxygéné
■ Sang désoxygéné

Une pompe double

Les vaisseaux sanguins reliés au cœur distribuent le sang à tout l'organisme à partir du cœur et l'y ramènent. Le sang désoxygéné est propulsé par le cœur vers les poumons, où il est oxygéné, avant de revenir au cœur et d'être distribué dans tout le corps.

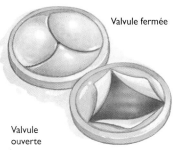

Valvule fermée

Valvule ouverte

Les valvules cardiaques

En s'ouvrant, les valves des valvules se plaquent contre la paroi cardiaque pour laisser le sang y pénétrer et s'en écouler.

LES PROTHÈSES

Il existe toute une gamme de prothèses, d'équipements naturels ou mécaniques destinés à traiter les affections cardiaques. La transplantation consiste à remplacer un cœur malade par le cœur d'un autre être humain, dont les tissus sont compatibles. Il existe également des cœurs artificiels pouvant reproduire les fonctions cardiaques, mais ces implantations ne donnent pas des résultats satisfaisants à moyen et à long terme. Des valvules défectueuses peuvent être remplacées par des valvules en métal ou en plastique, ou par des valvules biologiques prélevées sur le porc ou sur un donneur humain. Des stimulateurs électroniques peuvent être implantés pour normaliser le rythme cardiaque.

Valvule mécanique

Cette valvule a une longue durée de vie, mais elle favorise la formation de caillots. Il est donc nécessaire d'administrer des anticoagulants.

Valvule biologique

Elle fonctionne correctement, mais a une durée de vie moins longue que la valvule mécanique. Elle expose moins au risque de caillots.

Stimulateur électronique

Fonctionnant sur pile, il envoie au cœur des impulsions électriques.

Cœur artificiel

La pose de tels appareils a souvent entraîné la mort par formation de caillots sanguins.

LA TRANSPLANTATION D'UN CŒUR

En 1967, la première transplantation était réalisée en Afrique du Sud par le Dr Christian Barnard : le cœur d'une femme de 25 ans était transplanté sur un homme, qui ne survécut pas plus de 18 jours. Les cœurs susceptibles d'être transplantés sont conservés dans de la glace.

LE CYCLE CARDIAQUE

Chaque battement du cœur se décompose en trois phases. Tout d'abord, les cavités se dilatent et se remplissent de sang (c'est la diastole). Puis les OREILLETTES se contractent et chassent le sang par l'orifice valvulant vers les VENTRICULES, qui se remplissent (systole auriculaire). Enfin, les parois des ventricules se contractent et chassent le sang pour terminer le cycle (systole ventriculaire).

Au repos, le cœur bat entre 70 et 85 fois par minute. Ce rythme augmente de 40 % pendant le PREMIER TRIMESTRE de la grossesse.

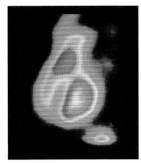

Pression diastolique

Les oreillettes se remplissent de sang venant des poumons et du corps.

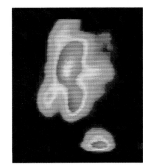

Pression systolique

Les ventricules se contractent et chassent le sang dans les artères.

LE CŒUR, SYMBOLE D'AMOUR

Qu'il batte, qu'il frémisse ou qu'il palpite, le cœur a toujours été le symbole de l'amour. De tout temps, des bijoux, des pendentifs ou des pierres précieuses en forme de cœur ont été offerts en gage d'amour. Dans les pays occidentaux, on porte l'alliance à l'annulaire gauche, car la croyance était qu'un vaisseau sanguin (ou une veine) reliait directement ce doigt au cœur.

Les médaillons en forme de cœur, renfermant un portrait ou une photo du bien-aimé, ou encore une boucle de cheveux, étaient à la mode à la fin du siècle dernier.

ETHNIES ET MALADIE CARDIAQUE

Une étude a montré que les femmes asiatiques présentent un risque de MALADIE CARDIAQUE supérieur de 46 % à celui des femmes blanches, sans que l'on en connaisse les raisons. Il pourrait y avoir un lien avec le STRESS et les habitudes alimentaires et aussi parce que les femmes asiatiques ont deux fois plus souvent de DIABÈTE que les femmes blanches. Les maladies cardiaques augmentent le risque d'ACCIDENT CARDIO-VASCULAIRE.

LA CRISE CARDIAQUE

La crise cardiaque, ou plutôt l'infarctus du myocarde, se produit lorsqu'une partie du muscle cardiaque est privée d'oxygène et meurt. Presque toutes les recherches en ce domaine sont réalisées sur les hommes, car les femmes semblent présenter moins de risques jusqu'à la MÉNOPAUSE. Après, cependant, les risques sont égaux dans la même tranche d'âge. L'infarctus du myocarde est souvent causé par les PLAQUES ATHÉROMATEUSES, qui se fixent sur les parois internes des artères coronaires et entraînent la formation d'un caillot qui stoppe brutalement l'irrigation du cœur. Les tissus non irrigués se nécrosent : c'est la crise cardiaque. Dans un premier temps, le traitement est médical et constitue une urgence absolue. La rapidité d'intervention est déterminante car les médicaments dissolvant le caillot, notamment, doivent être administrés avant la 3e heure. Le repos y est associé.

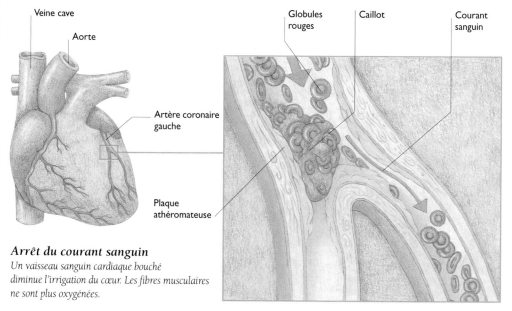

Arrêt du courant sanguin
Un vaisseau sanguin cardiaque bouché diminue l'irrigation du cœur. Les fibres musculaires ne sont plus oxygénées.

FACTEURS AUGMENTANT LE RISQUE DE CRISE CARDIAQUE

Facteurs de risque	Effets
Taux de cholestérol élevé	Le cholestérol sous forme de lipoprotéines à faible densité (LDL) endommage les artères. La pratique régulière d'un exercice peut en abaisser le taux de 6 %, tout en augmentant le taux du bon cholestérol (HDL), qui favorise la disparition des dépôts graisseux des artères.
Tabagisme	La nicotine ralentit le rythme cardiaque et peut provoquer de l'arythmie. Elle augmente également la TENSION ARTÉRIELLE.
Hypertension (tension artérielle élevée)	Elle épuise le cœur et provoque le durcissement des artères.
Antécédents familiaux	La crise cardiaque est généralement héréditaire. Les femmes dont de proches parents ont eu une crise cardiaque présentent un plus grand risque.
Diabète	Il peut endommager les petits vaisseaux sanguins, empêchant la distribution suffisante de sang par les artères CORONAIRES.
Abus d'alcool	Il risque d'endommager le muscle cardiaque. En revanche, un ou deux verres de vin par jour peuvent être bénéfiques.
Stress	Il augmente le taux de l'hormone NORÉPINÉPHRINE dans le sang, ce qui peut endommager le muscle cardiaque.

*L*E SYSTÈME RESPIRATOIRE

L'ANATOMIE DES POUMONS

Situés au-dessus du diaphragme, les deux poumons ne sont pas tout à fait identiques : le poumon droit est formé de trois lobes tandis que le gauche n'en a que deux et présente un renfoncement où se loge le cœur. Ils sont enveloppés d'une membrane, la plèvre, qui tapisse également l'intérieur de la cavité thoracique, et peuvent ainsi se contracter et se dilater sans heurts. L'air pénètre dans les poumons par le NEZ, le PHARYNX et la TRACHÉE. Cette dernière se divise en deux bronches, qui se subdivisent en une infinité de rameaux de plus en plus petits, les bronchioles, puis en alvéoles, où se font les échanges gazeux.

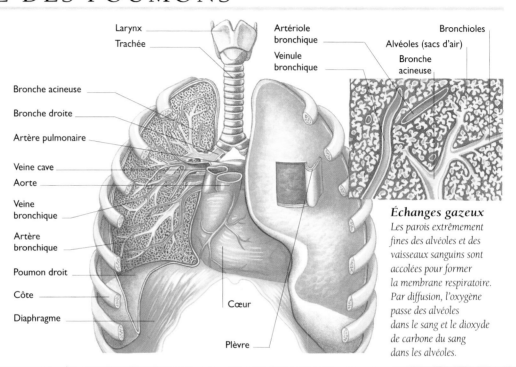

Larynx
Trachée
Bronche acineuse
Bronche droite
Artère pulmonaire
Veine cave
Aorte
Veine bronchique
Artère bronchique
Poumon droit
Côte
Diaphragme
Cœur
Plèvre

Artériole bronchique
Veinule bronchique
Bronchioles
Alvéoles (sacs d'air)
Bronche acineuse

Échanges gazeux
Les parois extrêmement fines des alvéoles et des vaisseaux sanguins sont accolées pour former la membrane respiratoire. Par diffusion, l'oxygène passe des alvéoles dans le sang et le dioxyde de carbone du sang dans les alvéoles.

LA RESPIRATION

Le processus respiratoire comprend : la ventilation pulmonaire, la diffusion des gaz permettant les échanges qui alimentent les cellules, et l'action du système nerveux, qui régule la fonction respiratoire. La femme au repos respire environ 9 fois par minute, l'homme 12 fois. Le rythme respiratoire peut cependant atteindre 60 à 80 respirations par minute au cours d'un effort physique violent. Pendant l'inspiration, les muscles intercostaux de la cage thoracique et le diaphragme se contractent, les poumons se dilatent, ce qui augmente leur volume, et le diaphragme s'abaisse. La pression à l'intérieur du poumon devient inférieure à celle de l'air extérieur (composé pour 20 % d'oxygène) qui est inspiré. C'est exactement l'inverse qui se produit à l'expiration : les muscles intercostaux et le diaphragme se détendent, la cage thoracique se rétracte et le diaphragme revient à sa position de

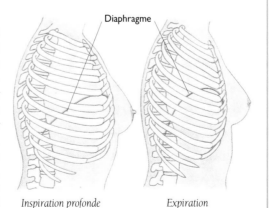

Diaphragme

Inspiration profonde   *Expiration*

repos. Le volume pulmonaire diminue et la pression interne s'élève au-dessus de celle de l'air extérieur, de sorte que les gaz pulmonaires (dont 13,7 % d'oxygène et 5,2 % de dioxyde de carbone) sont expulsés.

ET CHEZ L'HOMME ?

Le débit pulmonaire normal d'une jeune femme en bonne santé est d'environ 4,5 à 5,4 litres par minute, tandis que celui d'un jeune homme bien portant est de 6 à 7 litres par minute.

◆

Les femmes utilisent davantage leur cage thoracique pour respirer, les hommes leur diaphragme (respiration abdominale).

ADAPTATION À L'ALTITUDE

*À haute altitude,
par exemple dans la cordillère
des Andes ou les régions
montagneuses du Népal,
le corps s'adapte à la raréfaction
de l'oxygène due à la baisse
de la pression atmosphérique
(réduite aux 2/3 au sommet de
l'Éverest). Les poumons sont plus
volumineux pour optimiser
les échanges gazeux, et le nombre
de globules rouges augmente
pour transporter plus d'oxygène
vers les tissus.*

Femme des hauts plateaux péruviens.

ET CHEZ L'ANIMAL ?

*L'être humain peut retenir
sa respiration pendant
2 minutes environ ;
le cachalot pendant 2 heures.
Les battements du cœur
humain, comme ceux
du cachalot, ralentissent quand
il plonge. C'est sans doute
encore un héritage
de la PÉRIODE AQUATIQUE.*

◆

*Les poissons n'ont pas
de poumons semblables
à ceux des mammifères :
ils respirent par leurs branchies,
filtres sophistiqués qui captent
l'oxygène de l'eau qui y pénètre.
Celui-ci est stocké dans de fins
capillaires, puis distribué
dans tout le corps.*

L'ASTHME ET LA FIÈVRE DES FOINS

Essoufflement, sifflement et, en cas de fièvre des foins, larmoiement des yeux et écoulement nasal sont les réactions du corps aux allergènes tels que les polluants atmosphériques et le pollen des graminées.

FIÈVRE DES FOINS

Son nom médical est rhinite allergique. C'est une surproduction de mucus en réaction à l'inhalation d'allergènes tels que le pollen des arbres, des fleurs, du gazon, les acariens de la poussière de maison, la poussière. La rhinite allergique due au pollen est saisonnière tandis que les autres types surviennent toute l'année. Cette allergie affecte 5 à 10 % de la population française et a tendance à être familiale. Elle est plus fréquente chez les CAUCASIENNES du Nord que parmi les autres types raciaux.

ASTHME

La crise se produit généralement lorsque l'allergène déclenchant est inhalé. Elle est le résultat de spasmes de la musculature des parois bronchiques. Les bronchioles peuvent être obstruées jusqu'à n'avoir plus que la taille d'une tête d'épingle, ce qui fait pratiquement suffoquer le patient, à qui il faut plusieurs minutes, ou plusieurs jours, pour récupérer. Des crises aiguës peuvent nécessiter l'hospitalisation et la mise sous ventilation assistée. On peut contrôler l'asthme en évitant les allergènes déclenchants (voir la liste des causes les plus fréquentes ci-dessous) ou en inhalant des substances bronchodilatatrices. L'asthme peut aussi avoir une origine microbienne ou endrocrinienne.

Causes fréquentes des crises d'asthme
- *Allergies aux substances telles que poussière de maison, acariens, moisissures, pollen, squames d'animaux (peaux mortes), fumée, médicaments, produits chimiques et aliments.*
- *Infections virales, grippe et STRESS.*
- *Température (froid) et qualité de l'air (sec, pollué).*
- *Hormones : les règles ou la grossesse ont une influence sur les crises.*

CORSET ET TABAC : DEUX ENNEMIS DES POUMONS

Au XIXᵉ siècle, la mode féminine des pays occidentaux était aux tailles de guêpe, comprimées dans des corsets bien serrés. Certaines femmes parvenaient à n'avoir que 37 à 45 cm de tour de taille (le record a été de 32 cm), mais au prix d'une constriction très forte des poumons pouvant conduire à l'évanouissement. Dès que les lacets de son corset étaient dénoués, la femme revenait à elle.

Bien que le tabac ait été introduit en Occident dès le XVIᵉ siècle, les femmes n'ont que rarement fumé avant l'apparition de la

cigarette, au début du XXᵉ siècle. Dans les années 1920, fumer était pour elles signe de distinction et d'audace. Mais cette habitude ne s'est véritablement développée que dans les années 1930 et 1940, sans doute pour imiter les stars hollywoodiennes, telles Greta Garbo ou Bette Davis, qui symbolisaient la femme indépendante, sexy et pleine de charme. De nos jours, on constate que les femmes fument autant que les hommes et elles développent les mêmes pathologies.

Bette Davis a conservé cette habitude qui lui donnait tant de charme.

Le corset comprimait les poumons, et les femmes s'évanouissaient facilement.

COMPORTEMENTS RESPIRATOIRES

Le *bâillement* est un réflexe qui fait inhaler une grande quantité d'oxygène, notamment lorsque celui-ci est insuffisant dans les tissus.

L'*éternuement* se produit lorsque des particules irritantes, comme la poussière ou le pollen, pénètrent dans les muqueuses de la cavité nasale, ce qui déclenche la fermeture des voies aériennes et force les muscles respiratoires à expulser l'air violemment.

La *toux* est due à l'irritation des voies respiratoires par des substances telles que la poussière.

Le *hoquet* est une contraction soudaine et incontrôlée du diaphragme, parfois due à l'irritation des nerfs phréniques (en cas de repas trop rapide, par exemple). Quand l'air est inspiré, la GLOTTE (espace entre les cordes vocales) se ferme rapidement.

L'*hyperventilation* se produit habituellement lorsque l'anxiété accélère la respiration, ce qui entraîne une baisse de dioxyde de carbone dans le sang et une augmentation de l'oxygène, qui provoque des vertiges.

RHUME ET GRIPPE

Le *rhume* ordinaire, ou coryza, est causé par un virus (près de 200 virus différents peuvent le provoquer). Il dure théoriquement 7 jours.

La *grippe* a quatre souches principales, qui ont toutes tendance à muter. Les symptômes sont similaires à ceux du rhume, avec en plus des courbatures musculaires, de la fièvre et un malaise général.

ÉTOUFFEMENT

Si un corps étranger vient se loger dans les voies aériennes, empêchant la respiration, il convient d'agir rapidement pour empêcher une issue fatale. (La personne qui étouffe porte la main à sa gorge et sa peau bleuit.) Essayez d'abord d'aider la victime en lui tapant quatre fois dans le dos, entre les omoplates ; placez un bébé la tête plus basse que le tronc. Si cela échoue, vous pouvez pratiquer la manœuvre de Heimlich (ci-dessous), qui permet l'expulsion d'un corps étranger.

Entourez la victime de vos bras
Joignez les mains sous le sternum.

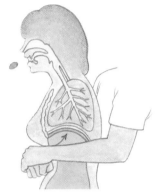

Comprimez le buste
Poussez brusquement les mains vers le haut et l'intérieur.

Mesure d'urgence
La force des poignets doit être appliquée sur l'abdomen et non sur la cage thoracique. Cette manœuvre ne doit être utilisée qu'en cas d'urgence, car elle comporte un léger risque d'atteinte du foie ou de la rate.

LES MALADIES PULMONAIRES

LE CANCER DU POUMON

Ce cancer se manifeste surtout vers 70 ans chez la femme, contre 65 chez l'homme. Le tabac en est la cause principale. Plus jeune on commence à fumer et plus le nombre de cigarettes quotidien est élevé, plus les risques de cancer du poumon sont grands. Le tabac altère les CILS des muqueuses bronchiques, de sorte qu'on ne peut débarrasser la gorge et les poumons des mucosités qui les encombrent qu'en toussant (toux du fumeur). Le taux de guérison du cancer du poumon est bas : seuls 7 % des patients survivent plus de 5 ans. Le cancer du poumon était, jusqu'à ces dernières années, l'apanage de l'homme. Actuellement, le nombre de cancers chez la femme se rapproche de celui des hommes.

TUBERCULOSE

Cette maladie infectieuse, très contagieuse, est due chez l'être humain à une bactérie, *Mycobacterium tuberculosis*. Elle est propagée, par contamination directe, par l'intermédiaire de microgouttelettes en suspension dans l'air, venant de la toux ou des éternuements. Les bactéries inhalées enflamment les poumons et se multiplient. L'infection est ensuite disséminée dans le SYSTÈME LYMPHATIQUE et peut entraîner la mort (dans 5 % des cas seulement). Elle connaît actuellement un regain d'activité et est favorisée par l'insalubrité.

LE SAVIEZ-VOUS ?

Les deux poumons pèsent, ensemble, près de 750 g. Le droit est plus gros que le gauche.

Si toutes les alvéoles des poumons étaient ouvertes et étalées sur une surface plane, elles couvriraient un court de tennis.

À la naissance, les poumons sont roses ; à l'âge adulte, ils sont gris ardoise, du fait de la pollution et de la poussière, et d'autant plus foncés chez le fumeur.

Un éternuement peut atteindre une vitesse de 160 km à l'heure et une distance de 4 m.

LE SYSTÈME LYMPHATIQUE

LE SYSTÈME IMMUNITAIRE

La plupart des infections pénètrent dans le corps par l'appareil digestif, l'APPAREIL RESPIRATOIRE, les voies uro-génitales ou la peau. Le système immunitaire comprend les globules blancs, formés dans la RATE, dans les GANGLIONS et dans la moelle osseuse, ainsi que les anticorps (protéines fabriquées par certains lymphocytes). Globules et anticorps s'associent pour identifier et attaquer tout corps étranger envahissant. Il existe cinq types de globules blancs chargés de défendre l'organisme, ayant chacun un mode d'action différent. Les NEUTROPHILES digèrent les bactéries ; les ÉOSINOPHILES jouent un rôle dans l'allergie et dans les réactions aux maladies parasitaires ; les BASOPHILES jouent également un rôle dans l'allergie ; dans les tissus, les MACROPHAGES digèrent les grosses particules étrangères ; stimulés par des antigènes, les LYMPHOCYTES produisent des anticorps qui, associés aux globules blancs, éliminent l'infection et les cellules cancéreuses ou malades.

Macrophages dans le poumon
Au-dessus, macrophage de forme normale globulaire, au repos. Au-dessous, le macrophage s'est allongé pour avaler une petite particule ronde (en vert).

L'ANATOMIE DU SYSTÈME LYMPHATIQUE

Élément essentiel des défenses du corps, le système lymphatique fabrique la plupart des globules blancs (voir le SYSTÈME IMMUNITAIRE, à gauche) et des anticorps, filtre les liquides corporels et débarrasse les tissus de l'excédent de liquides et de TOXINES. Il digère également les graisses et transporte les éléments nutritifs. Le système lymphatique est constitué de la lymphe (liquide aqueux incolore, transsudat du PLASMA, baignant tous les tissus), des plaques de Peyer (tissu lymphoïde dans les intestins), de vaisseaux et de capillaires lymphatiques, des GANGLIONS, de la RATE, des AMYGDALES, des VÉGÉTATIONS adénoïdes et du THYMUS.

La lymphe circule dans les vaisseaux lymphatiques sous l'effet des différences de pression thoraco-abdominale et des mouvements musculaires, mais elle n'est pas propulsée par le cœur, comme le sang artériel. Son efficacité est donc liée à l'activité et à la bonne forme. La cellulite, fréquente chez la femme, serait due à une lenteur ou une surcharge du système lymphatique.

La circulation lymphatique
Elle irrigue tout le corps. Les ganglions ont tendance à se regrouper en amas, notamment le long de la colonne vertébrale, à l'aine, dans l'abdomen, au cou et aux aisselles.

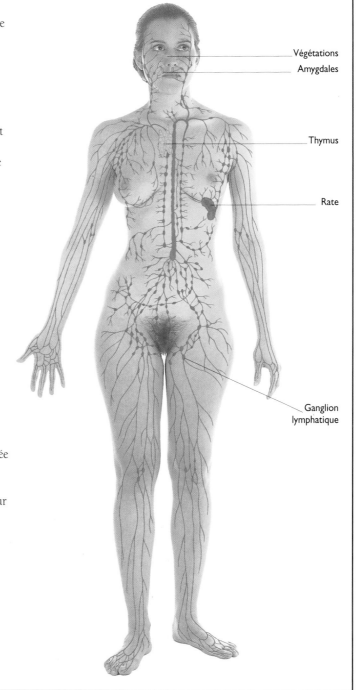

Végétations

Amygdales

Thymus

Rate

Ganglion lymphatique

LA RATE

Cet organe spongieux,
un des principaux filtres
du sang, a pratiquement la taille
du cœur et peut retenir jusqu'à
1 litre de sang. La rate détruit
les cellules vieillies, filtre
le sang et le stocke pour
le redistribuer en cas de besoin,
par exemple durant l'exercice.

Le sang pénètre dans la rate
d'une façon unique en son
genre : de minuscules ARTÉRIOLES
le déversent directement
dans les tissus sans passer
par un réseau de capillaires
artérioveineux, comme c'est
le cas pour tous les autres
organes. Cela signifie
que le SYSTÈME IMMUNITAIRE
entre en contact direct
avec toute substance anormale
présente dans le sang :
c'est ainsi que les anticorps
se forment immédiatement
et que les cellules vieillies
sont détruites par les cellules
réticulaires (pulpe rouge)
et les phagocytes
qui les éliminent.

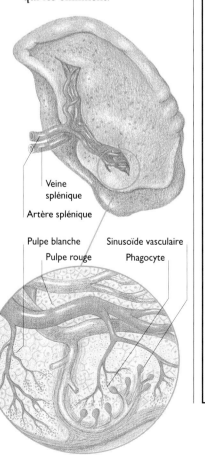

Veine
splénique

Artère splénique

Pulpe blanche   Sinusoïde vasculaire
Pulpe rouge   Phagocyte

LA CIRCULATION LYMPHATIQUE

Le tissu lymphatique est composé des ganglions, de
la RATE (à gauche), du THYMUS, des AMYGDALES, des
VÉGÉTATIONS et des plaques de Peyer (tissu lymphoïde dans les intestins). Les minuscules capillaires lymphatiques, ouverts aux extrémités, ne
laissent le liquide s'écouler que dans un sens. Le
liquide provenant des capillaires sanguins est re-
cueilli par des capillaires lymphatiques qui le transportent vers les ganglions, puis il ressort par
d'autres capillaires. Les ganglions filtrent la lymphe
et détruisent tous les micro-organismes ou TOXINES
qui s'y trouvent. Ils produisent des globules blancs
supplémentaires pour lutter contre l'infection, d'où
leur gonflement. Les végétations et les amygdales
agiraient ensemble contre toute substance étrangère
avalée (amygdales) ou inhalée (végétations). Elles
produisent des globules blancs en cas d'infection et
sont surtout actives pendant l'enfance. Les vaisseaux lymphatiques relient les ganglions à d'autres
tissus lymphoïdes, comme la rate, et sont responsables du retour de la lymphe filtrée et nettoyée
dans la circulation sanguine. Les ganglions lymphatiques sont groupés au niveau du cou, des aisselles,
de l'abdomen et de l'aine.

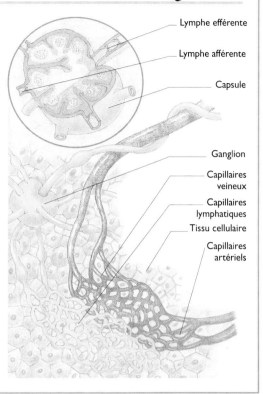

Lymphe efférente

Lymphe afférente

Capsule

Ganglion

Capillaires
veineux

Capillaires
lymphatiques

Tissu cellulaire

Capillaires
artériels

LES TROUBLES DU SYSTÈME IMMUNITAIRE

LUPUS ÉRYTHÉMATEUX AIGU DISSÉMINÉ

C'est une maladie dans laquelle le système immunitaire du corps
attaque ses propres tissus et organes, comme la peau ou les reins.
Elle frappe 9 fois plus de femmes que d'hommes et le plus souvent
des femmes jeunes. Elle est plus fréquente chez les NÉGROÏDES et les
JAUNES que chez les CAUCASIENNES et, dans les groupes à haut risque, elle peut toucher 1 femme sur 250. Les symptômes sont cycliques : éruption de plaques rouges, arrondies ou étalées (en
forme d'aile de papillon), sur le visage, le cou et le cuir chevelu,
nausées, fatigue, température, perte d'appétit et de poids, ANÉMIE et
douleurs articulaires. Dans les cas graves, il peut y avoir une insuffisance rénale, une inflammation de la plèvre ou des membranes
entourant le cœur, des arthrites. Cette maladie serait d'origine
génétique.

MONONUCLÉOSE INFECTIEUSE

Également appelée maladie du baiser parce qu'elle est, le plus souvent, transmise par contact salivaire, cette maladie est causée par
un virus et survient habituellement chez l'adolescent ou le jeune
adulte pendant la pleine activité du système immunitaire. Les
symptômes sont un gonflement des ganglions, un violent mal de
gorge (causé par l'inflammation des amygdales), une forte fièvre.

LE VIRUS VIH

Le virus de l'immunodéficience
humaine (VIH) entraîne une baisse
des défenses immunitaires du
corps et est à l'origine du SIDA.
Il est transmissible par les rapports
sexuels, l'injection avec une
aiguille souillée, la transfusion
de sang infecté et le lait maternel.
Il est indispensable de se protéger
durant les rapports sexuels.
Jusqu'à présent, les cas de SIDA
ont toujours été mortels.

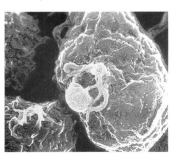

VIH
*Le virus VIH (en jaune) bourgeonne
à partir de la membrane plasmatique
(en bleu) d'un lymphocyte infecté.*

*L*ES APPAREILS DIGESTIF ET URINAIRE

INDIGESTION ET AIGREURS D'ESTOMAC

L'indigestion est en général le résultat d'un excès d'aliments trop riches ou trop gras, de repas pris très rapidement ou de stress et d'anxiété. Elle est relativement fréquente. Les symptômes comprennent des crampes abdominales, de l'AÉROPHAGIE, des renvois et des nausées. Certaines femmes sont sujettes à de graves indigestions lorsqu'elles sont stressées.

Les *sensations de brûlure d'estomac* peuvent être dues à un reflux gastro-œsophagien : les sucs gastriques acides refluent dans l'ŒSOPHAGE par le CARDIA. Cela se produit lorsque l'estomac est surchargé ou comprimé, ou par suite d'une hernie hiatale (passage d'une partie de l'estomac à travers l'ouverture diaphragmatique). Ce trouble est fréquent pendant la grossesse, car le fœtus comprime l'estomac.

L'ANATOMIE DE L'APPAREIL DIGESTIF

Les aliments sont broyés dans la bouche par les dents, puis attaqués par les enzymes produites par les GLANDES SALIVAIRES. Ils sont transformés en bol alimentaire, masse molle prête à être ingurgitée, et véhiculés dans l'œsophage par des contractions musculaires. Il faut 4 à 8 secondes aux aliments pour passer de la bouche à l'estomac, et 1 ou 2 secondes pour les liquides. Puis le bol alimentaire est digéré dans l'estomac jusqu'à devenir presque liquide (CHYME) ; il passe dans l'intestin grêle, où les sucs digestifs provenant du foie, de la vésicule biliaire et du pancréas le décomposent en substances absorbables. Ce qu'il en reste passe dans le gros intestin, où presque toute l'eau est absorbée, et le résidu devient un déchet solide qui, après s'être amassé dans le rectum, est évacué sous forme de selles par les sphincters de l'anus. C'est en 24 heures environ que l'appareil digestif transforme les aliments (digestion) et les fait passer dans le sang (absorption).

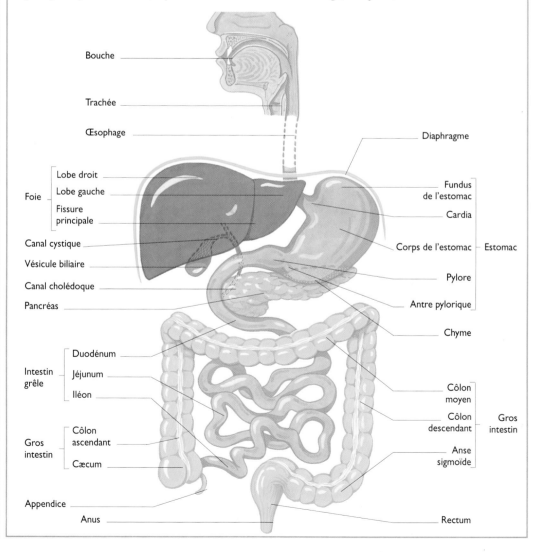

L'ESTOMAC

Poche musculaire en forme de croissant située en arrière des dernières côtes, l'estomac mesure environ 25 cm lorsqu'il est vide, mais il se dilate et change de forme en fonction de la quantité d'aliments ingérés. Sa paroi est constituée de trois couches musculaires recouvertes d'une muqueuse responsable de la sécrétion du suc gastrique (environ 1 litre à 1,5 litre par jour). Il se forme un ulcère gastrique lorsque cette muqueuse est détruite.

L'estomac met normalement 3 à 6 heures pour digérer un repas. La digestion est plus rapide pour des aliments chauds et bien mastiqués que pour de gros morceaux froids. Les liquides transitent plus rapidement par l'estomac que les aliments solides. Une fois dans l'estomac, les aliments sont pétris, mélangés aux sucs gastriques et transformés en une bouillie semi-liquide appelée CHYME qui est évacué par jets successifs dans le duodénum.

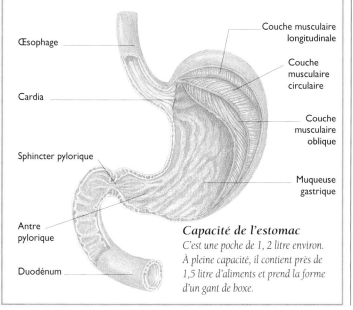

Capacité de l'estomac
C'est une poche de 1, 2 litre environ. À pleine capacité, il contient près de 1,5 litre d'aliments et prend la forme d'un gant de boxe.

LE FOIE

C'est l'un des plus gros organes internes : composé de deux lobes, il pèse près de 1,5 kg. Le lobe gauche est situé en avant de l'estomac ; le droit est plus gros et divisé en trois segments. Le foie remplit plus de 500 fonctions différentes, dont la régulation de la glycémie, la production de bile et de cholestérol, la désintoxication de l'organisme, la formation d'enzymes et le traitement des déchets. Les vitamines A, B, D, E et K sont stockées dans le foie après avoir été digérées par la BILE (ci-dessous à gauche) dans le DUODÉNUM. C'est le seul organe alimenté en sang par deux sources différentes : l'artère hépatique lui apporte le sang riche en oxygène venant du cœur tandis que la VEINE PORTE véhicule le sang chargé de nutriments venant directement de l'ESTOMAC et des INTESTINS. Les éléments nutritifs sont traités, puis stockés pour être libérés en fonction des besoins du corps. Les produits inutiles sont dégradés pour être éliminés. Comme il participe à presque tous les métabolismes, sa destruction complète entraîne la mort.

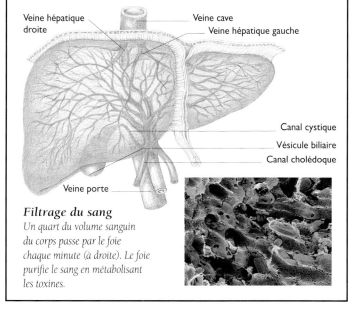

Filtrage du sang
Un quart du volume sanguin du corps passe par le foie chaque minute (à droite). Le foie purifie le sang en métabolisant les toxines.

LA VÉSICULE BILIAIRE

La bile est un liquide jaune-vert très amer. Elle est produite par le foie et stockée dans la vésicule biliaire avant d'être déversée dans le duodénum. Elle contient les sels biliaires, qui dissolvent les graisses du CHYME (aliments semi-digérés) en les dégradant en de minuscules gouttelettes qui seront ensuite digérées par les enzymes des sucs pancréatiques. La bile rend également le cholestérol soluble et favorise l'absorption d'acides gras et de vitamines liposolubles (par exemple, la vitamine A).

LE PANCRÉAS

Le pancréas contient des cellules endocrines (sécrétant des hormones), mais aussi un canal central entouré de cellules exocrines déversant 1,5 litre de sucs digestifs chaque jour dans le DUODÉNUM. Le suc pancréatique contient des enzymes qui digèrent les protéines, les graisses (évacuées en 7 à 8 heures) et les glucides. Il est alcalin de manière à neutraliser le CHYME acide (ci-dessus).

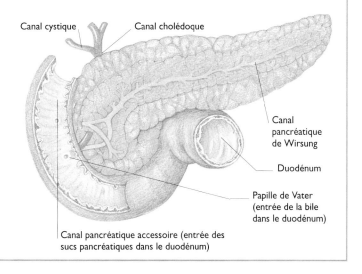

La femme étant omnivore, ses voies digestives ont une certaine longueur pour lui permettre de digérer des aliments animaux et végétaux. En revanche, les carnivores, comme les chats, ont un tube digestif très court car les protéines pures sont assez facilement digestibles.

◆

L'estomac de l'être humain est formé d'une seule poche, tandis que celui des ruminants, en compte quatre, pour digérer plus efficacement la cellulose contenue dans l'herbe.

◆

Beaucoup d'oiseaux avalent délibérément du gravillon, qui les aide à broyer les aliments dans leur jabot avant qu'ils ne pénètrent dans l'estomac.

Appareil digestif du chat

Appareil digestif de la vache

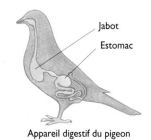

Jabot
Estomac

Appareil digestif du pigeon

L'INTESTIN GRÊLE

Lorsque le CHYME pénètre dans le duodénum (première partie de l'intestin grêle), le foie, le pancréas et la vésicule biliaire libèrent leurs enzymes. Comme l'estomac, l'intestin grêle est tapissé de mucus, le protégeant des acides. La paroi interne de l'intestin grêle est tapissée de villosités (excroissances en forme de doigt), elles-mêmes recouvertes de microvillosités (excroissances en forme de poil). Les muscles entourant l'intestin se contractent toutes les 3 ou 4 secondes, broyant et malaxant le chyme, qui met 4 à 6 heures pour traverser tout l'intestin grêle, mesurant environ 7 m de long : c'est pendant ce circuit que la plupart des substances nutritives sont absorbées. Les glucides sont digérés plus vite, les graisses et les protéines plus lentement.

À l'intérieur de l'intestin

Comme des plantes aquatiques, les villosités et microvillosités oscillent en permanence dans les intestins. Elles augmentent la surface totale d'échange et d'absorption des substances nutritives du chyme.

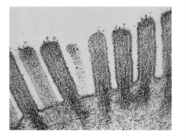

LES HÉMORROÏDES

Veines dilatées de la paroi de l'anus, les hémorroïdes sont internes (à l'intérieur de l'anus) ou externes (à l'entrée de l'anus ou même faisant saillie à l'extérieur, auquel cas elles sont dites prolabées). Elles sont très fréquentes pendant la grossesse, durant laquelle la stase (stagnation) veineuse et la congestion sont amplifiées dans le petit bassin. Elles peuvent aussi être causées par la constipation due à un régime trop riche et ne contenant pas suffisamment de fibres, ou par une alimentation épicée.

C'est une affection bénigne dont les symptômes sont une gêne ou une douleur, et parfois un saignement lors du passage des selles.

L'APPENDICE

Petite poche étroite de 7,5 cm de long, située à la jonction de l'intestin grêle et du gros intestin, l'appendice semble être conçu comme les AMYGDALES : tous deux contrôlent l'infection (l'appendice contient une importante quantité de tissu lymphoïde) et ils ne font parler d'eux que lorsqu'ils sont enflammés. L'appendicite est l'inflammation de l'appendice. Les symptômes sont une gêne ou une douleur abdominale soudaine, des nausées, des vomissements et de la fièvre.

La perforation de l'appendice, dont le contenu se répand dans tout l'abdomen, peut provoquer une très grave infection, appelée péritonite. Il faut opérer immédiatement et retirer l'appendice.

LE GROS INTESTIN

Le gros intestin ou côlon mesure environ 1,60 m de long et 3 cm de diamètre au début et 7 à la fin. Il réabsorbe l'eau et évacue les déchets du corps sous forme de fèces. Le mucus qu'il sécrète amalgame les substances non digérées et favorise le transit. Des bactéries vivent dans le côlon, digèrent les nutriments et fabriquent certaines vitamines. Le rectum est un lieu de stockage des fèces : c'est un minuscule tube de 12,5 cm de long qui se dilate et se contracte pour expulser les selles. Celles-ci sont en outre lubrifiées par le mucus produit par les glandes de la paroi rectale. L'anus se compose de deux sphincters : le sphincter interne dépend du système nerveux, et ne peut donc être contrôlé volontairement, le sphincter externe peut être ouvert ou fermé à volonté pour laisser passer les selles.

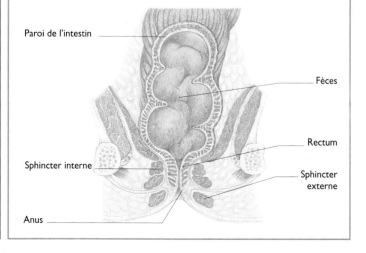

Paroi de l'intestin — Fèces — Rectum — Sphincter externe — Sphincter interne — Anus

LES FLATUOSITÉS

Les *éructations* sont généralement causées par la présence d'air avalé en mangeant ou en buvant, parce que l'on parle la bouche pleine ou que l'on mange et boit trop vite. Ces renvois peuvent soulager l'INDIGESTION.

La *flatulence* (gaz) est la présence d'air expulsé soit par la bouche, c'est l'aérophagie, soit par l'anus, c'est le météorisme. Une grande quantité de gaz est produite quotidiennement pendant la digestion normale, mais la plupart sont réabsorbés par les intestins.

L'ANATOMIE DE L'APPAREIL URINAIRE

Il se compose des deux REINS, qui produisent l'urine, des uretères, canaux qui l'évacuent des reins vers la vessie, où elle est provisoirement stockée, et de l'urètre, canal par lequel l'urine est éliminée du corps.

Les principales fonctions du rein sont de détecter et d'éliminer les produits indésirables contenus dans le sang. Le rein est formé de millions de néphrons (ci-dessous), composés chacun d'un amas de vaisseaux à paroi mince, appelé glomérule, et d'un tubule rénal. Chaque glomérule filtre les substances du plasma sanguin dans le tubule, où se produit une réabsorption sélective de certaines substances jusqu'à ce que le liquide ait la composition de l'urine et soit dirigé vers le tubule collecteur, qui le véhicule vers l'uretère par un réseau de canaux de plus en plus gros. L'ablation d'un rein n'entraîne aucun trouble, car l'autre rein subit immédiatement une hypertrophie compensatrice. Le don d'organe s'en trouve facilité.

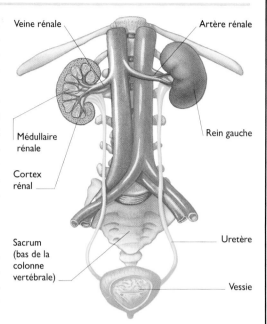

Veine rénale — Artère rénale — Rein gauche — Médullaire rénale — Cortex rénal — Sacrum (bas de la colonne vertébrale) — Uretère — Vessie

LES REINS

Un rein adulte pèse près de 150 g. Il est fait d'un cortex externe et d'une médullaire interne contenant des millions de néphrons, qui vont diminuer avec l'âge ou lors d'une maladie. Les reins filtrent l'ensemble de la circulation sanguine près de 40 fois par jour. Ce faisant, ils transforment les déchets du métabolisme en environ 1 litre d'urine, maintiennent l'équilibre hydrique et salin du corps ainsi que l'équilibre acido-basique.

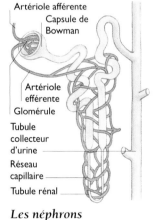

Artériole afférente — Capsule de Bowman — Artériole efférente — Glomérule — Tubule collecteur d'urine — Réseau capillaire — Tubule rénal

Les néphrons
Chaque rein contient des millions de néphrons qui filtrent les déchets du sang.

LA VESSIE

C'est une poche musculaire qui se dilate pour collecter l'urine venant des uretères, au bas desquels se trouve un SPHINCTER permettant le passage de l'urine dans la vessie. Lorsque celle-ci est pleine, les nerfs envoient un message au cerveau lui indiquant qu'il est temps d'uriner. Le sphincter de la vessie peut être ouvert volontairement, permettant à l'urine de passer dans l'URÈTRE et d'être évacuée. Lorsqu'elle est vide, la vessie est un sac en forme d'entonnoir de 7,5 cm de long. À pleine capacité, elle peut atteindre 12,5 cm ou plus, et devient presque ronde. L'envie d'uriner ne se manifeste pas avant qu'elle ne contienne 350 ml environ d'urine.

LES TOILETTES

Aux époques les plus reculées déjà, le problème de l'évacuation de ses déchets a préoccupé l'homme. De simples latrines, équipées d'un égout emportant les déchets, ont été retrouvées dans les ruines des civilisations de la vallée de l'Indus (2 000 ans avant J.-C.) et à Babylone. Des toilettes nettoyées à grande eau existaient en Crète et à Rome. Les toilettes actuelles, avec chasse d'eau, ne sont apparues qu'en 1889. En Europe, le château moyenâgeux était équipé d'un simple trou dans le mur ou le plancher et d'une évacuation par laquelle les déchets descendaient dans un fossé ou sur du fumier. Au XVIIIe siècle, Mme de Pompadour avait trois chaises percées, somptueusement décorées, et le roi Louis XV accordait souvent des audiences assis sur son « trône ». En 1962, 9 % des habitats ruraux français étaient équipés de toilettes.

Toilettes romaines collectives
Aller aux toilettes était un événement social.

Toilettes victoriennes
Malgré les belles décorations de ces toilettes, les égouts londoniens sont restés insalubres jusqu'en 1870.

LES CALCULS BILIAIRES

Produits habituellement dans la VÉSICULE BILIAIRE, *les calculs les plus courants sont formés de cholestérol et de matières colorantes, de* BILE *ou de calcium. Il s'en forme en général 1 à 10 en même temps, de 1 à 25 mm. Leur surface peut être lisse ou rugueuse.*

Les calculs biliaires sont trois fois plus courants chez les femmes que chez les hommes, notamment chez les femmes obèses.

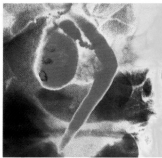

Calculs biliaires
Lorsque la composition de la bile est altérée, de fines particules se forment et grossissent peu à peu dans la vésicule biliaire, donnant naissance à des calculs.

LA MAUVAISE HALEINE

Ses causes sont nombreuses, mais la plus courante est liée à l'alimentation : particules alimentaires restées entre les dents ; absorption de thé, de café ou d'alcool ; consommation de substances très fortes comme les épices, l'oignon et l'ail. Le tabac, la sinusite et le DIABÈTE peuvent aussi donner mauvaise haleine.

Les bains de bouche ou les aérosols ne font que masquer la mauvaise haleine, ils ne la soignent pas. Pour s'en débarrasser, il faut en traiter la cause.

LES SELLES IRRÉGULIÈRES

Chaque femme a un rythme différent. Mais l'irrégularité peut être due à des TOXINES (alcool par exemple), à une maladie ou à des hormones (pendant la grossesse ou avant les RÈGLES).

La *diarrhée* se produit lorsque le CHYME circule dans les voies digestives trop vite pour que l'eau soit réabsorbée. Une diarrhée aiguë peut provoquer une déshydratation.

La *constipation* se produit lorsque les fèces deviennent dures et difficiles à évacuer parce que des aliments sont restés trop longtemps dans le côlon et que trop d'eau a été réabsorbée.

LA COLOPATHIE FONCTIONNELLE

Cette maladie, qui cause des douleurs abdominales, un gonflement de l'abdomen, une perte d'appétit et de la constipation (à gauche), résulte généralement d'une perturbation des muscles entourant le GROS INTESTIN. Elle est deux fois plus fréquente chez les femmes que chez les hommes, ne commence qu'à l'âge adulte et tend à être récurrente. Il est possible que le STRESS et l'anxiété en soient les principales causes et qu'elle soit liée à l'incapacité de l'individu à exprimer ses émotions, par exemple la colère. Des antispasmodiques peuvent être utilisés ainsi que des tranquilisants, à faible dose.

LES VOMISSEMENTS

Réaction normale du corps pour rejeter toute substance toxique ou dangereuse, le vomissement peut aussi survenir pour plusieurs autres raisons : l'anxiété, les odeurs nauséabondes, la douleur, le mal des transports, la grossesse, les infections, certains médicaments, ou après avoir trop mangé ou trop bu. Les vomissements sont généralement précédés de nausées, qui stoppent la sécrétion de sucs gastriques et donc la digestion. Les contractions normales de l'estomac cessent et les ondes de contraction du DUODÉNUM sont inversées. Les symptômes sont une forte salivation, des sueurs, la pâleur et l'accélération du rythme cardiaque.

Pendant les vomissements, les muscles abdominaux, diaphragmatiques et thoraciques se contractent. La pression augmente sur l'estomac, poussant son contenu vers l'ŒSOPHAGE et l'expulsant par la bouche.

MALADIES ET TROUBLES DIGESTIFS

La *jaunisse* survient lorsque le foie est incapable de détruire un pigment jaune, la bilirubine, contenu dans le sang. Ce pigment s'accumule dans la circulation et donne à la peau et au blanc des yeux une couleur jaunâtre. La jaunisse peut également être causée par des CALCULS BILIAIRES (ci-dessus, à gauche) obstruant le CANAL CHOLÉDOQUE.

L'*hépatite* est une inflammation du foie qui détruit les cellules hépatiques et peut provoquer la mort. Elle est généralement causée par un virus, moins souvent par des médicaments, des produits chimiques ou des poisons. La jaunisse en est normalement le premier symptôme.

La *cirrhose* du foie est le plus souvent causée par une trop grande consommation d'alcool entraînant des dégâts chroniques. C'est une maladie grave qui tue chaque année en Occident 1 personne sur 70. Proportionnellement, les femmes sont plus souvent atteintes de cirrhose que les hommes.

La *mucoviscidose* est une maladie héréditaire caractérisée par l'incapacité du PANCRÉAS à produire les enzymes nécessaires à la digestion des graisses, et par une surproduction de mucus par les glandes de la muqueuse bronchique. Cette maladie entraîne une malnutrition et des infections pulmonaires parfois mortelles.

Le *cancer de l'estomac* serait lié à la consommation d'aliments salés, épicés ou fumés ou de condiments. Il est plus fréquent en Extrême-Orient que dans les pays occidentaux.

Le *cancer des intestins* touche rarement l'INTESTIN GRÊLE mais est très fréquent dans le GROS INTESTIN. Les facteurs peuvent être un terrain héréditaire, un régime alimentaire riche en viande et en graisses animales, et pauvre en fibres.

Le *cancer de la vessie* est lié à l'usage du tabac et au contact avec des composants utilisés dans l'imprimerie, les industries textiles, et celles du caoutchouc. Il est donc plus fréquent dans les pays industrialisés et dans les centres urbains. Il affecte aujourd'hui trois fois plus d'hommes que de femmes, mais ces chiffres sont en évolution.

L'ESPRIT

L'ESPRIT

L'INTELLECT

Le caractère de l'individu et sa manière de réagir aux stimuli extérieurs sont déterminés au niveau mental. Éléments innés et acquis contribuent ensemble à la personnalité de l'être humain en général, et donc à celle de la femme.

LES ÉMOTIONS

Déclenchées par des stimuli internes ou externes, les émotions sont des signaux voyageant entre les aires centrales du cerveau (système limbique) et la partie périphérique du cortex (le cerveau). L'hormone appropriée est libérée par le système endocrinien et l'émotion peut alors être ressentie. Les émotions sont essentielles à la vie – elles permettent de réagir au stress, d'atteindre des objectifs précis dans les relations avec autrui et d'agir, même si l'on n'a pas le temps de penser. Les émotions primaires, généralement à court terme, peuvent en certaines circonstances se muer en émotions à long terme (par exemple, l'affection peut se transformer en amour), en particulier si l'on en connaît précisément l'origine. Certaines émotions sont considérées comme positives (l'amour), alors que d'autres sont désignées comme négatives (la colère). En fait, les émotions sont neutres et contiennent, potentiellement, des aspects à la fois positifs et négatifs, selon la manière dont l'individu y réagit.

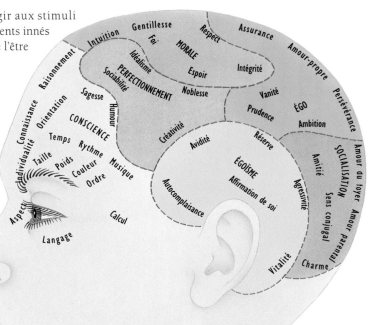

Phrénologie
Étude, aujourd'hui abandonnée, des facultés intellectuelles, du caractère, des émotions et des compétences, la phrénologie leur attribuait des zones spécifiques à l'intérieur du cerveau.

LES SENS

La vue est un sens primordial mais les autres sens sont également extrêmement importants. Le toucher est fondamental – sans lui, on serait incapable de se tenir debout et de marcher. Privés de ce sens, les bébés ne se développent pas normalement et peuvent même mourir. L'odorat semble être le sens le plus « fleuri », principalement parce qu'il est directement connecté au système limbique ; il ne transite donc pas par les régions tampons du cerveau et n'est pas transformé, comme c'est le cas pour la vue et l'ouïe. Certains individus, et souvent les femmes, souffrent de synesthésie. Il s'agit d'un trouble sensoriel dans lequel une note ou une tonalité musicales, par exemple, sont perçues comme une couleur particulière, un goût perçu comme une forme, des lettres ou des chiffres isolés comme des couleurs particulières, etc.

On considère généralement que les femmes possèdent une acuité sensorielle plus aiguë que celle des hommes. Certaines études laissent penser que la femme la moins sensible au toucher est malgré tout plus sensible que l'homme le plus sensible dans ce domaine. Les fabricants d'appareils haute-fidélité emploient généralement des femmes pour contrôler la qualité de leurs produits.

L'INTUITION

L'aptitude de nombreuses femmes à percevoir les signaux subconscients lors des contacts humains paraît souvent mystérieuse aux hommes, d'autant plus qu'elle ne s'ancre dans aucun raisonnement. Des recherches suggèrent que l'intuition est probablement, chez la femme, la combinaison d'une plus grande sensibilité sensorielle et d'une plus grande intégration des fonctions des lobes droit et gauche du cerveau.

HISTOIRE PSYCHOLOGIQUE

La femme représente le sexe originel. Elle est la matrice de la race humaine. Toute vie est primitivement femelle ; des « déclencheurs » sont indispensables aux fœtus des mammifères pour qu'ils deviennent mâles. Certaines personnes sont physiquement proches des femmes mais porteuses des chromosomes XY de l'homme. Pourtant, dans la majeure partie du monde, une discrimination s'est opérée à l'égard des femmes, considérées depuis des millénaires comme inférieures et comme un sexe « à problèmes ». Fortement associée à la mère nature par ses facultés de procréation, la femme fut, paradoxalement, longtemps perçue comme une menace pour l'homme. Des religions patriarcales se sont imposées, permettant à l'individu mâle de dominer, en propageant l'idée d'un Créateur du même sexe et d'un homme créé à son image. Au cours des âges et partout dans le monde, la position de la femme s'est érodée face à celle de l'homme jusqu'à être réduite, dans la langue familière, au statut de « deuxième sexe ».

Cette longue et laborieuse histoire a eu un profond effet sur la psychologie féminine. En dépit des nombreux changements intervenus dans les pays occidentaux au cours du XXᵉ siècle, des stéréotypes du comportement féminin continuent de perdurer dans le subconscient. Beaucoup de femmes essaient de se couler dans le moule, s'exposant ainsi à d'inévitables échecs.

Adam et Ève
En réponse au fait incontournable, même s'il est difficile à admettre, semble-t-il, pour l'homme, que ce dernier est né du corps d'une femme, la Bible proclame que le premier homme fut créé par Dieu, à son image. La première femme (Ève) n'aurait été créée qu'à partir du corps de l'homme (Adam) ; par la suite, elle aurait conduit son compagnon au péché.

LE « CODE FÉMININ DE BONNE CONDUITE »

Toutes les femmes héritent d'idées et de codes de comportement liés à ce qu'une femme est censée être. Ceux-ci, acquis pendant l'enfance et l'adolescence, deviennent partie intégrante de ce qui constitue la femme socialisée. Deux thérapeutes américains, Claudia Bepko et Jo-Ann Krestan, ont défini ce qu'ils ont appelé le «code féminin de bonne conduite ».

Le code de bonne conduite	Maxime	Résultat
Être attirante.	*Une femme ne vaut que ce que vaut son apparence.*	*Renoncer à sa satisfaction intérieure.*
Être une « dame ».	*Une femme honnête sait toujours être maîtresse d'elle-même.*	*Faire preuve d'humilité face aux succès, refuser toute compétition.*
Être altruiste et disponible.	*Une femme honnête vit pour donner.*	*Travailler pour le bien d'autrui et culpabiliser quand on dit non.*
Être portée vers les autres.	*Une femme honnête aime sans compter et sans conditions.*	*Assumer l'entière responsabilité de toutes les relations avec autrui.*
Être efficace sans se plaindre.	*Une femme honnête assume sa tâche sans jamais rechigner.*	*S'accommoder de tout et de tous et s'assigner des objectifs impossibles.*

LE FÉMINISME

On peut faire remonter l'histoire du mouvement féministe à la fin du XVIIIᵉ siècle, avec la publication, en 1791, de la Déclaration des droits de la femme et de la citoyenne, *d'Olympe de Gouges, et, en 1792, de* A Vindication of the Rights of Woman *(Une apologie des droits de la femme) de Mary Wollstonecraft.*

Ces deux ouvrages revendiquaient clairement la fin du « deux poids, deux mesures » entre hommes et femmes. Par la suite, le mouvement revendicatif en faveur d'une modification du statut des femmes prit, en Occident, une ampleur qui culmina à la fin du XIXᵉ et au début du XXᵉ siècle avec, dans de nombreux pays, l'accession des femmes au droit de vote. On assista ensuite, entre les années 1930 et 1950, à une période de régression présentant une image de la mère au foyer qui gomma les avantages acquis par les femmes dans les décennies précédentes. Entre les années 1960 et 1980, cependant, le mouvement féministe reprit un second souffle. Dans les années 1990 eut lieu une nouvelle période de régression. Les féministes actuelles ne sont plus aussi radicales que leurs devancières. Elles préfèrent privilégier l'idée d'un partenariat avec les hommes.

Mary Wollstonecraft

ET CHEZ L'ANIMAL ?

La partie centrale du cerveau est le siège des sentiments et des émotions. La structure de base de cette partie, la plus primitive, est commune à l'être humain et aux autres espèces animales. On pense que l'émotion est nécessaire à la pensée et à l'action, et des recherches récentes suggèrent que la conscience (la capacité à se percevoir comme distinct du reste du monde) est le résultat de l'émotion (« Je sens, donc je suis ») plutôt que de l'intelligence (« Je pense, donc je suis »), comme on l'a longtemps cru. Si l'émotion est considérée comme la force qui pousse un organisme à réagir à une situation donnée, allant jusqu'à menacer l'intégrité même de l'individu, alors de petits animaux comme les oiseaux et les souris, mais aussi l'homme et les grands mammifères, peuvent être considérés comme producteurs d'émotion et donc de conscience. C'est ce que l'on peut trouver dans un travail récent sur les poulets, publié aux États-Unis par Marion Stamp Dawkins. Sa recherche portait sur l'importance que les poulets accordent à telle ou telle chose. Pour cela, elle leur faisait accomplir un certain travail pour obtenir ce qu'ils désiraient. Le professeur Dawkins a alors découvert que ce qui leur importait le plus était un nichoir ou un sol à gratter.

L'INTELLIGENCE FÉMININE

Dans l'éternel débat sur l'inné et l'acquis, la science n'a pas encore tranché ; reste que ce que nous nommons intelligence est un subtil mélange des deux. De même que la personnalité, l'intelligence est le résultat, chez la femme, de l'héritage génétique combiné à la manière dont elle a été élevée et éduquée. Les recherches ont défini sept zones de compétence intellectuelle (à droite), considérées comme relativement indépendantes les unes des autres. L'intelligence ne se cantonne pas au même niveau tout au long de la vie ; elle se développe au fil des efforts pour apprendre et comprendre (durant l'enfance) et avec la stimulation mentale (lorsqu'elle se trouve confrontée à des informations ou des idées inhabituelles), et décroît avec le manque de stimulations et d'activité lié à l'âge. Toutefois, le vieillissement n'implique pas la fermeture aux idées nouvelles, ni nécessairement une dégradation des capacités intellectuelles.

Outre ces évolutions individuelles, des différences existent entre les femmes, certaines étant plus vives et plus sensibles que d'autres.

Les compétences intellectuelles

- *Linguistique : sensibilité à la signification et à l'ordre des mots.*
- *Logique : capacité à gérer des enchaînements de raisonnements et à reconnaître des schémas ordonnés.*
- *Musique : sensibilité au ton, à la mélodie, au rythme et au timbre.*
- *Corps : conscience de son corps ; facilité à le mouvoir avec adresse et à manipuler les objets.*
- *Espace : capacité à percevoir le monde avec précision et à en recréer ou transformer certains aspects.*
- *Sociabilité : capacité à comprendre les gens et les relations sociales.*
- *Vie intérieure : faculté à ressentir ses propres émotions comme moyen de se comprendre et de comprendre les autres.*

HUMOUR ET COMÉDIE

Mae West a incarné une gouaille spécifiquement féminine.

La comédie est un produit de la culture qui consiste à observer les situations, les personnes, leurs comportements et attitudes, d'un point de vue inattendu. Les plaisanteries et la comédie sont également utilisées pour exprimer des idées interdites ou détestables (quand elles sont racistes ou sexistes, par exemple).

Il est plutôt rare que des femmes racontent des histoires drôles devant une large audience, surtout si des hommes sont présents. Pour plaisanter, elles se sentent plus à l'aise entre femmes et en petits groupes – leurs statuts réciproques leur semblant alors plus égalitaires. La culture juive, qui valorise la parole, autorise ces démonstrations.

LA COMMUNICATION

Beaucoup d'anthropologues pensent que le langage a été inventé et élaboré par les femmes ; d'ailleurs, de nombreux mythes existent sur ce sujet dans différentes cultures.

Les êtres humains communiquent de manière différente selon leur sexe. Des études indiquent que les femmes se sentent plus à l'aise dans des petits groupes, où elles peuvent éprouver une relation intime avec les autres personnes présentes. Leur conversation y sera généralement centrée autour des « petits ennuis de l'existence » et des détails domestiques. Des psychologues linguistes, comme l'Américaine Deborah Tanner, définissent ce type de conversation comme « privé » et soulignent qu'il permet aux femmes un niveau plus intime de communication que celui des hommes, tout en entretenant des liens étroits grâce à ce que l'on appelle souvent de manière péjorative le « bavardage ». De leur côté, les hommes préfèrent des auditoires plus importants et utilisent un langage « public », même pour s'adresser à leurs amis – débouchant sur des monologues brillants plutôt que sur une authentique convivialité conversationnelle. Ils utilisent d'ailleurs le langage comme un puissant levier leur permettant d'affirmer ou de renforcer leur statut dominant.

Les deux styles ont leurs aspects positifs et négatifs. Le type « privé » établit un rapport profond et fait sentir à l'interlocutrice qu'elle n'est ni seule ni unique.

Cependant, si rien dans la conversation ne vient renforcer les valeurs communes, l'information partagée pourra être utilisée de manière négative.

Le type « public » établit le respect et favorise une certaine indépendance. Ce type de conversation peut être utilisé pour dominer en évitant à

Maria Montessori a créé la méthode d'éducation – communication et jeu – qui porte son nom.

l'orateur de devenir intime avec ses interlocuteurs. Les commérages sont une conversation de type privé et correspondent à une collecte d'informations avec rapprochement social. Ces commérages proviennent de la fascination des êtres humains pour ce que font et pensent leurs congénères, tout en essayant d'ajuster leur comportement au sein de la société. De manière générale, la vie publique dans les pays occidentaux devient de plus en plus « privée ». L'intérêt pour la vie privée des gens riches et célèbres se reflète dans l'accroissement du nombre des magazines à scandales et l'engouement pour les feuilletons télévisés comme substituts de communautés réelles.

Par-dessus la palissade
Le bavardage permet aux femmes de collecter des informations sur les personnes absentes et de renforcer les liens sociaux. Grâce à cela elles affirment leurs valeurs communes et leur conception du monde. Il convient cependant de distinguer le bavardage, anodin, du commérage, souvent destructeur.

ET CHEZ L'HOMME ?
Les dons oratoires diffèrent beaucoup entre les femmes et les hommes.

Les filles parlent plus tôt que les garçons et font preuve d'une plus grande aisance verbale tout au long de leur vie. Les femmes et les hommes utilisent la conversation de manière très différente. La femme type se concentre plus volontiers sur le pourquoi et utilise le langage comme processus de découverte et comme un pont permettant de resserrer un lien affectif. Par contraste, l'homme moyen préfère se concentrer sur le comment et utilise le langage en vue d'une communication pratique et comme moyen de domination. De nombreuses femmes font remarquer que les hommes ne donnent jamais assez de détails quand ils rapportent des conversations. De leur côté, les hommes trouvent généralement irritant l'intérêt que portent les femmes à chaque petit détail – « qui a dit quoi à qui », par exemple. Pour établir une relation, les femmes utilisent un langage privé détaillé ; détails insignifiants et banalités domestiques véhiculent un méta-message (message additionnel non verbalisé) d'attention et d'affection. Les hommes sont moins doués pour la conversation de type privé ; certains même l'utilisent à peine et peuvent passer complètement à côté d'événements affectifs majeurs.

LA CRÉATIVITÉ

Les femmes sont créatives par nature et ont toujours réussi à s'exprimer, dans l'histoire occidentale, malgré leur éviction des champs artistiques, que les stéréotypes ont désignés comme masculins. Il est pourtant vraisemblable que, poussées par la nécessité, ce sont les femmes qui ont fabriqué les premiers pots et les premiers outils, bien que leur créativité, par la suite, ait souvent été cantonnée au domaine domestique. Alors que certaines femmes excellaient dans bien d'autres domaines, leur œuvre fut souvent attribuée à des hommes ; ainsi Fanny Mendelssohn publia plusieurs de ses compositions musicales sous le nom de son frère, tandis que Mary Ann Evans écrivit sous le pseudonyme de George Eliot, ou encore que Colette écrivit les romans que signait son

Poterie, 2000 avant J.-C.

mari, Willy. Dans de nombreux mythes, la naissance du langage et de l'écriture est attribuée à une femme. Méduse, par exemple, a donné l'alphabet à Hercule, alors que la reine Isis l'a donné aux Égyptiens et que la déesse Kali a inventé l'alphabet sanscrit. Le premier roman connu fut écrit au Japon par Dame Murasaki, en 1004 de notre ère.

Les dons pour la science et pour les découvertes reposent dans une grande mesure sur la créativité. Les premiers guérisseurs étaient des femmes, du fait de leur relation privilégiée avec les enfants et de leur rôle de cueilleuses de plantes. Par la suite et malgré des siècles de persécutions masculines, quelques femmes se sont réalisées, telles Marie Colinet, chirurgienne suisse du XVIᵉ siècle, qui fut pionnière de la CÉSARIENNE, ou la Française Marie Curie, deux fois prix Nobel (de physique et de chimie).

L'art de la courtepointe

D'une utilité indéniable, les courtepointes furent d'authentiques œuvres d'art aussi bien que des témoins historiques et sociaux. Dans l'Amérique du XVIIIᵉ siècle, une jeune fille pouvait confectionner douze courtepointes pour son trousseau ; la treizième étant celle de son mariage. Certains motifs, comme la Défaite des whigs, furent conçus par des femmes pour exprimer leurs revendications politiques. La Marche de l'ivrogne était populaire, au XIXᵉ siècle, chez les membres du Mouvement pour la tempérance. La courtepointe ci-dessus (XIXᵉ siècle) illustre le motif Étoile et jardin-labyrinthe.

Aphra Behn (à gauche)

Aussi connue à son époque que son contemporain William Shakespeare, Aphra Behn écrivit, en 1680, le premier roman en anglais. Auteur de poèmes et d'une vingtaine de pièces de théâtre, elle a également traduit des œuvres françaises. Espionne à ses heures, voyageuse expérimentée, Aphra Behn fut une des premières femmes connues à vivre de sa plume.

Barbara Hepworth (ci-contre)

Cette artiste britannique expliquait que sa sculpture était pour elle une « nécessité biologique ». Elle fut membre de « Unit One », groupe d'artistes les plus abstraits et les plus en vue des années 1930.

LA PERSONNALITÉ

On définit la personnalité comme la somme des émotions, des pensées et des expériences de l'individu. Chaque être humain naît avec un ensemble unique de caractéristiques, mais sa personnalité est ensuite modelée et influencée par l'environnement. Ainsi, la personnalité n'est pas aussi déterminée que beaucoup le croient ; tout être humain a la possibilité, en fonction des événements qu'il rencontre, de transformer sa personnalité.

Tout au long de l'Histoire, la personnalité a intrigué et diverses méthodes ont été employées pour essayer d'en répertorier et classer les différents types. Parmi ces méthodes, notons la PHRÉNOLOGIE, l'astrologie (ci-contre et ci-dessous), la graphologie (analyse de l'écriture) et l'analyse de la stature corporelle (les ENDOMORPHES sont considérés comme des êtres détendus et sociables, les MÉSOMORPHES comme énergiques et autoritaires, les ECTOMORPHES comme introvertis et artistes). L'astrologie, en particulier, a inspiré de nombreuses croyances.

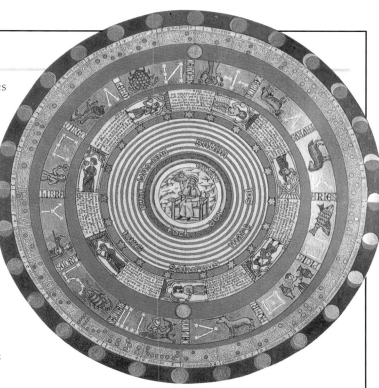

Astrologie occidentale
La première référence connue à l'astrologie remonte à l'époque babylonienne, en 1700 avant J.-C. L'astrologie était alors utilisée pour prédire le sort d'une nation ou de son chef. De nos jours, l'astrologie est généralement employée pour définir la personnalité d'un individu et cerner ses points forts et ses faiblesses. Elle peut également être utilisée pour déterminer les périodes fastes et néfastes de la vie, les compagnons possibles, les stratégies d'action et les développements de carrière.

Le cheval de feu chinois
L'année du cheval de feu, qui revient tous les soixante ans (la dernière était en 1966), est considérée comme néfaste pour les bébés chinois de sexe féminin. La native du signe du cheval de feu est jugée raisonneuse, emportée et dominatrice. Jusqu'au début du XXᵉ siècle, la plupart des filles de ce signe étaient mises à mort dès leur naissance.

LA SPIRITUALITÉ

De tout temps, les femmes ont eu des liens plus étroits que les hommes avec les grands courants mystiques et spirituels, probablement comme conséquence de leur lien privilégié avec les rythmes de vie et de mort – à travers la MENSTRUATION, la grossesse, la parturition et l'amour maternel. Les femmes sont généralement plus religieuses que les hommes et s'impliquent plus volontiers dans les grandes causes, particulièrement celles qui prétendent améliorer la vie de ceux qu'elles aiment.

La commune de Greenham
Dans les années 1980 et 1990, pour obliger le gouvernement britannique à évacuer les têtes nucléaires américaines stationnées sur leur commune, de nombreuses femmes sont venues camper dans des conditions très dures.

LES PHOBIES

La phobie est la peur intense, parfois proche de la panique, d'un objet ou d'une situation particulière. On a répertorié des centaines de phobies différentes, qui affectent aussi bien les hommes que les femmes. Les femmes souffrent plus souvent que les hommes d'arachnophobie (peur des araignées), d'ophiophobie (peur des serpents) et d'agoraphobie (peur des grands espaces). Les phobies spécifiques, telle la peur d'une certaine espèce d'araignée ou de serpent, ou d'une situation donnée (espaces clos, altitude) sont les plus communes. Ces phobies sont classées par familles et semblent être acquises et non innées. Cependant, certains anthropologues pensent que les phobies, étant donné leur large diffusion, font partie intégrante de notre mémoire primitive. L'ophiophobie, par exemple, prend peut-être sa source dans la mémoire de la PÉRIODE AQUATIQUE, cette phobie se caractérisant par le contact « visqueux » des serpents. Pourtant, les serpents terrestres ont la peau sèche, à la différence des serpents aquatiques et des anguilles électriques, effectivement visqueux et beaucoup plus dangereux que les premiers.

On pense que les phobies de situation proviennent d'une angoisse intense éprouvée durant l'enfance.

ET CHEZ L'HOMME ?

De nos jours, la peur du mâle violent et incontrôlable a remplacé la peur de la sorcière. Bien que les hommes risquent plus de mourir assassinés que les femmes (3,2 fois plus), ces dernières risquent plus d'être assassinées par leur partenaire que les hommes (43 % de victimes féminines pour 9 % de victimes masculines). De même, les femmes risquent moins d'être assassinées par des personnes étrangères à la famille (11 % de victimes féminines pour 27 % de victimes masculines). Les femmes forment la majorité des victimes de viol, bien au-delà des chiffres cités. Au Canada, le viol est recensé parmi les agressions sexuelles : 125 de celles-ci pour 100 000 personnes, en 1992.

Australie	13,8
Autriche	5,3
Chili	10,6
Danemark	7,7
Angleterre et pays de Galles	2,7
France	5,2
Allemagne	9,7
Grèce	0,9
Hongrie	6,1
Japon	1,6
Espagne	3,6
Suède	11,9
Suisse	5,8
Venezuela	17,4
États-Unis	35,7

Viols/an pour 100 000 personnes

LA SOCIALISATION DE LA FEMME

Le rôle des femmes dans la société peut être vu en termes de sexe (la femme « par nature ») et de genre (la femme « par culture »). Les rôles sociaux sont modelés par les stéréotypes de comportement attribués, dans nos diverses sociétés, aux jeunes filles et aux femmes. Ces stéréotypes ont une longue histoire, bien qu'ils soient déterminés par des motifs sociaux plutôt que génétiques. Ainsi un comportement soumis, dépendant, doux, coopératif, subjectif, affectueux et influençable est-il considéré comme typiquement féminin alors que l'agressivité, l'indépendance, l'objectivité et l'esprit de compétition sont considérés comme un ensemble de caractéristiques masculines.

Ces visions contrastées se rencontrent dans de nombreuses cultures, bien que la recherche anthropologique ait montré qu'elles ne sont pas universelles. Les études de Margaret Mead sur trois tribus de Nouvelle-Guinée ont mis en évidence une grande diversité des rôles attribués aux femmes et aux hommes. Par exemple, dans la tribu des Arapeshs, hommes et femmes apprennent à s'entraider, à se préoccuper des sentiments de l'autre et à éviter l'agressivité. En revanche, chez les Mundugumors, femmes et hommes sont brutaux, agressifs et semblent dépourvus de sentiments parentaux envers leurs enfants. Chez les Tchambulis, les femmes dominent la tribu ; elles pêchent, commercent et prennent souvent l'initiative en matière sexuelle, tandis que les hommes sont plus passifs, plus émotifs, passant leur temps à faire de la musique, à danser et à peindre.

Les stéréotypes féminins les plus tenaces (la femme vierge, mère ou putain) existent depuis des millénaires. On pense qu'ils ont pour origine le rejet masculin de l'archétype de la Déesse-Mère remontant naturellement aux débuts de l'humanité. La liberté et la voracité sexuelles de la femelle archétypale constituèrent les dogmes fondamentaux des religions de la Déesse-Mère, et les nouvelles religions patriarcales qui prirent le relais cherchèrent à maîtriser ces phénomènes pour assurer la « pureté » de la lignée et protéger ainsi la propriété.

À l'époque de Jésus, par exemple, il était considéré comme un péché pour une femme d'avoir une activité sexuelle hors mariage ou d'y prendre plaisir, même dans le cadre du mariage. L'acte sexuel devait uniquement servir à la procréation. Cette situation se cristallisa plus encore avec le mythe de l'Immaculée Conception, qui prétendait que Marie, mère de Jésus, avait conçu son fils sans rapport sexuel préalable.

La Belle au bois dormant
De nombreux contes de fées développent le thème de la bonne jeune fille (jeune, virginale, belle) attendant son prince charmant (fort, viril, courageux, beau).

Les sorcières
Au cours de l'histoire, les femmes condamnées comme sorcières furent généralement accusées d'errer dans une obscurité spirituelle et intellectuelle ; en réalité, ces persécutions visaient à neutraliser le pouvoir de guérir des femmes, supposé ou réel, qui menaçait les hommes.

DES FEMMES REMARQUABLES

L'image des femmes dans la publicité et les médias est souvent caricaturale ; elles sont surtout représentées comme des symboles sexuels, des ménagères ou des mères. Dans certains journaux les femmes ne sont présentées qu'en fonction de critères stéréotypés ; les femmes ayant réussi y sont présentées de manière frivole tandis que celles qui s'engagent dans des combats « non féminins » sont systématiquement dénigrées. Il n'est pas très souvent rendu justice aux nombreuses femmes remarquables qui ont influencé le cours de l'Histoire.

Dans tous les domaines, des femmes se sont illustrées, même si la reconnaissance officielle ne leur a pas toujours été acquise. Une femme pourtant fut inhumée au Panthéon, en France, Sophie Berthelot morte en 1944 le même jour que son mari Félix Éboué.

Cléopâtre
Renommée pour sa beauté et considérée comme un symbole de l'amour, elle fut une politicienne avisée.

Amy Johnson
Première femme à piloter et à obtenir le diplôme du British Ground Engineer, en 1930, elle fut la première aviatrice à faire le tour du monde en solitaire et à franchir l'Atlantique d'est en ouest.

Emmeline Pankhurst
Grande figure britannique du Mouvement des femmes pour le droit de vote, elle fut une dirigeante charismatique qui risqua sa vie pour la cause.

Joséphine Baker
Dans les années 1930, cette danseuse noire américaine fit évoluer le comportement raciste des Français.

Marie Stopes
Elle œuvra sans relâche pour que les femmes soient maîtresses de leur corps et de leurs maternités.

Anne Frank
Le célébrissime journal d'Anne Frank (à gauche) est le poignant récit des épisodes de sa si courte mais si courageuse existence.

Dian Fossey (à droite)
Son travail sur les gorilles de montagne, espèce en danger, a retenu l'attention du monde entier. Son assassinat en 1985 fut perpétré par des braconniers.

LA FEMME, MAÎTRESSE ET ÉPOUSE

En Occident, le mythe de l'amour romantique considéré comme l'accomplissement parfait est particulièrement tenace : chaque année, des milliers de célibataires contactent des agences matrimoniales à la recherche du partenaire idéal. Dans de nombreuses sociétés, une personne célibataire (et en particulier une femme) est souvent considérée comme hors norme. Cependant, le baromètre des mariages réussis est à la baisse, puisqu'une proportion croissante d'unions se terminent par un divorce (voir ci-dessous). L'illusion d'une adéquation entre mariage et amour a progressé en Occident tout au long du XXᵉ siècle, le mari et l'épouse devant finalement trouver chez l'autre à la fois un amant, un ami, un confident et un soutien. Mais cela semble incompatible avec l'envie de voir durer l'élan passionnel du coup de foudre. Les partenaires d'un mariage réussi ont en commun la capacité à exprimer leurs émotions et à écouter l'autre, celle de conserver un équilibre entre intimité et « territoire » personnel, un fort attachement à la relation commune, et enfin la capacité à s'adapter aux évolutions extérieures et mutuelles.

Dans le monde occidental actuel, on considère qu'une famille normale est nucléaire. Le mythe du mari, seul à subvenir aux besoins matériels, avec une épouse qui reste à la maison et élève ses deux enfants est fréquemment évoqué par les médias. La réalité est autre, puisqu'une famille sur trois seulement est véritablement nucléaire. La plupart des femmes travaillent à l'extérieur, 13,2 % des familles sont monoparentales (généralement la mère). Dans d'autres cas, plus de deux générations vivent sous le même toit, les enfants ne sont pas les rejetons biologiques de l'un ou l'autre des parents, les couples sont du même sexe ou le foyer est constitué de personnes sans relations familiales mais vivant ensemble.

Cette nouvelle combinatoire a modifié en profondeur la notion de famille, où chacun est amené à tisser des liens privilégiés avec les membres de la famille recomposée.

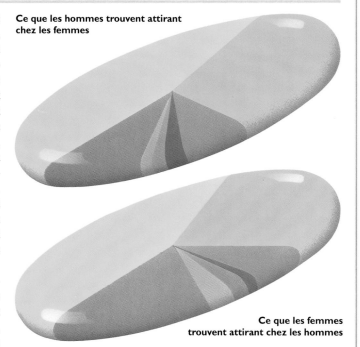

Ce que les hommes trouvent attirant chez les femmes

Ce que les femmes trouvent attirant chez les hommes

- Personnalité
- Physique
- Sensualité
- Fortune
- Statut social
- Humour
- Chaleur humaine

L'attirance

Les réponses ci-dessus mettent en évidence les différences majeures de perception. Les hommes attachent plus d'importance à l'apparence physique que les femmes, soulignant à quel point les médias occidentaux « vendent » le physique des femmes. La chaleur humaine, par ailleurs, est plus appréciée par les femmes que par les hommes, ce qui montre que les femmes recherchent plus les relations durables.

L'ADULTÈRE

Un sondage récent indique que, pendant leur premier mariage, 66 % des femmes et 68 % des hommes ont déclaré avoir eu au moins une aventure extraconjugale. L'étude donnait la liste d'un certain nombre de raisons pour justifier une telle aventure ; les participants devaient choisir cinq raisons et les placer par ordre d'importance. Elles étaient généralement identiques pour les hommes et pour les femmes.

Femmes

1 Je me suis sentie poussée par mes émotions.

2 Mon époux et moi avions pris de la distance.

3 À l'époque, mes besoins sexuels n'étaient pas satisfaits.

4 Ma vie me semblait vide.

5 La vie est faite pour être vécue.

Hommes

1 En faisant attention, cette aventure ne risquait pas de mettre mon mariage en péril.

2 J'étais curieux de savoir comment ce serait avec quelqu'un d'autre.

3 La vie est faite pour être vécue.

4 À l'époque, mes besoins sexuels n'étaient pas satisfaits.

5 Je me suis senti poussé par mes émotions.

LE DIVORCE

Alors que, chez les femmes occidentales, le désir de se marier a augmenté, le nombre des divorces a progressé et celui des mariages a chuté. En 1991, au Canada, on a enregistré 172 251 mariages et 77 000 divorces ; près de un mariage sur deux se termine par un divorce. Toujours au Canada, 61 % des divorces sont demandées par les femmes. Le manque de communication et d'intimité est la raison le plus couramment avancée par les femmes de divorcer, sans oublier que le travail féminin a bousculé le schéma de la femme au foyer.

Les raisons sous-jacentes du divorce semblent être le conflit entre les rôles et les aspirations reconnus par la société, et les aspirations personnelles et profondes des femmes et des hommes. L'augmentation notable des divorces dans le monde occidental a eu pour résultat un accroissement des familles monoparentales et des familles où les enfants vivent avec un beau-père ou une belle-mère.

LA MÈRE

La maternité est l'élément central de l'histoire et du développement de l'humanité. Le lien entre la mère et le jeune enfant est la premiere relation forte et durable d'où jaillissent toutes les autres. Le germe de l'organisation sociale est représenté par la femme, ses enfants et les enfants de ses enfants. La collecte de la nourriture et son partage avec l'enfant ont conduit à la coopération et à la socialisation tribales, comme on le remarque encore chez de nombreux primates. Les hommes étaient, à l'origine, les protecteurs de la tribu. Les recherches indiquent par ailleurs que la femme, particulièrement dans son statut maternel, joua un rôle primordial dans l'émergence des religions des déesses. Le culte de la Déesse-Mère – apparu, semble-t-il, il y a environ 25 000 ans – a sa racine dans le « miracle » de la naissance. Celle-ci était alors perçue comme un phénomène exclusivement féminin, les primitifs n'imaginant pas que la grossesse puisse être une conséquence directe des rapports sexuels. Dès lors, la Déesse-Mère était toute-puissante, sexuellement insatiable, et elle inspirait une crainte panique. Elle était source de toute vie, créatrice du monde lui-même. Elle était la « bonne mère » donnant la vie et la « mauvaise mère » punissant ses enfants. De tels mythes influencent encore notre société. L'un des plus tenaces est celui de la « bonne mère » qui reste à la maison pour élever ses enfants pendant que son partenaire travaille à l'extérieur. Les mères qui travaillent sont souvent encore considérées comme « mauvaises », de même que les MÈRES CÉLIBATAIRES ET SEULES.

Déesse-Mère
Ses formes généreuses reflètent son lien avec la maternité.

Vierge-Mère
Le mythe de Marie, mère du Christ, propose un modèle impossible, spécialement pour les femmes catholiques. Non seulement elle a elle-même été conçue « sans péché », contrairement au reste de la race humaine, mais, de plus, elle a enfanté Jésus sans avoir eu de rapport sexuel. Le tableau ci-dessus montre une relation tendre et rarement représentée de Marie et de l'Enfant Jésus.

BELLES-MÈRES

Entre le mythe de la méchante marâtre, qui figure de manière prédominante dans d'innombrables contes de fées, comme *Blanche-Neige*, et celui de la marâtre qui se sacrifie, comme Maria dans la *Mélodie du bonheur*, se trouve la véritable belle-mère, en chair et en os. Les problèmes qui se posent à elle sont légion. Parmi eux, le fantôme, mort ou vif, de la véritable mère ; le fait que ses seuls modèles soient mythiques et donc impossibles à imiter ; les beaux-enfants eux-mêmes, souvent bousculés par les événements, restent sur la défensive en raison du deuil, pas encore accepté. L'attente, des deux côtés, est donc exigeante ; en outre, dans la plupart des pays, la loi reste généralement obscure en ce qui concerne les responsabilités d'un beau-parent (le lien est-il établi ad vitam ou s'interrompt-il en cas de divorce ?). En dépit de ces écueils, certaines belles-mères ont de très bonnes relations avec leurs beaux-enfants, même si des tensions persistent au fil des années. La réussite d'une telle entreprise est fortement liée à un comportement coopératif des adultes.

La méchante belle-mère
Une des caractéristiques des contes de fées, tels que Blanche-Neige, est le mythe éternel de la belle-mère méchante, cruelle et orgueilleuse.

MÈRES SEULES

On a souvent accusé les mères célibataires et celles qui élèvent seules leurs enfants d'être la cause du déclin de la famille. En fait, si les garçons élevés par leur mère semblent être plus exposés à la délinquance, il faut plutôt voir là la conséquence de la pauvreté de la plupart de ces foyers plutôt que le résultat d'un maternage inadéquat, sauf dans le cas où la mère est une adolescente. Si le père est défaillant ou absent et qu'aucune pression sociale ne pèse sur lui pour qu'il exerce son rôle de père, il y a de fortes chances pour qu'à son tour, son fils ait du mal à devenir un être responsable.

ET CHEZ L'HOMME ?

Habituellement, les femmes ont des horaires plus lourds que les hommes, du fait qu'en plus d'un emploi rémunéré, elles doivent assurer les travaux domestiques.
Cette double responsabilité perdure puisque les femmes incarnent toujours le mythe tenace de la maîtresse de maison. Le foyer fonctionne sans effort apparent et s'en occuper n'est pas considéré comme un véritable travail.

◆

On a calculé qu'environ 90 % des emplois créés d'ici à la première décennie du XXIᵉ siècle seront tenus par des femmes.

◆

Depuis que l'on tient des registres de salaires, les femmes ont été payées environ 30 % de moins que les hommes pour accomplir le même travail.

Allemagne	73
Australie	78,2
Birmanie	88,8
Corée	45,1
France	78,1
Japon	43,1
Kenya	75,8
Canada	71,8
Royaume-Uni	68,8
Salvador	85,9
Suède	90,3
États-Unis	57,2

Salaires féminins (en %) comparés à ceux des hommes

LA FEMME ET LE TRAVAIL

L'idée de la femme qui travaille n'est pas récente, bien que le travail des femmes ait été régulièrement sous-estimé, que ce soit par elles-mêmes ou par les hommes. Tout au long de l'Histoire, les femmes, qui donnent le jour aux enfants et les élèvent, travail déjà considérable et primordial, ont récolté la nourriture (dans les sociétés de chasseurs-cueilleurs traditionnelles, 80 à 90 % des besoins alimentaires de la tribu sont assurés par les femmes). De plus, elles ont cultivé les champs, pris soin des animaux, lavé le linge, fait la cuisine, nettoyé le logis, soigné les malades et les mourants, fait la toilette des morts, tanné, filé et tissé les vêtements qu'elles fabriquaient. À

L'astronaute américaine Sally Ride

l'époque romaine, les femmes étaient médecins, sages-femmes et bibliothécaires ; chez les Grecs, elles étaient musiciennes, enseignantes et philosophes (Pythagore fut instruit par l'une d'elles, Aristocléa, et en épousa une autre, Théano ; Socrate reçut l'enseignement de deux d'entre elles, Diotime et la première dame d'Athènes, Aspasie). Dans l'Égypte ancienne, les constructeurs des pyramides étaient aussi bien des femmes que des hommes, de même que les terrassiers des canaux en Birmanie. On a souvent décrit des femmes inuites, kurdes et chinoises portant des charges pouvant atteindre 150 kg. Dans l'Europe médiévale, les veuves reprenaient souvent la profession de leur mari (gantière, parfumeuse, orfèvre, mais aussi forgeronne, tailleur, charretière ou tonnelière) en dépit de l'opposition des puissantes guildes masculines. En Afrique, les marchés sont traditionnellement contrôlés par un conseil de femmes.

Dans le monde occidental moderne, les femmes ont souvent des emplois peu ou pas spécialisés mais essentiels à la communauté, comme éducatrice en garderie, femme de ménage ou secrétaire. Pendant la seconde moitié du XXᵉ siècle, de plus en plus nombreuses, elles ont investi les secteurs professionnels spécialisés. Beaucoup choisissent encore des professions « maternantes » – infirmière, par exemple –, traditionnellement considérées comme du ressort des femmes. Beaucoup d'autres exercent des professions dites masculines, que ce soit dans la haute finance ou sur les champs de courses. Le monde politique, réputé misogyne, ne fait pas exception.

Coolie chinois
Dans les zones rurales de Chine, le transport des récoltes et des marchandises incombe parfois exclusivement aux femmes. Elles se chargent également d'autres travaux manuels pénibles.

Femmes soldats
Le métier des armes a été toujours considéré comme une prérogative masculine. Cependant les femmes y ont souvent eu leur part, depuis la reine britannique Boudicca jusqu'aux femmes-soldats durant la guerre du Golfe.

LA FEMME DIRIGEANTE

Les femmes ont toujours eu un rôle majeur dans le monde domestique – durant des millénaires, la mère de famille a été responsable de l'organisation de tous les aspects de la vie du foyer. La plupart du temps, l'influence de la femme n'apparaissait jamais au grand jour – elle restait toujours en quelque sorte l'éminence grise. On connaît, bien sûr, des exceptions, femmes généralement remarquables et d'une grande personnalité, telles que Catherine de Médicis, Catherine II de Russie ou la reine Victoria. Dans la seconde moitié du xxᵉ siècle, le Sri Lanka, l'Inde, le Pakistan, la France et le Royaume-Uni ont tous eu des femmes Premier ministre : Sirimavo Bandaranaike, Indira Gandhi, Benazir Bhutto, Édith Cresson et Margaret Thatcher. Cette dernière est restée en place durant trois mandats – seul Premier ministre de l'histoire parlementaire britannique à y être parvenu.

D'autres furent de véritables « femmes de tête » au sens intellectuel du terme. Certaines ont défendu l'égalité des droits, comme Flora Tristan, ou la paix, comme Mairead Corrigan et Betty Williams en Irlande du Nord (elles ont reçu ensemble le prix Nobel de la paix en 1976). D'autres encore ont ouvert de nouvelles voies à la science, comme Marie Curie, Dorothy Hodgkin et Evelyn Fox Keller (prix Nobel scientifiques) ; Françoise Dolto, pédiatre, a modifié le comportement des parents avec leurs enfants. Dans le domaine des arts, citons Camille Claudel, qui a marqué la sculpture de son temps dans une discipline éminemment masculine. Plus récemment, la célèbre artiste Niki de Saint-Phalle, les photographes Lee Miller et Annie Liebovitz, la couturière Coco Chanel et la chorégraphe Martha Graham. Par ailleurs, nombre d'entreprises, et pas des moindres, ont des femmes à leur tête.

La reine Victoria
Montée sur le trône britannique à 18 ans, la reine Victoria (ci-contre) s'est rapidement imposée en s'occupant résolument des affaires de l'État.

Helena Rubinstein
Helena Rubinstein, femme remarquable, énergique et visionnaire, a fondé sa célèbre entreprise de cosmétiques en Australie ; par la suite, elle fut une pionnière des méthodes modernes de commercialisation.

Marie Curie
Ses travaux sur le radium lui ont valu deux prix Nobel (1903 et 1911).

ET CHEZ L'ANIMAL ?

Comme chez les hommes, les rôles sexuels sont fonction, en plus de l'instinct, des groupes et des intérêts chez les animaux.

Une ruche est composée de nombreuses ouvrières, de quelques mâles et d'une seule mère. Hormis les quelques mâles, toute la colonie est femelle. Toutes les abeilles d'une ruche forment une seule et unique entité.

Les lionnes effectuent la majeure partie de la chasse pour toute la troupe. Les mâles ne participent qu'occasionnellement à la poursuite.

Bien que l'étalon semble être le seul chef d'un troupeau de chevaux, il travaille en fait « en tandem » avec la jument dominante (généralement la plus âgée). C'est elle, par exemple, qui décide du départ vers d'autres pâturages et qui ouvre la route. L'étalon, à l'arrière, pousse le gros du troupeau. Même en l'absence d'un étalon, la jument dominante maintiendra l'unité du troupeau.

LA THÉORIE AQUATIQUE

Sir Alister Hardy, dans un article du New Scientist *paru en 1960, formula une théorie révolutionnaire de l'évolution. Cet article passa relativement inaperçu jusqu'à ce qu'Elaine Morgan, journaliste britannique, développe la théorie aquatique dans ses livres* The Aquatic Ape *(le Primate aquatique) et* The Descent of Woman *(les Origines de la femme). Premièrement, les ancêtres simiens de l'être humain ont évolué au cours d'une période de 12 millions d'années passée au bord de la mer et dans la mer, pendant la grande sécheresse du pliocène qui débuta il y a 20 millions d'années. Deuxièmement, la femelle et ses petits ont joué un rôle fondamental dans cette transition.*

Nos tout premiers ancêtres étaient des individus aux mensurations très modestes. Il s'agissait de petits primates africains frugivores, contraints de quitter une jungle qui dépérissait. Quelques-uns, heureux élus, arrivèrent près d'un rivage. Ils y vécurent et y cherchèrent leur nourriture, entrant parfois dans l'eau pour l'y trouver, se rafraîchir ou échapper à leurs prédateurs. Les primates peuvent se tenir debout si nécessaire (des femelles avec leurs petits, par exemple) ; cette caractéristique aurait finalement évolué en station verticale permanente. La théorie aquatique explique de nombreuses caractéristiques exclusivement « humaines », comme les larmes, la peau dépourvue de poils, une couche de graisse sous-cutanée, le mode de déplacement bipède, la manipulation d'outils, le VAGIN *ventral, l'*HYMEN *et la parole. Nombre de ces caractères ne sont uniques qu'en comparaison avec les autres mammifères terrestres.*

LA FEMME INTELLECTUELLE

Christine de Pisan fut une des premières intellectuelles. Cette Française du XVᵉ siècle était une érudite, versée aussi bien dans la philosophie que dans la poésie, l'histoire ou la biologie. Célébrée par les rois, elle eut une immense renommée. Au XXᵉ siècle, la première Italienne à obtenir un doctorat fut Maria Montessori. Son influence sur l'éducation moderne fut déterminante. D'autres intellectuelles ont également considérablement modifié notre perception du monde. L'anthropologue américaine Margaret Mead s'intéressa particulièrement à l'interaction sociale et étudia diverses cultures à travers le monde. Dans les années 1970, Elaine Morgan développa la révolutionnaire THÉORIE AQUATIQUE de l'évolution (à gauche). Des écrivains comme Colette, Simone de Beauvoir, Françoise Sagan, Marguerite Yourcenar et Margaret Atwood ont eu une influence considérable sur le rôle de la femme dans notre société. Les féministes, par leur action tout au long du siècle, ont contribué à faire avancer les droits de la femme et à modifier son image.

Christine de Pisan
Inlassablement, elle s'est battue pour le droit des femmes à l'éducation.

Une intellectuelle du XXᵉ siècle
Le Deuxième Sexe, de Simone de Beauvoir, qui défendait l'émancipation des femmes, fit l'effet d'une bombe.

LES FEMMES DANS LE MONDE

Dans le monde entier, le statut des femmes diffère selon les traditions et les coutumes locales, les croyances religieuses et l'économie. Dans de nombreux pays, en particulier en Occident, la femme peut espérer être traitée comme l'égale de l'homme. Malgré de nombreuses entorses et imperfections, le débat est ouvert. Dans d'autres pays, comme l'Afghanistan et beaucoup de pays du Moyen-Orient et d'Afrique, la vie publique des femmes est très contraignante. La situation peut également varier à l'intérieur d'un même pays. Aux États-Unis, par exemple, les lois sur l'avortement varient d'un état à l'autre. En Chine, des pressions officielles sont exercées sur la femme qui a déjà eu un enfant pour qu'elle interrompe la grossesse suivante (les avortements peuvent s'y pratiquer jusqu'à proximité du terme), puis se fasse stériliser. Des privilèges pour les familles n'ayant qu'un seul enfant renforcent ces mesures. Cette politique a remporté plus de succès dans la Chine urbaine, où le manque d'espace n'encourage pas les familles nombreuses, que dans la Chine rurale, où les femmes sont moins soumises aux diverses pressions politiques et communautaires. D'une manière générale, actuellement, la population réclame le droit à la naissance d'un second enfant.

LE SAVIEZ-VOUS ?

L'année d'obtention du droit de vote éclaire l'attitude d'un pays donné envers ses femmes.
Nouvelle-Zélande -1893
Autriche et Australie -1901
Finlande -1906
Norvège -1913
Russie -1917
Royaume-Uni et Canada -1918
Allemagne -1919
États-Unis -1920
Japon -1945
France -1946
Chine -1947
Grèce -1952
Suisse -1971
Irak -1979

LA
SEXUALITÉ

LA SEXUALITÉ

Le plaisir sexuel

Dans ce domaine, la capacité d'une femme à éprouver du plaisir augmente jusqu'à la trentaine, puis se stabilise pendant les trente ou quarante années suivantes.

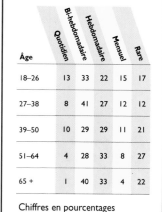

La femme amoureuse est passionnée…

et tendre.

Fesses et intérieur des cuisses…

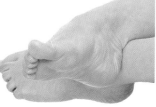

pieds et…

seins sont des zones de plaisir,

…de même que les lèvres.

La sensualité fait partie intégrante de la sexualité féminine.

La sexualité féminine peut se satisfaire du plaisir solitaire.

REPRÉSENTATIONS ÉROTIQUES

Tout au long de l'histoire, l'être humain a produit des représentations de l'acte sexuel. Certaines sont très simples, comme les couples enlacés des cavernes de l'âge de pierre (l'une d'entre elles montre un sexe d'homme érigé à l'intérieur d'une sorte d'étui, première représentation connue d'une sorte de préservatif). D'autres cultures ont privilégié les peintures érotiques, comme celles des « livres d'oreiller » japonais et le *Kama-sutra* indien, un traité de l'art d'aimer. Les très anciennes cultures africaines et amérindiennes ont sculpté des statuettes érotiques en métal, en poterie, en os ou en bois, dont certaines étaient des objets usuels.

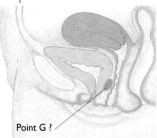

Imagerie sexuelle
Toutes les cultures ont produit des représentations érotiques. Les artistes indiens et persans se sont spécialisés dans des peintures hautes en couleur, comme la gravure ci-contre. Les Achantis du Ghana ont créé des statuettes stylisées ; celle montrée ci-dessus est en bronze et servait à peser l'or.

ANATOMIE

Les organes génitaux d'une femme comportent une surface importante de tissu sexuellement excitable. Ce système est, semble-t-il, aussi étendu et sensible que celui de l'homme avec lequel il comporte de grandes similitudes physiologiques. Lorsqu'il est stimulé, tout un réseau bulbeux de nerfs, de veines et d'artères se gonflent de sang et le clitoris entre en érection.

L'ignorance des origines de l'orgasme féminin, résultat d'une stimulation du clitoris également ressentie dans le vagin, est en partie due au fait que le clitoris est la seule partie visible de tout le système génital interne.

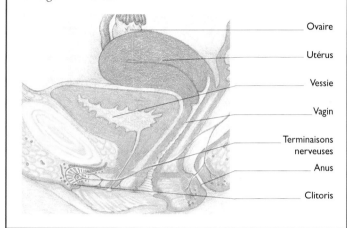

- Ovaire
- Utérus
- Vessie
- Vagin
- Terminaisons nerveuses
- Anus
- Clitoris

LE POINT G

Tirant son nom de celui du Dr Ernst Grafenburg, obstétricien et gynécologue allemand, le point G est une zone qui, chez certaines femmes, produit une excitation et un orgasme intenses lorsqu'il est stimulé. En dépit du fait que les scientifiques n'ont pas réussi à localiser ce point G, certains pensent qu'il s'agirait du vestige embryonnaire de la prostate...

Point G ?

Un vestige embryonnaire
La paroi antérieure du vagin, localisation supposée du point G, répond à une stimulation profonde.

LES ZONES ÉROGÈNES

Chaque partie du corps réagit aux attouchements, aux caresses et aux baisers ; mais sur certaines zones les sensations sont plus intenses et déclenchent un désir sexuel plus vif. Ce sont les zones érogènes. La plupart des femmes aiment qu'on s'y attarde et qu'on les caresse du bout des doigts ou des lèvres.

Agréables	Très agréables	Délicieuses
• Racine des cheveux	• Bouche et lèvres	• Seins
• Front	• Lobes	• Mamelons
• Tempes	• Cou et nuque	• Vulve
• Sourcils	• Aisselles	• Clitoris
• Paupières	• Abdomen	• Fesses
• Joues	• Nombril	• Intérieur des cuisses
• Bras	• Dos	
• Mains	• Orteils	

LES PRÉLIMINAIRES

Le vagin se lubrifie naturellement au bout de quelques instants de caresses précises mais, pour être complètement excitées et prêtes au rapport sexuel, certaines femmes ont besoin d'une plus grande stimulation. Les préliminaires peuvent également être appréciés pour eux-mêmes. Les massages, les baisers, les caresses, la MASTURBATION et la SEXUA-LITÉ ORALE augmentent l'excitation et stimulent le désir ; des ustensiles peuvent avoir les mêmes effets.

Certaines femmes aiment utiliser des objets à connotation sexuelle. Elles sont par ailleurs plus nombreuses à préférer la lecture d'un texte à la projection d'un film érotique.

Les hommes apprécient également les préliminaires, qui sont même pour certains indispensables pour arriver à l'érection, en tant que pure expression de la volupté. Le corps entier peut participer à caresser et à stimuler le désir du partenaire.

Huiles de massage

Instrument
de massage en bois

Le baiser
Agréables sur toutes les parties du corps, les baisers peuvent être tendres, exploratoires, agressifs, passionnés ou sensuels. Les lèvres peuvent être ouvertes ou fermées. La progression des baisers vers le bas du corps est extrêmement excitante.

Les caresses
Toucher, effleurer, palper, caresser et embrasser le corps d'une femme favorise l'apparition d'une vive excitation et prépare au rapport sexuel. Caresser ses cheveux, respirer doucement dans son oreille et masser doucement diverses parties de son corps la feront vibrer tout entière. La présence de vêtements, partielle ou complète, peut selon les goûts renforcer l'excitation.

Le partenaire peut couvrir tout le corps de baisers.

Le massage
Pressions et massages sur tout le corps aideront une femme à éprouver un vif désir sexuel, surtout s'ils sont appliqués aux zones érogènes. Des huiles de massage parfumées (ci-dessus) peuvent être utilisées pour détendre ou exciter. Leur fragrance embaumera l'air et augmentera la sensation d'intimité. Rouleaux de massage (ci-dessus), plumes et tissus de soie ou de velours seront bienvenus pour faire varier les sensations.

LA MASTURBATION

La plupart des femmes occidentales découvrent la sexualité par la MASTURBATION entre 12 et 16 ans. La poussée d'hormones pendant l'adolescence encourage les jeunes filles à explorer leur corps en pratiquant des expériences de ce type. La zone génitale dans son ensemble est extrêmement sensible au toucher et l'orgasme est atteint par simple frottement du PUBIS, de la VULVE et du CLITORIS. D'autres techniques existent – frottement contre des objets durs ou contraction volontaire des muscles du périnée.

Autostimulation
Pour atteindre l'orgasme, une femme procédera par mouvements circulaires et vibratoires et par pressions diverses sur son pubis et à l'intérieur de son vagin. La masturbation permet à 70 % des femmes d'atteindre l'orgasme, alors que seulement 30 % d'entre elles y parviennent lors des rapports sexuels.

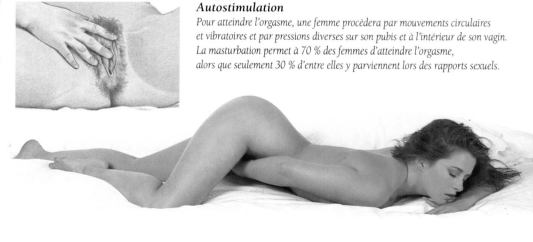

Les vibromasseurs
Ce sont les accessoires à connotation sexuelle les plus répandus ; leur taille et leur forme sont extrêmement variées.

Vibromasseur tubulaire

LA SEXUALITÉ ORALE

Pratiquer le cunnilingus consiste à lécher et à sucer le clitoris et la vulve de sa partenaire. Les femmes ont souvent besoin d'une stimulation clitoridienne directe pour atteindre l'orgasme ; la langue, plus douce et plus flexible que les doigts, permet de caresser le clitoris et l'intérieur du vagin. De leur côté, certaines femmes aiment pratiquer la fellation ; à l'aide de la langue et des lèvres, la femme enserrera et sucera le pénis de son partenaire, l'amenant ainsi jusqu'à l'orgasme. Pendant les actes sexuels oraux, les partenaires doivent prendre grand soin de ne pas blesser les délicats tissus génitaux.

Le cunnilingus
L'homme caressera vers le haut par-dessous le clitoris.

ET CHEZ L'HOMME ?

Une légende sexuelle moderne prétend que la femme ne peut être parfaitement excitée qu'après de longs préliminaires alors que les hommes n'en auraient pas besoin et seraient « toujours prêts ». La vérité est toute autre. Certaines femmes ont en effet besoin de longs préliminaires pour atteindre l'orgasme, alors que d'autres sont excitables très facilement. Quant aux hommes, si certains, sont peut-être « toujours prêts », la plupart ont également besoin de préliminaires plus ou moins longs et élaborés pour atteindre l'orgasme.

LES EFFETS DE LA STIMULATION SEXUELLE

La lubrification vaginale est la première réaction de la femme à toute stimulation sexuelle. Elle peut intervenir après 10 à 30 secondes d'excitation, mais également prendre beaucoup plus longtemps, selon chaque individu et chaque situation. Si la stimulation se poursuit, des changements interviennent dans tout son corps, et en particulier dans la zone génitale. L'apport sanguin important dans la région pelvienne entraînera les changements les plus importants.

Les modifications du sexe

• *Le fond du vagin se dilate.*
• *La lubrification s'accentue.*
• *La couleur de la vulve et du vagin fonce.*
• *L'utérus se redresse.*
• *Petites lèvres et grandes lèvres s'ouvrent.*
• *Le clitoris entre en érection.*

Changements dans le corps

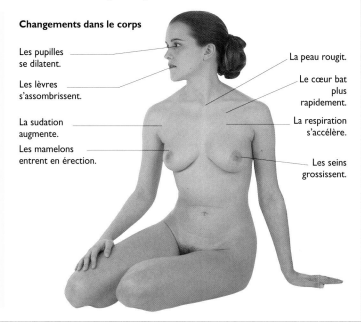

Les pupilles se dilatent.
Les lèvres s'assombrissent.
La sudation augmente.
Les mamelons entrent en érection.
La peau rougit.
Le cœur bat plus rapidement.
La respiration s'accélère.
Les seins grossissent.

SEXUALITÉ ANALE

Un récent sondage effectué aux États-Unis a révélé que 43 % des femmes interrogées avaient eu des rapports sexuels anaux, dont 19 % occasionnellement et 2 % souvent. 40 % d'entre elles dirent les avoir appréciés, alors que la majorité déclarait ne pas y avoir éprouvé de plaisir ou y avoir été indifférente. Bien que la sexualité anale soit considérée comme moyen de CONTRACEPTION, les femmes interrogées déclarèrent ne pas la pratiquer dans ce but. La pénétration n'est généralement pas très profonde et la femme peut y aider en détendant son SPHINCTER anal et en adoptant une position où l'homme la prendra par derrière. Le pénis devra toujours être parfaitement lubrifié. La sexualité anale est un facteur de transmission du SIDA ; des mycoses, peuvent également se transmettre par cette pratique sexuelle.

FANTASMES SEXUELS

La plupart des femmes – plus de 70 % – cultivent des fantasmes pour rendre leur vie sexuelle plus attrayante. Souvent, ces fantasmes féminins concernent un partenaire inconnu ou inhabituel et invoquent des pratiques sexuelles non employées jusqu' alors. Elles font appel à un scénario ou à une image mentale.

ET CHEZ L'HOMME ?

Les femmes, en moyenne, semblent avoir des fantasmes sexuels différents de ceux des hommes.
Lorsqu'ils fantasment, la plupart des hommes se focalisent exclusivement sur l'acte sexuel proprement dit, alors que les femmes préfèrent scénariser leur sexualité – une plage tropicale ou un boudoir luxueux, par exemple. Les femmes développent plus souvent le fantasme du viol.

L'HOMOSEXUALITÉ FÉMININE

On ne connaît pas précisément la proportion des femmes homosexuelles mais, dans son fameux rapport, Kinsey a estimé que 12 à 13 % des femmes américaines avaient ressenti un orgasme au cours d'une relation sexuelle avec une autre femme. Pourtant, dans le monde entier, il n'y a guère, estime-t-on, plus de 2 à 5 % de femmes exclusivement homosexuelles.

Les techniques sexuelles employées par les femmes entre elles comprennent les baisers, les caresses, la SEXUALITÉ ORALE et la stimulation manuelle du clitoris. Il semble que peu d'entre elles utilisent l'introduction d'objets phalliques dans le vagin pendant l'acte sexuel.

Les homosexuelles proclament que l'amour physique entre deux femmes est de loin plus satisfaisant qu'avec un homme du fait qu'une homosexuelle s'efforcera d'assurer à sa partenaire un orgasme à la mesure de celui qu'elle souhaite elle-même ressentir. La plupart des homosexuelles ont eu au moins une expérience hétérosexuelle.

LE TRIBADISME

Il est pratiqué par les homosexuelles : les deux femmes s'allongent ; l'une d'elles frotte son PUBIS sur celui de sa partenaire.

EXERCICES POUR AUGMENTER LE PLAISIR

D'après la philosophie taoïste, il existe des exercices qui permettent d'équilibrer les hormones féminines, de développer l'énergie sexuelle et d'aider les femmes à paraître plus belles. Ces exercices quotidiens comprennent des massages des seins et la contraction des muscles du vagin.

La pression vaginale (à droite)
Placer le talon contre le vagin (on peut interposer une petite balle entre le pied et le vagin). En exerçant une pression à partir du talon ou de la balle, on stimule et libère les sensations sexuelles.

Le massage des seins (ci-dessous)
Masser les seins lentement, de 36 à 360 fois, matin et soir. Caresser le sein droit dans le sens contraire des aiguilles d'une montre et le sein gauche dans le sens inverse.

La circulation de l'énergie (à droite)
Masser l'un des seins d'une main, utiliser l'autre main pour presser le vagin, tout en contractant les muscles du vagin et de l'anus. Tenir aussi longtemps que possible, puis se détendre. Répéter 20 fois.

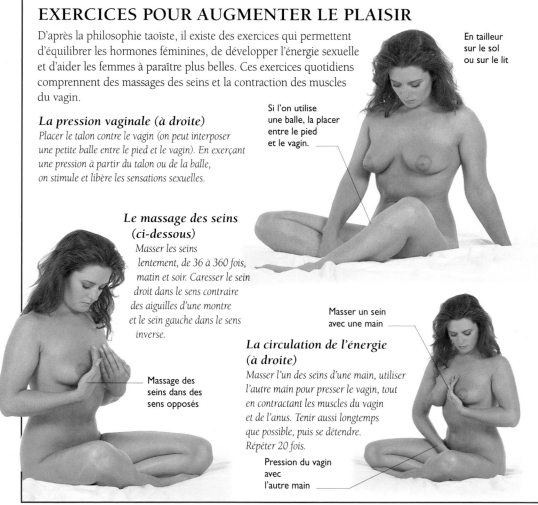

En tailleur sur le sol ou sur le lit

Si l'on utilise une balle, la placer entre le pied et le vagin.

Massage des seins dans des sens opposés

Masser un sein avec une main

Pression du vagin avec l'autre main

LA BISEXUALITÉ

La plupart des femmes sont capables d'éprouver de l'attirance ou de l'amour pour des personnes de l'un ou l'autre sexe, mais seulement environ 10 % d'entre elles ont des rapports sexuels aussi bien avec des femmes qu'avec des hommes.

LES RÉACTIONS SEXUELLES

Lorsqu'une femme éprouve du plaisir sexuel, sa sensation passe par divers stades, qui prendront chacun un certain temps pour s'accomplir. La tension sexuelle de la femme croît lentement, mais plus les préliminaires seront stimulants et variés, plus elle sera excitée rapidement et atteindra la phase de plateau. Si son clitoris est stimulé directement et avec insistance, elle parviendra rapidement à l'orgasme. La plupart des femmes préfèrent cependant un processus plus lent, précédé de stimulations visuelles et auditives, de la visualisation de FANTASMES, de caresses et enfin d'une stimulation du clitoris.

Après l'orgasme, la tension sexuelle subsiste et les zones génitales excitées reviennent lentement à la normale (à droite).

1 L'éveil
Les préliminaires et d'autres stimuli (auditifs, visuels et fantasmatiques) font gonfler et s'allonger le clitoris, le vagin commencer à s'ouvrir.

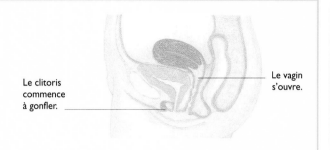

Le clitoris commence à gonfler.

Le vagin s'ouvre.

2 L'excitation augmente.
Le clitoris continue à gonfler jusqu'à complète érection. Des sécrétions muqueuses commencent à lubrifier le vagin. La couleur du vagin et de la vulve se renforce. L'utérus commence à se redresser.

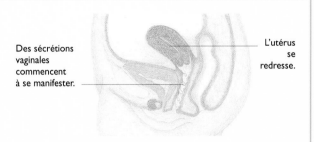

Des sécrétions vaginales commencent à se manifester.

L'utérus se redresse.

3 La phase de plateau
C'est la phase de grande excitation qui précède immédiatement l'orgasme. Si la pénétration intervient à ce moment, les muscles du vagin se contractent et enserrent fortement le pénis, augmentant ainsi la stimulation du clitoris gonflé et en érection et des parois vaginales lubrifiées.

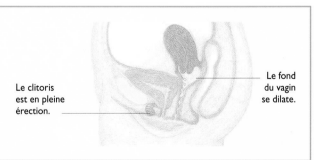

Le clitoris est en pleine érection.

Le fond du vagin se dilate.

4 L'orgasme
L'excitation va crescendo. La paroi vaginale, l'utérus et les sphincters de l'anus et de l'urètre se contractent rythmiquement et avec violence. D'intenses sensations parcourent le corps tout entier.

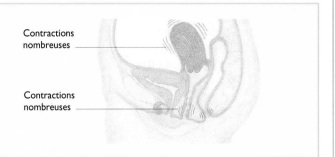

Contractions nombreuses

Contractions nombreuses

LES RÉACTIONS

LES SEINS
Investis d'un vif attrait sexuel, les seins sont une des ZONES ÉROGÈNES les plus sensibles et répondent à une stimulation directe par une augmentation de volume de près de 25 %. Les mamelons se dressent et leur couleur, ainsi que celle de leur aréole, s'assombrit. Chez 75 % des femmes (25 % chez les hommes), le devant du corps rougit, particulièrement la poitrine, pendant l'excitation sexuelle.

LE CLITORIS
Quand une femme est sexuellement excitée, son système génital se gonfle de sang, ce qui provoque l'érection du clitoris. Le priapisme ou clitorisme (érection permanente) existe mais rarement, de même que l'absence d'érection clitoridienne. Le clitoris, comme d'ailleurs le pénis chez l'homme, entre en érection toutes les 90 minutes durant le sommeil.

L'érection des mamelons
C'est un phénomène universellement répandu chez les femmes lors de l'excitation sexuelle. Le mamelon peut alors gagner 1 cm en longueur et 0,5 cm en diamètre.

129

LES POSITIONS

L'imagination a donné naissance à un grand nombre de positions pour pimenter les rapports sexuels. Durant l'acte amoureux, la plupart des couples adoptent en effet différentes positions qui font varier les sensations et procurent d'autres plaisirs.

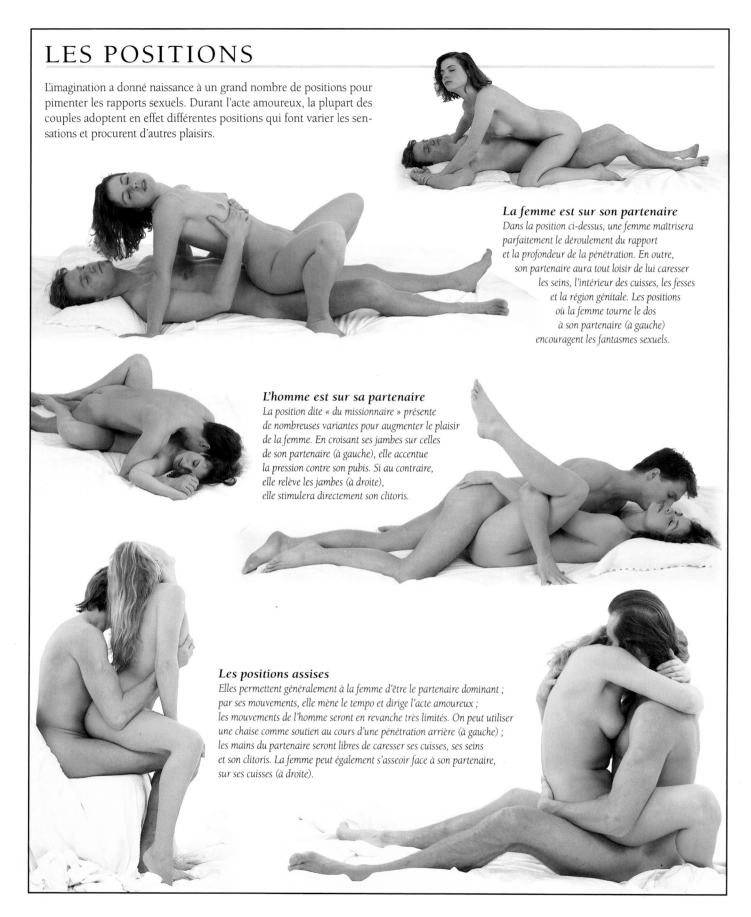

La femme est sur son partenaire

Dans la position ci-dessus, une femme maîtrisera parfaitement le déroulement du rapport et la profondeur de la pénétration. En outre, son partenaire aura tout loisir de lui caresser les seins, l'intérieur des cuisses, les fesses et la région génitale. Les positions où la femme tourne le dos à son partenaire (à gauche) encouragent les fantasmes sexuels.

L'homme est sur sa partenaire

La position dite « du missionnaire » présente de nombreuses variantes pour augmenter le plaisir de la femme. En croisant ses jambes sur celles de son partenaire (à gauche), elle accentue la pression contre son pubis. Si au contraire, elle relève les jambes (à droite), elle stimulera directement son clitoris.

Les positions assises

Elles permettent généralement à la femme d'être le partenaire dominant ; par ses mouvements, elle mène le tempo et dirige l'acte amoureux ; les mouvements de l'homme seront en revanche très limités. On peut utiliser une chaise comme soutien au cours d'une pénétration arrière (à gauche) ; les mains du partenaire seront libres de caresser ses cuisses, ses seins et son clitoris. La femme peut également s'asseoir face à son partenaire, sur ses cuisses (à droite).

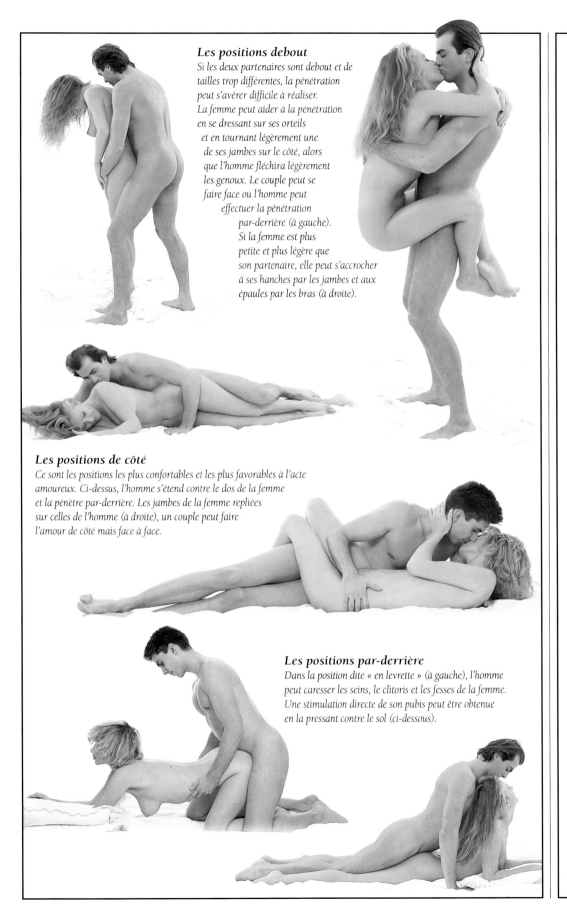

Les positions debout

Si les deux partenaires sont debout et de tailles trop différentes, la pénétration peut s'avérer difficile à réaliser. La femme peut aider à la pénétration en se dressant sur ses orteils et en tournant légèrement une de ses jambes sur le côté, alors que l'homme fléchira légèrement les genoux. Le couple peut se faire face ou l'homme peut effectuer la pénétration par-derrière (à gauche). Si la femme est plus petite et plus légère que son partenaire, elle peut s'accrocher à ses hanches par les jambes et aux épaules par les bras (à droite).

Les positions de côté

Ce sont les positions les plus confortables et les plus favorables à l'acte amoureux. Ci-dessus, l'homme s'étend contre le dos de la femme et la pénètre par-derrière. Les jambes de la femme repliées sur celles de l'homme (à droite), un couple peut faire l'amour de côté mais face à face.

Les positions par-derrière

Dans la position dite « en levrette » (à gauche), l'homme peut caresser les seins, le clitoris et les fesses de la femme. Une stimulation directe de son pubis peut être obtenue en la pressant contre le sol (ci-dessous).

ET CHEZ L'ANIMAL ?

Une femme peut prendre du plaisir à sa sexualité, même pendant les règles. C'est le plaisir, et non plus la procréation, qui la motive.

◆

La femelle du porc-épic est en chaleur 4 heures par an.

◆

La femelle du chimpanzé est active sexuellement environ 10 jours par mois. Au plus fort de sa période de fécondité, elle s'accouplera avec le mâle dominant. Auparavant, elle se sera accouplée avec tous les autres.

◆

Quand les scorpions s'accouplent, le mâle tient les pinces de la femelle pour l'empêcher de l'attaquer. Ils accomplissent alors une « danse de séduction » élaborée, qui peut durer plusieurs heures.

◆

Les dauphins s'accouplent généralement ventre contre ventre, tout en nageant ensemble entre deux eaux.

◆

Les pythons de l'Inde restent accouplés jusqu'à 180 jours d'affilée.

◆

Pour se faire la cour, les loutres se pourchassent, nagent, plongent de concert et font des arabesques dans l'eau. Elles s'accouplent sous l'eau, face à face ou entrelacées.

◆

Les femelles araignées veuve noire tuent souvent leur partenaire pendant la copulation.

L'ORGASME CHEZ LA FEMME

Pendant l'orgasme, le tiers inférieur du vagin produit de 3 à 5 contractions espacées de 8/10 de seconde. Les premières contractions sont très rapprochées, les dernières plus espacées. Le nombre, la durée, l'intensité et les intervalles de ces contractions peuvent varier selon les circonstances et également d'une femme à l'autre. Certaines femmes éprouveront de 10 à 15 contractions, la première, très intense, pouvant durer de 2 à 4 secondes, tandis que les autres dureront moins de 1 seconde.

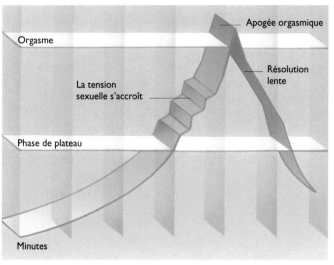

Contractions orgasmiques
Les contractions augmentent par étapes rapprochées jusqu'à l'apogée.

LES ORGASMES MULTIPLES

Certaines femmes peuvent éprouver plusieurs orgasmes successifs, dans la mesure où leurs partenaires sont capables de retenir leur éjaculation. Les chances d'orgasmes multiples peuvent être augmentées si la femme exerce régulièrement les muscles de son PLANCHER PELVIEN, si elle a des relations sexuelles régulières et si elle associe parfaitement son partenaire à ses désirs sexuels.

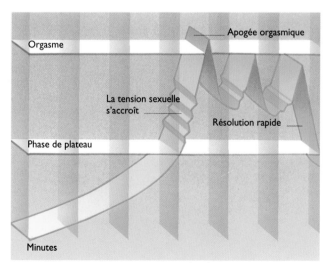

Les contractions orgasmiques multiples
La phase de plateau atteinte, la tension sexuelle de la femme va s'accroître rapidement. Elle va ressentir une série de contractions mineures, qui seront bientôt suivies de la première grande contraction. Pendant un orgasme multiple, ce schéma se répète une deuxième fois, puis une troisième assez rapidement.

LES DOULEURS VAGINALES

C'est le « vide par anticipation » qu'éprouvent certaines femmes, juste avant l'orgasme. Cette sensation a une base physiologique : la dilatation, à cet instant, de la partie supérieure du vagin.

L'ÉJACULATION FÉMININE

Pendant l'orgasme, certaines femmes ont des écoulements d'un liquide clair. Des études récentes ont permis de découvrir qu'il contenait certaines enzymes, que l'on trouve également dans le liquide séminal de l'homme. On pense que cette éjaculation féminine est produite par les glandes de Skene, placées à proximité de l'ouverture urétrale. Certains chercheurs associent les glandes de Skene au POINT G.

LA RÉSOLUTION

• 5 à 10 secondes après l'orgasme, le clitoris retourne à sa position normale et les petites LÈVRES, qui avaient foncé retrouvent leur couleur normale.

• 10 à 15 minutes après l'orgasme, les replis vulvaires réapparaissent et reprennent leur couleur normale.

• Jusqu'à 30 minutes après l'orgasme, la tête du clitoris reprend sa taille normale. Si l'orgasme n'a pas eu lieu, cela peut prendre plusieurs heures.

LES 9 NIVEAUX ORGASMIQUES

La sexologie taoïste définit neuf stades possibles dans l'orgasme féminin. Cependant, après le quatrième stade (ci-dessous), qui est celui que la plupart des femmes éprouvent au cours de l'orgasme, une femme a besoin d'une stimulation continue pour progresser.

• Niveau 1 : la femme soupire, respire lourdement, et salive.
• Niveau 2 : en embrassant son partenaire, elle enfonce sa langue dans sa bouche.
• Niveau 3 : elle l'étreint plus intimement.
• Niveau 4 : elle éprouve une série de contractions orgasmiques et ses sécrétions vaginales s'écoulent abondamment.
• Niveau 5 : ses articulations se détendent et elle commence à mordre son amant.
• Niveau 6 : elle l'enlace de ses bras et de ses jambes.
• Niveau 7 : son sang se met à « bouillir » ; elle essaie frénétiquement de toucher toutes les parties du corps de son partenaire.
• Niveau 8 : les muscles de la femme se détendent complètement. Elle mord et étreint les mamelons de l'homme.
• Niveau 9 : elle sombre dans la « petite mort », se rend à son partenaire, et est complètement « ouverte ».

LA FRIGIDITÉ

De nombreuses femmes ont des rapports sexuels sans en tirer le moindre plaisir. Rarement due à des raisons physiques, la frigidité peut provenir de l'égoïsme ou de la maladresse du partenaire. Elle peut aussi résulter d'une expérience sexuelle traumatisante au cours de la jeunesse, qui amène la femme à considérer la sexualité comme une chose détestable. Elle peut également ignorer comment répondre à ses propres émotions sexuelles. Les thérapeutes utilisent diverses méthodes pour guérir les inhibitions sexuelles. La plus efficace est la « concentration sensorielle ».

LA CONCENTRATION SENSORIELLE

Les exercices ci-dessous sont conçus pour réveiller les sensations érotiques chez la femme et pour donner aux deux partenaires accès au plaisir.

Premier stade (à droite)
La femme peut apprendre à se concentrer sur sa sensualité en découvrant les caresses qui lui donnent le plus de plaisir.

Deuxième stade (à gauche)
Désormais conscients de leurs sensations érotiques, les deux partenaires se donnent mutuellement du plaisir, sans contact génital.

Troisième stade (ci-dessous)
Les caresses deviennent plus intimes et incluent les parties génitales. Ce massage sensuel conduit inévitablement à des rapports sexuels réussis.

L'ANORGASMIE

Environ 12 % des femmes n'éprouvent jamais d'orgasme, alors que jusqu'à 70 % d'entre elles ne le ressentent pas par la seule pénétration et ont besoin d'une stimulation du clitoris.

La MASTURBATION est encore la meilleure méthode d'apprentissage ; une absence persistante d'orgasme peut être liée à des facteurs psychologiques ou provenir d'un défaut d'érection clitoridienne.

LE VAGINISME

Des spasmes musculaires d'origine psychologique peuvent refermer l'entrée du vagin si étroitement que la douleur est intense et les rapports sexuels impossibles. Le vaginisme affecte 2 à 3 % des femmes adultes, mais 9 % d'entre elles en ont souffert à un moment ou l'autre de leur existence. Des conseils appropriés permettront, dans la grande majorité des cas, à cette affection de disparaître. Outre des informations sur les pratiques sexuelles et l'anatomie, le traitement implique parfois l'usage de dilatateurs.

SEXUALITÉ DOULOUREUSE

Les facteurs psychologiques, tels que le ressentiment, la colère, la peur ou la honte, sont les causes les plus courantes d'une sexualité douloureuse, dont le nom médical est dyspareunie. Cependant, elle a parfois des raisons médicales graves, parmi lesquelles les infections vaginales, les maladies inflammatoires du pelvis, l'ENDOMÉTRIOSE, la DESCENTE D'UTÉRUS, les infections des VOIES URINAIRES, les HÉMORROÏDES, l'irritation de la VULVE et les déficiences hormonales. Il est alors nécessaire de traiter ces affections le plus rapidement possible. La thérapie sexuelle, y compris la CONCENTRATION SENSORIELLE (à gauche), peut être utile pour soigner les causes psychologiques.

LA VULVITE

Les symptômes de la vulvite (essentiellement une dermite de la vulve) comprennent des réactions allergiques ou des irritations ayant pour effet des inflammations, des brûlures ou de graves démangeaisons. Des ulcères peuvent aussi se déclarer.

LE VESTIBULISME

Cette affection rend certaines glandes vaginales extrêmement fragiles et douloureuses à la moindre sollicitation. Cette douleur est particulièrement importante pendant et immédiatement après les rapports sexuels. Les glandes le plus souvent atteintes sont celles allant du vestibule jusqu'au vagin dans la zone périnéale (entre l'anus et la vulve) et de chaque côté de l'ouverture de l'urètre. Les symptômes comprennent aussi une rougeur ou une inflammation de la région. Beaucoup de femmes en souffrent dès l'adolescence. Il semble que ces symptômes suivent des schémas cycliques étalés dans le temps.

Aucune cause n'a encore été identifiée mais les facteurs déclenchants sont les condylomes vulvaires, les maladies de peau, l'exposition à des produits chimiques irritants (produits de bain, par exemple) et des traumatismes de la région génitale.

LA SÉCURITÉ

Certaines pratiques sexuelles protègent de l'infection par le VIH et donc du SIDA, aussi bien que des CHLAMYDIAE (à droite), des MYCOSES, de l'urétrite non spécifique et des autres MALADIES TRANSMISES SEXUELLEMENT OU MTS (à droite).

Le MASSAGE sensuel, la MASTURBATION mutuelle et l'usage de VIBROMASSEURS non partagés comportent peu de risques. Le préservatif masculin ou féminin est vivement recommandé lors d'une pratique sexuelle ORALE ; toute pratique où les liquides corporels sont échangés doit être évitée.

Sources d'infection VIH

Risques majeurs	Risques mineurs
Pénétration vaginale sans préservatif	Pénétration vaginale avec préservatif approprié
Rapports anaux sans préservatif	Morsures ou griffures amoureuses avec lésion de la peau
Fellation suivie d'éjaculation	Léchage ou baisers anaux
Toute pratique sexuelle suivie d'apparition accidentelle ou délibérée de sang	Pratiques sexuelles avec émissions urinaires
Partage d'accessoires de pénétration sexuelle (vibromasseurs)	Baisers bouche à bouche avec un partenaire aux gencives qui saignent
Insertion des doigts ou des mains dans l'anus	Fellation avec préservatif

L'INFECTION À CHLAMYDIA

La maladie sexuelle la plus courante, l'infection à chlamydia, ne présente fréquemment aucun symptôme. Si elle reste non détectée ou sans traitement, il peut se produire une infection pelvienne généralisée, pouvant aboutir à une stérilité (due à l'obturation des TROMPES DE FALLOPE lors de la cicatrisation).

Les symptômes, quand il y en a, sont un inconfort abdominal lors des rapports sexuels, de la fièvre et un écoulement vaginal jaune et nauséabond. Les complications entraînent des lésions des muqueuses de la bouche, des yeux, des voies urinaires, du rectum et du vagin. Le tratement peut faire appel aux antibiotiques.

MALADIES TRANSMISES SEXUELLEMENT

L'herpès génital est une maladie infectieuse récurrente caractérisée par de profondes ulcérations, douloureuses et purulentes. Il est extrêmement contagieux et très difficile à éradiquer, bien que des soins puissent aider à en contrôler les manifestations.

La gonorrhée se signale par des douleurs pendant la miction et des écoulements vaginaux, bien que 60 % des femmes atteintes ne présentent pas ces symptômes. Il faut la soigner.

La syphilis est causée par une bactérie qui entre dans le corps par une écorchure, un baiser ou un rapport sexuel. Le symptôme le plus visible est une éruption cutanée. On peut généralement la soigner si on la prend à ses débuts.

LE SIDA

Le VIRUS D'IMMUNODÉFICIENCE HUMAINE (VIH) provoque le SIDA, qui laisse le corps sans défense devant les maladies opportunistes, comme la pneumonie et le cancer. Son issue est fatale. Le virus VIH peut être transmis par la sexualité sans protection car le virus est présent dans le sperme et les sécrétions vaginales des individus infectés. Aussi doit-on toujours utiliser un préservatif (ci-dessous) et observer les règles de SÉCURITÉ (ci-dessus). Le partage de seringues hypodermiques et les transfusions de sang contaminé peuvent également transmettre le virus. Les femmes peuvent le transmettre à leur bébé pendant la grossesse et à la naissance ainsi que par le lait maternel, bien qu'un dépistage en début de grossesse soit possible. Le virus VIH peut être transmis avant même que le porteur présente symptômes ou tests positifs. Des infections cutanées, des ganglions qui augmentent de volume, une perte de poids anormale, des diarrhées et des mycoses buccales se développent en premier. Lorsque le SIDA est diagnostiqué, l'espérance de vie est d'environ 2 ans.

Activités sans risques

- *Le baiser « sec » ou sur la joue*
- *L'automasturbation*
- *La masturbation de votre partenaire ou par votre partenaire*
- *S'asseoir sur un siège de toilettes*
- *Nager en piscine*
- *Utiliser les draps ou les serviettes de toilette d'une autre personne, ou porter ses vêtements*
- *Éternuer vers quelqu'un ou recevoir un éternuement*
- *Serrer la main, donner l'accolade ou étreindre*
- *Partager un verre, de la vaisselle ou des couverts*

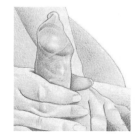

Évacuer l'air
Presser le bout du préservatif de manière qu'il n'y ait plus d'air à l'intérieur (ce qui pourrait provoquer une fissure du préservatif).

Mise en place du préservatif
Dérouler soigneusement le préservatif le long du pénis en érection, du sommet vers la base.

LA
SANTÉ

L'ALIMENTATION

ET CHEZ L'ANIMAL ?

Certains mammifères sont carnivores, d'autres sont herbivores, d'autres encore sont omnivores (ils mangent de la viande et des végétaux). Les espèces exclusivement carnivores sont très rares. La femme est omnivore.

Carnivores
Les félins sont parmi les animaux les plus carnivores.

Omnivores
Les blaireaux mangent pratiquement de tout.

Herbivores
Le wallaby mange des herbes et des feuilles.

NUTRIMENTS CALORIQUES

Ce sont les principales substances nécessaires à la croissance et à la santé.

LES GLUCIDES

Les glucides sous forme de sucres ou d'amidon sont les sources principales d'énergie de l'organisme. Cette énergie se mesure en calories. Les sucres sont des glucides simples, tels le saccharose contenu dans le sucre de canne ou de betterave, le glucose dans les fruits ou le miel, le fructose dans les fruits et légumes, et le galactose dans le lait. L'amidon est un glucide polymérisé contenu dans les céréales, les pommes de terre, les légumes secs. Lorsque les glucides ne sont pas raffinés, ils contiennent également des VITAMINES, des MINÉRAUX et des FIBRES. Les glucides polymérisés constituent un apport d'énergie continu alors que les sucres fournissent une énergie instantanée. Si on ne les consomme pas modérément, les sucres, au lieu d'être une source énergétique, favorisent la constitution de réserves de graisse.

LES GRAISSES (ou lipides)

De même que les glucides, les graisses fournissent de l'énergie. Elles sont emmagasinées en priorité par l'organisme. Elles ont un pouvoir calorique supérieur à celui des glucides et sont surtout constituées d'acides gras essentiels au fonctionnement des cellules. Il existe trois types d'acides gras : saturés (graisses animales), mono-insaturés (huile d'olive) et polyinsaturés (huiles végétales). Toutes les graisses ont la même valeur calorique mais, selon leur influence sur les AFFECTIONS CARDIAQUES,

elles sont classées en bonnes ou mauvaises graisses. Ainsi, les graisses polyinsaturées sont considérées comme « bonnes », les graisses saturées comme « mauvaises », et les mono-insaturées comme « bonnes », à condition de les prendre en quantités modérées et sans les faire brûler. On pense qu'un abus de graisses provoque le CANCER.

LES PROTÉINES

Ces chaînes d'acides aminés constituent les principaux éléments structuraux des cellules et des tissus. Il existe 23 acides aminés différents, 8 d'entre eux, acides aminés essentiels, ne peuvent être fabriqués par l'organisme. Une protéine contenant une proportion notable de ces 8 acides aminés est appelée « protéine complète », c'est celle que contiennent les viandes, le fromage et le soja, par exemple. Quand un ou plusieurs de ces acides aminés manquent, les protéines sont dites « incomplètes ». La consommation d'aliments protéiques variés permet de répondre à tous les besoins de l'organisme en acides aminés.

Dépenses caloriques
Ce tableau indique le nombre de calories brûlées en 1 heure, selon l'activité.

Repos
Marche
Tennis
Travaux de force
Course à pied

0   100   200   300   400   500   600   700   800   900   1000

Trois types de graisses
Les huiles et les graisses comme le beurre ou le lard contiennent les trois types de graisses (saturées, polyinsaturées et mono-insaturées) en proportions différentes.

☐ Saturée
☐ Mono-insaturée
■ Polyinsaturée

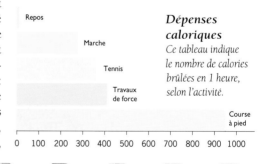

Beurre   Huile de coprah   Huile d'olive   Huile de tournesol   Huile de carthame   Huile d'arachide

MICRONUTRIMENTS

Essentiels à la santé, ces nutriments ne sont nécessaires à l'organisme qu'en petites quantités.

LES MINÉRAUX

Les minéraux tels le calcium, le sodium, le potassium et le magnésium doivent être présents en quantité relativement importantes, tandis que les oligoéléments, fer, cuivre, sélénium, zinc…, ne sont nécessaires qu'à l'état de traces.

LES VITAMINES

Les vitamines puisées dans l'alimentation sont indispensables au métabolisme et leur carence peut entraîner des maladies graves. Le déficit en vitamines D provoque le rachitisme, la carence en vitamine C entraîne le scorbut. Les vitamines A, D, E et K sont stockées dans le foie ou les tissus adipeux, et leur excès peut être toxique, les vitamines B et C sont éliminées dans l'urine.

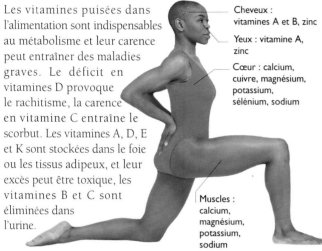

Cheveux : vitamines A et B, zinc

Yeux : vitamine A, zinc

Cœur : calcium, cuivre, magnésium, potassium, sélénium, sodium

Muscles : calcium, magnésium, potassium, sodium

LES FIBRES ALIMENTAIRES

Les parties peu comestibles des fruits et des légumes, telles que les peaux et téguments – le son, par exemple, qui est l'enveloppe du grain de blé – et les parois cellulaires des végétaux sont constituées d'une matière fibreuse qui joue un rôle important dans une alimentation saine.

Les fibres végétales contribuent au bon équilibre intestinal grâce à leur remarquable faculté de retenir l'eau au cours de la digestion. Elles favorisent le passage des aliments dans le gros intestin. Elles stimulent le transit en assurant la bonne consistance des selles.

Les fibres auraient une action protectrice contre les cancers digestifs.

Aliments	Proportion de fibres pour 25 g d'aliment
Son (brut)	12,3
Abricots secs	7
Pruneaux	4
Amandes	4
Raisins secs	2
Pain complet	2
Haricots secs	2
Épinards ou pois	2
Pâtes, pommes de terre, riz complet	2
Brocolis ou poireaux	1
Lentilles	1
Pommes, bananes ou fraises	0,5
Oranges ou poires	0,4
Mesures en grammes	

UN RÉGIME ÉQUILIBRÉ

La pyramide ci-dessous a été conçue par des diététiciens américains au début des années 1990. Elle présente les proportions dans lesquelles chacun des 5 groupes d'aliments devrait être consommé quotidiennement, pour un régime alimentaire parfaitement équilibré. Les sucres, les graisses et les huiles ne forment pas véritablement un groupe et doivent être consommés avec modération. D'une manière générale, la nourriture doit être aussi fraîche que possible et de préférence exempte de tout additif (pour plus de détails concernant les rations par groupe d'aliments, voir le tableau p. 172).

Sucres, graisses et huiles (très petite quantité)

Produits laitiers (2-4 portions)   Viande, fruits de mer, œufs, légumes secs, noix (2-3 portions)

Légumes et fruits (5-10 portions)

Glucides (5-12 portions)

L'EAU

Le corps est constitué d'environ 60 % d'eau. L'eau provient pour la majeure partie des boissons que nous absorbons, mais aussi de l'eau contenue dans les aliments et du MÉTABOLISME des aliments. Par temps chaud, le corps élimine plus d'eau que par temps froid.

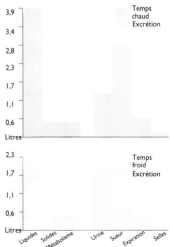

Temps chaud Excrétion

3,9
3,4
2,8
2,3
1,7
1,1
0,6
Litres

Temps froid Excrétion

2,3
1,7
1,1
0,6
Litres

Liquides   Solides   Métabolisme   Urine   Sueur   Expiration   Selles

L'INDUSTRIE ALIMENTAIRE

Dans le monde occidental, la production de nourriture est devenue une véritable industrie au cours du XXᵉ siècle. Les techniques agro-alimentaires, de plus en plus élaborées, ont permis de proposer des aliments frais toute l'année et de réduire les maladies nutritionnelles.

L'utilisation de produits chimiques (herbicides, pesticides, fongicides) dans les cultures de fruits et légumes, ainsi que d'hormones dans la nourriture du bétail a permis de répondre aux besoins alimentaires d'une population de plus en plus nombreuse. Cette médaille a son revers : le monde occidental souffre de surproduction et nous ne consommons que très peu d'aliments naturels. Hormis les produits biologiques, la plupart des aliments sont traités chimiquement et additionnés d'agents de sapidité, de conservateurs ou de colorants. Les effets de ces produits sur la santé ont inquiété les consommateurs, qui se sont détournés des aliments traités et des produits de l'élevage intensif.

La responsabilité des règlements de la Loi sur les aliments et les drogues incombe à Santé Canada et Agriculture Canada. Cette loi définit un additif alimentaire comme toute substance, y compris toute source de radiation, dont l'ajout à un aliment produit ou peut produire une substance ou des sous-produits qui deviennent partie intégrante de celui-ci ou en modifient les caractéristiques. L'étiquetage au Canada est volontaire, mais en raison de la pression de groupes de consommateurs et de la loi qui exige un étiquetage très détaillé aux États-Unis, l'industrie de l'alimentation canadienne s'efforce d'harmoniser son système avec celui des autres pays membres de l'ALÉNA pour faciliter le libre échange en Amérique du Nord.

La production du pain

 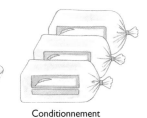 

Produit de base | Additifs | Conditionnement | Transport

De l'épi à l'assiette
En Occident, tout aliment de base a subi de nombreuses transformations avant d'arriver dans l'assiette du consommateur.

LE GRIGNOTAGE

Les chips, le chocolat, les bonbons et les sodas ont une faible valeur nutritive, en revanche, ils contiennent une importante proportion de graisses, de sel et de sucre, ainsi que des additifs. Ces aliments que l'on grignote entre les repas sont à l'origine de pathologies telles que prise de poids, CARIES DENTAIRES, problèmes de peau, et peuvent également à long terme entraîner des CANCERS et des MALADIES CARDIAQUES. Une surveillance et une régulation des habitudes alimentaires sont recommandées. Si l'on ne peut s'empêcher de grignoter, il vaut mieux consommer des fruits ou des légumes, pauvres en graisses et en sucre mais riches en vitamines et oligoéléments.

Biscuits au chocolat | Chips | Raisin | Muffin | Pomme

Fromage | Lait frappé | Chocolat | Soda | Croissant

Graines | Maïs soufflé | Raisins secs | Cacahuètes | Bâton glacé

Mandarines | Noix de cajou | Jus d'orange | Carottes | Yogourt aux fruits

L'ALCOOL

De 1930 à 1971, le nombre de femmes consommant régulièrement de l'ALCOOL a bondi. En outre, 1 femme sur 11 boit plus de 14 unités d'alcool (apéritifs, vin, bière ou digestifs) par semaine. Les femmes sont plus sensibles que les hommes aux méfaits de l'alcool car leur organisme contient une proportion plus faible d'eau et plus importante de graisse. Aussi l'alcool se concentre-t-il plus rapidement dans le sang d'une femme et y circule plus longtemps, la graisse n'absorbant pas efficacement l'alcool. De même, le foie de la femme assimile moins bien l'alcool ; les femmes sont donc plus sujettes à la cirrhose du foie. 41 % des malades atteints de cirrhose sont aujourd'hui des femmes. Solitude et difficulté à assumer une situation sont souvent à l'origine de l'alcoolisme féminin.

LES BESOINS ALIMENTAIRES

On peut distinguer cinq niveaux de besoins alimentaires. Dès que le premier est satisfait apparaît le deuxième, et ainsi jusqu'au dernier. Le besoin de sécurité s'exprime le plus souvent durant les périodes d'anxiété, de dépression, de manque de confiance en soi. Une tendance irrépressible à grignoter ou à manger excessivement peut alors se faire jour pour compenser l'angoisse.

Les mères qui passent leur temps à nourrir ceux qu'elles aiment se servent de la nourriture pour répondre à leur besoin de donner et de recevoir de l'affection.

1 La survie
Une alimentation régulière, si possible quotidienne, est nécessaire à la survie.

2 Le sentiment de sécurité
Lorsque les apports alimentaires quotidiens sont suffisants, l'être humain se préoccupe de confectionner des réserves. Cet instinct d'accumulation le rassure et est étroitement lié à l'idée de la permanence du foyer.

3 L'affection
On prépare aussi un plat en signe d'affection. Le déguster et complimenter la cuisinière permet à l'hôte de répondre à cette affection. Refuser cette nourriture équivaudrait à un rejet de la personne qui l'offre.

4 Le statut social
La préparation de la nourriture est souvent liée à l'affirmation d'un statut social. Elle permet aussi de renforcer l'image que l'on a de soi-même.

5 L'individualisme
La nourriture devient affirmation de la personnalité par la création de nouveaux plats et de nouveaux menus et l'élaboration d'un style personnel.

RÉGIME ET CULTURE

Manger ne se résume pas à la simple ingestion de nourriture ; c'est également un acte culturel et social. L'acceptation du terme « nourriture » (substance que l'on peut manger) varie d'une culture à l'autre. La manière dont on classe les substances alimentaires résulte d'un processus en grande partie inconscient et qui résiste fortement aux changements.

En effet, la nourriture satisfait les besoins primaires d'un individu et marque profondément les groupes sociaux et culturels. Des études sur des populations migrantes ont démontré que vêtements et langage évoluent rapidement devant la nécessité de s'intégrer à la culture d'accueil, tandis que les habitudes alimentaires perdurent. Chaque groupe social s'est édicté des règles, spécifiant quelle nourriture est acceptable et laquelle ne l'est pas. La nourriture est choisie parmi une vaste sélection de produits alimentaires, mais aucune culture n'accepte l'intégralité des aliments potentiels comme nourriture effective. Ainsi le Chinois mange-t-il communément de la viande de chien, ce que ne fera jamais un Européen ; de la même façon, le millet, très consommé en Afrique, est considéré sur d'autres continents comme un aliment réservé aux oiseaux. Les Français mangent des escargots et des cuisses de grenouille, ce qui en étonne plus d'un et notamment les Britanniques, qui surnomment les Français *Froggies* : de *frog*, grenouille. De la même façon, les Antillais accompagnent leurs repas de piments dans lesquels beaucoup d'Européens auraient du mal à croquer tant ils sont piquants, sans parler du curry de certains plats indiens.

SIGNIFICATION DE LA NOURRITURE

Dans de nombreuses sociétés, les aliments sont considérés comme « rafraîchissants» ou « échauffants». Afin de conserver au corps son harmonie, un équilibre doit être observé entre les deux catégories. Une dichotomie similaire existe chez les Chinois, avec les notions de nourriture yin (froide) et yang (chaude) ; en Occident, les aliments « qui font grossir », ou « qui ne font pas grossir » !

RITUEL ET NOURRITURE

Dans toutes les cultures, la consommation de certains aliments revêt un caractère rituel ; on associe telle nourriture à tel événement (la dinde à Noël ou les crêpes à la Chandeleur chez nous, par exemple). Cependant, depuis les origines, certains de ces rituels, généralement religieux, ont disparu ou se sont modifiés sans que l'on sache pour autant à quel fait ils se rattachaient initialement. Ainsi, l'origine des confettis peut remonter au riz ou au blé que l'on jetait sur les couples pour assurer leur fécondité. Les Romains lançaient des amandes sur les nouveaux époux ; on retrouve ces amandes dans les dragées de mariage.

RELIGION ET NOURRITURE

C'est la religion qui dicte les habitudes alimentaires de millions de gens. En Inde, par exemple, une proportion importante de la population est végétarienne (pour la religion hindoue, toute vie animale est sacrée). D'autres religions présentent des interdits alimentaires spécifiques : ni porc ni alcool pour les musulmans ; ni porc ni coquillages pour les juifs qui mangent casher ; pas de bœuf pour les sikhs. De même, de nombreux catholiques pratiquants ne mangent pas de viande le vendredi, jour maigre.

La consommation de certains aliments est plus particulièrement liée à certaines époques de l'année (bûche de Noël, galette des Rois, agneau pascal…).

L'OBÉSITÉ

On parle d'obésité lorsque la proportion de graisses chez une femme est trop élevée (voir tableau, p. 13). Selon l'étude Campbell, ménée au Canada, en 1988, 39 % des canadiennes de plus de 15 ans seraient obèses. L'obésité se voit surtout dans les pays industrialisés. Bien que l'exclusion basée sur le handicap physique soit interdite dans la plupart des pays occidentaux, une discrimination envers les obèses se manifeste dès l'école primaire et les poursuit tout au long de leur vie. Les effets psychologiques sont importants, et bon nombre de femmes, qui n'ont pourtant que quelques kilos en trop, se croient obèses.

Parmi les conséquences possibles de l'obésité, on comptera, entre autres, le CANCER, les TROUBLES DU SQUELETTE, les VARICES, l'HYPERTENSION, le DIABÈTE et les MALADIES CARDIOVASCULAIRES.

LA BOULIMIE

Une personne boulimique ingurgite de grandes quantités de nourriture en très peu de temps, pour ensuite se forcer à vomir ou prendre des laxatifs. La boulimie est généralement associée à un sentiment d'impuissance et d'anxiété comparable à celui qu'éprouvent les anorexiques (à droite).

L'acide gastrique remontant dans la cavité buccale lors des vomissements répétés, outre la sensation de brûlure, peut provoquer des caries.

LES RÉGIMES AMAIGRISSANTS

Dans le monde occidental, un corps idéal est un corps mince. Les médias ont forgé un modèle associant minceur, richesse et succès. En conséquence, de nombreuses femmes suivent des régimes draconiens, souvent très mal équilibrés. 90 % des femmes canadiennes observent ou ont observé un régime alimentaire, mais

Supermannequin

Incarnation de cette obsession occidentale qu'est la minceur, de nombreux mannequins sont particulièrement filiformes. Certains vivent en état de jeûne permanent, se nourrissant de manière totalement déséquilibrée. Il n'en est que plus inquiétant de voir tant de femmes suivre leur exemple.

pour 5 % seulement d'entre elles les résultats ont été durables. Cet engouement pour les régimes ne tient évidemment pas compte du fait que chaque femme a, selon son métabolisme, une silhouette et des mensurations qui lui sont propres.

S'il n'élimine pas les mauvaises habitudes alimentaires ou s'il ne comporte pas un minimum d'exercice physique, un régime sera à coup sûr préjudiciable. La majorité des régimes alimentaires est généralement basée sur la privation d'un ou de plusieurs éléments nutritifs.

Un régime à résultat rapide fait perdre en premier lieu de l'eau. C'est ensuite la masse musculaire qui « fond », les graisses disparaissant en dernier. Le corps interprète le régime comme un état de famine ; il réagit donc en assimilant mieux une plus faible quantité de nourriture, ce qui entraîne une prise de poids si l'on interrompt brusquement le régime. Le total des sommes investies dans les différents régimes en Occident résoudrait sans aucun doute une bonne partie des problèmes de malnutrition dans le monde !

L'ANOREXIE MENTALE

Certaines femmes, souffrant de dérèglements psychologiques, s'affament volontairement, parfois jusqu'à en mourir. Les causes profondes de ces dérèglements sont variées, mais l'anorexique classique est une femme ayant peu d'estime pour elle-même et qui se croit incapable de bien mener sa vie. Cette maladie peut être déclenchée par le désir de perdre du poids et de correspondre aux canons de minceur en vigueur en Occident.

L'anorexie mentale débute généralement pendant l'adolescence et se caractérise par une obsession de la nourriture et des rituels qui lui sont attachés (par exemple, manger chaque soir la même chose). L'hospitalisation donne rarement de bons résultats car elle ne fait que remplacer un régime par un autre. Comme c'est le cas pour l'OBÉSITÉ (en haut à gauche), la guérison intervient lorsque la patiente parvient à avoir d'elle-même une image positive.

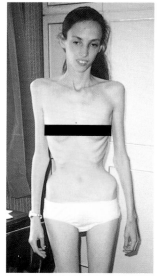

Maigreur fatale
La malade se trouve grosse.

LA MALNUTRITION

On l'observe le plus souvent dans les pays qui souffrent de la sécheresse, de la famine ou de la guerre. Les symptômes de la malnutrition sont les suivants : envies obsessionnelles de nourriture, soif, faiblesse, AMÉNORRHÉE, diarrhée, apathie, impression de froid, température corporelle anormalement basse, ralentissement du pouls, TENSION basse, DÉPRESSION et vulnérabilité particulière aux maladies. Dans certains pays africains ou sud-américains, la malnutrition peut résulter de diarrhées infectieuses ; en effet, ces cultures considèrent la diarrhée comme une maladie « ÉCHAUFFANTE » et les aliments « échauffants » (généralement nourrissants, comme le lait) cessent d'être donnés au malade. La malnutrition peut également apparaître si les femmes restreignent délibérément leur ration alimentaire, ou lorsqu'elles souffrent d'ANOREXIE MENTALE (à gauche).

CARENCES EN SELS MINÉRAUX

L'anémie liée à une carence en fer est la forme la plus commune d'anémie. Elle apparaît lorsqu'il y a diminution de l'hémoglobine (le pigment sanguin qui transporte l'oxygène) dans les GLOBULES ROUGES et que l'oxygène nécessaire ne peut plus être transmis des poumons aux tissus. Les symptômes sont les suivants : fatigue, maux de tête, pâleur, malaise et palpitations. Les femmes y sont plus sujettes que les hommes.

L'*ostéoporose* est un amincissement des parois osseuses provoqué par la disparition des tissus conjonctifs et du calcium. L'OSTÉOPOROSE apparaît souvent après la MÉNOPAUSE.

L'*ostéomalacie* est la déminéralisation des os. Elle survient lorsque le régime ne contient pas assez de vitamine D (ce qui cause le rachitisme chez l'enfant). Elle augmente si le patient n'a pas été assez exposé à la lumière solaire (les peaux sombres ont besoin d'une plus longue exposition que les peaux claires). La déminéralisation conduit à un ramollissement et à un affaiblissement des os.

Le *goitre* est une hypertrophie de la GLANDE THYROÏDE. Il prend la forme d'une protubérance à la base antérieure du cou. Il est généralement provoqué par une carence en iode.

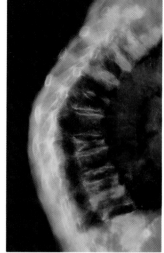

Tassements vertébraux
Après la ménopause, de nombreuses femmes souffrent d'ostéoporose, ce qui peut entraîner une déformation de la colonne vertébrale.

Des régions à risque
L'hypertrophie de la glande thyroïde se produit généralement dans les régions où le sol manque d'iode (ces régions, indiquées en vert sombre sur la carte, incluent les Alpes, l'Himalaya, les Andes). Environ 400 millions d'individus en souffrent dans le monde. Les femmes y sont plus sujettes que les hommes, et les enfants dont la mère a subi une carence iodée risquent d'être atteints.

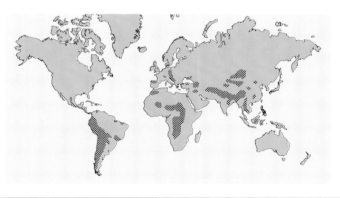

CANCER ET RÉGIME
Certaines études indiquent que des facteurs liés au régime alimentaire (consommation de graisses, manque de fibres et absorption de benzopyrène) seraient responsables de 35 % des cancers des pays développés.

LES GRAISSES
Les statistiques établissent clairement un lien entre la consommation des lipides et certains cancers. Les CANCERS DU SEIN et DU CÔLON, sont beaucoup plus fréquents dans les régions à forte consommation de graisses, les pays occidentaux par exemple. Qui plus est, lorsque des immigrants, venus de pays comme la Thaïlande ou le Japon, où l'alimentation est pauvre en graisses, arrivent dans un pays où l'on en consomme beaucoup, comme aux États-Unis, leurs enfants développent beaucoup plus de cancers du sein ou du côlon.

LE BENZOPYRÈNE
C'est une substance chimique que l'on trouve sur la viande brûlée ou dans la fumée de cigarette. Il est prouvé que le benzopyrène est cause de cancer chez les animaux, mais aucune étude concluante n'a encore été menée chez l'être humain.

LES EMPOISONNEMENTS
Ils sont causés par l'eau ou les denrées contaminées par des bactéries, des virus, des produits chimiques ou des TOXINES. Certains aliments sont pollués par l'environnement (fruits de mer à côté d'égouts). Listeria peut contaminer les fromages à pâte molle ou les pâtés manipulés avec des mains sales ou stockés dans des conditions inadéquates. Quelques aliments sont naturellement toxiques (certains champignons ou des poissons).

LES ALLERGIES ALIMENTAIRES
On appelle communément allergie alimentaire l'hypersensibilité ou l'intolérance à un aliment solide ou liquide. Le système immunitaire répond de façon anormale à des aliments comme le lait, les œufs, le blé, les fraises ou les coquillages. Cette allergie peut se déclarer pour toutes sortes de raisons : carences en ENZYMES ; réactions à des épices ou aux produits chimiques comme les additifs ; raisons psychologiques comme des croyances religieuses, ou encore blocages envers certains aliments. Les symptômes d'allergie alimentaire comprennent ASTHME, ECZÉMA, URTICAIRE, SYNDROME DU CÔLON IRRITABLE, fatigue, nausées, inflammations (principalement de la peau et des articula-tions) et migraine. Le nombre d'allergies alimentaires progresse dans le monde. On pense que ce phénomène est dû au niveau croissant de la pollution, aux produits chimiques dans la chaîne alimentaire et à l'agriculture intensive.

Il semble que les allergies soient plus répandues chez les femmes que chez les hommes et que ces femmes donnent naissance à des bébés prédisposés eux-mêmes aux allergies. Le diagnostic d'une allergie alimentaire peut être très délicat. Le régime par élimination (certains aliments sont temporairement exclus) est une des meilleures méthodes de diagnostic, même si cela doit prendre un certain temps.

FORME ET BIEN-ÊTRE

QU'EST-CE QUE LA FORME ?

On dit qu'une femme est en forme lorsqu'elle est capable d'exécuter des tâches très diverses et exigeantes. Pour y parvenir, il lui faut avoir un cœur et des poumons en bon état, de l'endurance, de l'énergie, une bonne coordination des mouvements et de la souplesse. En pratiquant certains exercices, il est possible d'acquérir ou d'entretenir cette forme, afin d'arriver après 20 minutes d'effort au rythme cardiaque idéal indiqué par le tableau ci-dessous.

ÊTES-VOUS EN FORME ?

Pendant un exercice physique, si vous êtes en pleine forme, le rythme de votre pouls ne doit pas dépasser celui que vous atteindrez après un simple effort, par exemple une course sur place pendant 30 secondes.

Âge	Pouls
15-19	146
20-24	142
25-29	138
30-34	134
35-39	130
40-44	126
45-49	122
50-54	117
55-59	113
60-64	109

Pulsations par minute.

UNE VIE SAINE

L'organisme a certaines exigences de base qui doivent être respectées. Ces exigences remontent au début de l'évolution et sont souvent incompatibles avec les impératifs de la vie dans les sociétés industrialisées.

Le corps, par exemple, est fait pour se tenir debout ou couché la plupart du temps. Une station assise prolongée, comme c'est souvent le cas chez les Occidentaux, provoque des tensions qui conduisent à une perte de souplesse, alors que le corps est également conçu pour bouger.

Une personne très active, en forme, et qui suit un régime alimentaire équilibré, est cependant vulnérable aux TOXINES de l'environnement (gaz d'échappement, fumée de cigarette, effluents industriels), qui affectent son SYSTÈME IMMUNITAIRE et sa capacité à lutter contre le stress et les maladies de toutes sortes.

Le stress au quotidien
Dans les pays industrialisés, les femmes ont plutôt des occupations sédentaires.

Les techniques de relaxation, active (travail des muscles) ou passive (concentration), peuvent alléger un stress professionnel ou personnel.

LES BIENFAITS DU SPORT

La plupart des femmes qui sont attirées par le sport pensent qu'il sera aussi bénéfique pour leur silhouette que pour leur santé. Les bienfaits de l'exercice physique ont en effet été abondamment prouvés : il fait baisser le stress, aide à garder un poids idéal, lutte contre l'insomnie et peut permettre de vivre plus longtemps. Mais tous les sports ne procurent pas les mêmes effets. Très peu – à part la natation – améliorent aussi bien le tonus, la force et la souplesse. Faire régulièrement chaque jour de l'exercice aide à rester en bonne santé. Il est prouvé qu'ainsi, on diminue le risque de cancer, d'ostéoporose, de maladies cardiovasculaires, on combat l'anxiété, la dépression et l'insomnie et, dans certains cas, on soulage les problèmes menstruels. On a toutefois découvert qu'une activité sportive excessive pouvait augmenter la vulnérabilité à certaines maladies, en inhibant le système immunitaire. En tout état de cause, tout sport pratiqué dans de mauvaises conditions ou avec excès annule les bienfaits qu'il est censé procurer.

Activité	Tonus	Force	Souplesse
Natation	✓✓✓	✓✓✓	✓✓✓
Ski de fond	✓✓✓	✓✓✓	✓✓
Jogging, course à pied	✓✓✓	✓✓✓	✓
Bicyclette	✓✓✓	✓✓✓	✓✓
Danse	✓✓	✓✓✓	✓✓
Volleyball	✓✓	✓✓✓	✓✓
Marche sportive	✓✓	✓	✓
Tennis	✓✓	✓✓✓	✓✓
Montée d'escalier	✓✓	✓✓	✓
Jardinage	✓✓	✓✓✓	✓✓
Travaux ménagers	✓	✓	✓✓
Golf	✓	✓	✓✓
Patin à roulettes	✓✓	✓✓	✓✓
Ski alpin	✓✓	✓✓✓	✓✓

L'ÉQUIPEMENT SPORTIF

Les vêtements de coton sont parfaits car ils permettent l'évaporation de la transpiration, qui régule la température corporelle, tandis que le Lycra moule parfaitement le corps en lui fournissant un soutien idéal. Il convient de porter un soutien-gorge « spécial sport » si l'on pratique un exercice impliquant des mouvements brusques. Certains sports nécessitent un équipement particulier. Casques, lunettes, gants ou protections pour les dents, les coudes ou les genoux sont utilisés dans nombre d'activités. À cheval, la bombe est obligatoire. Les lunettes de soleil sont nécessaires lorsqu'il y a risque de réverbération, comme pour le ski.

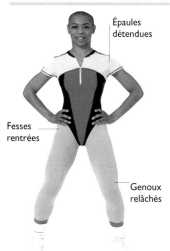

Vêtements adaptés
Des vêtements et des chaussures confortables et appropriés sont nécessaires, quel que soit l'exercice.

LES CHAUSSURES

Le choix de chaussures correctes pour soutenir le pied est de la plus grande importance : si celles-ci sont mal adaptées ou de mauvaise qualité, elles peuvent occasionner des blessures allant de la simple ampoule à l'entorse de la cheville ou à la luxation du genou. Le sport pratiqué déterminera le choix de tel ou tel type de chaussures. Des chaussures de qualité, plus chères à l'achat, sont souvent, sur la durée, d'un meilleur usage.

Le vélo de montagne
Casque, gants, chaussures spéciaux complètent l'équipement.

LES TYPES D'EXERCICE

Chaque type d'exercice correspond à la recherche d'effets bien spécifiques. Les exercices aérobies (ci-dessous) comme la natation, la danse, le jogging, la marche sportive, brûlent les graisses et mettent en bonne condition le cœur, les poumons et la circulation ; l'entraînement développe force musculaire et endurance ; les étirements accroissent la souplesse ; les exercices d'équilibre et de coordination maintiennent la motricité. Pour une bonne forme générale, il est nécessaire de pratiquer tous ces types d'exercices. La course de vitesse, l'haltérophilie et le squash sont anaérobies. Cela signifie que ce sont des activités intensives, accomplies pendant un laps de temps très bref et axées sur l'augmentation du tonus musculaire.

LES EXERCICES AÉROBIES

C'est le nom donné habituellement aux exercices qui prennent en compte « en continu » les besoins en oxygène du corps ; les muscles vont aussi vite pour brûler l'oxygène disponible que l'oxygène pour parvenir aux muscles. Ce type d'exercice est excellent pour la forme ; il faut le pratiquer sans discontinuer pendant au moins 20 minutes, 3 fois par semaine. Les exercices aérobies ne se limitent pas aux cours de gymnastique (ci-dessous) ; le tennis, la bicyclette, le jardinage et la danse (à droite) sont également des activités aérobies.

Épaules détendues

Fesses rentrées

Genoux relâchés

L'aérobic
Une bonne position de départ (ci-dessus) assurera l'exécution correcte de la suite des exercices.

La danse
Pratiquée de manière dynamique, elle devient un exercice aérobie.

LA FORCE MUSCULAIRE

Pour augmenter la puissance de ses muscles, on peut pratiquer soit des exercices dynamiques, qui allongent les muscles, soit des exercices isométriques, qui contractent les muscles sans toutefois les raccourcir.

LES EXERCICES DYNAMIQUES

Ce sont des mouvements répétitifs impliquant un groupe particulier de muscles s'opposant à une force donnée – des haltères, par exemple. Pour tonifier un muscle, il n'est pas nécessaire de lui faire soulever des poids énormes. Si c'est la fermeté qu'on recherche et non l'augmentation de volume du muscle, fréquenter un bon gymnase 3 fois par semaine est largement suffisant.

LES EXERCICES ISOMÉTRIQUES

Au cours de ces exercices, les muscles se contractent sans se raccourcir, contrairement à d'autres types d'exercices qui modifient leur longueur. Exemple d'exercice isométrique : presser l'une contre l'autre les paumes de ses mains pour faire jouer les muscles des bras. Les exercices isométriques donnent des résultats rapides ; mal exécutés, ils peuvent devenir dangereux. Aussi est-il toujours préférable de les faire sous surveillance.

LA CAPACITÉ MOTRICE

Elle concerne l'équilibre, la rapidité de réaction et la coordination des mouvements. Les femmes surpassent souvent les hommes dans les activités qui requièrent un haut niveau de motricité. La gymnastique, par exemple, est une des disciplines les plus complètes dans ce domaine et fait partie des sports où les femmes dominent.

Quelques exemples
- *Équitation*
- *Surf*
- *Windsurf*
- *Ski alpin et ski nautique*
- *Plongeon de compétition*
- *Acrobatie*
- *Patinage artistique*
- *Danse classique*
- *Escalade*
- *Tai-chi-chuan*

Équilibre et coordination
L'escalade (ci-dessus) et le tai-chi-chuan (ci-contre) sont des activités physiques qui requièrent toutes deux beaucoup d'équilibre et de coordination.

LE TONUS MUSCULAIRE

Les femmes peuvent tonifier leurs muscles, augmenter leur puissance musculaire et leur endurance en pratiquant l'haltérophilie. Elles ne doivent pas craindre pour autant d'hypertrophier leur musculature, à moins que le programme n'ait été conçu spécialement pour le culturisme.

La machine à ramer (ci-dessous)
L'utilisation régulière d'une machine à ramer tonifie la majorité des grands muscles, particulièrement ceux des bras, du dos, des jambes et des fesses.

1. Placer les mains à la hauteur des épaules

2. Lever les bras au-dessus de la tête

1. Placer les mains à la hauteur du menton

2. Écarter les mains vers l'extérieur

Petites haltères (ci-dessus)
Les exercices avec les petites haltères sont excellents pour renforcer les muscles des bras, des épaules et de la poitrine. Le renforcement des muscles pectoraux améliore la tonicité du sillon mammaire.

LES ÉTIREMENTS

Tous les mammifères étirent leurs muscles après une longue station dans la même position. Cet exercice allonge les muscles et prévient ainsi les déchirures musculaires. Il soulage les douleurs et procure une détente corporelle. L'exercice décrit ci-dessous est particulièrement recommandé pour commencer la journée. Il doit s'effectuer d'un seul mouvement continu.

S'accroupir et étendre les bras et les mains devant soi, paumes vers l'extérieur

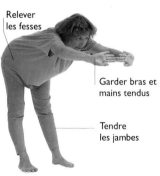

Relever les fesses

Garder bras et mains tendus

Tendre les jambes

Lever les bras au-dessus de la tête

Étirer le torse

Étirer pieds et orteils en se dressant sur la pointe des pieds

TECHNIQUES DE RELAXATION

Il existe de nombreuses méthodes de relaxation. La plupart s'apprennent facilement et peuvent se pratiquer à la maison, bien que, pour débuter, certaines nécessitent les indications d'un professeur.

LE YOGA

Il existe différents types de yoga. Certains mettent l'accent sur les exercices physiques, d'autres sur la méditation, mais tous visent la relaxation et le contrôle de la respiration. Les postures du yoga mettent en jeu toutes les parties du corps et ont pour résultat une amélioration de la souplesse, de la force et de l'endurance. Grâce à ces postures, l'harmonisation de la respiration permet une relaxation, très utile pour soulager le stress.

LES TECHNIQUES DE TENSION-DÉTENTE

Dès lors que les grands muscles sont détendus, le calme pénètre l'esprit et un état de profonde relaxation s'installe. Il est très facile de savoir si un muscle est contracté, mais il l'est moins de savoir s'il est détendu. Dans la technique de tension-détente (ci-dessous), les muscles sont alternativement contractés (phase d'inspiration) puis détendus (phase d'expiration), en partant des pieds pour arriver au visage.

Ainsi le relâchement d'un muscle est-il d'autant plus perceptible qu'il suit sa contraction.

Détente des épaules

Contracter les muscles des épaules (ci-dessus, à gauche) pendant quelques secondes puis les laisser se relâcher (ci-dessus, à droite).

Tension-détente

Trouver une position confortable, le dos à plat contre le sol (ci-dessous). Fermer les yeux et respirer profondément. En commençant par les pieds, contracter chaque groupe de muscles l'un après l'autre, puis les laisser se détendre.

LA MÉDITATION

Le but de la méditation est de libérer l'esprit du « bruit de fond » quotidien. Il en découle une relaxation mentale, elle-même suivie de la relaxation physique. On parvient à détendre son esprit en proposant au cerveau une phrase, un mot, un mantra (formule sonore), ou encore un objet (une bougie, par exemple) qui serviront à focaliser la concentration.

La tête est maintenue dans le prolongement de la colonne vertébrale

Les mains sont détendues

La position du lotus

L'énergie circule à travers la colonne vertébrale bien droite. Le corps, bien équilibré dans cette posture, permet à l'esprit de se détendre complètement.

LA RESPIRATION PROFONDE

Le rythme et l'ampleur de la respiration varient avec l'état émotionnel. Lorsqu'on est tendu, la respiration, qui part du haut des poumons, est rapide et courte. Lorsqu'on est détendu, la respiration, utilisant une plus grande capacité pulmonaire, se ralentit et devient plus profonde. Respirer profondément permet de diminuer le stress. La respiration abdominale également, mais les femmes ont du mal à la mettre en œuvre spontanément.

LE STRESS

Le stress, piment de la vie
Le franchissement des différentes étapes de la vie provoque une succession de stress, souvent très agréables.

La plupart des gens le considèrent comme uniquement négatif, mais il a aussi un côté positif. Le stress est une énergie associée au changement ; il peut être provoqué aussi bien par un acte anodin comme se lever le matin que par un événement majeur comme un accouchement ou un deuil. Une vie sans stress serait une vie complètement insipide.

Trop de stress (surtout s'il est continuel) risque d'occasionner de sérieux problèmes de santé, bien que leur gravité varie d'une personne à l'autre, chacune de nous étant plus ou moins sensible aux agressions. Un stress excessif peut conduire à un usage immodéré (parfois à une dépendance) de substances telles que la caféine, la nicotine et l'alcool.

Il peut aussi être à l'origine des comportements pathologiques « de confort » comme la boulimie, car en mangeant on trompe momentanément l'angoisse. Il peut également provoquer l'accumulation de TOXINES dans l'organisme.

Réaction au stress normal	Causes	Conséquences (stress durable)
ÉPINÉPHRINE et NORÉPINÉPHRINE libérées dans le sang	Concentration des facultés physiques et mentales	TENSION élevée, ressentiment, inquiétude, impatience, anxiété, insomnie
Le foie libère l'énergie emmagasinée sous forme de GLYCOGÈNE	Production d'énergie	Impossibilité de se détendre, hyperactivité, irritabilité, fatigue, accumulation de CHOLESTÉROL dans le sang
Accélération de la respiration et du pouls	Apport supplémentaire d'oxygène et diffusion dans le sang	Essoufflement et tension élevée
Tension musculaire	Préparation à l'action	Étourdissements, évanouissements, palpitations, maux de tête, hypertension, muscles douloureux
Inhibition du processus digestif	Énergie canalisée vers les muscles	« Nœuds » dans l'estomac, nausées, indigestions, constipation, ulcères
Augmentation de la transpiration	Le corps se refroidit	Mains moites, sueurs, urticaire, eczéma
Besoin de libérer la vessie et les intestins	Le poids du corps diminue (préparation au COMBAT ou à la FUITE)	Mictions, défécations fréquentes
Tension émotionnelle	Préparation à l'effort	Pleurs, rires nerveux, agressivité, crises de colère, dépression

ÉCHELLE DE STRESS

À la fin des années 1960, des médecins américains ont classé de 1 à 100 les différents niveaux de stress provoqués par les événements de la vie courante.

On additionne la valeur des événements de l'année écoulée : 150 et plus sont risque de maladie.

Les causes	Niveau
Décès du conjoint ou d'un enfant	100
Divorce	73
Séparation	65
Peine de prison	63
Décès dans la famille	63
Blessure ou maladie	53
Mariage	50
Perte d'emploi	47
Réconciliation maritale	45
Retraite	45
Maladie (membre de la famille)	44
Grossesse	40
Problèmes sexuels	39
Naissance d'un enfant	39
Évolution professionnelle	39
Modification financière	38
Décès d'un ami proche	37
Changement d'emploi	36
Fréquentes disputes avec le conjoint	35
Hypothèque ou emprunt	31
Promotion professionnelle	29
Départ des enfants du foyer	29
Conflit avec les beaux-parents	29
Réussite personnelle éclatante	28
Arrêt ou début de travail du conjoint	26
Arrêt ou début de l'école	26
Changement de vie	25
Changement des habitudes	24
Conflit avec le patron	23
Changement dans les conditions de travail	20
Déménagement	20
Changement d'école ou d'université	20
Changement d'activités sociales	18
Changement des rythmes de sommeil	16
Changement d'habitudes alimentaires	15
Vacances	13
Noël	11
Petites entorses aux lois	11

LES TOXINES DANS L'ORGANISME

Ce sont des substances toxiques que le corps peut garder durant des années et qui peuvent déclencher des maladies. Les toxines les plus courantes sont absorbées sous forme d'alcool, de tabac, de pollution, de graisses saturées, d'additifs alimentaires et autres. Le corps doit effectuer un effort inhabituel pour se débarrasser de ces poisons, ce qui peut prendre un certain temps – par exemple, un foie féminin moyen a besoin de 1 h 30 (voir ci-dessous) pour assimiler une mesure d'alcool (ci-contre). Le corps de la femme renferme 10 % d'eau de moins que celui de l'homme : les toxines sont donc plus concentrées dans son sang.

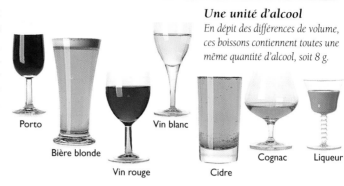

Une unité d'alcool
En dépit des différences de volume, ces boissons contiennent toutes une même quantité d'alcool, soit 8 g.

Porto — Bière blonde — Vin rouge — Vin blanc — Cidre — Cognac — Liqueur

L'assimilation de l'alcool

L'unité d'alcool est égale à 8 g d'alcool pur ; le foie assimile environ 0,1 g d'alcool par kilo de poids corporel et par heure ; ainsi, une femme pesant 57 kg assimilera une unité d'alcool en 1 h 30. Une femme présentant une charge pondérale très supérieure (ou au contraire, très inférieure) assimilera plus lentement la même quantité d'alcool. Les femmes montrées ci-contre sont toutes à leur poids idéal, mais elles ont besoin d'un laps de temps très différent pour assimiler la même unité d'alcool (consulter les cadrans).

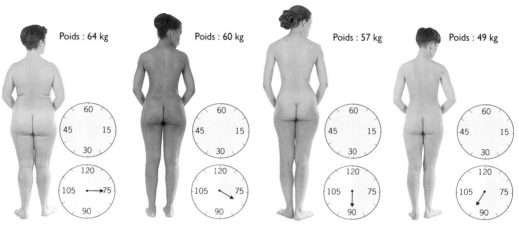

Poids : 64 kg — Poids : 60 kg — Poids : 57 kg — Poids : 49 kg

LA CELLULITE

Seules les femmes présentent, principalement sur les cuisses et les fesses, des masses et renflements disgracieux que beaucoup de médecins continuent à considérer comme de la graisse ordinaire. D'autres praticiens, notamment en Occident, pensent au contraire que la cellulite est une sorte de réserve d'eau. Lorsque la circulation sanguine devient laborieuse, souvent à cause d'une vie sédentaire et du manque d'exercice, les TOXINES (voir ci-dessus) se fixent dans des cellules graisseuses éloignées des organes de reproduction féminins (à cause de l'action des ŒSTROGÈNES). Les capillaires se dilatent alors et le PLASMA s'échappe jusqu'à surcharger le SYSTÈME LYMPHATIQUE, qui devient incapable de drainer le fluide cellulaire : toute la région est alors saturée. L'épiderme prend l'aspect d'une « peau d'orange » et, les cellules durcissant progressivement, le toucher grumeleux s'accentue avec le temps. En outre, le ralentissement de la circulation sanguine provoque une sensation de froid. Certaines femmes sont plus sujettes que d'autres à la cellulite ; un taux élevé d'œstrogènes, par exemple au cours d'une grossesse, augmente les probabilités d'apparition de la cellulite.

On la combat en limitant la quantité de toxines pénétrant dans le corps, en pratiquant des massages superficiels (DRAINAGE LYMPHATIQUE) ou profonds, et en multipliant les exercices physiques. La liposuccion, technique chirurgicale, peut dans certains cas donner de bons résultats.

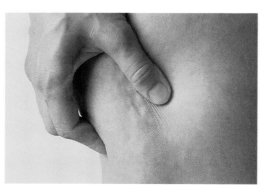
Une caractéristique de la cellulite : la peau devient grumeleuse.

ET CHEZ L'HOMME ?

Le corps de la femme et celui de l'homme traitent les TOXINES de manière différente. Dans l'organisme féminin, les toxines s'accumulent dans les cellules graisseuses les plus éloignées des organes de reproduction. On pense que cette fonction protectrice, due à l'action des ŒSTROGÈNES, est la raison pour laquelle la CELLULITE ne se rencontre que chez les femmes. Lorsque les taux d'œstrogènes baissent après la MÉNOPAUSE, les toxines ont tendance à obstruer les artères et favorisent les affections cardiovasculaires.

L'ACUPUNCTURE

Apparue en Chine il y a plus de 2 000 ans, l'acupuncture repose sur le concept du flux d'énergie vitale ou *qi*, qui parcourt 14 méridiens traversant le corps. On agit sur de nombreux points de chaque méridien afin d'influer sur les organes liés à chacun d'eux. En acupuncture, on utilise des aiguilles stériles très fines pour agir sur l'énergie le long de ces méridiens, alors que l'acupression ou SHIATSU applique des pressions à des endroits précis. Le but de l'acupuncture, du shiatsu et de la RÉFLEXOLOGIE (voir ci-dessous) est d'équilibrer le yin et le yang (les deux flux opposés) du *qi* à l'intérieur du corps. Le yin est caractérisé par le féminin, l'obscurité, le froid, le solide et la passivité alors que le yang est masculin, clair, chaud, profond et actif. L'un et l'autre sont également importants et leur équilibre est essentiel pour se maintenir en bonne santé. Les méridiens yin sont situés sur les parois internes ou frontales du corps alors que les méridiens yang se trouvent sur les parties externes ou dorsales. Le *qi* remonte le long des méridiens yin et redescend le long des méridiens yang.

Représentation ancienne du yin et du yang

L'acupuncture peut traiter une TENSION élevée, les désordres digestifs, la fatigue, la mauvaise circulation, le mal de dos, la sciatique… On peut aussi s'en servir pour combattre certaines accoutumances, pour soulager les douleurs menstruelles et stimuler l'accouchement.

Les praticiens qui utilisent cette technique le font généralement en complément d'autres traitements.

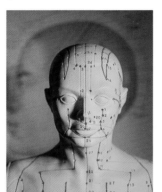

Les méridiens
Les points d'acupuncture sont numérotés sur chaque méridien.

ET CHEZ L'ANIMAL ?

L'acupuncture n'est pas seulement efficace pour l'être humain ; en Chine, on l'utilise pour soigner les animaux. Certains vétérinaires occidentaux s'y sont mis également.

LA THÉRAPIE PAR LA COULEUR

Les effets des couleurs sur les états psychologiques sont assez connus. Les colorithérapeutes pensent que la longueur d'onde propre à chaque couleur agit sur les cellules et les organes (ci-dessous). Selon cette théorie, il est possible de conserver ou de recouvrer une bonne santé en s'exposant à une ou plusieurs couleurs pures.

Rouge
Accroît la vitalité ; peut être très fatigant.

Orange
Stimule l'enthousiasme ; antidépresseur.

Jaune
Favorise le détachement et l'insécurité.

Vert
Provoque l'indécision et l'harmonie.

Turquoise
Développe l'objectivité ; rafraîchissant.

Bleu
Facilite la relaxation, recharge en énergie.

Violet
Renforce la sensualité et la tranquillité.

Rose
Augmente la quiétude et l'individualisme.

LA RÉFLEXOLOGIE

Cette thérapie utilise la stimulation des points réflexes du pied qui correspondent aux méridiens de l'acupuncture. La plupart des points réflexes se trouvent sur la plante des pieds. Quelques-uns sont situés sur le dessus du pied et d'autres autour des chevilles. L'illustration (à droite) représente un pied gauche (toujours différent du pied droit).

Les réflexologistes pensent qu'une sensibilité particulière d'une partie du pied indique un désordre ou une faiblesse dans la région du corps correspondante.

Les cors au pied ou les oignons peuvent affecter les régions correspondantes du corps, notamment le cou chez les femmes.

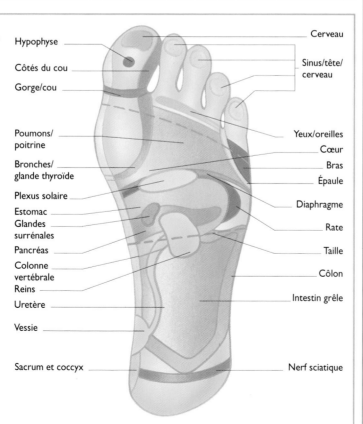

Hypophyse
Côtés du cou
Gorge/cou
Poumons/poitrine
Bronches/glande thyroïde
Plexus solaire
Estomac
Glandes surrénales
Pancréas
Colonne vertébrale
Reins
Uretère
Vessie
Sacrum et coccyx

Cerveau
Sinus/tête/cerveau
Yeux/oreilles
Cœur
Bras
Épaule
Diaphragme
Rate
Taille
Côlon
Intestin grêle
Nerf sciatique

LES MASSAGES

Le sens du toucher est indispensable : privé de contacts physiques, l'être humain peut devenir irritable ou dépressif. En outre, le toucher réduit la TENSION. Le massage est né du désir naturel de toucher et de soigner autrui, comme cela se pratique chez tous les mammifères.

Le massage n'est pas seulement calmant et apaisant, il stimule également les systèmes CIRCULATOIRE et LYMPHATIQUE, qui jouent tous deux un rôle important dans la prévention des ŒDÈMES et de la CELLULITE. Certaines cultures (dans le nord de l'Europe et aux États-Unis) ont développé de puissants tabous contre le toucher car la sensualité y est étroitement associée à la sexualité, alors que dans d'autres pays, comme en Inde, les enfants sont massés dès la naissance et apprennent dès leur plus jeune âge à masser.

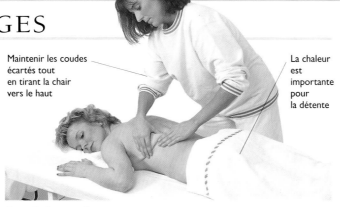

Maintenir les coudes écartés tout en tirant la chair vers le haut

La chaleur est importante pour la détente

Le pétrissage doux
Le pétrissage étire et détend les muscles, stimule la circulation et le système lymphatique.

Avec les pouces, on exerce des pressions de chaque côté de la colonne vertébrale

La friction
Une pression des mains étire doucement la colonne vertébrale.

L'effleurage
Il réduit les contractures musculaires et améliore la circulation.

LE SHIATSU

Également connu sous le nom d'acupression, cette thérapie asiatique découle de la même théorie que l'ACUPUNCTURE. Dans le SHIATSU, la pression est appliquée avec les doigts, les pouces ou les paumes sur les points des MÉRIDIENS. Le shiatsu est efficace contre les contractures musculaires et améliore le fonctionnement des organes internes.

La pression est appliquée fermement

La pression
La pression directe est maintenue de 3 à 5 secondes sur certaines zones clés et peut être répétée.

L'AROMATHÉRAPIE

Les odeurs sont interprétées par le cerveau primaire, région où se ressentent les émotions. En conséquence, les parfums ont des effets puissants sur la santé. Les huiles essentielles, telles qu'elles sont utilisées par les aromathérapeutes, sont le produit concentré de la distillation de végétaux. Chaque essence possède des propriétés spécifiques.

Attention
Les huiles essentielles employées en aromathérapie ne sont pratiquement jamais administrées par voie interne. À part la bergamote, la rose et la fleur d'oranger, les essences du tableau ne doivent pas être utilisées par les femmes enceintes.

Huile	Propriétés
Bergamote	Antiseptique, astringente, antidépressive. Employée contre l'acné et sur peau grasse. Sensibilise la peau, doit donc être évitée avant un bain de soleil.
Camomille	Sédative. Convient aux peaux sensibles. Utilisée pour éclaircir les cheveux blonds.
Sauge sclarée	Astringente, stimulante. Stimule les contractions utérines. Employée comme fixatif en parfumerie.
Eucalyptus	Antiseptique et stimulante. Employée contre la toux, les rhumes et les douleurs musculaires.
Géranium	Astringente, diurétique, antidépressive. Tonifie la peau, éloigne les insectes.
Jasmin	Antidépressive, aphrodisiaque. Stimule les contractions utérines. Efficace contre la dépression.
Lavande	Antiseptique, analgésique, calmante. Soigne les maux de tête, l'insomnie, la dépression, les douleurs.
Marjolaine	Analgésique, sédative, fortifiante. Traite les douleurs, la dysménorrhée (douleurs menstruelles), l'insomnie et les maux de tête. Active localement la circulation du sang ; utile après un effort.
Néroli (fleur d'oranger)	Sédative, calmante, aphrodisiaque. Contre l'anxiété et l'insomnie. Le néroli est spécialement recommandé pour les peaux sèches.
Rose	Antiseptique, sédative, antidépressive. Extrêmement onéreuse, mais il en faut très peu pour bénéficier de son arôme si particulier.
Romarin	Stimulante. Efficace contre les troubles de la mémoire, la fatigue cérébrale, les douleurs rhumatismales. Employée dans les shampooings et les lotions capillaires pour rehausser la couleur des cheveux foncés.

SAUNAS ET BAINS DE VAPEUR

L'intense chaleur sèche du sauna, supérieure à 38 °C, stimule la transpiration. Les utilisateurs sont assis, nus, dans une cabine ou une petite pièce chauffée par un poêle central. Le sauna est suivi d'un bain ou d'une douche à l'eau froide. Certaines personnes se fouettent avec des branches de bouleau, ce qui provoque une sensation de brûlure vivifiante. L'abondante transpiration provoquée par le sauna fait perdre du poids (en eau), soulage douleurs et problèmes respiratoires et nettoie la peau.

BAINS DE VAPEUR

Ils diffusent une chaleur humide (vapeur). Le bain de vapeur fait beaucoup plus transpirer que le sauna et favorise ainsi une élimination plus rapide des TOXINES. Le bain de vapeur est suivi d'un bain froid ou d'une douche froide, très vivifiants, et est souvent associé à un sauna.

Cabine individuelle de sauna

La chaleur (sèche ou humide) est envoyée à l'intérieur de la cabine.

L'HYDROTHÉRAPIE

Dans l'Antiquité, les Grecs et les Romains connaissaient déjà les propriétés thérapeutiques de l'eau. L'hydrothérapie (du grec *hydro*, eau) sert à relaxer, tonifier la peau, soulager les contractures musculaires et redonner la ligne. On utilise alternativement de l'eau chaude et de l'eau froide pour stimuler la CIRCULATION SANGUINE. En dilatant les vaisseaux, la chaleur active le flux sanguin vers la peau ; le froid fait se contracter les vaisseaux, renvoyant ainsi le sang vers le cœur. Des études récentes ont démontré que des bains froids réguliers stimulent le SYSTÈME IMMUNITAIRE et augmentent la production d'œstrogènes.

LA THALASSOTHÉRAPIE

Du grec *thalassa*, mer, elle est connue depuis l'antiquité. Il existe une grande affinité entre les sels minéraux de l'eau de mer et ceux du corps humain. La thalassothérapie peut être pratiquée sous forme de bains, de douches et d'enveloppements d'algues. Y sont associés de la gymnastique, de la rééducation et des massages.

L'hydrothérapie est employée pour tonifier la peau.

Les bains turcs ont inspiré de nombreux artistes du XIXᵉ siècle.

LE BAIN TURC

Les hammams, ou bains turcs, font partie intégrante de la vie quotidienne de villes comme Istanbul. Constitués de deux unités séparées, une pour les hommes et l'autre pour les femmes, avec mise à disposition de salles d'intensité de chaleur différente, ils sont recommandés pour libérer le corps de ses TOXINES, nettoyer la peau, faire baisser la fièvre et soigner les ARTHRITES et la DÉPRESSION.

LES SOINS DE BEAUTÉ

Les *masques* servent à nettoyer et à purifier la peau. La chaleur ouvre les pores et les divers constituants des masques éliminent les impuretés et les cellules mortes. Un massage est généralement effectué pour stimuler la CIRCULATION.

L'*enveloppement* est devenu un moyen assez répandu pour tonifier et adoucir la peau. Des couvertures, des bandages ou des feuilles de plastique sont utilisés pour faciliter la pénétration des crèmes et des sels minéraux, raffermir le corps et faire perdre quelques centimètres de tour de taille.

LES ADDITIFS POUR LE BAIN

La boue volcanique contient de nombreux sels minéraux aux vertus thérapeutiques. Au cours d'un bain de boue, ces sels minéraux recouvrent la peau et, en stimulant la transpiration, permettent l'élimination des toxines. On peut utiliser pour le bain d'autres substances comme le sulfate de magnésie, qui stimule la CIRCULATION, la moutarde, qui réchauffe la peau et apaise l'ARTHRITE, le sel marin et les algues.

Ces additifs ne sont pas recommandés aux personnes souffrant de DERMATOSE.

L'OSTÉOPATHIE

Le but de l'ostéopathie, qui s'est développée depuis la fin du XIXᵉ siècle, est de maintenir l'efficacité mécanique et structurelle du squelette. La théorie de base de l'ostéopathie est que le corps est un ensemble dont toutes les parties sont en étroite relation entre elles. En conséquence, un léger déplacement de la colonne vertébrale sera la cause d'un blocage de certains vaisseaux sanguins.

Les ostéopathes pensent donc que diverses affections peuvent être traitées par le biais de manipulations, de massages et d'exercices. Ils considèrent qu'on peut aussi soigner le syndrome prémenstruel et la DYSMÉNORRHÉE. L'ostéopathie n'est pas encore reconnue comme un traitement médical au Canada : c'est pourquoi les ostéopathes y sont rares.

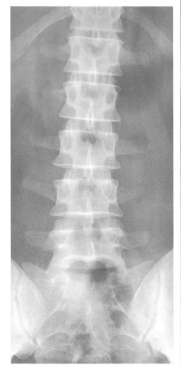

Une colonne vertébrale saine
Un déplacement, même léger, d'un os de la colonne vertébrale aura un effet notable sur le reste du corps.

L'HOMÉOPATHIE

L'homéopathie est fondée sur le principe selon lequel le semblable soigne le semblable. Elle soigne donc les maladies et les affections avec les substances qui, chez un individu en bonne santé, provoqueraient les mêmes symptômes que ceux manifestés chez le patient. Les symptômes sont considérés comme une tentative du corps pour se soigner lui-même ; l'homéopathie cherche à stimuler ce processus de guérison plutôt qu'à le supprimer. Les remèdes homéopathiques sont produits à partir de minéraux, de végétaux ou de substances animales. Ils sont toujours extrêmement dilués car on considère que cela augmente leur efficacité – on appelle ce phénomène dynamisation. Ces remèdes sont prescrits en fonction de chaque individu et prennent en compte le tempérament, les antécédents médicaux et la réaction au traitement.

Une clientèle de plus en plus nombreuse se tourne vers l'homéopathie pour soulager des maux en face desquels la médecine traditionnelle s'avère impuissante. Citons le syndrome prémenstruel, la DYSMÉNORRHÉE (douleurs menstruelles), les MYCOSES, l'ECZÉMA, l'ASTHME, les rhumes… Les remèdes homéopathiques peuvent être prescrits par des généralistes aussi bien que par des spécialistes homéopathes. Certains vétérinaires ont également recours à l'homéopathie.

Serpent surukuku
Le lachésis, extrait du venin de surukuku, soulage les bouffées de chaleur.

Anémone pulsatille
Les problèmes menstruels peuvent être traités grâce à la pulsatille.

LA CHIROPRATIQUE

Les chiropraticiens estiment qu'un léger déplacement de la colonne vertébrale peut avoir une influence néfaste sur des fonctions corporelles. C'est le résultat de blocages des transmissions nerveuses qui provoquent des inflammations des nerfs. La manipulation des articulations et des muscles peut rétablir le bon fonctionnement de la colonne vertébrale, permettre aux nerfs de fonctionner normalement et ainsi « redonner vie » au corps. Les chiropraticiens ne sont pas des médecins mais procèdent à des examens physiques généraux et utilisent les rayons X. La chiropratique peut traiter les problèmes de dos, les hernies discales, l'ARTHRITE, la constipation et les névralgies.

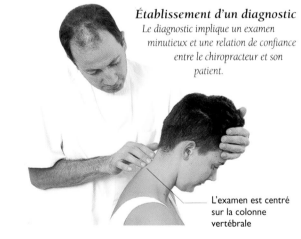

Établissement d'un diagnostic
Le diagnostic implique un examen minutieux et une relation de confiance entre le chiropracteur et son patient.

L'examen est centré sur la colonne vertébrale

Examen de la colonne vertébrale
C'est toute la colonne vertébrale qui est examinée, depuis le cou (à gauche) jusqu'au bas du dos (à droite) afin de déterminer les zones enflammées.

FROTTIS DU COL DE L'UTÉRUS

Une femme doit procéder régulièrement à un examen du col de l'utérus, qui permet de détecter la présence de cellules cancéreuses ou précancéreuses dans cette région du corps. Ce type de cellules ne provoque pas de symptômes notables et elles peuvent se développer sans qu'on s'en aperçoive. Connu aussi sous le nom de test de Pap (d'après le Dr Papanicolaou, médecin gréco-américain qui a conçu ce test), un frottis du col de l'utérus est effectué au cours d'un examen interne ; les cellules normalement éliminées par l'utérus sont collectées. Le frottis est ensuite étalé sur une lamelle et envoyé au laboratoire, qui mettra ainsi en évidence les cellules anormales.

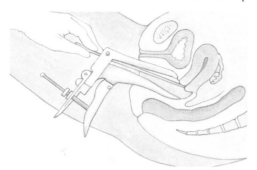

L'examen par frottis
Un instrument appelé spéculum est inséré dans le vagin ; il permet d'écarter les parois vaginales pour que le praticien puisse examiner le col de l'utérus. Une spatule est ensuite utilisée pour détacher quelques cellules du col.

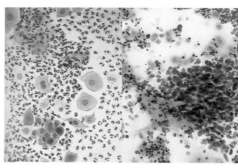

Cellules du col de l'utérus
Les cellules anormales ou atypiques du col (en haut, à droite) présentent généralement des noyaux plus sombres que ceux des cellules normales lorsqu'on les expose à des colorants de laboratoire.

ET CHEZ L'HOMME ?
Contrairement aux femmes, les hommes ne se soumettent pas à des examens de routine sur telle ou telle partie de leur corps. Ils passent cependant des tests sanguins, par exemple pour un taux élevé de cholestérol.
De même que les femmes peuvent détecter elles-mêmes un cancer du sein, les hommes sont maintenant incités à examiner régulièrement leurs testicules parce qu'on peut traiter ce cancer s'il est pris à temps. Si on trouve sur ses testicules une ou plusieurs grosseurs, il faut consulter.

BILAN ET EXAMENS DE PRÉVENTION

Nom et but de l'examen	Quand faut-il le faire ?	Quand commencer ?	Fréquence à observer
Tension artérielle *Vérifier l'état du cœur et des artères.*	*S'il y a, dans la famille, des cas d'hypertension, de maladies cardiovasculaires ou rénales, d'ACV (accident cérébro-vasculaire) ou de diabète ; en cas de surcharge pondérale.*	*Une fois pendant l'enfance. À partir de 30 ans, ou plus tôt pour diverses raisons (prescription de certains médicaments ou problèmes médicaux).*	*1 fois par an ou en fonction de la raison pour laquelle la tension a été prise la première fois.*
Tests sanguins *Vérifier les désordres spécifiques, notamment au cours de la grossesse.*	*En cas de CARDIOPATHIE, d'ACV ou de DIABÈTE ; si l'on craint une ANÉMIE ; pendant la grossesse.*	*À partir de 30 ans, ou avant en cas de grossesse ou si l'on suspecte une anémie.*	*Selon recommandation du médecin traitant.*
Examen physique complet *Vérifier l'état général du cœur, des poumons, du cerveau et des principaux organes internes.*	*Après une maladie grave ou une opération ; en cas de symptôme non spécifique et de stress important.*	*Rarement utile avant 30 ans, à moins d'une raison particulière.*	*Selon recommandation du médecin traitant.*
Examen interne *Examiner le plancher pelvien (PÉRINÉE) et les organes pelviens.*	*À intervalles réguliers, en tant que mesure préventive ; en cas de problèmes menstruels, d'affections pelviennes, vaginales ou périnéales.*	*Avant d'essayer un nouveau produit anticonceptionnel ; à la première grossesse ou en cas d'inflammation pelvienne.*	*Selon recommandation du médecin traitant ou du gynécologue.*
Frottis du col de l'utérus *Détecter les cellules précancéreuses du col de l'utérus.*	*En cas de saignements intermenstruels, de règles irrégulières ou de facteurs de risque dans la famille.*	*Dès le début de la vie sexuelle.*	*1 an après le premier frottis ; puis tous les 3 ans à moins d'une anomalie ou de facteurs de risque.*
Frottis vaginal *Détecter les cellules précancéreuses du vagin.*	*Si la mère a pris du DES pendant sa grossesse ; après une hystérectomie pour un cancer du col.*	*À partir de 20 ans pour les groupes à risque.*	*Selon prescription du médecin traitant ou du gynécologue.*
Mammographie *Détecter les nodules (pré)cancéreux dans les seins.*	*Si l'on fait partie d'un groupe à risque de CANCER DU SEIN.*	*À partir de 50 ans dans le cas de dépistage systématique.*	*Tous les 2 ans ou selon recommandation du médecin traitant*

LA
FÉCONDITÉ

LA REPRODUCTION

L'UTÉRUS

*L'appareil utérin (ou tractus)
de la femme est identique
à celui des autres mammifères
femelles. Les LIGAMENTS
utérosacrés relient l'utérus au bas
de la colonne vertébrale
et au pelvis. Cet ensemble
s'est formé au début de l'évolution
des mammifères, quand
ils marchaient à quatre pattes,
et il confère à l'utérus
un soutien efficace, permettant
d'équilibrer le poids du FŒTUS
par rapport à l'épine dorsale
horizontale de l'animal gravide.*

   *Maintenant que la femme
se tient debout, des ligaments
partant des épaules
maintiendraient l'utérus plus
efficacement. Mais les espèces
ont plus souvent adapté
que modifié leur anatomie
pour faire face aux exigences
de leur environnement.*

   *En conséquence, le poids
du fœtus contraint l'utérus à tirer
sur les ligaments utérosacrés,
selon un angle inadapté, à partir
du bas de la colonne vertébrale.*

   *Cette situation provoque
des douleurs dorsales,
l'un des problèmes les plus
courants durant la grossesse,
particulièrement au cours
du TROISIÈME TRIMESTRE,
quand le fœtus est le plus lourd.
La femme peut alors souffrir
d'un prolapsus permanent
de l'utérus par la suite.
Autrement dit, le relâchement
tissulaire, induit par la faiblesse
du plancher périnéal,
des muscles abdominaux
et lombaires ainsi que
des ligaments, peut conduire
à l'affaissement de l'utérus
vers le vagin.*

LES ORGANES DE LA REPRODUCTION

LES OVAIRES

Les ovaires sont situés de chaque côté de l'utérus. Chacun des ovaires, de la taille d'une noisette, a grossièrement une forme ovoïde. Dès la naissance, ils contiennent le lot d'ovules de la femme adulte. De la puberté à la ménopause, ces derniers mûrissent au rythme approximatif d'un ovule par mois lunaire. Les ovaires sont reliés au sommet de l'utérus par d'étroits tubes flexibles, appelés les trompes de Fallope.

LES TROMPES DE FALLOPE

Leur diamètre varie sur toute leur longueur – environ 0,4 mm au point le plus étroit. Ces trompes sont les voies que parcourent les ovules mûrs à la rencontre du spermatozoïde. Des pavillons tubaires (sortes d'entonnoirs frangés) sont fixés sur les terminaisons ovariennes. Les ovaires et les pavillons tubaires baignent dans la poche de liquide qui se situe derrière l'utérus, dans la partie inférieure de la cavité abdominale (pour plus de clarté, les illustrations représentent habituellement les ovaires et les trompes de Fallope déployés au-dessus de l'utérus, comme ci-dessous). L'ovule libéré dans ce liquide entre par les pavillons dans la trompe de Fallope la plus proche. Après avoir été fécondé, l'ovule se maintient dans les 2/3 extérieurs de la trompe de Fallope pendant les 2 ou 3 premiers jours, puis des contractions le font progresser en direction de l'utérus, le long de la trompe de Fallope.

L'UTÉRUS

C'est un organe creux aux puissantes parois musculaires, de la taille et de la forme d'une poire. Il est situé au sommet du vagin et orienté vers l'avant (70 % des femmes), il est dit alors en antéversion, ou vers l'arrière (30 % des femmes), on parle de rétroversion. En effet, l'utérus est un organe mobile, il change de position imperceptiblement.

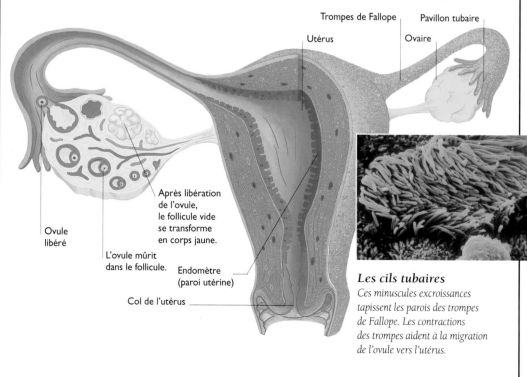

Trompes de Fallope

Utérus

Pavillon tubaire

Ovaire

Ovule
libéré

L'ovule mûrit
dans le follicule

Après libération
de l'ovule,
le follicule vide
se transforme
en corps jaune.

Endomètre
(paroi utérine)

Col de l'utérus

Les cils tubaires
*Ces minuscules excroissances
tapissent les parois des trompes
de Fallope. Les contractions
des trompes aident à la migration
de l'ovule vers l'utérus.*

LE CYCLE OVARIEN

Tout au long de la période de fécondité d'une femme, ses ovaires conduiront des ovules à maturité. Vers le 5ᵉ jour d'un cycle menstruel moyen de 28 jours, une vingtaine d'ovules commencent à mûrir dans des poches appelées FOLLICULES. Le 14ᵉ jour, un seul follicule libère son ovule mûr. Les autres ovules en cours de maturation s'étiolent, meurent et sont réabsorbés, tandis que le follicule vide se transforme en CORPS JAUNE.

Durant toute la seconde partie du cycle, le corps jaune produit une hormone, la PROGESTÉRONE, qui déclenche un épaississement et un assouplissement de l'ENDOMÈTRE en prévision de l'accueil de l'ovule fertilisé. Si la fécondation n'a pas lieu, l'ovule disparaît progressivement et le corps jaune se désagrège. La chute brutale du taux de progestérone qui en résulte déclenche une hémorragie de l'endomètre : c'est la MENSTRUATION. Généralement, un seul ovule est libéré à chaque ovulation, bien que certaines femmes en libèrent plusieurs, (surtout si elles suivent un traitement contre la stérilité), ce qui occasionne, en cas de gestation, des naissances multiples. Il arrive également qu'aucun ovule ne soit libéré. Les ovaires ovulent dans un ordre aléatoire, mais chez toutes les femmes le nombre d'ovulations sera à peu près le même.

Le follicule se développe puis libère l'ovule.

LES GÈNES ET LES CHROMOSOMES

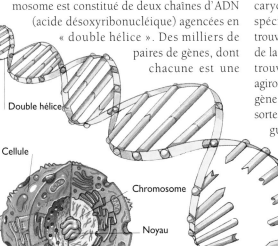

Toute l'information nécessaire au développement physique et mental de chaque individu est contenue dans ses chromosomes. Chaque cellule du corps, à l'exception de l'ovule féminin et du spermatozoïde masculin, contient 46 chromosomes répartis en 23 paires – l'ovule et le spermatozoïde ne contiennent que 23 chromosomes. Chaque chromosome est constitué de deux chaînes d'ADN (acide désoxyribonucléique) agencées en « double hélice ». Des milliers de paires de gènes, dont chacune est une minuscule portion d'ADN, sont situées le long de l'hélice, comme les barreaux d'une échelle.

COMMENT FONCTIONNENT LES GÈNES

Tous les gènes de l'organisme contiennent exactement la même information génétique, mais seuls quelques gènes sont actifs dans chaque cellule, selon l'emplacement et la fonction de celle-ci. Le caryotype est l'arrangement des chromosomes, spécifique à chaque individu. Si une cellule se trouve dans l'iris, par exemple, ce seront les gènes de la couleur des yeux qui seront actifs ; si elle se trouve dans un globule sanguin, d'autres gènes agiront. Les gènes sont récessifs ou dominants. Un gène dominant masque un gène récessif, de telle sorte qu'un trait génétique comme un groupe sanguin RHÉSUS NÉGATIF ne se manifestera que si l'individu hérite de deux gènes RHÉSUS NÉGATIF.

La division de la cellule

De nouvelles cellules se créent par la division en deux des chromosomes d'une cellule, le long des barreaux de l'échelle ; les chromosomes ainsi dédoublés forment le matériel génétique des deux nouvelles cellules.

Double hélice

Cellule

Chromosome

Noyau

Gènes

Membrane cellulaire

DÉSORDRES GÉNÉTIQUES ET CHROMOSOMIQUES

Nous possédons tous certaines cellules dont le matériel génétique est imparfait, résultat d'un copie défectueuse au cours d'une DIVISION CELLULAIRE. La plupart de ces imperfections minimes ne portent pas à conséquence, mais certaines modifications chromosomiques ou mutations génétiques peuvent avoir un effet pathologique. La MUCOVISCIDOSE est le résultat d'un désordre génétique. Les gènes défectueux peuvent aussi accroître la sensibilité à certaines maladies, comme le CANCER. Les problèmes d'ordre génétique apparaissent lorsqu'il existe un désordre dans le nombre ou la disposition du matériel chromosomique. L'ovule ou le spermatozoïde peuvent être déjà porteurs de ces désordres, mais ceux-ci apparaissent lors de la FÉCONDATION. La trisomie 21, ou mongolisme, résulte de la présence d'un chromosome surnuméraire sur la 21ᵉ paire.

LA CONCEPTION

Lorsque les spermatozoïdes vont à la rencontre des ovules dans les TROMPES DE FALLOPE, un certain nombre pénètrent les couches cellulaires nutritives de la granulosa (couche bordant intérieurement l'enveloppe, ou thèque, interne du follicule ovarien à maturité) ainsi que la membrane externe, dure et élastique, de l'ovule. Pour pénétrer dans l'ovule, le spermatozoïde doit se frayer un chemin à travers la membrane, et pour ce faire percer un trou par lequel il pourra passer. Le spermatozoïde y parvient grâce à son acrosome ou « coiffe céphalique », constituée d'enzymes qui dissolvent les cellules entourant l'ovule. Dès que le premier spermatozoïde a pénétré avec succès dans l'ovule, une réaction chimique s'y produit, le rendant imperméable à toute nouvelle intrusion. Au cours de l'opération, le spermatozoïde fécondant aura perdu sa queue (flagelle).

Certains spermatozoïdes n'ont pas de coiffe céphalique. Normaux en apparence, ils sont incapables de pénétrer un ovule. Les andrologues (médecins spécialistes de la stérilité masculine) savent désormais leur fournir une coiffe céphalique temporaire, mais efficace.

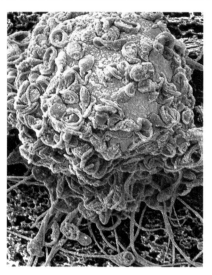

L'ovule fécondé (à gauche)
Les spermatozoïdes « éconduits » restent agglutinés à la surface de l'ovule.

Les trompes de Fallope (ci-dessous)
Les trompes de Fallope sont bordées de cellules ciliées (en vert) dont les battements rythmiques font se déplacer l'ovule vers l'utérus, ainsi que de cellules sécrétrices (en rose) qui maintiennent un environnement humide à l'intérieur des trompes.

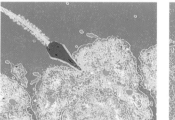

En route vers l'ovule
Avant de pouvoir effectivement pénétrer la surface de l'ovule, le spermatozoïde doit d'abord traverser les cellules granuleuses externes.

Dans l'ovule
Les enzymes de la coiffe céphalique réagissent aux cellules de la membrane de l'ovule jusqu'à mutuelle dissolution, ce qui crée un trou à travers lequel le spermatozoïde peut passer.

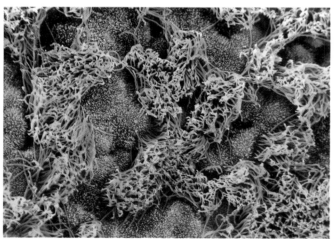

LE PROCESSUS DE LA FÉCONDATION

Spermatozoïde et ovule sont des cellules germinales ; chacune contient dans son noyau un matériel génétique individuel et unique (les CHROMOSOMES). Lorsque la tête du spermatozoïde est à l'intérieur de l'ovule, les deux noyaux sont attirés l'un vers l'autre jusqu'à se confondre. Chaque cellule germinale ne transporte que la moitié (23) du nombre de chromosomes présents dans toutes les autres cellules des parents. En conséquence, la cellule formée par leur réunion (zygote) contient 46 chromosomes. Quelques heures après la fusion, l'ovule fécondé se divise une première fois. On l'appelle alors morula. Ses deux cellules contiennent un matériel génétique complet. Les cellules de la morula se divisent toutes les 12 ou 15 heures et sont nourries en partie par une sécrétion de la paroi des TROMPES DE FALLOPE. Plus tard, la morula, qui est alors composée d'une centaine de cellules, devient creuse et prend le nom de BLASTOCYSTE. Lorsque les noyaux des cellules germinales fusionnent et que les cellules commencent à se diviser, d'autres spermatozoïdes essaient en vain de pénétrer dans la membrane externe, jusqu'à ce qu'une centaine s'agglutinent à la surface. Les coups de fouet de leurs flagelles font tourner lentement l'ovule fécondé sur lui-même, mouvement qui peut durer plusieurs jours ; les spermatozoïdes « éconduits » jouent donc un rôle important dans le voyage du blastocyste le long de la trompe de Fallope au cours de sa descente vers l'utérus.

LA DESCENTE VERS L'UTÉRUS

La descente du blastocyste le long d'une trompe de Fallope commence 3 jours après la fécondation. Il est propulsé par des millions de CILS minuscules tapissant les parois de la trompe, qui battent rythmiquement, ainsi que par les coups de fouet des spermatozoïdes agglutinés et les contractions de la trompe de Fallope elle-même. Le diamètre de la trompe de Fallope est variable ; un SPHINCTER, situé entre la partie la plus large et la partie la plus étroite, interdit au minuscule blastocyste de passer. À partir de ce moment, le CORPS JAUNE produit des quantités de plus en plus importantes de PROGESTÉRONE, qui provoquent l'ouverture du sphincter, laissant ainsi le passage libre vers l'utérus.

ET CHEZ L'HOMME ?

La réserve complète d'ovules de la femme (environ 7 millions) est produite par les ovaires vers le 5ᵉ mois du développement embryonnaire. Ce processus est entamé dans les toutes premières semaines de la vie intra-utérine, quand les cellules qui deviendront les ovaires se forment à l'intérieur de la membrane vitelline qui nourrit l'embryon, avant même la formation du PLACENTA. Une centaine de ces cellules migrent de la membrane vitelline à travers les tissus qui deviendront le cordon ombilical, d'une part, puis vers les futurs ovaires, d'autre part. Elles commencent alors à se multiplier et à former des ovules. Environ 5 millions d'entre eux meurent avant la naissance ; le processus de dégénérescence continue jusqu'à la puberté, époque à laquelle 200 000 à 500 000 ovules subsistent. Chaque mois, un ovule (parfois deux) est libéré – soit 500 de la puberté à la ménopause. Dans les testicules d'un homme, en revanche, les spermatozoïdes sont produits tout au long de la vie ; ils demandent 7 semaines de maturation avant l'éjaculation. Leur qualité et leur quantité diminuent après 40 ans. Les spermatozoïdes ont la forme de têtards et mesurent 0,05 mm de long – beaucoup moins que les ovules, qui ont à peu près la taille du point qui termine cette phrase, soit 0,2 mm. Le matériel génétique est situé dans la tête du spermatozoïde.

LA NIDATION

Le 3ᵉ jour suivant la FÉCONDATION, l'ovule s'est divisé en plus de 100 cellules et prend le nom de blastocyste. Avant d'entrer dans l'utérus, il lui faut traverser la partie la plus étroite des TROMPES DE FALLOPE. Une GROSSESSE EXTRA-UTÉRINE peut alors se produire si la trompe est endommagée ou obturée ou si le blastocyste reste bloqué dans un repli de la muqueuse. Parvenu dans l'utérus, le blastocyste se déchire et perd sa membrane pellucide (enveloppe protectrice) avant de s'implanter dans l'endomètre épaissi (paroi utérine). Celui-ci subit une transformation chimique qui permet à l'œuf de pénétrer la paroi et de s'y développer. Le blastocyste est alors constitué de plusieurs centaines de cellules ; des petites molécules de glucide se forment à sa surface. Elles lui fournissent la prise nécessaire dans l'utérus en se fixant elles-mêmes sur des molécules similaires de l'endomètre. Un échange de substances chimiques (les HORMONES) s'institue pour modifier le système immunitaire de la femme et l'empêcher d'expulser le blastocyste, perçu comme un « intrus » car constitué de cellules contenant un matériel génétique étranger (celui du père).

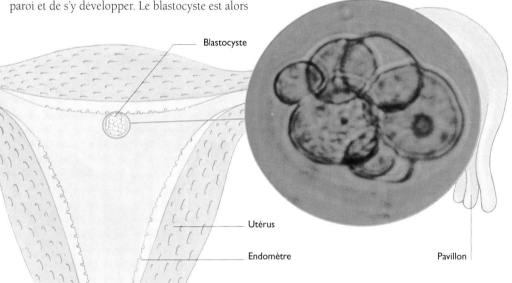

Blastocyste

Utérus

Endomètre

Pavillon

L'INTERRUPTION VOLONTAIRE DE GROSSESSE

Il existe encore au Canada un vide juridique concernant l'interruption de grossesse ou avortement : ce n'est ni légalisé ni illégal. Après consultation et discussion avec le médecin, l'interruption de grossesse se fera avec l'une des méthodes suivantes, selon le stade de la grossesse et de l'âge de la patiente. On ne procédera après la 20ᵉ semaine que pour un avortement thérapeutique (pathologie de la mère ou du fœtus).

L'AVORTEMENT PAR ASPIRATION OU PAR CURETAGE

Pratiqué en milieu hospitalier jusqu'à la 12ᵉ semaine d'aménorrhée, il implique la dilatation préalable du col de l'utérus, puis l'insertion d'un tube de succion de 6 à 10 mm de diamètre ou d'une curette chirurgicale.

L'AVORTEMENT HORMONAL

Il peut être pratiqué jusqu'à la 20ᵉ semaine d'aménorrhée. Il consiste à introduire un ovule de prostaglandine dans le col de l'utérus. Ceci fait dilater le col de l'utérus. Et on injecte une hormone dans l'utérus pour provoquer des contractions.

LES AUTRES MÉTHODES

Au-delà de la 13ᵉ semaine d'aménorrhée, la perfusion de prostaglandine est la méthode le plus souvent pratiquée pour provoquer l'expulsion par voies naturelles. Une autre méthode consiste à évacuer le fœtus aux forceps.

LES RISQUES DE STÉRILITÉ

L'avortement comporte un risque d'infection pouvant entraîner la stérilité.

*L*A CONTRACEPTION

LA PROLONGATION DE LA LACTATION

*L'allaitement naturel a tendance à supprimer l'ovulation.
Il est souvent utilisé avec succès comme méthode contraceptive dans les pays en voie de développement. Cependant, cette méthode n'est vraiment efficace que si on laisse le bébé téter aussi longtemps et aussi souvent qu'il le désire, et qu'on ne lui fournit aucun complément alimentaire. En Occident, cette forme de contraception n'est pas envisageable en tant que telle, et lorsque c'est le cas, elle présente un taux d'échecs élevé, du fait des différences d'alimentation et de mode de vie.*

LE COÏT INTERROMPU

C'est certainement la plus ancienne méthode de contraception et probablement toujours la plus pratiquée.

Le coït interrompu implique le retrait du pénis du vagin avant l'éjaculation et exige une maîtrise extrêmement rigoureuse de la part de l'homme. Aucune donnée sérieuse n'existe véritablement sur l'efficacité de cette méthode, mais on peut dire que, par nature, elle est peu fiable. Un retrait tardif peut entraîner l'échec ; le liquide séminal précédant l'éjaculation véhicule déjà du sperme.

L'ABSTINENCE PÉRIODIQUE

Un certain nombre de méthodes impliquent une connaissance précise de la période d'ovulation et l'abstinence périodique. Leur succès dépend de la détermination précise du cycle ovulatoire ; il est donc essentiel que la femme ait conscience des changements se produisant dans son corps. De telles méthodes sont souvent associées à un contraceptif local, tels que le diaphragme ou le préservatif pendant les phases de fécondité.

LA MÉTHODE OGINO OU DU CALENDRIER

La plupart des femmes ovulent vers le milieu de leur cycle ; les rapports sexuels doivent donc être évités durant cette période. La femme qui souhaite utiliser cette méthode devra tenir un calendrier menstruel (ci-dessous) pendant quelques mois. Cela lui permettra de calculer ses périodes de fécondité et de se familiariser avec ses diverses courbes (glaire cervicale, température). Les femmes ayant des cycles irréguliers ne peuvent évidemment pas utiliser cette méthode.

LA MÉTHODE DE LA GLAIRE CERVICALE

Au cours des 2 ou 3 jours qui précèdent l'ovulation, le mucus du col de l'utérus devient visqueux et clair et la femme éprouve une sensation de moiteur. Pendant l'ovulation, le col de l'utérus s'élève dans le vagin et devient plus souple au toucher. C'est à ce stade du cycle que la femme est le plus fécondable. Les femmes ne sont pas toujours en mesure de percevoir ces changements intimes.

LA MÉTHODE DES TEMPÉRATURES

Chaque matin avant de se lever, la femme prend sa température. L'ovulation est indiquée par une hausse de température de quelques dixièmes de degré qui se maintient pendant 3 jours.

Calendrier menstruel

Durée du cycle	21	22	23	24	25	26	27	28	29	30	31	32	33	34	35	36
Premier jour de fécondité	3	4	5	6	7	8	9	10	11	12	13	14	15	16	17	18
Dernier jour de fécondité	10	11	12	13	14	15	16	17	18	19	20	21	22	23	24	25

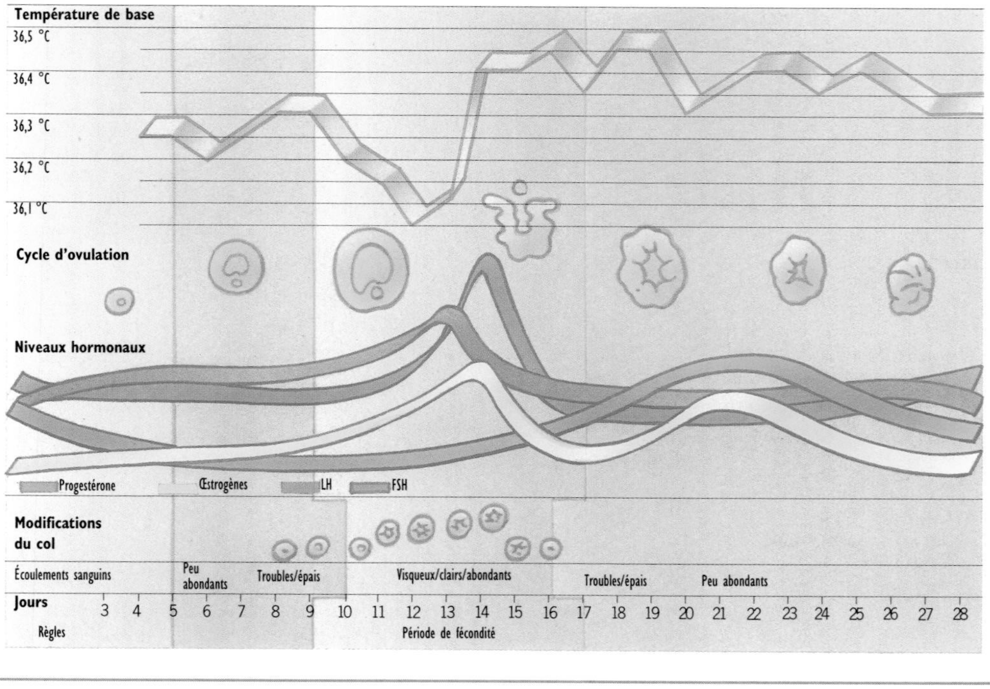

158

LA CONTRACEPTION HORMONALE

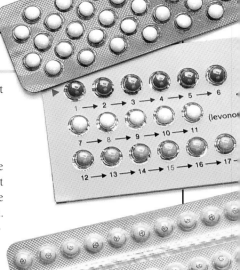

LA PILULE COMBINÉE

Elle contient des ŒSTROGÈNES et l'un des nombreux progestatifs – hormones synthétiques – ayant un effet semblable à celui de la PROGESTÉRONE naturelle. Posologie : une pilule quotidiennement pendant 21 jours. Après un arrêt de 7 jours, on reprend la série (certains laboratoires fournissent des pilules neutres pour cette période intermédiaire). Les hormones synthétiques « déconnectent » l'HYPOTHALAMUS, de telle sorte que les FOLLICULES cessent de mûrir et que l'OVULATION ne se produit pas. Les hormones des pilules prennent en charge le fonctionnement de l'endomètre.

Pendant les jours sans pilule, des saignements se produisent car l'endomètre a perdu son support hormonal. Les pilules les plus récentes (les minidosées) contiennent juste ce qu'il faut d'hormones pour empêcher l'ovulation, mais pas toujours assez pour contenir l'endomètre, ce qui peut avoir pour conséquence des saignements intempestifs. Cet effet secondaire disparaîtra si l'on opte pour une pilule contenant une quantité de progestérone légèrement supérieure.

LA PILULE PROGESTATIVE (OU MICROPILULE)

Une très petite quantité de progestatif est prise chaque jour. Le mucus du col de l'utérus s'épaissit et devient imperméable au sperme. Le processus de l'ovulation est contrarié et peut cesser totalement. Les règles sont souvent irrégulières et s'arrêtent parfois complètement.

LES INJECTIONS HORMONALES

Elles contiennent un progestatif longue durée et sont administrées à intervalles de 2 ou 3 mois. Le processus de l'ovulation est contrarié et, habituellement, l'ovulation cesse. Les règles, souvent irrégulières, peuvent se prolonger mais sont généralement peu abondantes. Chez 30 % des femmes, la MENSTRUATION s'arrête complètement pendant quelques mois après deux ou trois injections.

Les contraceptifs oraux
Les différentes variétés de pilules proposées dans le commerce se présentent en plaquettes prévues pour une prise quotidienne.

AVANTAGES ET INCONVÉNIENTS DE LA PILULE

Pilule combinée	*Pilule progestative*	*Injections hormonales*
Avantages	*Avantages*	*Avantages*
Régulation des pertes menstruelles	*Troubles mineurs du métabolisme*	*Très efficaces et pratiques*
Douleurs réduites pendant l'ovulation	*Absence des effets secondaires mineurs de la pilule combinée*	*Risque moindre de maladie pelvienne inflammatoire*
Diminution du flux menstruel	*Retour de la fécondité plus rapide qu'avec la pilule combinée*	*Risque moindre de grossesse extra-utérine*
Peut être prise pendant la lactation		*Flux menstruel réduit*
		Peuvent être pratiquées pendant la lactation
Inconvénients	*Inconvénients*	*Inconvénients*
Prise de poids	*Régularité contraignante de la prise de la pilule*	*Effets irréversibles pendant 2 ou 3 mois*
Rétention d'eau	*Cycles irréguliers*	*Prise de poids*
Saignements intempestifs, CALCULS BILIAIRES et nausées plus fréquents	*Risque accru de KYSTES OVARIENS et de GROSSESSE EXTRA-UTÉRINE*	*Risque d'acné*
Tolérance réduite des lentilles de contact		
Écoulements vaginaux plus importants		
Migraines, thrombose veineuse (blocage important des veines), HYPERTENSION, HÉPATITE et infections des voies urinaires plus fréquentes		
Retour tardif de la fécondité		

IMPLANTS DE LÉVONORGESTREL

Des capsules de progestatif sont implantées sous la peau du bras. Le progestatif est lentement libéré pendant 5 mois. L'effet se compare à celui de la micropilule.

LA CONTRACEPTION D'URGENCE

Connu sous le nom de « pilule du lendemain », ce mélange d'éthinyl œstradiol et de lévonorgestrel est efficace pendant les 72 heures suivant une relation sexuelle sans protection.

La pilule du lendemain est administrée en 2 prises, à 12 heures d'intervalle, et agit par modification des conditions à l'intérieur de l'utérus de telle sorte que, si l'ovule a été fécondé, il soit incapable de s'implanter sur l'ENDOMÈTRE.

LE DIAPHRAGME

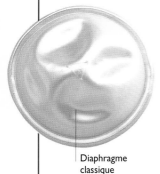

Le diaphragme est en latex fin. Il se place obliquement dans le vagin, pour couvrir une partie de la paroi antérieure et le col de l'utérus, bloquant ainsi le passage du sperme. Le diaphragme s'utilise en association avec un spermicide. On le laisse en place au moins 6 heures après les rapports sexuels. L'insertion, délicate au début, devient plus facile avec l'expérience. Il faut le réadapter après la naissance d'un enfant ou un changement de poids important.

Diaphragme classique

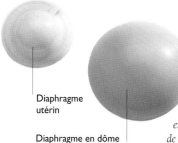

Diaphragme utérin

Diaphragme en dôme

Les différents types

Outre le modèle classique, il existe deux types de diaphragmes, dont l'un adhère étroitement au col de l'utérus et l'autre, en dôme, se maintient par effet de succion.

LA MISE EN PLACE DU DIAPHRAGME

Elle est plus facile en position accroupie ou une jambe levée. Avant insertion, appliquer une noix de spermicide à l'intérieur du diaphragme.

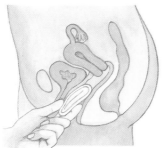

La pose du diaphragme

1. Replier les côtés du diaphragme l'un contre l'autre et l'enfoncer doucement mais fermement vers le haut du vagin.

2. Faire passer le bord inférieur derrière l'os pubien et vérifier que le dôme couvre complètement le col de l'utérus.

LES PRÉSERVATIFS

La plupart sont en latex très fin et sont lubrifiés. Les préservatifs existent en plusieurs épaisseurs et couleurs. Ils sont vivement recommandés depuis que le sida est apparu. Les préservatifs féminins viennent d'être commercialisés aux États-Unis.

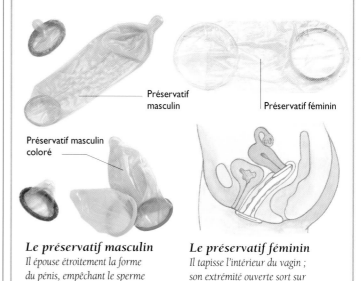

Préservatif masculin

Préservatif féminin

Préservatif masculin coloré

Le préservatif masculin

Il épouse étroitement la forme du pénis, empêchant le sperme d'entrer dans le vagin.

Le préservatif féminin

Il tapisse l'intérieur du vagin ; son extrémité ouverte sort sur le devant de la vulve.

LES SPERMICIDES

On les trouve sous différentes formes (mousse, crème, gel). Ce sont des barrières chimiques neutralisant le sperme. Non conçus pour être utilisés seuls, ils sont généralement employés en association avec un diaphragme (car utilisé sans spermicide, il perd de son efficacité) ou un préservatif. Ils doivent toujours être appliqués avant chaque rapport sexuel. Des spermicides incolores et inodores sont disponibles pour les femmes allergiques aux spermicides courants. Cette sensibilité est souvent éprouvée par des femmes ayant utilisé des déodorants vaginaux.

L'ÉPONGE

L'éponge, en mousse de polyuréthane, imprégnée de spermicide, est placée dans le fond du vagin, contre le col de l'utérus. Elle est parfois équipée d'un anneau permettant de l'enlever facilement. Fonctionnant comme une barrière, elle n'est pas très efficace, aussi seules l'utilisent les femmes peu fertiles ou peu soucieuses d'une contraception.

L'éponge se plaque étroitement sur le col de l'utérus

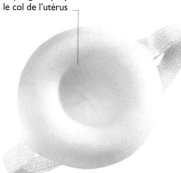

LES STÉRILETS

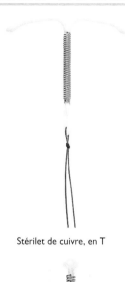

Stérilet de cuivre, en T

Stérilet MLCU 250

Les stérilets sont des dispositifs intra-utérins de 2,5 à 5 cm de longueur, plats et flexibles. Ils sont en plastique partiellement recouvert de cuivre. Les stérilets sont placés par un médecin dans l'utérus, à travers le col. Les fils qui forment la « queue » pendent dans le vagin et servent à vérifier que le dispositif est toujours en place. Ce dernier doit être changé par un médecin tous les 3 à 5 ans. Provoquant une inflammation de l'endomètre, il empêche l'implantation d'un ovule fécondé. Le gynécologue pose le stérilet lors de la menstruation ou peu de temps après,

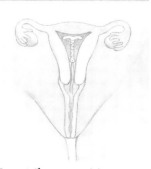

Un stérilet en position
Le tube creux contenant le stérilet est inséré dans l'utérus par le médecin ; il retire ensuite l'étui, laissant le stérilet dans la cavité utérine. Les fils sont disposés de manière à dépasser de 5 cm à l'extérieur du col.

car le col de l'utérus est alors légèrement dilaté. Dans les premiers temps, certains problèmes sont apparus – perforations de l'utérus ou inflammations pelviennes. Le risque de perforation de la paroi utérine au moment de l'insertion est de 1 pour 500. Ces problèmes sont aujourd'hui moins fréquents. Environ 10 % des femmes portant un stérilet y renoncent dès la première année, à cause de douleurs ou de saignements, particulièrement celles qui changent fréquemment de partenaire. Le stérilet, par ailleurs, constitue une intéressante alternative contraceptive pour les femmes présentant des contre-indications à la pilule.

Attention, l'efficacité du stérilet peut être diminuée lors de la prise d'anti-inflammatoires, car ils annulent le principe même de son fonctionnement.

LA STÉRILISATION

C'est une méthode de plus en plus pratiquée chez les couples ne voulant pas ou plus d'enfants. Une information complète, une réflexion personnelle et des conseils sérieux sont nécessaires, l'opération étant dans la plupart des cas irréversible. La stérilisation féminine implique la ligature des trompes de Fallope, à l'aide de clips (ci-dessous), bien que l'on puisse également les sectionner ou les coudre. La stérilisation par clips est réversible dans environ 50 % des cas en recourant à la microchirurgie.

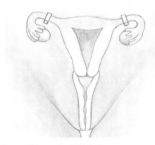

Les clips de Filshie
Ce sont des pinces articulées comprimant les trompes de Fallope qui généralement se séparent en deux tronçons cicatrisés.

TAUX D'ÉCHEC DES MÉTHODES CONTRACEPTIVES

Méthode	Utilisatrices attentives	Utilisatrices attentives	Inconvénients (ressentis ou réels)
Pilule combinée	0,5	0,5	Effets secondaires néfastes
Pilule progestative	1	1	Effets secondaires
Injections hormonales	0-1	0-1	Irréversibilité temporaire ; effets secondaires
Stérilet	1	1	Risques d'infection ou de grossesse extra-utérine
Diaphragme et spermicide	2	2	Compliqué à utiliser
Préservatif masculin	2	2	Rapport sexuel perturbé
Contraception par abstinence périodique	2	2	Nécessité de discipline et d'organisation
Éponge contraceptive	9	9	Peu fiable
Stérilisation	0-0,5	0-0,5	Nécessité d'intervention chirurgicale ; irréversibilité

Les chiffres correspondent au pourcentage annuel des couples ayant des rapports sexuels réguliers suivis de naissances.

LA VASECTOMIE

La stérilisation masculine, ou vasectomie, implique la résection du canal déférent (tube qui conduit les spermatozoïdes immatures). Ces derniers sont résorbés. Le fluide séminal étant élaboré dans la prostate et les vésicules séminales, la vasectomie n'interfère pas dans le processus d'éjaculation. Comme pour la stérilisation, le couple doit impérativement être parfaitement informé et conseillé.

L A STÉRILITÉ

ET CHEZ L'HOMME ?

*Dans les cas de stérilité,
30 % sont dus à la femme,
30 % à l'homme, 30 % sont
le résultat d'une combinaison
de différents facteurs, et 10 %
des cas restent inexpliqués.
La stérilité féminine a été
étudiée durant des années
par les gynécologues ; l'étude
de la stérilité masculine est,
en revanche, une discipline
relativement nouvelle.
C'est pourquoi les médecins
déterminent plus facilement
les causes de la stérilité
féminine que celles
de la stérilité masculine.*

QU'EST-CE QUE LA STÉRILITÉ ?

Un couple sur six consulte son praticien pour un problème de stérilité. Les médecins estiment que lorsqu'un couple n'a pas réussi à concevoir après 1 an de rapports sexuels réguliers, des examens sont nécessaires. De nombreuses personnes considérées comme stériles selon ce critère parviennent cependant à avoir un enfant. En outre, la stérilité d'un couple révèle des problèmes plus complexes que la simple question « d'être ou non capable de procréer ».

LES CAUSES DE LA STÉRILITÉ
La stérilité féminine peut avoir différentes causes : problèmes chromosomiques, comme la trisomie 21, qui peut provoquer une stérilité congénitale (présente dès la naissance), incapacité à ovuler, endométriose, trompes de Fallope obturées, kystes ovariens ou utérus anormalement constitué. En outre, le mucus utérin peut être réfractaire aux spermatozoïdes.

L'HYPOFÉCONDITÉ
Lorsque les périodes de fécondité d'une femme sont très espacées, par exemple si elle ovule rarement, on parle d'hypofécondité. Cela ne devient un problème que si son partenaire a lui-même un taux de spermatozoïdes insuffisant. La fécondité appauvrie d'un des deux partenaires peut, en effet, être compensée par une hyperfécondité de l'autre. La fécondité diminue avec l'âge.

LA STÉRILITÉ SECONDAIRE
Le terme de stérilité secondaire s'applique à une femme qui a déjà eu un enfant et n'arrive pas à en concevoir un autre. Le problème est généralement dû à une infection des trompes de Fallope, particulièrement vulnérables aux maladies transmises sexuellement (MTS) et aux infections pouvant suivre un accouchement ou un avortement. De nombreuses causes de stérilité primaire peuvent aussi provoquer une stérilité secondaire.

LES PROBLÈMES HORMONAUX

Environ 30 % des cas de stérilité féminine résultent d'une incapacité à ovuler. L'ovulation est déclenchée par la même libération d'hormones que celle qui contrôle le CYCLE MENSTRUEL. Si l'on arrive à déterminer précisément la raison de l'incapacité à ovuler, il est possible d'y remédier grâce à des hormones de synthèse.

Un *dérèglement hormonal* peut empêcher les ovaires de produire des FOLLICULES matures, dans lesquels les ovules peuvent se développer pleinement. Même si l'ovule est mûr, il suffira d'un très léger déséquilibre hormonal pour que l'ovaire ne reçoive pas l'ordre de le libérer.

Un *dysfonctionnement de l'hypothalamus* peut provenir d'une sous-activité ou d'un stress physique et émotionnel. L'hypothalamus est la partie du cerveau responsable de l'envoi des signaux à l'HYPOPHYSE.

Cette glande envoie des messages hormonaux aux ovaires, pour les inciter à ovuler.

Un *dysfonctionnement de l'hypophyse*, qu'elle soit trop ou trop peu active ou qu'elle ait subi une lésion quelconque, peut provoquer la production d'HORMONES FOLLICULO-STIMULANTES (FSH) et d'hormones lutéinisantes (LH) en quantité insuffisante pour déclencher une ovulation normale.

LA SURVEILLANCE DE L'OVULATION
Si l'on suspecte un problème d'ovulation, on vérifie le taux de PROGESTÉRONE dans le sang, du 21e au 28e jour du cycle, ou 7 jours avant le premier jour des règles, si les cycles sont d'une durée inférieure ou supérieure à 28 jours. En effet, lorsque l'ovulation se produit, le taux de progestérone augmente.

En principe, l'ovulation ne se produit pas du même côté d'un mois sur l'autre, mais en alternance.

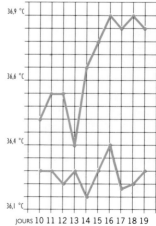

JOURS 10 11 12 13 14 15 16 17 18 19

La courbe de température
La montée de la température (ligne bleue) indique l'ovulation. La ligne rose indique l'incapacité à ovuler.

LES PROBLÈMES STRUCTURELS

LES OVAIRES
Outre les problèmes hormonaux, les ovaires peuvent être affectés par des KYSTES, des opérations chirurgicales, des radiations ou la chimiothérapie, aussi bien que par des facteurs liés à l'environnement, comme l'inhalation de fumée de cigarette. Un ovaire par ailleurs sain peut simplement épuiser ses réserves d'ovules du fait d'une MÉNOPAUSE précoce.

LES TROMPES DE FALLOPE
Environ 50 % des femmes stériles ont les trompes de Fallope obturées. Les trompes de Fallope doivent être en parfait état pour la conception puisqu'elles sont les voies de passage qui permettent la rencontre et la fusion de l'ovule et du spermatozoïde. Par elles, l'ovule fécondé atteindra l'utérus. Les trompes de Fallope se bouchent généralement à cause de maladies antérieures ou d'opérations de l'abdomen, de MALADIES TRANSMISES SEXUELLEMENT (MTS) ou d'inflammations pelviennes résultant de ces infections. Ce sont des structures extrêmement délicates qu'il est difficile de « remettre en état » si elles ont été endommagées.

L'UTÉRUS
Les problèmes utérins sont à l'origine de 10 % des cas de stérilité féminine et peuvent être dus à des FIBROMES ou à des malformations congénitales, tel un utérus bifide (divisé en deux parties par une membrane). D'autres problèmes, plus rares, peuvent se présenter, comme les adhérences appelées synéchies (les parois internes de l'utérus sont accolées) ou encore des polypes. La majorité de ces problèmes peuvent cependant être traités assez facilement.

LE COL DE L'UTÉRUS
Bien qu'il soit rarement le signe de problèmes structurels pouvant empêcher la conception, le mucus cervical peut être « allergique » aux spermatozoïdes.

LES FIBROMES
Ces petits nodules ronds peuvent pousser n'importe où dans la paroi de l'utérus et leur taille va de celle d'un pois à celle d'un petit melon. Les fibromes affectent 1 femme sur 5 à partir de 30 ans et 1 sur 3 à partir de 35 ans. Une opération appelée myomectomie peut être tentée, mais elle ne réussit pas toujours à rétablir la fécondité. Les fibromes sont cause de stérilité car ils :

- provoquent des excroissances et altèrent la forme de l'utérus,
- compriment ou bouchent les TROMPES DE FALLOPE,
- modifient la relation entre les trompes et les ovaires (s'ils se développent là où les trompes pénètrent dans l'utérus), et réduisent ainsi les chances de l'ovule d'atteindre la trompe.

LA STÉRILITÉ MASCULINE
Elle peut provenir de problèmes hormonaux (ainsi la LH et la FSH doivent s'équilibrer pour que le sperme soit produit), de problèmes anatomiques (sur le pénis ou les testicules), de l'incapacité de l'homme à éjaculer (en cas d'impuissance ou d'inhibition), ou encore de problèmes immunologiques (le système immunitaire d'un homme détruisant ses spermatozoïdes). Des études ont montré que la fécondité masculine a baissé au XXᵉ siècle du fait de facteurs liés à l'environnement, tels que les TOXINES et les produits chimiques non dégradables entrant dans la chaîne alimentaire.

LES RECHERCHES SUR LA STÉRILITÉ
Un couple sur six consulte le corps médical pour cause de stérilité. Le médecin examine d'abord l'état de santé des deux partenaires et s'enquiert de leur vie sexuelle. À la femme, il demande les dates de ses six dernières menstruations. Pour de plus amples renseignements, le couple est dirigé vers un établissement spécialisé où sont effectués d'autres examens. La femme devra établir une COURBE DE TEMPÉRATURE et l'on procédera à un examen sanguin pour vérifier que l'ovulation s'est bien produite. Son partenaire fournit un échantillon de sperme. Par ailleurs, on effectue un test postcoïtal – du sperme et du mucus du col de l'utérus sont prélevés dans le vagin de la femme, 6 heures après les rapport sexuels – pour s'assurer que son mucus n'est pas « allergique » aux spermatozoïdes. Si le sperme est normal et que la femme ovule bien, on lui fait subir une LAPAROSCOPIE. Une échographie permet de rechercher les anomalies pelviennes. La cause de stérilité ayant été déterminée, un traitement est proposé, qui nécessitera lui aussi de la patience.

Principales causes de stérilité	Fréquence	Causes	Conséquences
Incapacité à ovuler	30%	Sous-activité de l'hypophyse	Pas d'ovules. Ovules non matures. Les ovules matures ne peuvent être libérés.
		Syndrome des ovaires polykystiques	
Trompes de Fallope endommagées	50%	Maladie ou opération abdominale ou pelvienne ENDOMÉTRIOSE	Les ovules ne peuvent pas atteindre l'utérus.
Problèmes utérins	10%	FIBROMES Malformation de l'UTÉRUS	L'ovule fécondé est incapable de s'implanter.
		Synéchies (adhérences dans la cavité utérine)	L'embryon n'est pas en mesure de se développer normalement.

LA LAPAROSCOPIE

La laparoscopie est l'examen de la cavité abdominale au moyen d'un laparoscope, sorte d'endoscope à fibres optiques. Il a environ le diamètre d'un stylo. On l'insère en pratiquant une petite incision au niveau du nombril, afin d'examiner directement la cavité abdominale. Outre l'avantage d'une vision très claire des organes, cet examen permet d'effectuer des enregistrements vidéo de grande qualité. Un colorant bleu injecté par le col de l'utérus permet de vérifier si les TROMPES DE FALLOPE sont perméables. La laparoscopie est souvent pratiquée pendant la seconde moitié du cycle pour confirmer que l'ovulation a eu lieu et qu'un corps jaune s'est formé. Elle est pratiquée sous anesthésie locale ou générale ; dans ce cas, elle nécessite 48 heures d'hospitalisation.

Vue d'un ovaire
Cette photo, prise au moyen d'un laparoscope, montre un ovaire sain (haut de l'image), avec un follicule mature prêt à libérer son ovule mûr. Les parties froncées du bas sont les franges du pavillon tubaire.

LA BIOPSIE DE L'ENDOMÈTRE

Cet examen nécessite qu'on prélève une petite partie de l'endomètre. La biopsie est pratiquée afin de déterminer si les hormones féminines (ŒSTROGÈNES, PROGESTÉRONE, HORMONES FOLLICULO-STIMULANTES ou FSH et HORMONES LUTÉINISANTES ou LH) modifient l'endomètre au cours de la seconde partie du cycle. Lorsque les hormones sont correctement équilibrées, il se produit une augmentation de la production de progestérone qui entraîne un épaississement de l'endomètre. Si la progestérone est produite en quantité insuffisante, la paroi utérine ne se développe pas suffisamment pour permettre à un blastocyste de s'implanter. S'il n'y a pas ou peu de modifications, il y a lieu de prescrire des médicaments contre la stérilité qui favoriseront la nidation.

L'HYSTÉROSALPINGOGRAPHIE

L'hystérosalpingographie concerne les femmes chez qui une LAPAROSCOPIE (ci-dessus) a révélé des TROMPES DE FALLOPE endommagées ou chez qui l'on craint un problème utérin (kyste, par exemple). À l'aide d'une canule insérée dans le canal endocervical, on injecte une substance colorée opaque aux rayons X dans l'utérus et les trompes. Les clichés pris par le radiologue permettent de révéler ainsi les éventuelles lésions. Cet examen est pratiquement indolore.

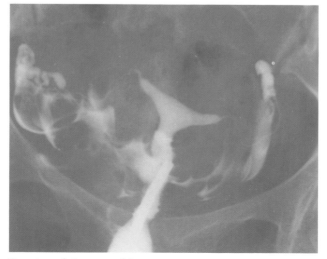

Hystérosalpingographie
La substance colorée s'écoule de la trompe de Fallope (à gauche).

L'ÉCHOGRAPHIE

Au moyen des ultrasons, les médecins peuvent vérifier le développement des FOLLICULES ovariens, et ainsi suivre leur maturation et la libération d'un ou de plusieurs ovules. L'absence de ces phénomènes est également décelable. L'utilisation des ultrasons est particulièrement utile pendant l'INSÉMINATION ARTIFICIELLE et la fécondation in vitro (FIV). Dans les deux cas, la connaissance précise de la date de l'ovulation est indispensable.

LA MICRO-CHIRURGIE

On a recours à la microchirurgie pour effectuer des opérations sur des parties minuscules du corps, comme les TROMPES DE FALLOPE, les ovaires, l'oreille interne, l'œil, etc.

En effet, le diamètre d'une trompe étant de l'épaisseur d'un fil (0,4 mm), la chirurgie des trompes de Fallope n'est devenue possible qu'avec le développement de la microchirurgie, méthode d'intervention faisant appel au microscope et à de très petits instruments. Les trompes de Fallope sont très fragiles et la chirurgie traditionnelle, à l'œil nu, est souvent plus nocive que bénéfique.

La microchirurgie peut également être utilisée pour séparer des organes (comme les ovaires et l'utérus) qui ont été reliés par des adhérences résultant d'une ENDOMÉTRIOSE. Les chances de succès de la microchirurgie dépendent de la gravité du dommage à réparer.

LES TRAITEMENTS HORMONAUX

Lorsque la stérilité féminine est due à une incapacité d'ovuler, le traitement le plus classique repose sur la prise de médicaments, le plus courant étant le clomifène, à raison d'un traitement de 5 jours au début de chaque cycle menstruel. Le clomifène stimule la libération d'HORMONES FOLLICULO-STIMULANTES (FSH) par l'HYPOPHYSE. Ces hormones, actives sur les ovaires, déclenchent souvent la maturation d'un FOLLICULE et l'OVULATION. L'avantage du clomifène est qu'il présenterait peu d'effets secondaires et que le taux de grossesses multiples qui en découle ne serait que de 5 à 10 % (généralement des jumeaux, occasionnellement des triplés ; les quadruplés ou les quintuplés sont très rares, même lorsqu'une femme suit un traitement à base d'hormones de fécondation), d'autant qu'une réduction embryonnaire peut être pratiquée.

Le clomifène est un ANTI-ŒSTROGÈNE (médicament conçu au départ comme contraceptif) ; aussi peut-il entraver la conception s'il n'est pas prescrit de manière appropriée. De plus, les femmes qui ont pris du clomifène doivent subir régulièrement des échographies, car leurs ovaires risquent de développer des KYSTES.

Si le clomifène est inopérant, un traitement à partir d'hormones folliculo-stimulantes (FSH) et d'hormones lutéinisantes (LH) peut être envisagé. Ce traitement lourd nécessite une surveillance attentive des ovaires, accompagnée d'analyses de sang et d'une échographie quotidienne, pour éviter le risque de grossesses multiples ou de kystes ovariens. Certaines femmes doivent être suivies médicalement de façon plus stricte pour mener à bien leur ovulation.

LES DONNEURS

LE DON DE SPERME

Idéalement, les donneurs doivent être en bonne santé, fertiles et avoir déjà des enfants. Certains sont les compagnons ou les conjoints de femmes enceintes. La plupart sont étudiants à l'université. L'analyse du sperme permet d'éliminer les donneurs porteurs de maladies infectieuses ou du sida ; tous doivent donner leurs antécédents génétiques. Certaines cliniques de fertilité essaient de trouver un donneur dont les traits physiques se rapprochent de ceux du père, mais ce n'est pas toujours possible puisque le donneur change généralement à chaque fois.

LE DON D'OVULES

Ce processus, plus complexe que le don de sperme, implique de la part de la donatrice une prise de médicaments ayant pour objectif de multiplier la production d'ovules. Le don d'ovules, qui s'effectue en milieu hospitalier, nécessite parfois d'y passer la nuit. C'est pourquoi les donneuses d'ovules suivent-elles généralement un programme de FERTILISATION IN VITRO (FIV).

Les informations concernant le don de sperme ou d'ovule sont mises en archives ; l'enfant pourra y avoir accès à l'âge de 18 ans.

L'INSÉMINATION ARTIFICIELLE

Le sperme du partenaire ou d'un donneur est déposé dans le col de l'utérus à l'aide d'une seringue. Si les spermatozoïdes sont de mauvaise qualité, on sélectionne les plus mobiles pour les introduire directement dans l'utérus, toujours à l'aide d'une seringue. L'insémination s'effectue juste avant ou pendant l'ovulation et est parfaitement indolore. L'opération étant minutieuse, elle nécessite souvent d'être répétée plusieurs fois avant l'obtention d'un résultat. On utilisera le sperme d'un donneur quand un homme a une très faible production de spermatozoïdes, lorsqu'il est stérile ou qu'il est porteur d'une tare héréditaire. Les femmes célibataires peuvent bénéficier d'une insémination artificielle : les critères sont les mêmes que pour un couple.

 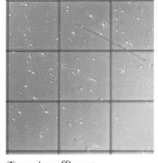

Spermatozoïdes : taux norm.
Plus de 30 millions/mm³

Taux insuffisant
Moins de 20 millions/mm³

L'ADOPTION

En raison de l'évolution des mentalités par rapport aux unions libres, aux mères célibataires et à la contraception, il n'y a presque plus d'enfants à adopter dans nos sociétés occidentales. Par ailleurs la plupart des couples veulent adopter des nouveau-nés, de préférence en bonne santé. Cela signifie d'une part que les critères d'acceptation par les parents adoptifs sont désormais extrêmement précis, et d'autre part que beaucoup d'enfants à problèmes ne sont pas adoptés. Peu de couples se sentent capables d'adopter des enfants à problèmes, surtout s'ils n'ont jamais eu d'enfants.

LES MÈRES PORTEUSES

Une mère porteuse est une femme qui est enceinte pour une autre femme. La mère porteuse, dans la pleine acception du terme, conçoit et porte l'enfant du partenaire d'une femme stérile. Généralement, cela se fait après insémination artificielle du sperme de l'homme. Un autre processus plus compliqué implique l'introduction d'un embryon dans l'utérus de la mère porteuse. De nombreux problèmes éthiques se posent au couple demandeur et à la mère porteuse (par exemple, que faire si l'enfant naît handicapé ou si la mère porteuse refuse de donner l'enfant à la naissance). Historiquement, l'enfant appartient à la mère qui l'a porté et mis au monde. Rien n'assure que le tribunal va toujours reconnaître des contrats faits avant la naissance.

LA FÉCONDATION IN VITRO (FIV)

La collecte d'un ovule
*L'ovule est transféré
dans une boîte de Petri.*

Les enfants conçus grâce à cette méthode sont communément appelés bébés-éprouvettes. Les pionniers de la FIV ont été les médecins britanniques Patrick Steptoe et Robert Edwards qui, en 1978, ont permis la naissance de Louise Brown, le premier bébé-éprouvette. Des milliers de bébés-éprouvettes sont nés depuis. Bien que ces chiffres paraissent importants, la FIV ne réussit qu'à raison de 20 % par traitement (dans les meilleurs cas, elle peut atteindre 30 %). Le processus, très éprouvant physiquement, est générateur de stress. Après vérification de la qualité du sperme du partenaire, la femme reçoit des médicaments fertilisants qui stimuleront la production d'un grand nombre d'ovules. Elle est alors attentivement surveillée par ÉCHOGRAPHIE, jusqu'à ce que les FOLLICULES soient matures, et recueillis par le gynécologue. Au moyen d'un laparoscope, une canule (longue aiguille creuse) est alors introduite à travers la partie supérieure du vagin ou de la paroi abdominale pour atteindre les ovaires, sous surveillance constante à l'échographie. Les ovules sont délicatement aspirés dans la sonde hors des follicules puis transférés dans un liquide de culture, dans une boîte de Petri, et mis en incubateur où ils continueront à se développer. Lorsqu'ils sont parvenus à pleine maturité (entre 2 et 24 heures), on introduit les spermatozoïdes.

La fécondation intervient généralement dans les 18 heures. Les ovules fécondés sont conservés à l'intérieur de l'incubateur 48 heures supplémentaires ; ils comportent alors environ quatre cellules. Un à plusieurs embryons sont transférés dans l'utérus de la femme.

LA RÉDUCTION DU NOMBRE D'EMBRYONS
Pendant les premiers temps d'une grossesse multiple, certains embryons peuvent être éliminés afin de réduire les risques physiques encourus par la mère et accroître les chances de développement et de survie des embryons restants. Cette opération est désormais au point, mais elle peut cependant déclencher un avortement spontané secondaire.

LES PROBLÈMES ÉTHIQUES

Si un couple stérile décide de suivre un traitement contre la stérilité – ce que la plupart ne font pas –, il lui faut se poser un certain nombre de questions :

Éventualités à envisager

- Que faire si le fœtus est anormal ?
- Comment réagirez-vous en cas de grossesse multiple ?
- Accepterez-vous une RÉDUCTION DU NOMBRE D'EMBRYONS ?
- Seriez-vous prêts à concevoir avec le spermatozoïde d'un homme inconnu ou par un don d'ovule ? Cela pourrait-il changer la nature de vos sentiments envers le futur enfant ?
- Si le donneur (la donneuse) était connu(e) de vous, qu'arriverait-il s'il (si elle) désirait s'immiscer dans la vie de votre enfant ?
- Si vous avez un enfant par procréation assistée, garderez-vous cela secret ou n'en ferez-vous aucun mystère ?
- Si vous le cachez à votre enfant, comment pensez-vous qu'il réagira s'il apprend une chose aussi fondamentale à un moment délicat de son existence ou après votre mort ?
- Que se passera-t-il si votre enfant désire avoir des détails sur son héritage génétique ?
- S'il y a des ovules ou des embryons excédentaires, désirerez-vous qu'ils soient détruits, donnés ou utilisés pour la recherche ?
- Après avoir fait toutes ces démarches pour avoir votre enfant, serez-vous en mesure de lui laisser l'espace psychologique nécessaire à son indépendance ?

SENTIMENTS ET ÉMOTIONS

Le traitement de la stérilité a évolué si rapidement ces dernières années qu'il existe de nombreux vides juridiques dans ce domaine. Un enfant né après INSÉMINATION DE SPERME D'UN DONNEUR est légalement l'enfant de la femme et de son mari ou de son partenaire.

La faculté de mettre au monde un être vivant est liée de manière très étroite, chez la plupart des femmes, à un sens fondamental du moi : après tout, c'est de cette manière qu'elles « parviennent à l'immortalité ». Consciemment ou non, beaucoup pensent qu'avoir un enfant est le but de la vie. En outre, la fécondité est souvent considérée pour la femme, à tort, comme la preuve d'une sexualité réussie et, pour l'homme, comme celle de la virilité, surtout dans certaines sociétés, comme en Afrique où la fécondité est très valorisée. C'est pourquoi les femmes se sentent souvent honteuses, désespérées ou aigries si elles sont stériles. Certaines, en colère contre leurs organes de reproduction, éprouvent des envies d'automutilation.

Une femme fertile ressent parfois du dépit envers son partenaire stérile, qui peut lui-même se sentir coupable. Bien des femmes, admettant leur situation, portent le deuil de l'enfant qu'elles n'ont jamais eu ou assument cet état de fait, considérant qu'il n'y avait pas, dans leur vie, de place pour un enfant ; d'autres, avec persévérance, suivent un traitement contre cette stérilité ou cherchent à adopter un enfant. Dans tous les cas, ce peut être une bonne idée de consulter un ou une spécialiste de la psychologie

LA MATERNITÉ

*L*ES MODIFICATIONS DU CORPS

La grossesse

La grossesse dure en moyenne 9 mois et 2 semaines (270 à 280 jours avec des variations possibles).

Bien que la grossesse soit un événement naturel profondément désiré par de nombreuses femmes, la relation du fœtus à la mère est de nature essentiellement parasitaire.

L'activité chimique du corps maternel se modifie afin que son système immunitaire accepte la grossesse et que le fœtus puise chez sa mère ce qui lui est nécessaire.

LE SAVIEZ-VOUS ?

Le plus grand nombre d'enfants

Mme Fedor Vassilyev, de Shuya, en Russie, a donné naissance, entre 1725 et 1765, à 69 enfants. En 27 grossesses réparties sur 40 ans, elle a eu 16 fois des jumeaux, 7 fois des triplés et 4 fois des quadruplés.

◆

Couches tardives

Maria Aparecida Brito, de Mandaguari, au Brésil, a mis au monde son huitième enfant à 60 ans, en septembre 1993. Le premier était né alors qu'elle avait 41 ans.

◆

Une grossesse surprenante

Karen Toole, au Royaume-Uni, a donné naissance de manière inattendue à un bébé de 3,7 kg en 1992, à la suite de douleurs abdominales après une chute. Elle prenait la pilule.

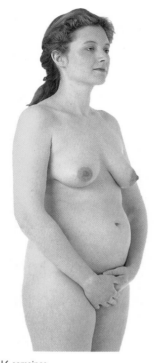

16 semaines

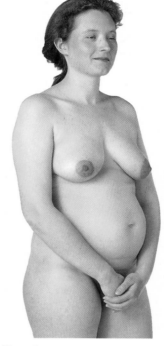

20 semaines

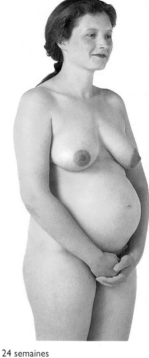

24 semaines

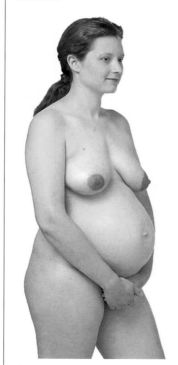

28 semaines

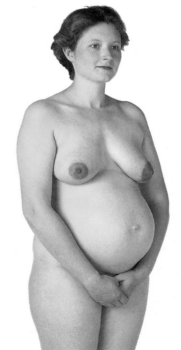

32 semaines

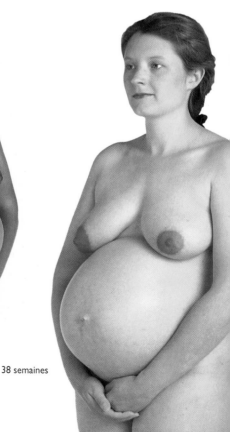

38 semaines

LES SIGNES PHYSIQUES

L'AMÉNORRHÉE

L'arrêt des règles est souvent le premier signe de la grossesse. Cependant, certaines femmes peuvent avoir des règles, peu abondantes, jusqu'au sixième mois, et même parfois tout au long de leur grossesse.

LA POLLAKIURIE

Le besoin d'uriner devient plus fréquent. Il est dû à l'accroissement du flux sanguin dans la région pelvienne, ce qui provoque une congestion. En conséquence, des organes comme la vessie deviennent extrêmement sensibles.

LA FATIGUE

Elle peut être intense. C'est le résultat des efforts de la future mère pour porter et nourrir la nouvelle vie qui se développe en elle.

LES NAUSÉES

Ressenties le plus souvent au lever, elles peuvent se produire à n'importe quel moment et même être continuelles. Elles sont provoquées par le haut niveau d'œstrogène et un faible taux de sucre dans le sang.

LES MODIFICATIONS MAMMAIRES

Elles sont notables dès le début de la grossesse : sensibilité tactile accrue, grossissement des veines sous-cutanées et assombrissement de l'aréole.

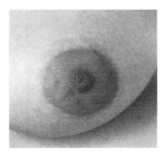

LES TESTS DE GROSSESSE

LES TESTS URINAIRES

Ils vérifient la présence de l'HCG (hormone chorionique gonadotrophique), élaborée d'abord par l'EMBRYON, puis par le PLACENTA.

LES TESTS SANGUINS

L'HCG peut être détectée avec précision dans le sang 8 jours après la CONCEPTION. Les tests sanguins sont pratiqués en laboratoire.

L'EXAMEN GYNÉCOLOGIQUE

Généralement pratiqué plus de 4 semaines après la conception, l'examen gynécologique est très fiable. L'utérus commence à grandir. On peut constater qu'un afflux sanguin vers le pelvis assombrit la couleur du vagin et du col de l'utérus.

Résultat négatif

Résultat positif = grossesse

Les tests commercialisés

Les tests urinaires recherchent la présence d'HCG dans l'urine. On peut les faire chez soi pour confirmer une grossesse, contrairement aux tests sanguins et à l'examen gynécologique, qui doivent impérativement être pratiqués par un médecin. Malgré une fiabilité variable de ces tests, il est possible de détecter l'HCG dans l'urine dès les deux premières semaines de la conception. Les meilleurs tests urinaires sont fiables à 90 %. Les tests commercialisés vendus avec un témoin permettent une confirmation du résultat.

ESTIMATION DE LA DATE DE L'ACCOUCHEMENT

Janvier Oct./nov.	1 2 3 4 5 6 7 8 9 10 11 12 13 14 15 16 17 18 19 20 21 22 23 24 25 26 27 28 29 30 31
	8 9 10 11 12 13 14 15 16 17 18 19 20 21 22 23 24 25 26 27 28 29 30 31 *1 2 3 4 5 6 7*
Février Nov./déc.	1 2 3 4 5 6 7 8 9 10 11 12 13 14 15 16 17 18 19 20 21 22 23 24 25 26 27 28
	8 9 10 11 12 13 14 15 16 17 18 19 20 21 22 23 24 25 26 27 28 29 30 *1 2 3 4 5*
Mars Déc./Janv.	1 2 3 4 5 6 7 8 9 10 11 12 13 14 15 16 17 18 19 20 21 22 23 24 25 26 27 28 29 30 31
	6 7 8 9 10 11 12 13 14 15 16 17 18 19 20 21 22 23 24 25 26 27 28 29 30 31 *1 2 3 4 5*
Avril Janv./févr.	1 2 3 4 5 6 7 8 9 10 11 12 13 14 15 16 17 18 19 20 21 22 23 24 25 26 27 28 29 30
	6 7 8 9 10 11 12 13 14 15 16 17 18 19 20 21 22 23 24 25 26 27 28 29 30 31 *1 2 3 4*
Mai Févr./mars	1 2 3 4 5 6 7 8 9 10 11 12 13 14 15 16 17 18 19 20 21 22 23 24 25 26 27 28 29 30 31
	5 6 7 8 9 10 11 12 13 14 15 16 17 18 19 20 21 22 23 24 25 26 27 28 *1 2 3 4 5 6 7*
Juin Mars/avril	1 2 3 4 5 6 7 8 9 10 11 12 13 14 15 16 17 18 19 20 21 22 23 24 25 26 27 28 29 30
	8 9 10 11 12 13 14 15 16 17 18 19 20 21 22 23 24 25 26 27 28 29 30 31 *1 2 3 4 5 6*
Juillet Avril/mai	1 2 3 4 5 6 7 8 9 10 11 12 13 14 15 16 17 18 19 20 21 22 23 24 25 26 27 28 29 30 31
	7 8 9 10 11 12 13 14 15 16 17 18 19 20 21 22 23 24 25 26 27 28 29 30 *1 2 3 4 5 6 7*
Août Mai/juin	1 2 3 4 5 6 7 8 9 10 11 12 13 14 15 16 17 18 19 20 21 22 23 24 25 26 27 28 29 30 31
	8 9 10 11 12 13 14 15 16 17 18 19 20 21 22 23 24 25 26 27 28 29 30 31 *1 2 3 4 5 6 7*
Septembre Juin/juill.	1 2 3 4 5 6 7 8 9 10 11 12 13 14 15 16 17 18 19 20 21 22 23 24 25 26 27 28 29 30
	8 9 10 11 12 13 14 15 16 17 18 19 20 21 22 23 24 25 26 27 28 29 30 *1 2 3 4 5 6 7*
Octobre Juill./août	1 2 3 4 5 6 7 8 9 10 11 12 13 14 15 16 17 18 19 20 21 22 23 24 25 26 27 28 29 30 31
	8 9 10 11 12 13 14 15 16 17 18 19 20 21 22 23 24 25 26 27 28 29 30 31 *1 2 3 4 5 6 7*
Novembre Août/sept.	1 2 3 4 5 6 7 8 9 10 11 12 13 14 15 16 17 18 19 20 21 22 23 24 25 26 27 28 29 30
	8 9 10 11 12 13 14 15 16 17 18 19 20 21 22 23 24 25 26 27 28 29 30 31 *1 2 3 4 5 6*
Décembre Sept./oct.	1 2 3 4 5 6 7 8 9 10 11 12 13 14 15 16 17 18 19 20 21 22 23 24 25 26 27 28 29 30 31
	7 8 9 10 11 12 13 14 15 16 17 18 19 20 21 22 23 24 25 26 27 28 29 30 *1 2 3 4 5 6 7*

Comment utiliser ce tableau

Les médecins se basent sur un cycle menstruel régulier de 28 jours, commençant au 1ᵉʳ jour des règles, pour déterminer la date de l'accouchement. Repérer la date des dernières règles sur la ligne où mois et dates sont imprimés en gras ; la date située immédiatement en dessous indique le jour du terme présumé. Si ce jour est imprimé en italique, le mois est aussi en italique. Si le jour est en romain, le mois est en romain. Mais, en réalité, moins de 5 % des nouveau-nés naissent au jour prévu, car il n'est pas aisé de repérer la date exacte de la conception ou de se souvenir du premier jour de ses dernières règles. Les aléas de la grossesse modifient aussi la prévision.

LE PREMIER TRIMESTRE

Il est assez pratique de diviser la grossesse en 3 trimestres, en réalité de longueurs inégales. Le troisième trimestre variera en fonction de la durée de la grossesse. Au cours du premier trimestre (de la 1re à la 12e semaine), le corps d'une femme enceinte doit fournir un travail énorme afin de s'adapter à l'EMBRYON et au PLACENTA en formation.

- Le métabolisme augmente de 10 à 25 %, toutes les fonctions du corps semblent « s'emballer ».

- Le RYTHME CARDIAQUE et donc le débit sanguin s'élèvent, de même que la fréquence respiratoire ; le FŒTUS reçoit plus d'oxygène et le rejet de gaz carbonique est plus important.

- Les fibres musculaires de l'utérus s'épaississent et s'allongent ; l'utérus, qui grossit, fait pression sur la vessie, ce qui intensifie la fréquence des mictions.

- La taille et le poids des seins augmentent rapidement.

- Les seins deviennent très sensibles, et ce dès les toutes premières semaines de la grossesse.

- Le nombre des CANAUX GALACTOPHORES se multiplie.

- Les ARÉOLES s'assombrissent ; les glandes de l'aréole, ou tubercules de Montgomery, se multiplient et deviennent proéminentes.

- Les veines mammaires sont plus visibles à cause d'un apport SANGUIN plus important vers les seins.

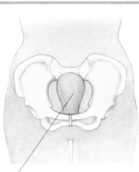

L'utérus s'épaissit mais se maintient à l'intérieur du pelvis.

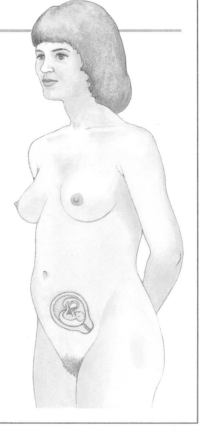

Les premières semaines
Les fibres musculaires de l'utérus de la femme s'épaississent dès le début de la grossesse, augmentant la taille de l'utérus. À ce stade, cependant, le ventre est rarement saillant.

LE DEUXIÈME TRIMESTRE

Il va de la 13e à la 28e semaine. Au début de ce trimestre, l'utérus déborde du rebord pelvien, ce qui provoque un empâtement graduel de la taille.

- La musculature de l'appareil digestif se détend, ce qui a pour effet de réduire les sécrétions gastriques ; la nourriture séjourne donc plus longtemps dans l'estomac.

- Les mouvements intestinaux sont réduits, car les muscles se sont détendus.

- Des picotements douloureux peuvent être ressentis au niveau des seins.

- La pigmentation de la peau a tendance à augmenter, spécialement sur les taches de rousseur, grains de beauté et aréoles.

- Une ligne noire peut apparaître sur le bas du ventre.

- Sous l'action accrue des hormones de grossesse, les gencives peuvent s'épaissir légèrement.

- À la suite du relâchement du CARDIA, des reflux gastro-œsophagiens (régurgitations vers l'œsophage du contenu de l'estomac) se produisent et peuvent provoquer des BRÛLURES D'ESTOMAC.

- Le cœur travaille deux fois plus que celui d'une femme qui n'est pas enceinte. Il brasse 6 litres de sang à la minute.

- L'utérus demande un apport sanguin supérieur de 50 % à la normale.

- Les reins ont besoin d'un apport sanguin supérieur de 25 % à la normale.

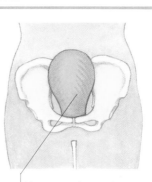

L'utérus grandit et se dresse au-dessus du rebord pelvien.

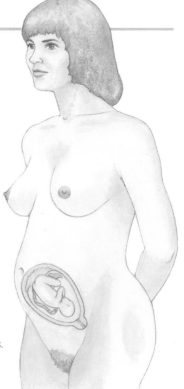

À mi-grossesse
L'utérus de la femme grandit pour s'adapter à la croissance du fœtus. Il déborde du rebord pelvien. La taille de la femme s'épaissit et son ventre grossit.

LE TROISIÈME TRIMESTRE

Pendant ce trimestre (à partir de la 29ᵉ semaine), le FŒTUS grandit et appuie sur le diaphragme en le comprimant. Les femmes enceintes respirent donc de plus en plus rapidement et de plus en plus profondément, avalant plus d'air à chaque inspiration, ce qui augmente leur consommation d'oxygène.

- Le taux de ventilation s'élève de 40 %, passant des 7 litres d'air habituels par minute chez une femme non enceinte, à 10 litres par minute, alors que la consommation d'oxygène n'augmente que de 20 %. Une sensibilité accrue du système respiratoire au niveau élevé de gaz carbonique peut provoquer des essoufflements.

- Le fœtus grandit, l'abdomen de la mère se développe et ses premières côtes peuvent être saillantes.

- Les ligaments, y compris ceux du pelvis et des hanches, se distendent (ce qui peut rendre la marche malaisée).

- Les mains et les pieds peuvent gonfler, signalant peut-être une TOXÉMIE GRAVIDIQUE.

- Des douleurs dans le bas du dos surviennent, provoquées par un changement du centre de gravité du corps et par un léger relâchement des articulations pelviennes dû à l'étirement des ligaments.

- Du COLOSTRUM (une substance claire et laiteuse) peut s'écouler des mamelons.

- La fréquence des mictions augmente.

- Le besoin de repos et de sommeil se fait sentir.

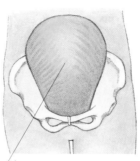
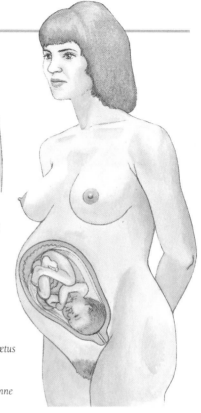

À la fin du troisième trimestre, l'utérus remplit la cavité abdominale, repousse l'appareil digestif et comprime l'estomac et la vessie.

Les derniers mois
À la fin du troisième trimestre, le fœtus est complètement formé. Pendant ce trimestre, il va s'installer profondément dans la cavité pelvienne de la femme.

GROSSESSE ET CULTURE

De nombreuses croyances sont liées à la conception et à la grossesse. Dans l'Europe médiévale, la plupart des femmes célibataires croyaient que les bébés étaient conçus par le nombril, alors que certaines tribus aborigènes pensaient que l'esprit de l'enfant pénétrait la mère à l'instant où elle percevait les premiers mouvements fœtaux. Les esprits étaient censés résider dans la nature ; le lieu où la femme sentait le bébé s'animer désignait l'esprit qui l'avait pénétrée. Les Anglo-Saxons croyaient également que l'esprit du bébé entrait dans le corps de la mère quand elle le sentait s'animer ; certains Inuits pensent encore de même. Les catholiques croient à la présence de l'âme dès la conception.

Les croyances liées à l'alimentation durant la grossesse existent dans la plupart des cultures. Dans les sociétés occidentales, on évite certaines denrées, de peur d'infection bactérienne, ou en mange d'autres dans l'espoir de déterminer le sexe de l'enfant. En Bolivie, on pense que la grossesse est un état échauffant et, en conséquence, les ALIMENTS RAFRAÎCHISSANTS sont évités. À Porto Rico, cependant, alors que la grossesse est considérée comme échauffante, les ALIMENTS ÉCHAUFFANTS sont évités pour que le bébé ne naisse pas avec des boutons. En Chine, les aliments rafraîchissants ne sont pas consommés pendant la grossesse, de peur d'une FAUSSE COUCHE. Dans de nombreuses îles des Caraïbes, on pense que, si la mère, mange des œufs pendant la grossesse, le fœtus deviendra trop gros et que, bébé, il piaulera comme un poulet.

ET CHEZ L'ANIMAL ?

Chez la femme, la grossesse dure généralement 9 mois et 2 semaines ; la plupart des femmes donnent naissance à un seul bébé à la fois. La CONCEPTION peut se produire entre 10 et 60 ans, mais la plupart des femmes conçoivent entre 20 et 35 ans. La gestation d'une femelle éléphant dure 2 ans et 6 mois et ne donne qu'un éléphanteau, les femelles peuvent être gravides entre 16 et 80 ans. Chez les chattes, la gestation dure généralement 9 semaines. Les portées sont de 3 à 5 chatons, 19 est le record. Une chatte peut avoir des petits dès 18 mois.

ENVIES ET GOÛTS BIZARRES

Avec la montée des hormones, qui ont des répercussions sur la composition de la salive, le sens du goût change chez la femme enceinte. Elle peut ne plus aimer des nourritures et des boissons qu'elle appréciait auparavant (le café est un exemple très courant) ou avoir des envies intempestives d'un aliment particulier. On cite des cas de femmes enceintes mangeant des substances non alimentaires, comme de la terre ou du charbon (une pratique dénommée géophagie).

On pense que la géophagie apparaît si le corps manque de certains oligoéléments, mais ces déviations alimentaires sont, en fait, largement déterminées culturellement. Du reste, ces pratiques ne concernent pas uniquement les femmes enceintes.

LA PRISE DE POIDS PENDANT LA GROSSESSE

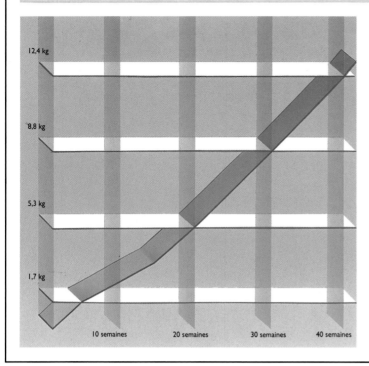

Pendant la grossesse, la prise de poids « idéale » pour une femme moyenne, vivant une grossesse normale, se situe approximativement entre 8 et 14 kg pour la période de gestation (à gauche). À la naissance, le bébé pèsera de 2,6 à 3,5 kg. On peut donc y ajouter la prise de poids de la future mère, soit : 6,3 à 10,6 kg (ci-dessous). La plupart des femmes prennent peu de poids au cours du premier mois. Et, pendant le dernier mois, certaines femmes peuvent même en perdre.

Analyse de prise de poids (à droite)

Le poids acquis au cours de la grossesse n'incombe pas entièrement au fœtus, qui ne représente en réalité que 25 % de la prise de poids totale.

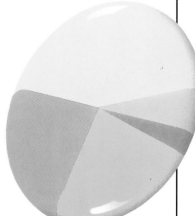

- Prise de poids maternelle
- Fœtus
- Fluide amniotique et maternel
- Utérus et seins
- Placenta

BESOINS EN VITAMINES ET SELS MINÉRAUX (MÈRE ET BÉBÉ)

Substance	Origine	Effets
Vitamine A	Produits laitiers, œufs, poissons, fruits rouges ou orange et légumes	Développement cellulaire, bonne vision, peau et muqueuses saines, croissance des os, fécondité, métabolisme des graisses et résistance à l'infection
Vitamine B1	Céréales complètes, noix, porc	Métabolisme des glucides
Vitamine B2	Céréales complètes, œufs	Métabolisme des glucides et des protéines ; maintien du fonctionnement et de l'oxygénation des tissus
Vitamine B5	Abats, céréales complètes, œufs	Métabolisme des glucides et des graisses ; bon fonctionnement des cellules, du système nerveux, de la peau et des intestins
Vitamine B6	Céréales complètes, champignons	Métabolisme des protéines, des graisses et des glucides
Vitamine B12	Viande, poisson, œufs, lait	Formation normale des cellules – en particulier des globules rouges – et du système nerveux
Acide folique	Pois, bananes, noix	Synthèse des acides nucléiques essentiels à la division des cellules ; aide à la production des globules rouges
Vitamine C	Cassis, agrumes, tomates	Formation des os, du système vasculaire, des muscles, des cartilages, des tissus, de l'hémoglobine et des globules rouges
Vitamine D	Poissons gras, œufs, produits laitiers	Absorption du calcium et du phosphore dans les voies gastro-intestinales, leur fixation dans les os et leur utilisation dans le sang et les autres tissus
Vitamine E	Germes de blé, œufs, poisson, brocolis	Entretien des structures cellulaires et intercellulaires et des enzymes ; anti-oxydant – on croit que les anti-oxydants rendent inoffensifs les radicaux libres nocifs ; prévention de la stérilité ou des fausses couches
Calcium	Produits laitiers, poissons à arêtes (sardines), noix	Formation des os et des dents, contraction normale des muscles, rythme cardiaque, coagulation du sang, transmission des influx nerveux et activité des enzymes
Fer	Viande, poisson, jaune d'œuf	Transfert et transport de l'oxygène
Zinc	Œufs, noix, coquillages	Développement et bon fonctionnement du cerveau et du système nerveux périphérique

Le corps humain absorbe les vitamines et les sels minéraux dont il a besoin à partir des aliments, et non à partir de suppléments vitaminiques.

BESOINS ALIMENTAIRES QUOTIDIENS

Chacune des sources alimentaires présentées ci-dessous correspond à une « portion » individuelle (ici chaque « portion » a la même teneur en vitamines, en protéines…). La femme enceinte pourra établir son régime alimentaire quotidien idéal en consultant le personnel du CLSC (centre local de services communautaires) de sa région ou en se procurant les publications du ministère de la Santé du Canada. Absorber un assortiment de fruits et de légumes frais autres que ceux dont la liste suit est une bonne chose. Dans la mesure du possible, il est préférable de choisir des produits non traités chimiquement, mais ce principe, bien sûr, vaut en tout état de cause.

Aliments riches en vitamine A

25 g d'épinards,
   de fleurs de brocoli
15 g de carotte
250 g de petits pois,
   de haricots verts
25 g de poivron
150 g de tomates
50 g de melon
6 prunes
1 mangue, 1 orange,
   1 pamplemousse
2 abricots
4 pêches, 4 pommes, 4 poires

Aliments riches en calcium

50 g de fromage à pâte dure
325 g de fromage cottage
250 ml de yogourt
165 ml de lait
75 g de sardines à l'huile,
   avec leurs arêtes
100 g de maquereaux
   ou de saumon en conserve,
   avec leurs arêtes
100 g d'amandes

Aliments riches en protéines

75 g de fromage à pâte dure
165 ml de lait
300 ml de yogourt
3 petits œufs
100 g de poisson frais
   ou en conserve
100 g de coquillages
75 g de viande blanche
   ou rouge ou d'abats
75 g d'amandes, de noisettes,
   de cacahuètes
   ou de pignons

Glucides complexes

75 g d'orge, de riz complet,
   de millet cuit
25 g de farine de blé complet
   ou de soja
1 tranche de pain complet
6 gressins de blé complet
75 g de haricot secs, de soja,
   de pois chiches
100 g de lentilles,
   de petits pois
1 galette de farine complète
   (pitta ou tortilla)
6 biscuits complets

Aliments riches en vitamine C

25 g de poivron
225 g de tomates
250 g de mûres
   ou de groseilles
100 ml de jus d'agrumes
25 g de cassis
75 g de fraises
1 gros citron ou 1 grosse
   orange
1/2 citron vert
   ou 1 mandarine
1/2 pamplemousse moyen

LES ALIMENTS À ÉVITER

Certains aliments peuvent présenter des risques pour les femmes enceintes.

LA TOXOPLASMOSE
Elle peut provoquer une FAUSSE COUCHE, ou la cécité et des lésions du cerveau chez le bébé. La toxoplasmose s'attrape généralement par l'absorption de viande crue ou pas assez cuite, en particulier de volaille, ou par le contact avec les fèces d'animaux infectés, comme les renards et les chats. La majorité des Canadiennes ont contracté la toxoplasmose tout en développant des anticorps ; plus une femme est âgée, plus elle court de risques. Les symptômes – diarrhées et fièvre – se développent 2 ou 3 jours après l'infection.

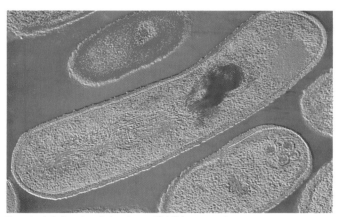
Bactérie de la listériose (coloration artificielle) vue au microscope

LA LISTÉRIOSE
Elle peut provoquer des fausses couches. La bactérie *Listeria* se trouve dans des plats congelés, des crèmes glacées, des fromages à pâte molle, des pâtés et de la viande mal cuite. Les symptômes sont proches de ceux de la grippe.

LES FEMMES À RISQUE
Les besoins nutritionnels d'une femme enceinte sont accrus dans les cas suivants :

- *Elle a fait récemment une fausse couche ou a accouché d'un enfant mort-né, ou après des naissances à moins de 18 mois d'intervalle.*
- *Elle fume et boit de l'alcool.*
- *Elle est ALLERGIQUE à des aliments de base, comme le lait ou le blé.*
- *Elle souffre d'une affection chronique.*
- *Elle a moins de 18 ans ou plus de 40 ans.*
- *Elle porte plus d'un seul FŒTUS.*
- *Elle a été victime d'un accident ou d'un STRESS important.*
- *Elle était déprimée ou trop maigre avant la CONCEPTION.*

POSTURE ET GROSSESSE

En grossissant, le fœtus oblige la femme enceinte à courber d'avantage le dos, afin de contrebalancer le poids accru de son abdomen. Ainsi, la colonne vertébrale est déviée de son axe normal et il en résulte des douleurs dorsales, surtout pendant la seconde partie de la grossesse. Une pression supplémentaire est exercée sur les articulations basses.

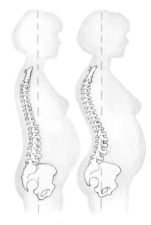

Bonne et mauvaise posture
La colonne vertébrale d'une femme qui se tient correctement longe une ligne verticale imaginaire (à gauche). Une mauvaise posture écarte la colonne vertébrale de cette ligne (à droite).

Soulever une charge correctement
Garder le dos droit et soulever l'objet en se dressant lentement sur ses jambes. Tenir l'objet ou l'enfant près du corps avec les deux mains.

LES ACTIVITÉS PHYSIQUES

Pendant sa grossesse, une femme peut continuer à participer normalement, sans en souffrir, à la plupart des activités physiques. En fait, nombre d'entre elles seront même bénéfiques. Certaines activités peuvent cependant présenter des risques et une femme enceinte doit en être consciente. C'est le cas, par exemple, pour le port de lourdes charges et les sports de contact, tel le judo. Les sports d'équilibre, comme l'équitation et le ski, seront sans nul doute bénéfiques (sous surveillance néanmoins) jusqu'à la seconde partie de la grossesse, période où le ventre de la femme devient vraiment volumineux.

Les exercices
Les activités sollicitant harmonieusement l'ensemble du corps – natation (ci-contre), yoga (ci-dessus) et gymnastique douce – sont recommandées pendant la grossesse.

La relaxation
Elle est essentielle au bien-être en cours de grossesse. S'allonger avec des oreillers sous la tête et les genoux (ci-dessous) allégera la pression sur les vaisseaux sanguins et sur l'abdomen.

LA SEXUALITÉ PENDANT LA GROSSESSE

À moins de problèmes médicaux particuliers – FAUSSES COUCHES à répétition, PLACENTA PRÆVIA, ou saignements intempestifs –, les rapports sexuels peuvent avoir lieu tout au long de la grossesse. Les positions où l'homme ne pèse pas sur l'abdomen de sa compagne sont bien sûr les meilleures (à droite). Le fœtus est bien protégé par les membranes et le liquide amniotique ; le col de l'utérus est scellé par une barrière de mucus qui évite les infections.

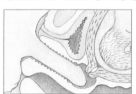

La protection du fœtus (ci-contre)
Pendant toute la grossesse, le col de l'utérus est scellé par une barrière de mucus qui assure une protection complète du fœtus. Ainsi, pendant les rapports sexuels, le pénis ne peut pas toucher la tête du fœtus.

LA SURVEILLANCE PRÉNATALE

LES TESTS URINAIRES

La présence de certains agents pouvant faire redouter des problèmes ultérieurs doit être régulièrement recherchée dans l'urine des femmes enceintes. On peut ainsi déceler une infection rénale. Le médecin doit également vérifier si l'urine contient des protéines, pouvant être le signe d'une PRÉÉCLAMPSIE.
Il cherchera aussi la présence de sucre, qui révélerait un DIABÈTE SUCRÉ, *ainsi que celle d'acétone, qui peut être le signe d'un diabète avancé, ou la conséquence de vomissements excessifs ou d'une alimentation insuffisante pendant la grossesse.*

LES TESTS SANGUINS

Ils servent à déterminer le groupe sanguin et le facteur RHÉSUS, information vitale pour savoir si une transfusion ou le traitement d'une INCOMPATIBILITÉ DES RHÉSUS s'avère nécessaire. Pour éviter l'anémie, les taux d'hémoglobine doivent être également vérifiés. Les tests sanguins peuvent révéler la présence d'une MALADIE TRANSMISE SEXUELLEMENT, celle d'anticorps contre la RUBÉOLE et indiquent le taux d'ALPHA-FŒTO-PROTÉINE. Ce dernier permet de diagnostiquer certaines anomalies du fœtus. Des désordres génétiques, comme la drépanocytose, sont décelés dans le sang.

L'EXAMEN CLINIQUE

Les examens externes constituent une grande partie des soins prénataux ; ils aident médecins et sages-femmes à déceler à un stade précoce d'éventuels problèmes.

TENSION

Elle est prise à chaque visite. Une TENSION plus élevée que la normale peut indiquer une PRÉÉCLAMPSIE.

Pendant la grossesse, la tension normale est de 120/70, bien qu'une variation selon l'âge soit considérée comme normale.

Tensiomètre

TAILLE

Si une femme est très menue, son bassin risque d'être trop étroit pour permettre le passage de la tête d'un gros bébé.

POIDS

Il est surveillé régulièrement pour connaître en permanence le développement du fœtus. Une augmentation soudaine du poids peut être le signe d'une rétention de liquide ou indiquer une prééclampsie.

JAMBES ET MAINS

On vérifie l'absence de VARICES (gonflements des veines) sur les jambes et d'ŒDÈMES (rétention d'eau) sur les mains, signes avant-coureurs de la prééclampsie.

SEINS

Une attention particulière est portée aux mamelons pour vérifier qu'ils ne sont pas OMBILIQUÉS.

PALPATION ABDOMINALE
La vérification de la position du fœtus est effectuée par un examen manuel de l'abdomen. À partir de 12 semaines, le fond de l'utérus fait saillie dans l'abdomen et peut être palpé extérieurement. Le médecin mesure la distance entre le fond de l'utérus et le pubis, pour vérifier la croissance du fœtus. Il tâtera également la tête et les fesses du fœtus pour déterminer sa position.

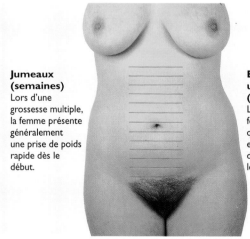

Jumeaux (semaines)
Lors d'une grossesse multiple, la femme présente généralement une prise de poids rapide dès le début.

Enfant unique (semaines)
Lorsque la femme ne porte qu'un seul bébé, elle prend du poids plus lentement.

LE TOUCHER VAGINAL

Cet examen permet de vérifier la taille du pelvis et l'état du col de l'utérus. On peut y procéder dès le premier examen prénatal ou, occasionnellement, jusqu'à 36 semaines. Le médecin ou la sage-femme introduit deux doigts gantés dans le vagin pour en mesurer la profondeur, apprécier son diamètre et contrôler les épines ischiatiques.

Recherche d'une dystocie liée au bassin
On évalue généralement l'état du pelvis par un toucher vaginal (à droite) pour s'assurer que la tête du bébé passera facilement à la naissance. Le médecin ou la sage-femme appuie également sur l'abdomen pour sentir l'utérus (ci-dessous).

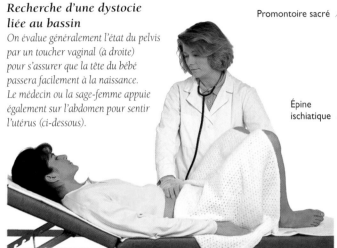

Promontoire sacré

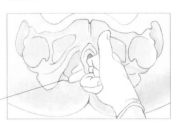

Épine ischiatique

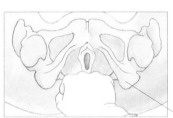

Tubérosité ischiatique

La mesure du détroit supérieur
Le médecin vérifie qu'elle sent le promontoire sacré au fond et à l'arrière du vagin pour juger de l'état de l'ouverture pelvienne (distance entre le pubis et le sacrum.

L'examen des épines ischiatiques
Le médecin tâte à droite et à gauche les épines ischiatiques à travers les parois du vagin. Elles peuvent être difficilement décelables ou très distinctes.

La mesure du détroit inférieur
À l'aide du poing peu serré, le médecin mesure si la distance entre les tubérosités ischiatiques est bien supérieure à 10 cm.

L'ÉCHOGRAPHIE DE L'UTÉRUS

Cette technique de diagnostic analyse les échos d'ondes sonores à haute fréquence et permet de reconstituer l'image du FŒTUS dans l'utérus. Cette représentation fournit de précieuses informations sur le développement du fœtus, telles sa position et sa taille (d'autres techniques, comme l'AMNIOCENTÈSE, – prélèvement de liquide amniotique – sont utilisées conjointement pour vérifier que le fœtus n'est pas atteint de la trisomie 21).

Les ultrasons sont indolores et, semble-t-il, d'une parfaite innocuité bien qu'aucune étude à long terme n'existe sur le sujet.

Une échographie
Après avoir enduit l'abdomen de la femme d'un gel de contact, on déplace lentement la sonde le long du ventre.

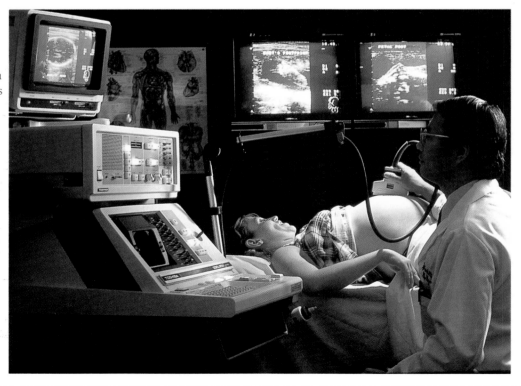

ANALYSE DES VILLOSITÉS CHORIALES

Les villosités choriales (excroissances en forme de doigt) des bords du PLACENTA sont généralement identiques à celles du FŒTUS et on peut donc les tester pour déceler chez lui certains désordres comme la MUCOVISCIDOSE et la trisomie 21. Effectuée entre la 10ᵉ et la 12ᵉ semaine, l'analyse des villosités choriales donne généralement des résultats au bout de 1 ou 2 jours. Ceux-ci sont obtenus plus rapidement que par l'AMNIOCENTÈSE, mais le risque de FAUSSE COUCHE est supérieur d'environ 2 %. Deux méthodes sont employées pour

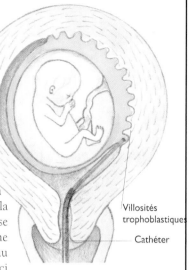

Villosités trophoblastiques

Cathéter

Le passage par le col de l'utérus

Un cathéter est introduit dans l'utérus. Des cellules sont prélevées à la surface du placenta.

pratiquer le prélèvement : par la voie vaginale (ci-dessus), l'utérus est abordé directement à l'aide d'un cathéter qui prélève quelques cellules de la surface placentaire ; par la voie transabdominale comme pour l'amniocentèse.

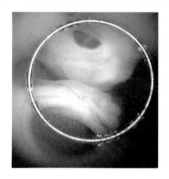

LA FŒTOSCOPIE

Un tube mince et flexible, pourvu d'une puissante lentille, est introduit dans l'utérus (soit par le vagin, soit par une incision abdominale) pour observer le FŒTUS ou le liquide amniotique. On peut ainsi déceler les anomalies.

LE DOSAGE DE L'ALPHA-FŒTO-PROTÉINE

Produite par la membrane vitelline de l'embryon, et plus tard par le foie du fœtus, l'alpha-fœto-protéine est présente à des taux divers dans le sang de la femme, tout au long de sa grossesse. Un niveau très bas peut indiquer chez le FŒTUS la TRISOMIE 21, alors qu'un haut niveau peut révéler une malformation du type spina-bifida (vertèbres non soudées, occasionnant souvent une paralysie). Un examen du sang maternel indiquera le niveau d'alpha-fœto-protéine dans le sang. Une ÉCHOGRAPHIE et une AMNIOCENTÈSE seront généralement conseillées.

L'AMNIOCENTÈSE

Lorsqu'il est dans l'utérus, le FŒTUS perd un certain nombre de cellules dans son liquide amniotique ; elles seront recueillies au cours de l'amniocentèse et fourniront des éléments intéressants sur l'état du fœtus. On propose généralement cet examen aux mères de plus de 35 ans ou à celles dont les examens ont donné des résultats préoccupants. Après une amniocentèse, le risque de FAUSSE COUCHE est de 1 sur 200.

Tout en utilisant l'ÉCHOGRAPHIE pour repérer la position du fœtus, le médecin prélève, à travers la paroi abdominale anesthésiée, une petite quantité de liquide pour analyse.

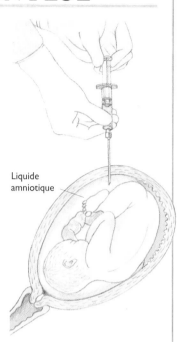

Liquide amniotique

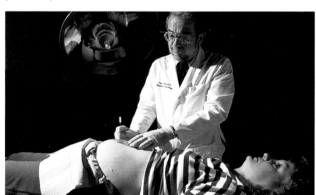

Ponction de liquide amniotique

Le médecin introduit une aiguille à travers la paroi abdominale, jusqu'à l'utérus. Une petite quantité de liquide amniotique est prélevée pour analyse.

LE TRIPLE TEST

C'est un test sanguin développé récemment, en cours d'évaluation dans plusieurs pays occidentaux. On l'utilise à 16 semaines pour mesurer trois substances. Les niveaux d'œstriol (une des formes d'ŒSTROGÈNE), d'HORMONE CHORIONIQUE GONADOTROPHIQUE et d'ALPHA-FŒTO-PROTÉINE du sang maternel sont étudiés en corrélation avec l'âge de la mère pour établir les possibilités d'anomalies chromosomiques chez le fœtus. Tout résultat suspect donne lieu à une recherche plus approfondie ; une AMNIOCENTÈSE et une ÉCHOGRAPHIE sont alors proposées à la mère.

LES COUPS DE PIED

Pendant le TROISIÈME TRIMESTRE, le nombre de coups de pied donnés par un FŒTUS sur une période de 6 heures peut être révélateur de son état de santé. Les coups de pied sont inscrits par groupes de cinq ; si, pendant une période donnée, moins de cinq coups de pied sont ressentis, il faut le noter.

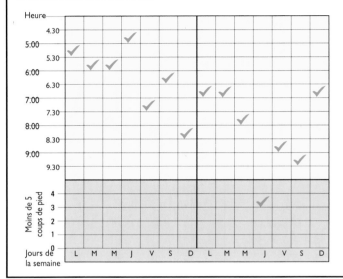

EN CONTACT AVEC BÉBÉ

En sachant ce qu'éprouve le bébé, la mère et le père pourront entrer en relation avec lui avant sa naissance. Le FŒTUS peut ressentir, entendre et voir. Il peut aussi partager certaines émotions maternelles par la libération de substances chimiques. Par exemple, la joie libère des ENDORPHINES ; la colère et la peur, des CATÉCHOLAMINES. À compter du quatrième mois, le fœtus, à l'intérieur de l'utérus, se détourne des lumières fortes. À partir du sixième mois, la musique bruyante l'agite.

LES BATTEMENTS DE CŒUR DU FŒTUS

Ce cornet auditif traditionnel s'appelle le stéthoscope de Pinnard.

Cet appareil acoustique utilise les ultrasons pour écouter, en les amplifiant, les battements de cœur du fœtus.

À partir du troisième mois, les battements de cœur du fœtus sont écoutés à chaque visite prénatale. Ils sont environ deux fois plus rapides que ceux d'un adulte (140 pulsations minute contre 72 pulsations minute).

LA POSITION DU BÉBÉ

Les médecins et les sages-femmes utilisent des abréviations pour désigner les différentes positions céphaliques du FŒTUS, qui d'ailleurs peuvent changer au cours de la grossesse. Ils notent l'endroit où l'occiput (arrière de la tête) entre en contact avec le corps de la mère – à droite ou à gauche, antérieur ou postérieur. Si la colonne vertébrale du fœtus est parallèle à celle de la mère, on parle de position verticale. L'abréviation OIDA (occipitoiliaque droite antérieure), par exemple, signifie que l'occiput est à droite de l'utérus de la mère et antérieur.

Parfois, la colonne vertébrale du fœtus est perpendiculaire à celle de la mère (position transversale).

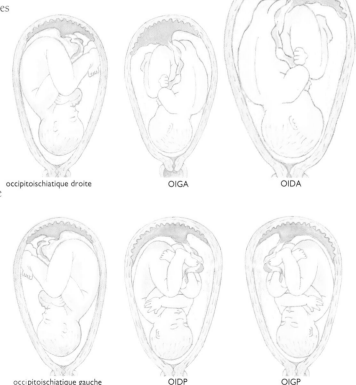

occipitoischiatique droite   OIGA   OIDA

occipitoischiatique gauche   OIDP   OIGP

LA GROSSESSE GÉMELLAIRE

Les problèmes liés à la grossesse peuvent être aggravés si une femme porte plus d'un FŒTUS à la fois. Les sensations de fatigue et de nausée s'intensifient et les risques d'HYPERTENSION, d'ANÉMIE, d'ŒDÈMES et de PRÉÉCLAMPSIE sont accrus. Une femme qui porte plus d'un fœtus remarquera que son ventre est plus gros que celui des autres femmes enceintes. De plus, la forme de son abdomen tend à s'élargir vers les côtés pour faire de la place au(x) fœtus supplémentaire(s). Il est raisonnable qu'une femme qui attend des jumeaux restreigne ses activités physiques pendant le TROISIÈME TRIMESTRE pour diminuer le risque d'accouchement prématuré. Les jumeaux ont généralement une gestation plus courte que celle des autres bébés (35 semaines contre 40). Les vrais jumeaux (homozygotes) résultent d'un ovule qui se divise et partagent généralement (mais pas toujours) le même placenta ; les faux jumeaux (hétérozygotes) résultent de deux ovules fécondés, ils n'ont donc aucune raison de se ressembler.

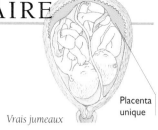

Vrais jumeaux — Placenta unique

Faux jumeaux — Deux placentas

LES PROBABILITÉS

Voici quelques facteurs qui accroissent les probabilités de concevoir des faux jumeaux. Les probabilités d'avoir des vrais jumeaux restent constantes.

Il y a déjà des jumeaux du côté maternel :

Oui	(5)
Non	(0)

Vous êtes :

Négroïde	(3)
Caucasienne	(2)
Jaune	(1)

Vous avez :

Moins de 20 ans	(0)
21-30 ans	(2)
31-40 ans	(3)
Plus de 40 ans	(1)

Vous avez le nombre d'enfants suivant :

1 ou aucun	(1)
2	(2)
3 ou plus	(3)

Par rapport à la morphologie de votre race, vous êtes :

Menue	(1)
Moyenne	(2)
Forte	(3)

Vous concevez dans les :

2 mois	(3)
6 mois	(2)
12 mois	(1)

NOMBRE DE POINTS

Résultat	Probabilités d'avoir des jumeaux
0-5	0-20%
6-15	20-60%
16-20	60-100%

QUI A DES JUMEAUX ?

*La fréquence des vrais jumeaux est généralement considérée comme totalement sujette au hasard ; toutefois, certaines données indiquent qu'elle pourrait être quelquefois héréditaire. Les faux jumeaux résultent de la libération de plus d'un ovule au moment de l'*OVULATION.

Cette tendance peut être héréditaire (souvent du côté maternel). Les probabilités d'avoir des faux jumeaux non héréditaires augmentent jusqu'à ce qu'une femme ait 35 ans ; elles décroissent ensuite. Elles semblent également être plus importantes si la femme est grande, forte et qu'elle est facilement enceinte. Les possibilités d'avoir de faux jumeaux augmentent également avec le nombre d'enfants qu'elle a déjà eus.

LES JUMEAUX ET LA RACE

Le pourcentage de faux jumeaux (issus, donc, de deux ovules) varie selon le type racial de la mère, alors que celui des vrais jumeaux reste constant. Le taux le plus bas de faux jumeaux se trouve chez les femmes jaunes et le plus élevé, chez les négroïdes.

	Total	Faux	Vrais
Négroïde	46.2	42.3	3.9
Caucasienne	11.2	7.5	3.7
Jaune	6.4	3.1	3.3

Nombre de jumeaux pour 1 000 naissances

LE SAVIEZ-VOUS ?

L'intervalle le plus long entre la naissance de deux jumeaux

Diana et Monica Petrungaro sont nées à 36 jours d'intervalle. Mme Danny Petrungaro, de Rome, en Italie, a donné naissance à Diana le 22 décembre 1987 et à Monica le 27 janvier 1988.

L'intervalle le plus long entre la naissance de deux « jumeaux-éprouvettes »

Mme Mary Wright a mis au monde des jumeaux à 18 mois d'intervalle, après la fécondation de ses ovules par le sperme de son mari en mars 1984. Le premier jumeau est né en novembre 1985 et le second en avril 1987, d'un ovule conservé par congélation depuis 29 mois.

Le plus grand nombre de jumeaux

Mme Vassilyev (1707-1770), de Shuya, en Russie, a donné 16 fois naissance à des jumeaux.

La naissance de triplés la plus rapide

Le 21 mars 1977, Mme James E. Duck, de Memphis, aux États-Unis, a mis au monde Bradley, Christopher et Carmon, en 2 minutes

Les jumelles les plus âgées

Les vraies jumelles Mildred Widman Philippi et Mary Widman Franzini sont nées le 17 juin 1880. Mildred est morte la première le 4 mai 1985, 44 jours avant son 105e anniversaire.

*L*ES PROBLÈMES

TABAC ET ALCOOL

Le *tabac* est néfaste pour le fœtus, mais ses effets peuvent être en grande partie évités. Les femmes qui continuent à fumer quand elles sont enceintes risquent une FAUSSE COUCHE, un bébé d'un poids inférieur à la normale, avec des malformations congénitales, un enfant prédisposé à des difficultés scolaires ou à des problèmes de croissance. L'usage du tabac avant la CONCEPTION peut endommager les GÈNES contenus dans l'ovule et le spermatozoïde. L'intoxication passive par le tabac comporte aussi des risques réels pour le fœtus et le nouveau-né ; Elle pourrait être un des facteurs prédisposant de la mort subite du nourisson.

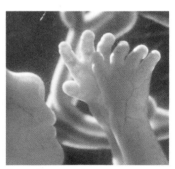

Le tabac pendant la grossesse

Quand une femme enceinte inhale la fumée d'une cigarette, le niveau d'oxygène dans son sang, y compris celui qui arrive au fœtus, chute. Cela affecte rapidement la quantité de sang qui parvient aux extrémités du fœtus.

L'*alcool* est un poison dangereux pour l'ovule, le spermatozoïde et le fœtus. Les risques encourus sont : la fausse couche, une croissance mentale et physique retardée ou un syndrome alcoolique fœtal, qui peut endommager le cerveau et le système nerveux.

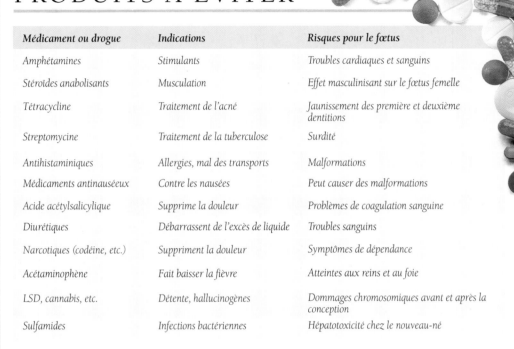

PRODUITS À ÉVITER

Médicament ou drogue	Indications	Risques pour le fœtus
Amphétamines	Stimulants	Troubles cardiaques et sanguins
Stéroïdes anabolisants	Musculation	Effet masculinisant sur le fœtus femelle
Tétracycline	Traitement de l'acné	Jaunissement des première et deuxième dentitions
Streptomycine	Traitement de la tuberculose	Surdité
Antihistaminiques	Allergies, mal des transports	Malformations
Médicaments antinauséeux	Contre les nausées	Peut causer des malformations
Acide acétylsalicylique	Supprime la douleur	Problèmes de coagulation sanguine
Diurétiques	Débarrassent de l'excès de liquide	Troubles sanguins
Narcotiques (codéine, etc.)	Suppriment la douleur	Symptômes de dépendance
Acétaminophène	Fait baisser la fièvre	Atteintes aux reins et au foie
LSD, cannabis, etc.	Détente, hallucinogènes	Dommages chromosomiques avant et après la conception
Sulfamides	Infections bactériennes	Hépatotoxicité chez le nouveau-né

RISQUES DE SANTÉ DURANT LA GROSSESSE

CHEZ SOI

Certains comportements ou situations peuvent affecter le fœtus :

- Utiliser des produits chimiques – nettoyants de fours, aérosols, pétrole, peinture, vernis, certaines colles et certains pesticides de jardin.
- Pratiquer le sauna ou prendre des bains très chauds et prolongés.
- Manger de la viande crue ou mal cuite.
- Boire des boissons caféinées, de l'alcool ou des tisanes non biologiques.
- Nettoyer des litières, utiliser un balai de cuvette hygiénique et jardiner sans gants.
- Se faire vacciner par une souche virale vivante, comme pour la rubéole ou la grippe.

AU TRAVAIL

Certains métiers exposent la femme enceinte ainsi que son fœtus à de nombreux risques. Les situations à éviter sont :

- Prendre des risques physiques (jockey, policier…).
- Travailler avec des animaux (vétérinaire, agricultrice…).
- Être en contact avec des produits chimiques (plomb, mercure, déchets toxiques, produits de nettoyage à sec, solvants…).
- Manipuler des gaz anesthésiants (infirmière, anesthésiste…).
- Être confinée dans des atmosphères enfumées (serveuse, hôtesse de discothèque…).
- S'exposer à des sources d'infections (médecin, enseignante…).

DANS L'ENVIRONNEMENT

Prendre des repas à l'extérieur, faire des courses et même rendre des visites peuvent présenter des risques, par exemple :

- Inhalation de fumées nocives (spécialement dans les villes par temps chaud et tabagie).
- Contact avec des engrais ou des pesticides.

LES MAUX HABITUELS PENDANT LA GROSSESSE

Problèmes	Causes	Solutions	Risques pour le fœtus
Mal de dos Sensation générale de gêne le long du dos pouvant s'étendre jusqu'aux jambes	Un haut niveau de PROGESTÉRONE provoque le relâchement des ligaments, et une tension du dos et des hanches.	Pratiquer des exercices de renforcement du dos ; dormir sur un matelas dur ; corriger la posture et porter des talons plats.	Nul
Syndrome du canal carpien Sensation de picotements dans les doigts, parfois dans les poignets et les avant-bras	Le canal carpien (l'anneau fibreux autour du poignet) gonfle sous l'effet d'un ŒDÈME et comprime un nerf.	Prendre des diurétiques (impérativement prescrits par un médecin) ; la nuit, porter une attelle au poignet ; tenir la main au-dessus de la tête et remuer les doigts.	Nul
Constipation Selles dures et sèches, difficiles à évacuer	La progestérone provoque une diminution des contractions et une plus grande absorption d'eau.	Boire beaucoup d'eau ; manger beaucoup de fruits et de légumes (particulièrement fruits secs : figues et pruneaux).	Nul
Crampes Contractures généralement dans la cuisse, le mollet ou le pied	Elles sont probablement dues à un faible niveau en calcium ou à une carence en potassium.	Se faire masser avec tonicité. Avoir une bonne nutrition.	Nul
Diarrhée Selles molles, aqueuses	Elle est généralement causée par une bactérie ou un virus.	Boire davantage pour remplacer le liquide perdu.	Trouble fœtal en cas de diarrhée prolongée.
Maux d'estomac Sensation de brûlure derrière le sternum. Régurgitation acide de liquide gastrique	La progestérone détend le CARDIA de l'estomac, permettant au liquide gastrique de remonter dans l'œsophage.	Manger par petites quantités pour éviter de surcharger l'estomac ; boire du lait pour neutraliser l'acidité gastrique ; éviter d'absorber des protéines et des glucides ; dormir en position semi-assise. Le médecin peut prescrire des antiacides.	Nul
Hypertension Indices souvent difficiles à déceler bien que l'œdème soit un symptôme classique	La cause n'en est pas clairement établie.	Maintenir la prise de poids au niveau requis ; repos allongé ; le médecin peut demander l'hospitalisation si le problème est grave.	Diminue l'afflux de sang vers l'utérus, si bien que l'apport d'oxygène et de nourriture est réduit, provoquant un retard de croissance à la naissance. On peut pratiquer une césarienne.
Nausée matinale Nausée pouvant, en fait, intervenir à n'importe quel moment, généralement quand la femme n'a pas mangé depuis un certain temps	C'est probablement le résultat de l'adaptation du corps de la femme à la protection du FŒTUS contre les TOXINES. Elle est provoquée par les hormones de grossesse et de bas taux sanguins de glucose.	Manger peu et souvent, en particulier des aliments riches en glucides complexes – pommes de terre et riz. Sucer des bonbons riches en glucose.	La forme sévère, vomissements incoercibles, peut priver le corps de liquide et d'éléments nutritifs, provoquant des troubles de la conscience, entraînant parfois une hospitalisation, car alors les risques de fausse couche sont multipliés par sept.
Hémorroïdes Dilatation des veines hémorroïdaires, qui saignent ou saillent hors de l'anus	Lorsque le bébé grandit, il appuie sur le plancher pelvien et gêne le flux sanguin. En conséquence, le sang stagne dans les veines qui se dilatent.	Augmenter la consommation de fibres ; ne pas soulever ni transporter de lourds fardeaux (pression accrue sur l'abdomen) ; éviter la constipation (voir ci-dessus).	Nul
Muguet Caractérisé par un enduit blanc et grumeleux apparaissant sur le vagin, mais également par une sécheresse et des démangeaisons en périphérie du vagin, de la vulve, du périnée et de l'anus	Candida albicans apparaît naturellement dans le corps. L'infection s'installe si son développement n'est pas rapidement maîtrisé – après un traitement par antibiotiques, par exemple. L'alcool, le sucre et les produits à base de levure provoquent une prolifération rapide du muguet parce que Candida albicans se nourrit de sucre et de levure.	Porter des sous-vêtements et des vêtements lâches en coton ; éviter les collants ; éviter l'alcool et les aliments contenant du sucre ou des levures ; manger des yogourts et beaucoup de fruits et de légumes frais ; le médecin pourra prescrire une crème antifongique.	À la naissance, le bébé peut contracter une infection qui se manifeste par des dépôts blancs dans sa bouche. Ce n'est pas dangereux pour le bébé.
Varices Veines gonflées, généralement dans les jambes ou dans l'anus (voir hémorroïdes) pouvant aussi apparaître dans la vulve	Voir hémorroïdes (ci-dessus).	Ne pas prolonger la station debout ; se reposer avec les pieds surélevés ; porter des collants ou des bas de soutien ; masser la zone concernée.	Nul

GROSSESSE EXTRA-UTÉRINE

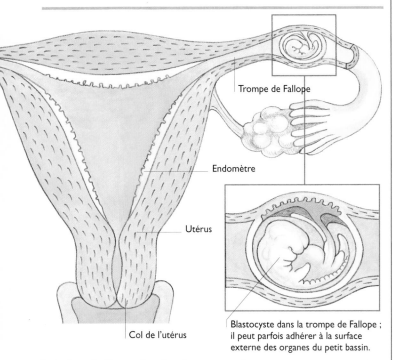

Trompe de Fallope

Endomètre

Utérus

Col de l'utérus

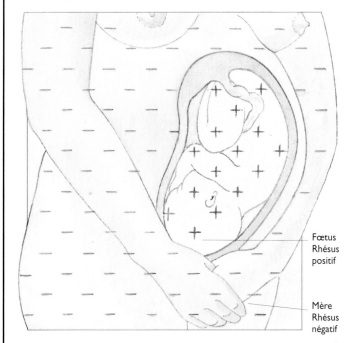

Blastocyste dans la trompe de Fallope ;
il peut parfois adhérer à la surface
externe des organes du petit bassin.

Ici, dans la forme la plus fréquente de grossesse extra-utérine,
l'ovule fécondé est bloqué dans la TROMPE DE FALLOPE. Si on le laisse
se développer ainsi, la trompe risque d'éclater, mettant la vie de la
mère en danger. La douleur causée par la croissance du blastocyste
signale généralement la pathologie ; le chirurgien procédera à
l'extraction.

PLACENTA PRÆVIA

Si le placenta s'implante
dans la partie inférieure
de l'utérus et en obture le col,
des complications fatales pour
le bébé et pour la mère sont
à redouter. Au début du
travail, le placenta va
se décoller, entraînant une
hémorragie grave. Tout
saignement intempestif doit
donner lieu à une ÉCHOGRAPHIE.
Généralement une CÉSARIENNE
est pratiquée.

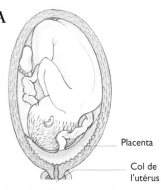

Placenta

Col de
l'utérus

Le col de l'utérus est obturé
Lorsque le placenta est implanté au
centre, il recouvre complètement le col.

BÉANCE DU COL DE L'UTÉRUS

Si le col de l'utérus,
normalement étroitement fermé,
commence à s'ouvrir avant le
terme, il laisse la membrane
amniotique et son contenu
saillir à l'extérieur du vagin,
ce qui entraîne une FAUSSE
COUCHE. Pour l'éviter,
un cerclage du col est pratiqué
à la 16ᵉ semaine de la grossesse.

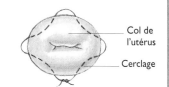

Col de
l'utérus

Cerclage

Col de l'utérus cerclé
Le col de l'utérus est cerclé.
Il sera libéré 7 jours
avant le terme présumé.

INCOMPATIBILITÉ RHÉSUS

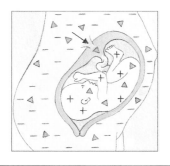

Fœtus
Rhésus
positif

Mère
Rhésus
négatif

Si le FŒTUS est Rhésus positif et sa mère Rhésus négatif, elle produit
des anticorps pouvant entraîner des risques importants pour de
futurs bébés Rhésus positif. Lorsque, au moment de la délivrance, le
sang du premier-né Rhésus positif pénètre dans celui de la mère, il
provoque chez elle la production d'anticorps anti-Rhésus (triangles
verts). Ces derniers attaqueront et détruiront les globules rouges de
son prochain bébé Rhésus positif (en bas, à droite), ce qui aura
comme conséquence une anémie fatale pour le fœtus. On évite généralement cet accident en administrant à la mère une injection
d'immunoglobuline Rh pour empêcher la formation d'anticorps anti-
Rhésus.

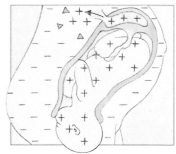

LA FAUSSE COUCHE

On désigne ainsi la perte du fœtus – en termes médicaux, avortement spontané – à moins de 28 semaines du début de la gestation. Environ 30 % des grossesses précoces aboutissent à des fausses couches alors que, dans au moins 25 % des cas, la grossesse n'était même pas diagnostiquée. Ce sont les mères âgées ou portant plus d'un fœtus qui courent les plus grands risques. La fausse couche se produit le plus fréquemment lorsqu'un BLASTOCYSTE anormal sur le plan chromosomique ne réussit pas à s'implanter dans l'utérus ou à se développer normalement. Il y a cependant d'autres causes, comme les anomalies utérines, les déséquilibres hormonaux, les infections virales et bactériennes et une BÉANCE DU COL DE L'UTÉRUS. Si le spermatozoïde présente une anomalie bénigne, il sera capable de pénétrer l'ovule, mais le blastocyste sera éliminé ultérieurement lors d'une fausse couche. Celle-ci peut aussi se produire si le sang du père est incompatible avec celui de la mère. Les médecins font la distinction entre les menaces d'avortements (qui peuvent ne pas aboutir à une fausse couche), et l'avortement inévitable.

1 à 6 semaines de gestation

6 à 40 semaines de gestation

Naissances vivantes

Résultats de la grossesse
Les chiffres concernant le pourcentage de conceptions débouchant sur une fausse couche ne sont que des estimations ; en effet, la collecte de données fiables sur les fausses couches précoces (avant 6 semaines) est sujette à caution car la plupart de celles-ci passent pour des règles abondantes ou tardives.

DIABÈTE DE LA GROSSESSE

Durant leur grossesse, un certain nombre de femmes ne produisent plus suffisamment d'insuline pour assurer un taux de glucose normal dans le sang. Ce fait concerne en premier lieu les femmes dont la famille compte un ou plusieurs diabétiques. Ce type de diabète est généralement détecté pendant la seconde partie de la grossesse, lors du test sanguin de dépistage du diabète ou si les urines présentent un taux de glucose anormal.

Analyse d'urine
Des bandelettes imprégnées de substance chimique sont trempées dans l'urine puis comparées à une échelle colorimétrique.

LA PRÉÉCLAMPSIE

Ce syndrome (appelé aussi toxémie gravidique) apparaît avant l'éclampsie proprement dite, laquelle peut menacer la vie de la mère et celle du fœtus. 15 % des femmes enceintes souffrent de prééclampsie ; elle est plus fréquente chez les femmes de plus de 35 ans, les primipares et celles qui portent plus d'un fœtus. Les principaux symptômes sont les œdèmes (rétention d'eau) et l'hypertension (pour cette raison, la tension est vérifiée tous les mois) ; un excès de poids peut entraîner une prééclampsie, la femme doit donc surveiller son poids. Une protéinurie (présence de protéines dans l'urine) peut aussi se manifester, de même que des nausées, des maux de tête et des vertiges. On traite la prééclampsie par le repos et le régime sans sel ; des médicaments peuvent également être prescrits pour réduire la tension. Si un risque existe pour la mère ou le fœtus, la délivrance précoce du fœtus peut être provoquée.

Graphique de la tension normale

Âge	Pression systolique (chiffre supérieur)	Pression diastolique (chiffre inférieur)
15–25 ans	100–150	60–95
25–35 ans	100–160	65–95
35–45 ans	110–170	68–100
45–55 ans	110–180	70–105
55–65 ans	115–180	70–110

L'UTÉRUS MALFORMÉ

L'utérus d'une femme, comme celui de tous les mammifères femelles, se développe à partir de deux tubes embryonnaires distincts. Les tubes embryonnaires de la femme fusionnent pour former un seul utérus (même processus chez les juments et les guenons, différent chez les chattes et les chiennes). Chez un petit pourcentage de femmes, toutefois, les deux tubes ne fusionnent pas complètement ; ils entraveront le développement optimal de l'utérus (à droite). Si une grossesse se produit chez une femme présentant ce type d'utérus, le fœtus a tendance à prendre une position incompatible avec une délivrance normale. Une césarienne sera généralement nécessaire (sous épidurale, en principe) si la position définitive du fœtus est transversale.

Utérus bicorne
La délivrance classique est encore possible.

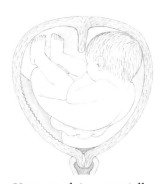

Utérus à cloison partielle
Une paroi intérieure, ou septum, fait saillie dans l'utérus.

L'ACCOUCHEMENT

En s'accroupissant, la femme ouvre son pelvis.

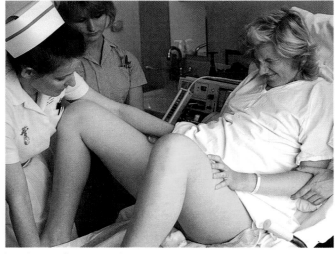

Les infirmières l'encouragent à « pousser ».

« *L'obscurité ou presque et… le silence. Une paix profonde s'installe dans la pièce. On peut ressentir le respect qui entoure naturellement l'arrivée d'un bébé. On ne crie pas dans une église. Chacun baisse spontanément la voix. [Nous] accédons à un autre rythme ; le rythme profond de la vie, qui est aussi celui de l'enfant.* »

Frédéric Leboyer

« *Pendant la naissance [...] une femme est entièrement prise par l'acte passionné de la création, totalement engagée dans les sentiments de l'instant et dans les sensations vives qui submergent son être tout entier.* »

Sheila Kitzinger

L'eau détend les tissus vaginaux de la femme tout en la relaxant.

La tête du bébé apparaît.

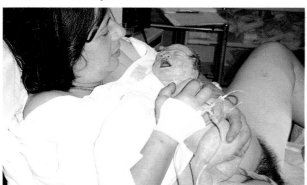

Le placenta n'est expulsé qu'après la naissance du bébé.

Donner la vie

Au moment de donner la vie, les femmes sont très sensibles aux stimuli lumineux et sonores. L'endroit idéal pour accoucher est donc une pièce tranquille, sombre et de préférence familière. L'accouchement est généralement un acte naturel, même s'il représente un travail difficile. C'est assurément une expérience profondément émouvante.

LES CONTRACTIONS

Au début de la PREMIÈRE PHASE du travail, les contractions durent de 30 à 60 secondes et se produisent à intervalles réguliers d'environ 20 minutes. Au fur et à mesure de la progression du travail, elles se rapprochent et s'intensifient, pendant 60 à 90 secondes, toutes les 2 à 4 minutes.

Les contractions initiales tirent et rétrécissent le col de l'utérus ; les suivantes le dilatent. La plupart des femmes ressentent les contractions comme une vague de douleur intense qui passe par un paroxysme pour s'atténuer ensuite, du fait que l'utérus, muscle très puissant, se trouve à court d'oxygène quand, au cours des contractions, les vaisseaux sanguins sont comprimés.

Temps moyen des phases du travail

1re phase

Heures	3	6	9	12	15	18	21	24

2e phase

Minutes	30	45	60	75	90	105	120

3e phase

1re naissance

2e naissance

Minutes	30	45	60	75	90	105	120

L'ENGAGEMENT

Généralement, après 36 semaines de grossesse chez une femme primipare (première grossesse) et au début du travail chez une femme multipare (deux grossesses et plus), la tête du bébé (parfois les fesses, s'il se présente par le SIÈGE) descend dans le pelvis de la femme, prenant place à l'opposé des ÉPINES ISCHIATIQUES. On dit alors que le bébé est engagé : il peut naître.

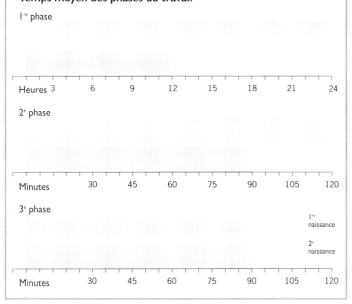

Ouverture pelvienne

Partie la plus large de la tête

LE TRAVAIL PRÉLIMINAIRE

Certains signes annoncent le début du travail, mais toutes les femmes ne les ressentent pas de la même manière.

LA PERTE DU BOUCHON MUQUEUX

Un bouchon de mucus scelle le col de l'utérus pour le protéger des infections. Ce bouchon tombe après l'assouplissement du col au début du travail. Il arrive qu'il soit ensanglanté, à cause de la rupture de capillaires sur le col de l'utérus.

LES CRAMPES MENSTRUELLES

Au début du travail, une femme peut ressentir les mêmes changements physiques et émotionnels qu'avant et pendant la MENSTRUATION. La plupart des femmes éprouvent le besoin de libérer leurs intestins et d'uriner fréquemment.

LE BESOIN DE RANGEMENT

De nombreuses femmes ont un violent sursaut d'énergie juste avant le début du travail et éprouvent un besoin urgent de nettoyer et de tout « mettre en ordre » dans la maison.

LA PERTE DES EAUX

Les membranes se rompent et libèrent le liquide amniotique ; la perte est un mince filet ou un flux important, selon la taille et l'emplacement de la brèche. La femme perd les eaux généralement vers la fin de la PREMIÈRE PHASE du travail.

L'ACCOUCHEMENT PROVOQUÉ

Si nécessaire, le travail sera provoqué artificiellement. Cette opération implique l'emploi d'ocytocine synthétique, généralement administrée en perfusion intraveineuse, et d'ovules intravaginaux de prostaglandines, insérés dans le vagin. Le travail peut également être provoqué par la rupture des membranes amniotiques (ci-dessous). On provoquera l'accouchement si la femme souffre d'hypertension, de prééclampsie, de maladie cardiaque ou de diabète, si le fœtus semble présenter un quelconque problème ou si la grossesse se prolonge après le terme.

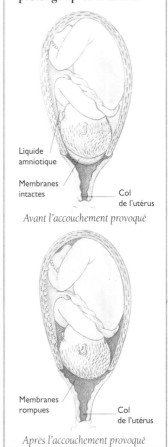

Liquide amniotique

Membranes intactes

Col de l'utérus

Avant l'accouchement provoqué

Membranes rompues

Col de l'utérus

Après l'accouchement provoqué

NAISSANCE ET CULTURE

Au Canada, mettre au monde un enfant est considéré comme un acte médical, de même que chez les Indiens cunas, du Panama. En Suède, la naissance est perçue comme un accomplissement personnel, alors que les Hollandais ou les Indiens du Yucatan la regardent comme un phénomène naturel. Les Sirionos de Bolivie la jugent si normale qu'elle a lieu devant tout le monde.

Dans la plupart des cultures, la tradition veut que les aînées assistent la parturiente alors que les hommes ne sont pas admis à ses côtés, bien que ce ne soit plus autant le cas en Occident. Dans certaines cultures, comme chez les Touareg du Sahara, on encourage la femme à être très active, alors qu'en Russie et chez les Hottentots, la mère doit rester pratiquement passive. La position verticale pour la phase terminale de la délivrance est recommandée dans de nombreuses cultures traditionnelles.

L'ÉPIDURALE

L'injection d'anesthésique dans l'espace épidural annihile la transmission de la DOULEUR à partir de l'utérus, en agissant comme un blocage nerveux de la MOELLE ÉPINIÈRE. Une épidurale bien administrée supprime toutes les sensations entre la taille et les genoux. Une femme qui vient de recevoir une épidurale est confinée au lit ; il se peut qu'elle ait besoin d'aide médicale pour la délivrance du bébé. Lors de l'épidurale (ci-dessous), une aiguille creuse très fine est enfoncée dans l'espace épidural ; on insère un cathéter (tuyau fin) à travers l'aiguille, qui est ensuite retirée. Le cathéter est maintenu en place par un ruban adhésif, pendant toute la durée de l'opération.

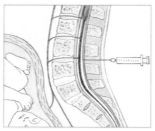

Anesthésie épidurale
L'anesthésique est injecté dans l'espace péridural ; il fait rapidement effet.

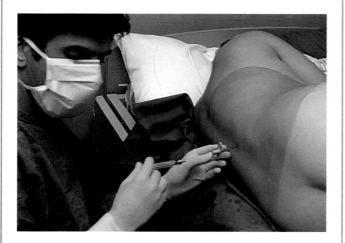

LA RESPIRATION

Les cycles de respiration d'une femme changent en fonction des contractions.

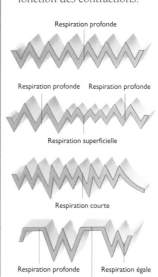

Respiration profonde

Respiration profonde   Respiration profonde

Respiration superficielle

Respiration courte

Respiration profonde   Respiration égale

Respiration retenue en « poussant »

LE SOULAGEMENT NATUREL DE LA DOULEUR

- *Pendant la première phase du travail, le fait de marcher en ondulant du bassin procure une sensation de confort.*
- *Les massages soulagent les douleurs dorsales.*
- *L'immersion dans une piscine peut avoir un rôle bénéfique contre la douleur et, en outre, activer la libération d'ENDORPHINES.*
- *La contemplation, au cours du travail, d'images reposantes, comme des vagues, peut permettre de lutter efficacement contre la douleur et l'anxiété.*

LA SNET

La stimulation nerveuse électrique transcutanée repose sur le passage d'un léger courant électrique à travers la peau du dos. Le courant bloque les influx nerveux, réduisant ainsi la douleur.

LES AUTRES ANALGÉSIQUES

Les analgésiques par inhalation suppriment la douleur. La femme peut elle-même se les administrer en respirant dans un masque. Ces analgésiques anesthésient le centre de la douleur dans le cerveau, tout en procurant une sensation de bien-être. Le mélange fluothane/oxygène est l'analgésique par inhalation le plus répandu actuellement.

Les narcotiques sont généralement administrés par injection dans la cuisse ou dans la fesse. Tous dérivés de la morphine, ils annulent la sensation de douleur en agissant sur les cellules nerveuses du cerveau et de la moelle épinière.

Les sédatifs et les tranquillisants agissent en diminuant l'activité du SYSTÈME NERVEUX central, provoquant une somnolence. Ils sont rarement utilisés mais on les prescrira en petites doses si la future mère est très tendue ou très anxieuse.

LES POSITIONS D'ACCOUCHEMENT

L'accouchement s'effectue sous contrôle médical soutenu depuis le milieu du XXe siècle. On a alors demandé aux femmes en travail d'accoucher en restant allongées sur le dos. À l'heure actuelle, dans certains services, elles adoptent des positions plus ergonomiques.

PREMIÈRE PHASE DU TRAVAIL

Se reposer, épaules relâchées, est souhaitable.

Assise
Être assise à califourchon et se reposer en s'appuyant sur un oreiller ou un coussin. Se pencher en avant et garder les jambes largement écartées.

Faire pivoter les hanches en gardant les jambes très écartées.

Debout
Se pencher en avant libère la colonne vertébrale du poids du bébé ; les contractions deviennent plus efficaces.

À genoux
Cette position soulage les douleurs dorsales.

Balancer le pelvis d'avant en arrière pendant les contractions ; cela aidera à soulager le mal de dos.

Allongée
Être couchée sur le côté, avec des oreillers sous la tête et sous une cuisse, peut faciliter la détente.

Détendre les épaules et se concentrer sur la respiration.

LA PHASE DU TRAVAIL PROPREMENT DIT

La pression sur le bas du dos est moins forte

Se pencher en avant
S'agenouiller la tête en bas, les fesses soulevées, freine la descente du bébé, si le col de l'utérus n'est pas entièrement dilaté.

Se détendre
Pendant cette phase, on peut s'installer confortablement en se calant contre une pile de coussins ou d'oreillers, les jambes sous les fesses.

Maintenir le dos entre les genoux de la personne qui aide à accoucher.

L'EXPULSION

L'accroupissement assisté
Soutenue sous les bras en position verticale, la future mère profitera pleinement de l'effet de gravité ; le col de l'utérus se dilate complètement. C'est une des positions d'accouchement les plus répandues.

Les positions semi-verticales
La position agenouillée mais soutenue peut être très efficace.

Les assistants aident à soulager le poids du corps.

LA DILATATION DU COL DE L'UTÉRUS

À l'état normal, le col de l'utérus est un canal aux parois épaisses, d'environ 2,5 cm de long. Pendant le travail, sa dilatation est progressive et atteint un diamètre de 10 cm avant l'expulsion. On ne le distingue plus du corps de l'utérus.

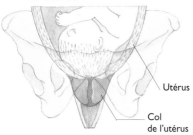

Le col de l'utérus, état normal
Le col de l'utérus se situe sous le corps principal de l'utérus, avançant dans le tiers supérieur du vagin.

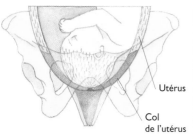

Le col de l'utérus s'efface
Pendant la première phase du travail, les contractions le détendent, l'étirent et l'amincissent progressivement.

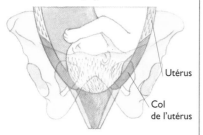

Le col de l'utérus se dilate
En s'intensifiant, les contractions dilatent le col de l'utérus. À ce stade, vagin et utérus ne forment plus qu'une seule poche (la filière pelvi-génitale), le long de laquelle le bébé, pendant la seconde phase du travail, va être lentement poussé puis expulsé.

LE PARTOGRAMME

C'est un tableau que médecins et sages-femmes utilisent pour surveiller le col de l'utérus pendant le travail. Le partogramme indique la dilatation prévisible du col de l'utérus d'une femme primipare et d'une femme multipare.

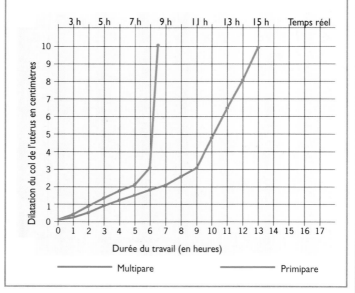

LA DESCENTE DU FŒTUS

Un toucher vaginal est pratiqué pour apprécier la descente du fœtus dans le pelvis. Des lignes imaginaires, désignées sous le nom de lignes de niveau, mesurent la progression de la tête du fœtus au-dessus et au-dessous des deux ÉPINES ISCHIATIQUES, de – 5 cm à + 5 cm, par intervalles de 1 cm. Le fœtus est considéré comme ENGAGÉ lorsque le sommet de sa tête se trouve aligné sur les épines ischiatiques de sa mère, qui constituent le niveau 0.

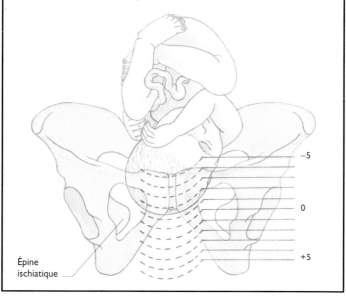

LE MONITORAGE FŒTAL

Les battements de cœur du fœtus sont surveillés en permanence dans la plupart des cas, mais tout particulièrement dans les grossesses à risque. Le processus nécessite un appareil à deux fonctions – l'une pour surveiller les contractions de la femme, l'autre pour enregistrer les battements de cœur du fœtus.

Les contractions sont enregistrées par un capteur externe fixé à l'aide d'une sangle sur l'abdomen de la femme. Elles sont visualisées par des ondes sur un écran ou sur un papier déroulant.

Les battements de cœur du fœtus sont enregistrés soit par un deuxième capteur, externe, soit par un capteur intravaginal fixé sur le fœtus (généralement la tête). Les battements du cœur apparaissent sur un écran ou sur un papier imprimé en continu.

La surveillance
Il existe deux types de capteurs : le capteur abdominal externe (ci-dessus) et le capteur interne intravaginal (ci-dessous).

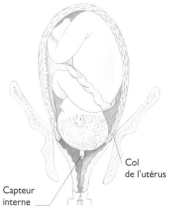

LA PRÉSENTATION DU FŒTUS À LA NAISSANCE

La majorité des fœtus se présentent par la tête (présentation céphalique). Le fœtus fait face à la colonne vertébrale de sa mère (présentation antérieure). Parfois, le fœtus est retourné, de sorte que sa colonne vertébrale touche celle de sa mère (présentation postérieure). Dans cette position, le travail risque d'être plus long. Environ 4 % des fœtus se présentent par le siège.

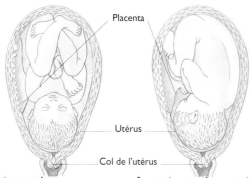

Placenta

Utérus

Col de l'utérus

La présentation postérieure
La colonne vertébrale du fœtus est placée contre celle de sa mère, ce qui peut occasionner des problèmes de déplacement du fœtus pendant le travail.

La présentation antérieure
Dans cette position, le fœtus fait face à la colonne vertébrale de sa mère et est ainsi en mesure de franchir la filière pelvi-génitale de la manière la plus simple, dans la mesure où il est dans l'axe.

L'ÉPISIOTOMIE ET LES DÉCHIRURES

Avant l'expulsion, une incision peut être pratiquée dans le PÉRINÉE à l'aide de ciseaux chirurgicaux. Le périnée se situe entre l'anus et le vagin ; c'est là que les muscles pelviens sont le plus puissants. L'épisiotomie est pratiquée pour élargir l'ouverture vaginale (pour utiliser des forceps, par exemple) et éviter les déchirures. L'épisiotomie est courante dans les cas d'accouchement avec forceps, de naissance d'un prématuré ou de grossesse primipare. Le recours à l'épisiotomie dans d'autres circonstances est largement contesté.

Si le périnée se déchire pendant l'accouchement, il tend à se déchirer jusqu'à l'anus, ce qui peut mener plus tard à l'incontinence. Si la femme pousse de façon contrôlée et graduellement, elle permettra à son périnée de se détendre sans se déchirer. Aux cours prénataux, on enseigne à la femme comment contrôler la deuxième phase de l'accouchement pour donner le temps au périnée de se détendre. La cicatrisation, après épisiotomie se fait très vite.

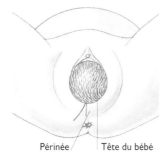

Périnée | Tête du bébé

L'épisiotomie
L'incision la plus pratiquée s'écarte de l'anus, bien que l'on fasse également une incision en ligne directe.

L'EXPULSION

Quand le col de l'utérus s'est complètement dilaté au cours du travail et a formé la filière pelvi-génitale, l'activité utérine passe des contractions d'ouverture du col à celles d'expulsion du bébé (à droite). À partir de ce moment, la naissance peut intervenir très vite.

La progression est suivie
Les battements de cœur du bébé sont surveillés.

La tête apparaît
Dans la majorité des naissances par voie naturelle, c'est la tête du bébé qui émerge la première.

Le corps suit
Après deux légères poussées, les épaules et le corps sont libérés.

LA PHASE D'EXPULSION

La deuxième phase, au cours de laquelle le bébé est poussé à travers la filière pelvi-génitale, est appelée la phase d'expulsion. Cette phase, de la complète DILATATION DU COL DE L'UTÉRUS à la naissance du bébé, dure habituellement 1 heure. Mais elle peut aussi bien ne pas dépasser 15 minutes ou, au contraire, atteindre 2 heures.

Les contractions utérines, à ce stade, durent de 60 à 90 secondes et se produisent toutes les 2 à 4 minutes. La plupart des femmes ressentent un besoin irrépressible de pousser, provoqué par la pression de la tête du bébé sur le plancher pelvien.

LE DÉGAGEMENT

Quand le bébé est sur le point de naître, l'anus et le PÉRINÉE font saillie et la tête du bébé apparaît à la vulve et ne rebrousse plus chemin entre deux contractions.

La tête écarte l'orifice vaginal et la femme ressent une sensation de brûlure ou de piqûre. Les tissus s'insensibilisent et s'affinent par étirement au moment où le bébé se montre. Lorsque la tête est passée, le reste du corps suit sans difficulté, et la sensation douloureuse disparaît. L'enfant est né.

LA CÉSARIENNE

La césarienne (incision chirurgicale à travers les parois abdominale et utérine) est pratiquée lorsque la naissance par voie naturelle est dangereuse ou impossible. Elle est faite soit sous anesthésie générale (la mère est inconsciente), soit sous anesthésie ÉPIDURALE (la mère est consciente et peut donc vivre pleinement la naissance de son enfant). L'opération dure de 45 à 60 minutes et le bébé sort dans les dix premières minutes (voir encadrés ci-contre). La césarienne peut être programmée (décision prise avant le travail) ou urgente (si des problèmes se posent au cours du travail).

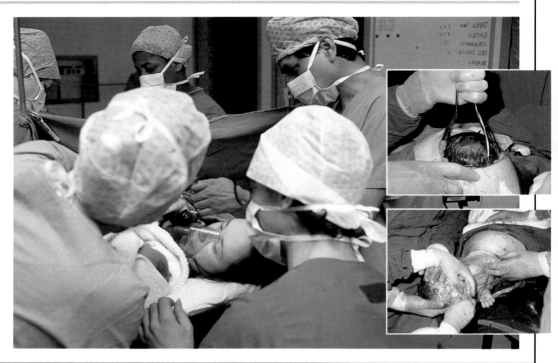

LES CÉSARIENNES RÉPÉTÉES

Jusque dans les années 1960, lorsqu'ils effectuaient une CÉSARIENNE, les chirurgiens pratiquaient une incision verticale. La cicatrice qui en résultait risquait de se déchirer lors des accouchements suivants et les césariennes répétées devenaient obligatoires. De nos jours, on pratique une incision horizontale, à la base de l'abdomen, qui évite ce risque.

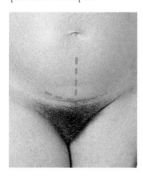

L'ACCOUCHEMENT DE JUMEAUX

Les JUMEAUX naissent souvent PRÉMATURÉS (en grande partie à cause de l'espace limité dans l'utérus) aussi l'accouchement est-il presque toujours effectué à l'hôpital pour en réduire les risques. Les bébés sont traités presque comme s'il s'agissait de deux naissances distinctes (le second jumeau subit deux fois les CONTRACTIONS d'expulsion).

Si le premier bébé est expulsé par voie naturelle, le second ne l'est pas nécessairement. Parfois, pour « cohabiter » confortablement, le puîné a pris une mauvaise position dans l'utérus ne permettant pas la naissance par voie naturelle.

LA NAISSANCE SOUDAINE

Certaines femmes accouchent si rapidement qu'elles n'ont pas le temps de chercher de l'aide. Ces naissances sont généralement sans complications, le risque principal étant une DÉCHIRURE VAGINALE due à la rapidité des événements. Il arrive aussi que la tête du fœtus soit mal ENGAGÉE, le cordon ombilical est alors entraîné dans le vagin par le liquide amniotique lors de la perte des eaux, ce qui représente un grand risque ; en effet, lorsque le fœtus descend, sa tête peut comprimer le cordon et couper sa propre alimentation en oxygène. Dans cette hypothèse, la femme adoptera une position agenouillée, tête en bas et fesses en haut (ci-dessous) afin d'empêcher la compression du cordon. La position tête en bas est également recommandée pour soulager la pression de la tête du fœtus contre le col de l'utérus quand celui-ci n'est pas complètement dilaté.

LA NAISSANCE PAR LE SIÈGE

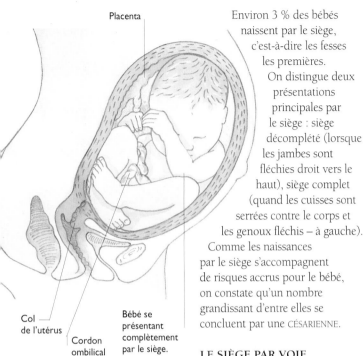

Placenta

Col de l'utérus

Cordon ombilical

Bébé se présentant complètement par le siège.

Environ 3 % des bébés naissent par le siège, c'est-à-dire les fesses les premières.

On distingue deux présentations principales par le siège : siège décomplété (lorsque les jambes sont fléchies droit vers le haut), siège complet (quand les cuisses sont serrées contre le corps et les genoux fléchis – à gauche). Comme les naissances par le siège s'accompagnent de risques accrus pour le bébé, on constate qu'un nombre grandissant d'entre elles se concluent par une CÉSARIENNE.

LE SIÈGE PAR VOIE NATURELLE

Une ÉPISIOTOMIE est généralement pratiquée, les fesses du bébé ne pouvant pas élargir suffisamment la filière pelvi-génitale pour permettre à sa tête de passer facilement. On utilisera un FORCEPS si le bébé essaie de respirer alors que sa tête est encore emprisonnée, pour le dégager au plus vite.

Les fesses émergent
Dans une naissance par le siège, les fesses apparaissent en premier.

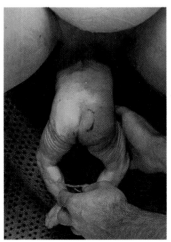

Les jambes descendent
Les jambes du bébé se déplient et pendent ; le corps suit bientôt.

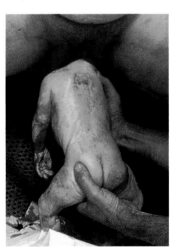

Le bébé est presque né
Sa tête est dégagée avec précaution. Il va alors respirer pour la première fois.

LA NAISSANCE À L'AIDE DU FORCEPS

Le forceps, qui ressemble à une grosse pince à sucre, existe en différentes formes et est utilisé pendant la deuxième phase du travail pour faciliter la descente du bébé en cas d'expulsion prolongée. Il est aussi utilisé pour une NAISSANCE PAR LE SIÈGE ou au cours d'une CÉSARIENNE. Une ÉPISIOTOMIE est presque toujours pratiquée avant. Le forceps facilite la traction et la rotation du fœtus par le médecin. Les bébés au forceps peuvent sembler présenter de légères déformations de la tête, dues au passage difficile de la filière pelvienne, qui disparaissent ensuite.

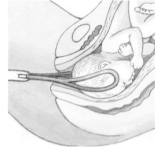

Le dégagement du bébé
Une épisiotomie est pratiquée, avant l'application des cuillers du forceps sur la tête du bébé. Une traction modérée est ensuite exercée, parachevant la manœuvre.

LA NAISSANCE À L'AIDE D'UNE VENTOUSE

L'extraction par aspiration, ou par ventouse, est parfois pratiquée au Canada, comme alternative douce au FORCEPS. Elle consiste à appliquer une coupelle, en métal ou en plastique, sur la tête du bébé reliée à une pompe à vide qui fait ventouse. Cette ventouse, appliquée sur la partie la plus basse à se présenter, cause moins de désagréments à la mère. Toutefois, son utilité pendant l'accouchement est bien limité si on la compare à celle du forceps.

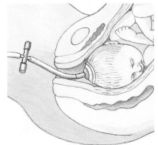

Le dégagement du bébé
La ventouse est placée sur la partie la plus basse de la tête du bébé. Une traction est exercée à chaque contraction pour aider à sortir le bébé.

LA DÉLIVRANCE

Après l'expulsion du bébé, l'utérus se contracte à nouveau pour la troisième phase du travail. Les contractions continuent jusqu'à ce que le placenta (à droite) se détache de la paroi utérine et soit expulsé. Il présente alors l'aspect d'une masse charnue de 500 à 600 g.

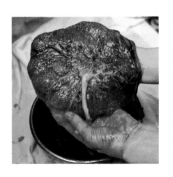

LES SUITES DE COUCHES

LES LOCHIES

Après l'accouchement, des pertes vaginales, ou lochies, apparaissent. Dans les 3 ou 4 premiers jours, les lochies sont d'un rouge brillant. Elles virent ensuite au brun et, pour finir, au blanc jaunâtre. Quand l'utérus a repris sa taille normale, les écoulements cessent. Les lochies peuvent durer de 2 à 6 semaines, mais la durée moyenne est de 3 semaines. Si les lochies ont une odeur fétide ou si, après une diminution des pertes, elles augmentent et redeviennent rouge brillant, il convient de consulter un médecin.

LES MUSCLES DU PLANCHER PELVIEN

Ces supports des intestins, de la vessie et de l'utérus peuvent s'allonger pendant la grossesse, du fait du poids du FŒTUS.

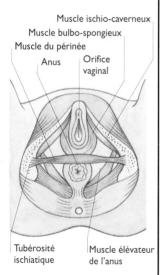

Muscle ischio-caverneux
Muscle bulbo-spongieux
Muscle du périnée
Anus
Orifice vaginal

Tubérosité ischiatique
Muscle élévateur de l'anus

LES MODIFICATIONS DE L'UTÉRUS

Pendant la grossesse, l'utérus grandit beaucoup et s'étend vers le haut de la cavité abdominale. Immédiatement après l'accouchement, on peut le sentir juste sous le nombril. Il pèse alors environ 1 kg, mais rétrécit ensuite pour retrouver sa taille, sa position et son poids normaux, environ 6 semaines après l'accouchement. En dehors de la grossesse, l'utérus pèse environ 50 g, mesure entre 7,5 et 10 cm de longueur et a la forme d'une poire.

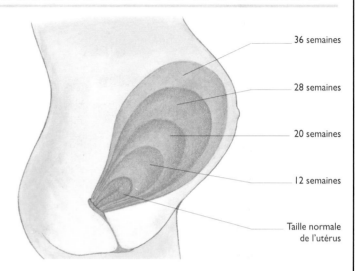

36 semaines

28 semaines

20 semaines

12 semaines

Taille normale de l'utérus

LA RÉÉDUCATION POSTNATALE

Les muscles s'étirent durant la grossesse, des exercices sont donc nécessaires pour qu'ils retrouvent leur forme initiale. Il faut apporter une attention toute particulière au raffermissement de l'abdomen, à l'amincissement de la taille, et au tonus des MUSCLES du PLANCHER PELVIEN. Si ces derniers ne sont pas sérieusement rééduqués, une énurésie peut se produire.

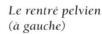

Le rentré pelvien (à gauche)

Se mettre à quatre pattes, genoux écartés. Serrer les muscles des fesses, rentrer le pelvis et arquer le dos. Tenir et répéter.

Le tonus abdominal (ci-dessous)

S'étendre sur le dos, genoux pliés. Respirer profondément. Expirer et lever la tête. Tenir 2 secondes, puis se détendre. Répéter dix fois.

Retrouver sa taille (à droite)

Les pieds écartés, se pencher lentement vers la gauche et faire glisser la main gauche le long de la jambe, sans forcer. Lever le bras droit au-dessus de la tête, retenir son souffle. Expirer en se redressant. Répéter du côté gauche. Exécuter dix fois de chaque côté.

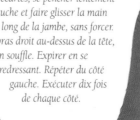

L'ALLAITEMENT AU SEIN

Chaque sein contient 15 à 20 groupes de GLANDES qui sécrètent du lait ; les CANAUX GALACTOPHORES le conduisent au mamelon. Les hormones, ŒSTROGÈNES et PROGESTÉRONE, stimulent les glandes pour produire d'abord le COLOSTRUM (substance jaunâtre) puis le LAIT MATERNEL. La lactation dépend de la succion exercée par le nouveau-né.

Les terminaisons nerveuses des ARÉOLES envoient des signaux à l'HYPOTHALAMUS et à l'HYPOPHYSE pour libérer la PROLACTINE, hormone stimulant la production de lait, et l'OCYTOCINE, hormone qui fait se contracter les fibres musculaires autour des glandes lactogènes afin que le lait coule par les canaux galactophores.

Le mécanisme de la tétée
Quand un bébé presse le bout de sa langue contre l'aréole à la base du mamelon, il provoque un afflux de lait.

Le réflexe du « laisser couler »
Quand le bébé tète, les terminaisons nerveuses de l'aréole envoient au cerveau des signaux qui provoquent la libération d'hormones incitant la femme à « laisser couler » son lait dans les canaux galactophores.

PRÉPARATION PRÉNATALE À L'ALLAITEMENT

L'apprentissage de la meilleure posture de tétée permettra à la maman d'assurer à son nouveau-né des moments de réel plaisir. Pour cela, elle devra consulter son médecin ou une sage-femme. L'aréole devra pénétrer entièrement dans la bouche du bébé. Dès les premiers jours, on le fera téter très régulièrement durant quelques minutes. De cette manière, les mamelons s'habitueront à cette douce agression. Ainsi, avant la naissance, il ne sera pas nécessaire de raffermir le mamelon en le frottant avec une serviette rêche pendant la grossesse.

DU LAIT MATERNEL AU LAIT ARTIFICIEL

Le LAIT MATERNEL est l'aliment idéal des bébés. Les compositions de substitution n'égalent pas le lait maternel mais sont très au point. Lorsqu'on utilise un lait de substitution, sa composition doit être aussi proche que possible de celle du lait maternel. Les différentes compositions de substitution peuvent varier légèrement par rapport aux analyses ici, à droite.

Substance nutritive	Lait humain	Lait maternisé	Lait artificiel à base de soja
Énergie (kcal)		66	65
Graisse (g)	3,8	3,7	3,6
Protéine (g)	1,25	1,45	1,8
Glucides (g)	7,2	7,22	6,9
Vitamine A (mg)	60	80	60
Vitamine D (mg)	0,02	1,0	1,0
Vitamine C (mg)	3,7	6,8	5,5
Fer (mg)	0,07	0,58	0,67

Pour 100 ml

LE COLOSTRUM

Il est produit par les seins à la fin de la grossesse et dans les premiers jours de la naissance. Le colostrum n'est pas aussi gras ni aussi sucré que le LAIT MATERNEL, mais il est riche en sels minéraux et en protéines. Le colostrum contient des anticorps maternels qui protègent le bébé des infections.

LE LAIT MATERNEL

Parfaitement adapté aux besoins du nouveau-né, le lait maternel comporte tous les éléments nutritifs essentiels (graisses, protéines, glucides, vitamines et fer). De plus, comme le COLOSTRUM, le lait maternel contient des anticorps qui protègent le bébé des infections respiratoires et intestinales courantes. Pendant les 15 premiers jours, le lait maternel est moins concentré et moins riche en lipides. Il ne nécessite aucune préparation, mais la mère doit s'assurer de suivre un régime alimentaire équilibré. L'allaitement au sein aide aussi la mère à perdre quelques-unes des graisses accumulées pendant sa grossesse et à retrouver son poids. Il favorise également la rétractation de l'utérus, qui ainsi reprend plus rapidement sa taille initiale.

LA DÉPRESSION DU POST-PARTUM

Après l'accouchement, environ 80 % des femmes éprouvent une dépression postnatale. Elle débute normalement 3 à 5 jours après la naissance et se caractérise par des crises de larmes, de brusques changements d'humeur, une certaine irritabilité, de l'anxiété et de l'indécision.

La principale cause paraît être la chute brutale du niveau des hormones de grossesse. La dépression postnatale coïncide souvent avec le début de la montée de lait.

MODIFICATIONS HORMONALES

Pendant la grossesse, le taux de PROGESTÉRONE du sang de la femme est d'environ 150 nanogrammes (1 nanogramme [ng] = 1 milliardième de gramme) par millilitre. Immédiatement après l'accouchement, le taux de progestérone chute à 7 ng/ml environ, alors que le taux d'œstrogènes du sang tombe de 2 000 ng/ml à 20 ng/ml.

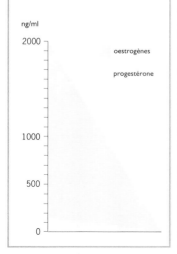

LES PROBLÈMES DES SEINS

Les femmes sont naturellement conçues pour allaiter leur progéniture, comme tous les autres mammifères. Plusieurs problèmes peuvent cependant apparaître avec l'ALLAITEMENT.

LA MASTITE

Caractérisée par un gonflement, une sensibilité et une rougeur du sein, cette affection est généralement accompagnée de symptômes proches de ceux de la grippe. On la traite par antibiotiques.

LES MAMELONS DOULOUREUX

Une certaine sensibilité des mamelons est normale pendant les premiers jours de l'allaitement. Toutefois, une succion maladroite, alliée à quelque brusquerie quand on retire le sein au bébé, peut provoquer douleurs ou crevasses sur les mamelons. Ces problèmes peuvent être résolus par l'application d'une crème spéciale (à droite). Consultez un médecin si ça ne se resorbe pas.

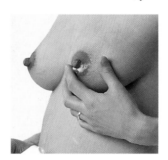

L'ENGORGEMENT

Un engorgement ou du lait séché sur le mamelon peuvent occasionner une obturation des vaisseaux. Les seins sont sensibles et douloureux et la peau rougit. Pour résorber le mal, il convient d'allaiter le bébé tout en massant le sein au-dessus de la zone douloureuse. Si cela ne résout rien, il conviendra de consulter un médecin afin d'éviter tout risque d'abcès.

L'engorgement peut empêcher le bébé de téter, il se produit généralement si les seins sont trop pleins ou pas entièrement vidés. La meilleure solution est d'extraire manuellement un peu du trop-plein de lait.

LA MORTALITÉ MATERNELLE

Les avortements ou les décès liés à la maternité sont une des causes principales de mortalité féminine dans le monde. La prévention de la mortalité féminine passe en premier lieu par une surveillance prénatale de meilleure qualité.

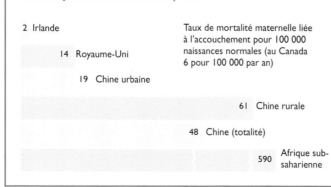

COUTUMES ET CROYANCES LIÉES AU POST-PARTUM

Il existe, dans la plupart des cultures, une tradition de repos de la mère après l'accouchement. Les cultures où la mère retourne au travail le jour même de l'accouchement sont rares. Cette période de repos, qui dure environ 1 mois lunaire, se prolonge de plus en plus dans les pays occidentaux.

Autrefois, durant cette période, la mère était généralement recluse et recevait un traitement et des aliments particuliers. La tradition juive veut que ce soient uniquement les femmes qui prennent soin de l'accouchée, le feu reste allumé, même le jour du sabbat – où normalement tout travail cesse – et on lui donne des aliments sucrés et nourrissants. Dans beaucoup de régions d'Asie du Sud-Est, on entretient les flammes d'un feu pour maintenir la mère bien au chaud. Ces pratiques sont censées soulager les douleurs du postpartum. Au Mexique, les accouchées prennent des bains de vapeur, et en Inde, on les masse, en insistant sur l'abdomen et la VULVE.

Une petite quantité de placenta cuit est l'un des ingrédients de la nourriture de la jeune mère dans certaines cultures d'Asie du Sud-Est. En Birmanie, la nourriture traditionnelle d'une jeune maman consiste en une soupe de poisson, de fruits et de légumes, alors que dans beaucoup de régions de l'Inde on lui administre une boisson nourrissante de lait de coco mélangé à des graines d'aneth. La tribu des Arapeshs, en Nouvelle-Guinée, réserve les noix de coco fraîches aux mères qui nourrissent au sein.

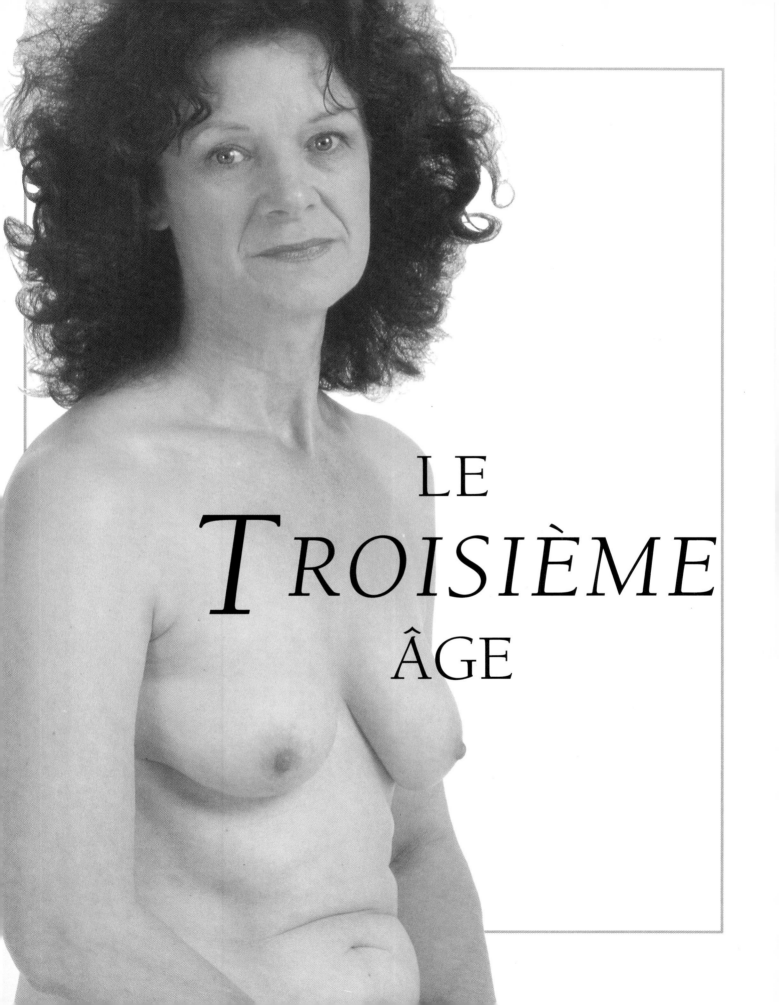

LE
*T*ROISIÈME
ÂGE

*L*A MÉNOPAUSE

Qu'est-ce que la ménopause ?

Le nombre des ovules d'une femme diminue tout au long de sa vie. À partir de 40 ans, la production des ovules se réduit de plus en plus et leur qualité diminue. Il n'en reste alors qu'un petit nombre pour sécréter œstrogènes et progestérone, ce qui entraîne une baisse hormonale considérable. Lorsque la production d'hormones cesse, les ovaires cessent également de fonctionner. Il n'y a plus de menstruation. Les modifications physiques et psychologiques liées à la ménopause s'échelonnent sur une période appelée périménopause qui dure plusieurs années. L'âge moyen de la ménopause est 51 ans.

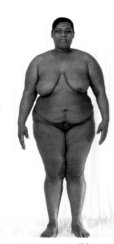

Femme préménopausée (38 ans). Négroïde. Mésomorphe de forte stature. Mère de 5 enfants

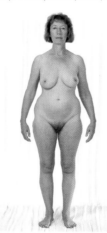

Femme périménopausée (49 ans). Caucasienne. Mésomorphe de stature moyenne. Mère de 2 enfants

Femme postménopausée (59 ans). Caucasienne. Endomorphe de petite stature. Mère de 3 enfants

LE CORPS À LA PÉRIMÉNOPAUSE

Les ŒSTROGÈNES ne régulent pas seulement le CYCLE MENSTRUEL, ils protègent et aident également à maintenir en bon état les os, les articulations, les organes de la reproduction, les vaisseaux sanguins et le cœur ; ils influent sur l'humeur et agissent sur la répartition des graisses, ainsi que sur le métabolisme des nutriments. Lorsque l'ovulation cesse, la production d'œstrogènes décline et l'influence de la testostérone, présente en petite quantité chez toutes les femmes, augmente, ce qui a un impact sur leur corps et entraîne des modifications dans certaines parties.

LES ORGANES DE LA REPRODUCTION
L'ENDOMÈTRE (paroi utérine) s'amincit, les ovaires se flétrissent graduellement et diminuent de volume (bien qu'ils continuent à produire des ANDROGÈNES). Le vagin se rétracte, entraînant une certaine sécheresse.

LE CŒUR ET LES VAISSEAUX SANGUINS
Les œstrogènes ont un effet protecteur sur les vaisseaux sanguins. Au début de la ménopause, la baisse des œstrogènes circulants a un effet négatif sur le cœur et les vaisseaux sanguins, entraînant chez les femmes postménopausées un risque accru de MALADIES CARDIOVASCULAIRES.

LE PÉRINÉE ET LES ORGANES DU PETIT BASSIN
Les muscles qui forment le PLANCHER PELVIEN perdent de leur force et de leur élasticité. La vessie et l'utérus ont tendance à DESCENDRE. Les organes pelviens comme le rectum, la vessie et l'urètre perdent souplesse et tonus musculaire. L'urètre devenant moins élastique, les risques d'INCONTINENCE augmentent.

LES OS
La masse osseuse privée d'œstrogènes, hormones essentielles à son maintien, perd de sa densité ; la femme est alors exposée à l'OSTÉOPOROSE ; les os deviennent plus friables et peuvent se casser plus facilement.

LA PEAU
Les GLANDES SÉBACÉES cessent progressivement de produire du SÉBUM et la concentration en COLLAGÈNE de la peau décroît. Des rides apparaissent, ou s'accentuent, et la peau commence à perdre fermeté et élasticité.

LES CHEVEUX
Un taux de testostérone beaucoup plus important, consécutif à une baisse du taux d'œstrogènes, risque de provoquer une chute des cheveux. Devenus plus fins et clairsemés, ils tombent sans toutefois atteindre à la calvitie masculine. Les poils sur le visage et sur le corps peuvent se développer (HIRSUTISME).

LA FORME DU CORPS
Du fait de la rupture d'équilibre entre le taux d'œstrogènes et celui de testostérone, la taille de la femme s'épaissit et ses seins s'aplatissent. La forme de son corps devient plus masculine.

SYMPTÔMES
La réduction des taux d'œstrogènes peut entraîner différents troubles. Leur nombre et leur gravité varient selon les individus et certains sont beaucoup plus fréquents que d'autres. Parmi les symptômes suivants associés à la périménopause, seules les bouffées de chaleur sont uniquement ménopausiques :

- *Maux de tête*
- *Bouffées de chaleur*
- *Insomnie*
- *Sueurs nocturnes*
- *Vertiges*
- *Anxiété*
- *Dépression*
- *Irritabilité*
- *Perte de la concentration*
- *Changements dans la libido*
- *INCONTINENCE*
- *Sécheresse vaginale*
- *Douleurs osseuses*

ET CHEZ L'ANIMAL ?
La femme est le seul animal qui perde la faculté de procréer à un moment de sa vie ; chez toutes les autres espèces, la femelle reste fertile jusqu'à la mort. Tous les animaux mâles, y compris les hommes, gardent la capacité de se reproduire jusqu'à la fin de leur vie. La survie après la perte de la fécondité signifie, en termes d'évolution, qu'une femme demeure nécessaire à l'espèce même quand elle a perdu la capacité de procréer. Cette conception n'est pas celle des Occidentaux sur les valeurs relatives des femmes jeunes ou âgées.

Le cycle mensuel

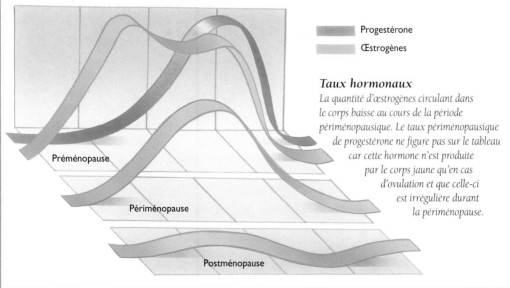

Préménopause

Périménopause

Postménopause

■ Progestérone

■ Œstrogènes

Taux hormonaux
La quantité d'œstrogènes circulant dans le corps baisse au cours de la période périménopausique. Le taux périménopausique de progestérone ne figure pas sur le tableau car cette hormone n'est produite par le corps jaune qu'en cas d'ovulation et que celle-ci est irrégulière durant la périménopause.

MÉNOPAUSE ET CULTURE

La manière dont une femme vit la ménopause est largement influencée par les différentes normes culturelles, bien que les symptômes eux-mêmes ne varient pas d'une société à l'autre.

En Occident, par exemple, où jeunesse et attirance sexuelle sont très valorisées, l'image de la femme ménopausée n'est pas particulièrement positive. On dépeint souvent cette femme comme irrationnelle, déprimée, instable, peu attirante, et en proie à des troubles pathologiques, facilement qualifiés d'hystériques. Ce qui rejoint la conception médicale de la grossesse qui prévalait jusqu'aux années 1980.

Dans d'autres civilisations, en revanche, l'arrêt de la MENSTRUATION est particulièrement bienvenu, annonçant le temps où la femme va être enfin libérée du fardeau des grossesses. Dans de telles cultures, on pratique souvent un rituel de célébration de la ménopause, un rôle clairement défini étant dévolu à la femme ménopausée.

Dans certaines parties de l'Inde et du Moyen-Orient, par exemple, les femmes enlèvent leur voile après la ménopause, n'étant plus considérées par les hommes comme un objet de désir convoitable. Alors que dans certaines sociétés améri-

La grand-mère et ses petits-enfants
Dans beaucoup de sociétés africaines, ce sont principalement les grands-mères qui s'occupent des enfants.

diennes, elles rejoignent la « hutte des grands-mères » où, libérées des corvées, on les encourage à développer leur sens philosophique et leurs idées pour le bien de la tribu. Dans de nombreuses cultures africaines, les femmes ménopausées s'occupent de leurs petits-enfants, pendant que leurs filles travaillent. À Bali, elles participent à certaines cérémonies religieuses (parfois avec les jeunes femmes célibataires) et sont autorisées à employer un langage obscène. Lorsque la famille est organisée sur de fortes bases matriarcales, comme en Inde, en Amérique du Sud, en Italie, en Chine et dans certaines familles juives, la position d'une femme (et donc son pouvoir) est habituellement renforcée après la ménopause.

Les cérémonies religieuses
Cette femme balinaise ménopausée offre le kuta (nourriture religieuse) pour se concilier les dieux de la mer.

LES ANCIENNES

Du point de vue de l'évolution, les femmes ménopausées ont joué un rôle essentiel dans le fonctionnement de leur société. Les femmes âgées (focalisées essentiellement sur la santé, la connaissance des plantes et l'éducation des enfants) étaient dépositaires de la sagesse, des informations et des techniques, ce qui permet-tait à la tribu de se perpétuer et de tansmettre un patrimoine. Ces groupes, enrichis par le savoir des anciennes qui avaient atteint l'âge de la ménopause, étaient donc plus aptes à se développer et à faire montre d'une culture florissante que ceux dans lesquels les femmes étaient mortes jeunes ou en couches.

LES CRISES DU MILIEU DE LA VIE

Pendant les premières années de la ménopause, plusieurs facteurs peuvent être la cause d'un état dépressif chez la femme. Directement liés à la cessation des règles, ils découlent de l'incapacité à se reproduire. D'autres facteurs peuvent avoir leur importance : la maladie ou la mort d'un parent, la quête d'indépendance des enfants ou un conjoint qui vit lui-même son « démon de midi », cherchant à affirmer sa séduction auprès de femmes plus jeunes.

Dans la majorité des familles, un écart de 20 à 30 ans entre chaque génération fait surgir de nombreux problèmes en même temps. Pendant cette période, des femmes peuvent se sentir dépassées. L'effet est d'autant plus ressenti que beaucoup d'entre elles ont assumé la majeure partie des responsabilités familiales et émotionnelles.

Des conseils donnés par un psychothérapeute spécialiste de ces questions peuvent aider la femme à prendre conscience de ses problèmes et à y faire face de manière constructive.

Les conseils peuvent être utiles au cours de la ménopause si :

- *Une femme est déprimée et anxieuse à cause de ce bouleversement hormonal ou du vieillissement.*
- *Elle souffre de symptômes ménopausiques débilitants.*
- *Un (ou plusieurs) parent(s) meurt, ou devient gravement malade.*
- *Son partenaire vit sa crise du milieu de la vie.*
- *Elle a divorcé ou est en cours de divorce.*
- *Elle vient d'être veuve.*

HORMONOTHÉRAPIE DE SUBSTITUTION

L'idée que les symptômes de la ménopause peuvent être traités par les hormones plutôt que par la chirurgie date de la fin du XIXe siècle, mais l'hormonothérapie de substitution n'a été réellement appliquée que dans les années 1960. Elle ne cesse de se perfectionner et s'adapte maintenant aux antécédents médicaux de la femme. Elle tente de ramener le corps féminin à son état préménopausique en l'équilibrant avec un apport d'ŒSTROGÈNES et de PROGESTÉRONE. Elle a aidé beaucoup de femmes à combattre les symptômes de la ménopause. Les effets, bénéfiques principalement contre l'OSTÉOPOROSE, ne sont pas encore bien connus à long terme. Certaines femmes signalent que l'hormonothérapie de substitution a des effets secondaires indésirables, en particulier des saignements mensuels. D'autres devraient peut-être l'éviter à cause de certains antécédents médicaux.

LES CONTRE-INDICATIONS

Il y a peu de contre-indications au traitement par l'hormonothérapie de substitution car il n'est pas vraiment différent des hormones naturelles féminines. Dans certaines conditions, le traitement est modifié pour éviter des complications. L'hormonothérapie à base des seuls œstrogènes augmenté peut-être le risque d'incidence du CANCER de l'ENDOMÈTRE. Par ailleurs, alors qu'autrefois, on ne prescrivait pas l'hormonothéraphie à une femme souffrant de maladie hépatique, de cancer de l'utérus, de cancer du sein, de thrombose veineuse ou encore de diabète ou de maladie cardiovasculaire, ce n'est actuellement plus le cas.

Comprimés Contiennent habituellement des ŒSTROGÈNES et de la PROGESTÉRONE.	Crèmes intimes et ovules Contiennent des l'œstrogènes.	Patchs dermiques Contiennent uniquement des œstrogènes.	Implants cutanés Contiennent uniquement des œstrogènes.
Avantages Sont largement prescrits par les médecins. La femme maîtrise mieux son corps. Combattent la plupart des effets secondaires. Protègent contre l'OSTÉOPOROSE. Peuvent être interrompus.	**Avantages** Sont largement prescrits par les médecins. La femme maîtrise mieux son corps. Éliminent la sécheresse vaginale. Peuvent soigner les INCONTINENCES bénignes. Les règles ne reviennent pas.	**Avantages** Sont prescrits par les médecins. La femme maîtrise mieux son corps. Combattent la plupart des symptômes. Offrent aux femmes une protection efficace contre l'ostéoporose. Peuvent être interrompus immédiatement.	**Avantages** Combattent la plupart des symptômes physiques. Protègent contre l'ostéoporose.
Inconvénients Peuvent causer une hypersensibilité des seins, des gonflements et des nausées. Peuvent provoquer des saignements soudains. Peuvent réactiver les règles, en raison de la présence d'œstrogènes et de progestérone.	**Inconvénients** Ne combattent pas les bouffées de chaleur et les moiteurs. Ne protègent pas contre l'ostéoporose.	**Inconvénients** La peau peut rougir et démanger sous l'adhésif. Peuvent provoquer l'hypersensibilité des seins, des pertes et de l'œdème. Réactivent les règles. À faibles doses, ne protègent pas contre l'ostéoporose.	**Inconvénients** L'opération (sous anesthésie locale) pour insérer l'implant est éprouvante. Une dose trop forte ou trop faible ne peut pas être modifiée. Peuvent causer une hypersensibilité des seins, de l'œdème et des nausées. Accoutumance et retour des symptômes possibles.

LES TRAITEMENTS COMPLÉMENTAIRES

Lorsque l'hormonothérapie de substitution ne peut être prescrite ou qu'elle n'est pas désirée, les thérapies alternatives peuvent se révéler utiles, soit seules, soit en tandem ou en complément de traitements médicaux. Toutes ces thérapies traitent l'ensemble de la personne, plutôt que des symptômes ou des parties du corps, tout en offrant des remèdes à des problèmes spécifiques, comme les BOUFFÉES DE CHALEUR, ou l'insomnie. Mais seule l'hormonothérapie de substitution combat l'ostéoporose et protège le système cardio-vasculaire de la femme ménopausée.

L'HOMÉOPATHIE

Elle fonctionne sur la base de la loi de similitude : par exemple, une solution diluée, non toxique, de venin du serpent lachesis soulage les bouffées de chaleur, tandis qu'à l'inverse, le venin non dilué cause précisément de graves palpitations et des bouffées de chaleur. Les remèdes homéopathiques sont prescrits en fonction des symptômes et de la personnalité du patient.

LA PHYTOTHÉRAPIE

Beaucoup d'herbes sont prescrites pour traiter les symptômes de la ménopause, comme *Vitex agnus-castus* (gattilier ou poivre sauvage), la sauge qui peut soulager les bouffées de chaleur, la racine de mûre sauvage qui est recommandée pour les problèmes urinaires, la fleur de sureau et la racine de valériane qui peuvent aider à traiter l'insomnie.

L'ACUPUNCTURE

Les praticiens de cette thérapie chinoise piquent des aiguilles très fines en des points spécifiques du corps pour rééquilibrer le *qi* (le flux d'énergie qui traverse le corps). L'ACUPUNCTURE est particulièrement efficace contre la douleur.

L'AROMATHÉRAPIE

L'utilisation d'huiles essentielles diluées, propre à l'AROMATHÉRAPIE peut être efficace pour redonner de la vigueur et détendre.

L E VIEILLISSEMENT

QU'EST-CE QUE LE VIEILLISSEMENT ?

Le corps se détériore avec l'âge. Bien que le vieillissement soit en partie déterminé biologiquement, il dépend aussi du mode de vie ; beaucoup de femmes deviennent de plus en plus sédentaires en vieillissant, et la fumée des cigarettes, la consommation d'alcool et la pollution atmosphérique prélèvent leur tribut sur l'organisme.

Les effets d'une vie mal équilibrée ont tendance à marquer plus sévèrement les femmes que les hommes.

LES CHEVEUX

Environ la moitié de la population de la planète a des CHEVEUX BLANCS vers l'âge de 40 ans. La vitesse à laquelle les cheveux d'une femme deviennent gris dépend largement de ses gènes. Le grisonnement peut être accéléré par le stress et un régime alimentaire déséquilibré.

Il ne s'agit donc pas d'un indicateur réellement fiable de l'âge, bien qu'il soit lié de manière intrinsèque au vieillissement.

La perte des cheveux affecte surtout les hommes ; chez les femmes, les cheveux se raréfient sur tout le cuir chevelu avec pour résultat une chevelure clairsemée, alors que les hommes perdent leurs cheveux en des endroits bien définis.

LA PEAU

Lorsqu'une femme vieillit, un ensemble de changements physiques apparaît graduellement et affecte l'aspect extérieur de la peau (à droite). L'héritage génétique d'une femme, les soins qu'elle apporte à sa peau et son mode de vie constituent un ensemble de facteurs qui peuvent accélérer ou retarder ces changements.

Au fur et à mesure que la peau vieillit, les cellules se renouvellent moins souvent et se détachent moins facilement de l'ÉPIDERME. La sécheresse et la pigmentation augmentent, et la peau perd de son élasticité et de sa fermeté. La combinaison de ces facteurs transforme la peau, qui devient épaisse et rêche et prend l'apparence du cuir. Des taches peuvent également apparaître. Les dommages occasionnés par l'exposition au soleil, la pollution de l'air, un régime inadapté et les TOXINES du tabac, de l'alcool et de la caféine accélèrent encore ce processus biologique. Des exercices spécifiques peuvent contribuer à améliorer le tonus des muscles faciaux et à prévenir l'affaissement de la peau du visage.

Taches séniles

Les taches séniles

Appelées aussi taches de son, elles sont provoquées par le soleil. Elles se développent sur les parties exposées du corps, comme les mains.

Les changements physiques

- *Le renouvellement des cellules de l'ÉPIDERME se ralentit, rendant la peau plus rêche.*
- *La liaison entre l'épiderme et le DERME s'affaiblit et une partie du COLLAGÈNE est perdue par le derme, d'où perte d'élasticité.*
- *La GRAISSE SOUS-CUTANÉE commence à être réabsorbée dans l'organisme.*
- *Des rides apparaissent aux endroits où la peau se plisse souvent – plis du front ou sourire, par exemple.*
- *La pigmentation s'assombrit.*
- *L'activité des glandes sébacées décroît.*

LES YEUX

La PRESBYTIE (détérioration de la vue de près, liée à l'âge) est consécutive au durcissement progressif du cristallin et à l'affaiblissement du MUSCLE CILIAIRE. Il en résulte une difficulté accrue à accommoder sur les objets proches et la nécessité de porter des lunettes pour lire de près ou effectuer des travaux de précision. Bien qu'il s'agisse d'une détérioration liée à l'âge, cela touche également beaucoup de femmes modernes dont les emplois impliquent des travaux à effectuer de près. Leurs muscles sont constamment contractés pour la mise au point, ce qui aggrave le problème.

L'incidence de la CATARACTE (perte de transparence du cristallin) augmente avec l'âge. À 75 ans, la plupart des femmes présentent une légère détérioration de la vision. On est amené à penser qu'une exposition excessive aux RAYONS ULTRAVIOLETS accroît les risques de cataracte. Le DIABÈTE SUCRÉ peut aussi être une cause médicale parmi d'autres, traumatique par exemple.

La cataracte

L'opacification progressive du cristallin ne provoque jamais une cécité totale, mais la clarté et les détails de l'image sont progressivement perdus.

LE DÉCLIN DE LA MASSE OSSEUSE

Normalement, la MASSE OSSEUSE (appréciée par la mesure de la densité en calcium de l'os) atteint son maximum chez la femme de 35 ans, puis décroît d'environ 1% par an jusqu'à 65 ans. L'OSTÉOPOROSE (perte du calcium osseux) apparaît à un certain degré chez toutes les femmes, après la ménopause du fait d'un déficit en œstrogènes. La densité osseuse diminue, en raison d'une perte du tissu matriciel de l'os, ce qui le rend friable. Des fractures peuvent survenir à la suite d'une chute qui n'affecterait pas une femme plus jeune. Plus tard, chez la personne âgée, la fracture du col du fémur, bien connue, est fréquente.

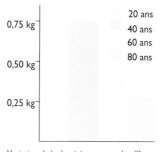

0,75 kg	20 ans
	40 ans
	60 ans
0,50 kg	80 ans
0,25 kg	

Variation de la densité osseuse selon l'âge

LES PIEDS

Des problèmes comme les callosités, les cors ou les oignons sont courants chez les gens âgés, particulièrement chez les femmes. Au cours du vieillissement, le renouvellement des cellules de la peau a tendance à diminuer, ce qui amène la formation d'une couche dure de peau morte, qu'on appelle callosité (sur la plante du pied) ou cor (sur l'orteil). La vulnérabilité de la musculature du pied, souvent due à une faiblesse héréditaire, combinée à des années de port de chaussures pointues à talons hauts, a généralement pour conséquence la formation d'oignons.

L'oignon ou Hallus Valgus
L'articulation à la base du gros orteil s'enflamme et une bourse dure (sac empli de liquide formant comme un coussin) fait saillie. Le gros orteil est repoussé sur les autres doigts.

LES ARTICULATIONS

Les contraintes physiques entraînent avec le temps une dégénérescence des tissus articulaires (ARTHROSE). Les femmes qui ont soumis leurs articulations à des efforts excessifs (danseuses classiques, par exemple) en souffrent davantage ainsi que celles dont les articulations supportent une surcharge pondérale ou, par manque d'activité, ne sont pas assez utilisées. Les articulations peuvent aussi devenir douloureuses du fait d'une POLYARTHRITE RHUMATOÏDE, que l'on pourra soulager au cours de cures thermales et avec une meilleure hygiène de vie.

LA SEXUALITÉ

L'idée que les personnes âgées peuvent avoir une vie sexuelle pose problème à bien des gens, dans un Occident littéralement obsédé par la jeunesse. Une femme d'un certain âge aura toujours beaucoup de mal à faire admettre par son entourage sa sexualité de manière ouverte et positive. Même si certains problèmes physiques peuvent se poser – amincissement des parois vaginales et moindre sécrétion de mucus lubrifiant, par exemple, inconvénient que pallient certaines crèmes spécialement élaborées –, désir et plaisir sexuels ne s'évanouissent pas avec l'âge.

LA BOUCHE

LES DENTS
Avec le temps, les dents s'usent, s'abîment, se déchaussent et doivent être remplacées. La PARODONTOSE (dégradation des gencives) est la principale cause de la perte des dents, même si la dent elle-même est saine. La parodontose est généralement provoquée par un excès de sucre dans le régime alimentaire plus que par l'âge, bien qu'elle soit plus fréquente chez les gens âgés.

LES PAPILLES
Le renouvellement des papilles décroît avec l'âge. Il en résulte une diminution de leur nombre et donc une détérioration de la capacité à détecter les saveurs subtiles.

ÂGE ET AUDITION

L'oreille humaine ayant évolué dans un environnement peu sonore est mal équipée pour résister au bruit intense, plus encore s'il est continu. Dans le monde industrialisé, les niveaux sonores nuisibles proviennent de la circulation automobile, des trains, des usines, de l'industrie du bâtiment, des concerts de rock, des chaînes haute-fidélité et des baladeurs, des machines à laver, des aspirateurs et des téléviseurs. La pollution sonore détruit les fibres du nerf auditif dans l'oreille interne, entraînant une détérioration graduelle de l'audition. Des études réalisées sur des sociétés préindustrielles, comme les Bochimans d'Afrique du Sud, ont montré que la perte de l'audition due à l'âge était minime.

On peut améliorer une audition défaillante par des prothèses auditives (ci-dessous). Par ailleurs, une personne totalement sourde a la possibilité de lire sur les lèvres ou d'apprendre le langage des signes. Elle peut également utiliser l'assistance d'un chien spécialement entraîné à lui signaler une sonnerie.

La prothèse auditive
La technologie moderne permet de proposer aux sourds une grande variété d'appareils de soutien auditif extrêmement performants, comme le modèle discret présenté ci-dessus.

L'OSTÉOPOROSE

L'ostéoporose est une grave détérioration de la quantité de la MASSE OSSEUSE. Les lamelles osseuses s'amenuisent et les os deviennent minces et friables. C'est une donnée normale du vieillissement, plus fréquente chez les femmes que chez les hommes. Les femmes en sont protégées tout au long de leur période de fécondité car elles produisent les ŒSTROGÈNES qui contribuent à entretenir leur masse osseuse. Dès que le taux d'œstrogènes commence à baisser, à la PÉRIMÉNOPAUSE, cette fonction de protection se dégrade. L'ostéoporose est plus fréquente chez les CAUCASIENNES que chez les JAUNES ou les NÉGROÏDES. Il semble que l'ostéoporose soit d'origine génétique, mais elle est à coup sûr aggravée par le tabac et l'alcool.

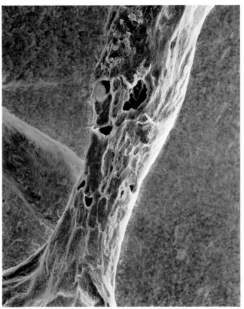

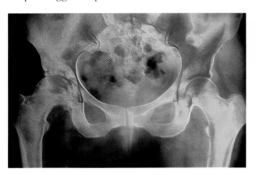

Des os fragiles
Dans l'ostéoporose, la baisse de la densité osseuse rend l'os caverneux et friable (ci-dessous). Les grandes articulations, comme les genoux ou les hanches (à gauche), deviennent extrêmement fragiles et les fractures sont fréquentes (même à la suite d'une chute mineure).

LES MALADIES CARDIAQUES
Pendant leurs années de fécondité, les femmes sont moins touchées par les MALADIES CARDIAQUES que les hommes, car les ŒSTROGÈNES protègent les organes internes en stockant les graisses en excès, en particulier sur les hanches et les cuisses, donc loin du cœur.

Après la ménopause, cette protection s'estompe et le nombre de femmes souffrant de maladies cardiaques égale celui des hommes du même âge.

Le cœur

- *Les maladies cardiaques sont la première cause de mortalité chez les femmes de plus de 50 ans.*
- *Avant la ménopause, l'action des œstrogènes protège le cœur des dépôts de graisse.*
- *Les femmes affligées d'HIRSUTISME (développement du système pileux) avant la ménopause risquent plus que les autres une maladie cardiaque.*

ARTHROSE ET ARTHRITE

Ce sont les pathologies des articulations, quelle qu'en soit la cause.

L'ARTHROSE
Appelée aussi maladie dégénérative des articulations, elle est plus fréquente dans les articulations soumises à des efforts particuliers (poids ou déchirements), comme les genoux ou les hanches. L'arthrose touche plus de femmes que d'hommes et se produit généralement après 65 ans.

LA POLYARTHRITE RHUMATOÏDE
Dans cette affection, le système immunitaire attaque les articulations. Bien que ses causes soient incertaines, on les attribue généralement à une infection virale, combinée à une hypersensibilité génétique. Bien que chaque cas soit spécifique, la polyarthrite rhumatoïde peut provoquer de graves inflammations, douleurs et invalidité. Il arrive que la maladie s'arrête spontanément, mais le plus souvent il s'agit d'une rémission d'une durée indéterminée. Elle est deux ou trois fois plus courante chez les femmes que chez les hommes et la plupart des cas apparaissent avant 50 ans.

Formation d'ostéophytes (excroissances osseuses)

Articulation gonflée par le liquide synovial (lubrifiant)

Ménisque délabré

Poche synoviale gonflée (membrane interne)

Capsule épaissie (membrane externe)

Particules osseuses indépendantes

Infiltration vasculaire (vaisseaux sanguins)

Arthrose
Les articulations soumises à de gros efforts sont plus sujettes à l'usure.

Polyarthrite rhumatoïde
L'infiltration vasculaire détériore le cartilage.

LE PROLAPSUS

On appelle prolapsus, ou descente d'organe, le déplacement à partir de sa position normale d'un organe abdominal. L'utérus est l'organe le plus sujet à ce type de trouble, bien que la vessie, le rectum ou l'urètre puissent également en être affectés. Les descentes d'organe sont plus courantes après la ménopause, du fait de la baisse du taux d'ŒSTROGÈNES, qui réduit la tonicité des tissus de soutènement.

LE PROLAPSUS DE L'UTÉRUS

La faiblesse musculaire pelvienne peut provoquer un prolapsus de l'utérus dont l'importance variera selon les individus. On le ressent comme une légère sensation d'affaissement (c'est le prolapsus bénin), mais l'utérus peut également saillir de l'orifice vaginal (il s'agit là d'un prolapsus grave – ci-dessous à droite). Le prolapsus se produit à la suite d'une distension des LIGAMENTS utérins de la femme (au cours de la grossesse ou lors de l'accou-

chement), mais aussi par défaut de tonicité des MUSCLES du PLANCHER PELVIEN. Le prolapsus se produit le plus souvent chez les femmes ayant un utérus rétroversé (utérus incliné vers l'arrière). Dans les cas graves, il est souhaitable de faire appel à la chirurgie.

LES PROLAPSUS DE LA RÉGION PELVIENNE

Les autres types de prolapsus de la région pelvienne sont les suivants : l'urétrocèle (l'urètre fait saillie sur la paroi antérieure du vagin) ; le rectocèle (le rectum fait saillie sur la paroi postérieure du vagin) et la cystocèle (la vessie s'affaisse, provoquant l'INCONTINENCE URINAIRE – en bas). Ces prolapsus sont la conséquence d'un défaut de tonicité des muscles de la région pelvienne. Dans les cas bénins, une rééducation bien conduite permet de raffermir les muscles de la région périnéale, procurant un meilleur confort.

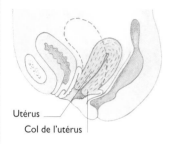 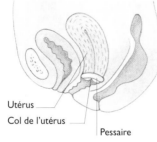 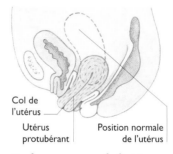

Utérus
Col de l'utérus

Utérus
Col de l'utérus
Pessaire

Col de l'utérus
Utérus protubérant
Position normale de l'utérus

Prolapsus bénin de l'utérus
Si l'utérus descend légèrement dans le vagin (ci-dessus, au milieu), il est possible de le maintenir en place par un pessaire.

Prolapsus grave de l'utérus
Un utérus protubérant (ci-dessus) nécessite une hystérectomie.

L'INCONTINENCE URINAIRE

On désigne ainsi une miction incontrôlée, involontaire, qui peut être bénigne (légère perte d'urine, en toussant ou en riant, par exemple) ou débilitante (le besoin d'uriner reste incontrôlable et l'urine coule jusqu'à vider la vessie).

L'incontinence bénigne, provoquée par le défaut de tonicité des sphincters de l'urètre, s'aggrave généralement avec l'âge, du fait de l'inactivité. Une rééducation du périnée peut l'améliorer. Elle est souvent induite par des accouchements multiples et difficiles. L'incontinence débilitante est provoquée par des facteurs tels que l'instabilité d'un muscle de la vessie, due à la baisse du taux d'ŒSTROGÈNES. Lorsqu'elle constitue une infirmité, une intervention chirurgicale est envisagée.

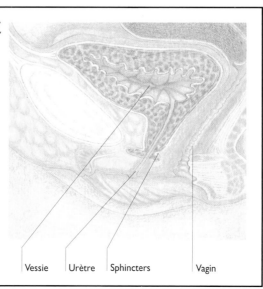

Vessie | Urètre | Sphincters | Vagin

LA DÉMENCE SÉNILE

Les cellules du cerveau commencent à se dégrader à partir de 35 ans, mais leur perte est minime et l'effet est normalement imperceptible sur les capacités mentales de l'individu.

Toutefois, 10 à 20 % de la population de plus de 65 ans souffrent d'un déclin des capacités mentales, appelé démence sénile.

La démence sénile peut être en relation avec la MALADIE D'ALZHEIMER ou un trouble de la vascularisation sanguine (ischémie, hématome…), mais le mode de vie peut également jouer un rôle dans son évolution. On considère, par exemple, que les toxines contribuent au développement de la maladie d'Alzheimer.

Les symptômes se traduisent par une perte de la mémoire immédiate, une confusion mentale et une incapacité à reconnaître les gens, même les proches parents. L'évolution de la maladie entraîne divers autres symptômes.

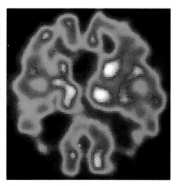

Image médicale
L'image ci-dessus est une tomographie, obtenue par une caméra à positrons. Elle montre le cerveau d'un patient souffrant de démence sénile. Elle illustre l'activité du cerveau dans les couches cérébrales, depuis les niveaux faibles (en bleu) jusqu'aux niveaux élevés (en jaune). L'extrême dispersion des zones de forte activité indique une dégénérescence avancée du tissu cérébral, caractéristique de la démence sénile.

L'ATTITUDE ENVERS LES PERSONNES ÂGÉES

En Occident, la société présente une image plutôt négative des personnes âgées et plus particulièrement des femmes. Dans les médias, par exemple, notamment dans les pays anglo-saxons, on mentionnera toujours l'âge d'une femme, quels que soient son rôle, sa position sociale ou le sujet de l'article.

Dans beaucoup d'autres cultures – en Asie, en Afrique, en Inde, en Amérique du Sud et dans l'Europe méridionale –, vieillir est généralement considéré comme un état enviable et on respecte les ANCIENNES. En Indonésie, l'âge et la maturité sont vénérés ; c'est aussi le cas en Chine et au Japon. Dans la plus grande partie de l'Inde, les femmes ménopausées jouent un rôle de plus en plus important dans l'élaboration des décisions.

LA FORME

LA SANTÉ PHYSIQUE

Rester actif, garder la forme et éviter les abus – tabac, alcool, alimentation déséquilibrée – favorisent une bonne santé dans ses vieux jours. Dans la mesure du possible, éviter les agressions de l'environnement – soleil, pollution et pesticides – renforce le bien-être.

LA SANTÉ MENTALE

Des études ont montré qu'un intérêt permanent pour ce qui se passe autour de soi, une recherche constante de nouvelles connaissances et l'exercice de ses capacités mentales permettent de rester intellectuellement alerte en dépit de l'âge.

Espérance moyenne de vie dans le monde

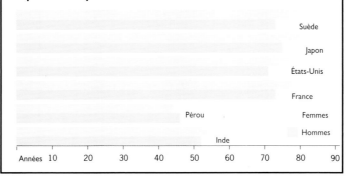

LE DEUIL

C'est l'affliction éprouvée au décès d'un être cher comme un époux ou un enfant. Le deuil touche un plus grand nombre de femmes que d'hommes au-delà de 65 ans parce que les femmes vivent généralement plus longtemps que les hommes (voir tableau ci-dessus) et épousent des hommes légèrement plus âgés qu'elles. Après le deuil, arrive la phase de l'affliction. Elle se décompose en cinq périodes successives d'émotions constituant un processus très complexe.

LA PRIVATION

Un sentiment de vide et de choc constitue le premier stade du deuil que la femme affligée doit surmonter.

LA PROSTRATION

Les émotions s'estompent et toute réaction est abolie, il y a comme une anesthésie des sensations et l'on pourrait croire que la personne n'est pas affectée par le deuil. Cette période permet à la femme en deuil de faire face aux détails pratiques des funérailles.

LA COLÈRE

L'indignation, le ressentiment et l'apitoiement sur soi-même suivent cet abattement ainsi que le sentiment parfois d'une certaine colère envers la personne décédée. La femme en deuil cherche même à rejeter la responsabilité du décès sur autrui (l'hôpital, par exemple). Des idées de vengeance peuvent lui venir à l'esprit.

LE REFUS

La personne refuse d'accepter la mort de l'être cher. Il lui arrive de chercher l'absent(e) au milieu d'une foule et de l'y voir. Sinon, elle est obsédée par la certitude que le défunt est encore en vie quelque part.

L'ACCEPTATION

La sérénité et l'acceptation de la mort arrivent enfin, dans un délai plus ou moins long. La personne disparue est considérée comme telle, l'optimisme et l'espoir renaissent. La femme en deuil retrouve graduellement son état normal, bien que des phases de chagrin puissent réapparaître.

Éternellement jeune
Le mannequin américain Lauren Hutton continue à poser à 50 ans.

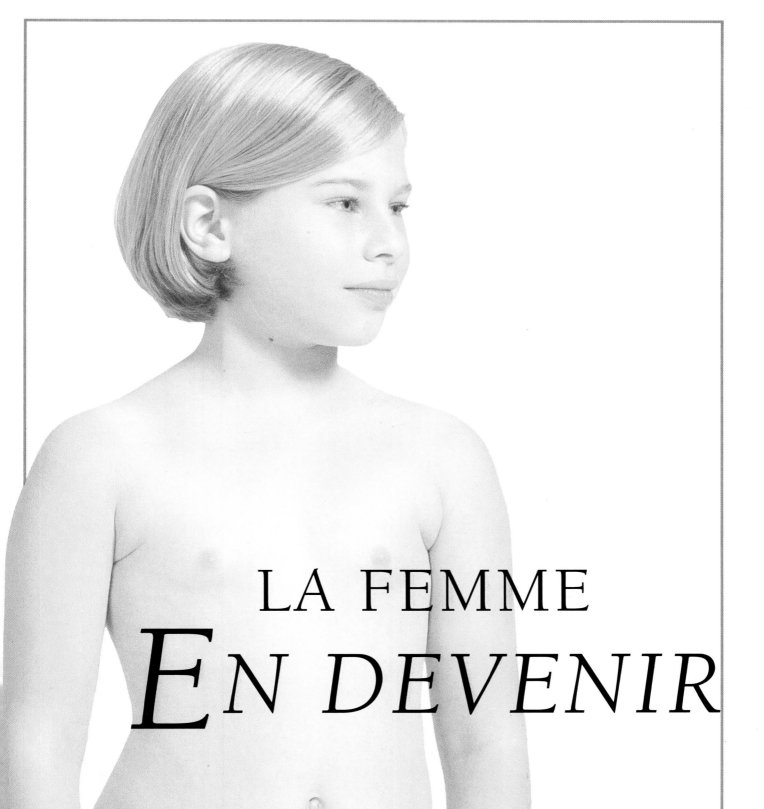

LA FEMME
EN DEVENIR

*L*A FEMME EN DEVENIR

ET CHEZ L'ANIMAL ?

Au stade embryonnaire du développement, tous les animaux, y compris l'être humain, sont d'apparence remarquablement identique, parce que toutes ces formes de vie utilisent la même base (les GÈNES) pour construire leurs caractéristiques propres.

Embryon humain

Embryon de porc

Embryon de lézard

Embryon d'oiseau

Jeune enfant. 3 ans. Négroïde

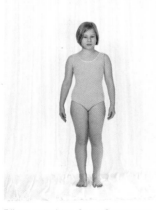

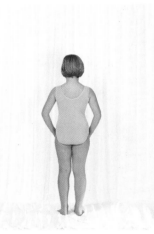

Fillette prépubère. 9 ans. Caucasienne

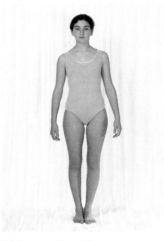

Adolescente. 12 ans. Caucasienne

LE FŒTUS FÉMININ SE DÉVELOPPE

1 mois
Longueur : 4 mm
Poids : moins de 1 g

Les cellules se spécialisent en trois couches superposées. La couche interne se développera pour donner les poumons, le foie, la glande thyroïde, le pancréas, les voies urinaires et la vessie. La couche moyenne : le cœur, le squelette, les muscles, les ovaires, les reins, la rate et les vaisseaux sanguins. La couche externe : la peau, les glandes sudoripares, les mamelons, les cheveux, les ongles et le cerveau. À la fin de la 3ᵉ semaine, on entend les premiers battements cardiaques.

2 mois
Longueur : 2,5 cm
Poids : 3 g

Le système circulatoire est élaboré. Le tissu tendre qui durcira pour façonner les os de la face s'est formé et a fusionné. Les glandes sudoripares et les oreilles externes commencent à se former. Les bourgeons des bras s'allongent et s'étendent vers l'extérieur ; la pulpe des doigts et des orteils se modèle. Les bourgeons des jambes poussent et les orteils commencent à apparaître. Vers la 7ᵉ semaine, des mouvements peuvent être identifiés par ultrasons.

3 mois
Longueur : 9 cm
Poids : 48 g

Le tissu osseux apparaît. Le cœur bat de 110 à 160 fois par minute. Les grands traits du visage sont là : les yeux sont complètement formés malgré les paupières fermées ; le nez et le menton sont dessinés, et les 32 bourgeons des dents existent. Doigts et orteils poussent rapidement, les ongles se forment. Les organes génitaux externes sont désormais identifiables comme mâles ou femelles. Quelques mouvements saccadés se produisent. Le réflexe de succion se déclenche.

4 mois
Longueur : 13,5 cm
Poids : 180 g

Les poumons se développent. De nouveaux os se forment ; les minuscules os de l'oreille interne durcissent, le système immunitaire s'installe, les premières expressions faciales apparaissent. Le fœtus perçoit les fortes lumières à l'extérieur de la paroi abdominale. Sourcils, cils et cheveux commencent à pousser. Chez le fœtus femelle, la plaque vaginale (futur vagin) se met en place. La majorité des connexions nerfs-muscles sont établies ; les membres se meuvent.

5 mois
Longueur : 18,5 cm
Poids : 0,5 kg

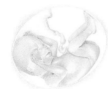

La peau est rouge et ridée (carence en graisse sous-cutanée). Le fœtus est sensible au toucher et bouge si l'on exerce une pression sur l'abdomen. Les oreilles fonctionnent, les sons sont perçus. Le corps est couvert de LANUGO (poils fœtaux). Les mamelons se développent. Le vagin commence à se creuser. Les ovaires contiennent déjà leurs sept millions d'ovules. Les glandes sébacées s'activent et produisent le vernix caseosa (enduit cutané gras).

6 mois
Longueur : 25 cm
Poids : 1 kg

Le corps et les jambes sont mieux proportionnés, les traits du visage deviennent semblables à ceux d'un nouveau-né. L'intérieur des os durcit, la peau est moins translucide et plus rougeâtre. Les cellules du cerveau, siège de la pensée consciente, mûrissent – le graphique des ondes cérébrales ressemble presque à celui d'un nouveau-né. Les ovaires du fœtus féminin commencent à libérer leurs premiers ovules ; cinq millions d'entre eux seront perdus au moment de la naissance.

7 mois
Longueur : 35 à 44 cm
Poids : 1,5 kg

Les proportions de la tête et du corps sont maintenant conformes à celles d'un nouveau-né. La peau, alimentée par une graisse sous-cutanée, devient plus douce. Les poumons se développent. Les paupières se séparent, les yeux peuvent maintenant s'ouvrir. Le lanugo commence à disparaître. Les mains et les pieds sont complètement formés ; les ongles poussent. Le cerveau grossit, l'électroencéphalogramme est celui du nouveau-né.

8 mois
Longueur : 40 à 49 cm
Poids : 2,5 kg

Des dépôts de graisse se sont constitués, la peau est rose pâle. Cette graisse va fournir l'énergie et réguler la température du corps dès la naissance. Les organes sont presque entièrement constitués, sauf les poumons. Le visage est lisse. Les yeux sont capables d'accommoder à l'intérieur d'un champ de vision de 20 à 25 cm, car l'iris peut désormais se dilater et se contracter. Une couche épaisse de vernix caseosa recouvre la peau.

9 mois
Longueur : 45 à 50 cm
Poids : 3-4 kg

La peau est lisse et douce, les réserves de graisse se sont réparties, le fœtus est grassouillet. Les poumons sont prêts. Tous les organes sont complètement formés et fonctionnent. Généralement, tout le lanugo a disparu mais quelques plaques peuvent subsister. Les ongles sont longs, le fœtus se griffe parfois le visage. Les ovaires contiennent deux millions d'ovules situés au-dessus du repli pelvien ; ils atteindront leur position finale juste avant la naissance du bébé.

LE NOUVEAU-NÉ

À la naissance, la taille moyenne d'un bébé est de 48 à 52 cm. Sa tête semble grosse par rapport au corps ; elle constitue environ un quart de sa longueur totale. Tous les nouveau-nés ont des mouvements automatiques si on les touche ou si on les tient d'une certaine manière. Ce n'est qu'environ trois mois après la naissance que les bébés pourront réagir de manière coordonnée.

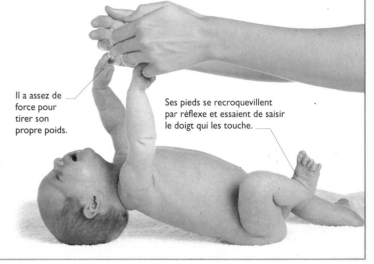

Regarder
Le bébé voit assez bien à 20-25 cm. Il est attiré par les sons et les mouvements.

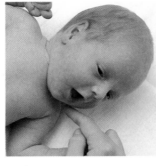

Téter (ci-contre)
Le bébé cherche instinctivement le sein de sa mère pour téter. Si on caresse doucement sa joue, il tourne la tête et ouvre la bouche.

Saisir (ci-dessous)
Un bébé agrippe tout ce que l'on pose dans sa main. C'est le vestige d'un très ancien réflexe d'appropriation, hérité de nos ancêtres les primates.

Il a assez de force pour tirer son propre poids.

Ses pieds se recroquevillent par réflexe et essaient de saisir le doigt qui les touche.

Marcher
Maintenu debout, le bébé a le réflexe de la marche.

Pleurer
De nombreux bébés pleurent beaucoup. Pleurer est leur manière d'exprimer leurs sentiments et de communiquer.

ET CHEZ L'HOMME ?

Les bébés sont traités différemment selon leur sexe. Une étude a montré que indépendamment de leur sexe réel, les bébés habillés en filles, et donc perçus comme telles, étaient traités avec beaucoup plus d'attention que les bébés habillés en garçons. Ces derniers étaient généralement manipulés plus durement. Les personnes prenant part à l'étude avaient tendance à employer un « langage bébé » plus calme et plus rassurant quand ils pensaient avoir affaire à une fille. Tous les participants déclaraient être mal à l'aise, et le paraissaient effectivement, quand ils parlaient à un nourrisson et s'en occupaient sans connaître son sexe. Ce sentiment disparaissait dès qu'on leur disait si le bébé était une fille ou un garçon.

LA MORTALITÉ PÉRINATALE

En Occident, la mortalité périnatale a considérablement chuté ces soixante dernières années – environ 6 % des naissances en 1930 ; 0,82 % en 1991. Sur ces 0,82 %, environ 45 % sont mort-nés (avant que le travail commence), environ 5 % meurent pendant le travail et environ 50 % juste après la naissance ; la plupart sont des enfants prématurés ou handicapés. Il vaut mieux accoucher à l'hôpital plutôt que chez soi, et l'on constate aussi que la mortalité périnatale est plus importante lorsque le terme est dépassé.

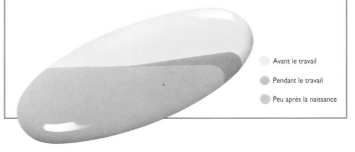

Avant le travail
Pendant le travail
Peu après la naissance

LE DÉVELOPPEMENT PHYSIQUE

La croissance d'une petite fille est très rapide pendant les toutes premières années de sa vie. Durant les années qui vont suivre, le processus de croissance ralentit sensiblement. Dans la phase prépubertaire (qui commence vers 9 ans), la petite fille vit une autre période majeure de croissance. Elle grandit alors très rapidement et ses jambes s'allongent plus vite que le reste de son corps. Ses os pelviens se développent, de la graisse se fixe sur ses seins, ses hanches et ses cuisses, elle peut être à ce stade légèrement enveloppée, jusqu'à ce que les formes typiquement féminines (hanches, taille et seins) se soient affirmées.

Changements de proportions du corps féminin entre la naissance et l'adolescence

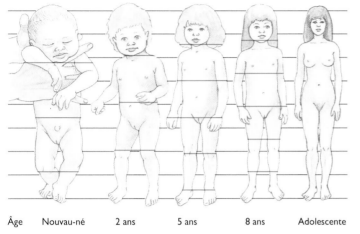

| Âge | Nouvau-né | 2 ans | 5 ans | 8 ans | Adolescente |

Les proportions du corps

Après la naissance, la taille de la tête varie peu. En conséquence, le rapport au reste du corps peut être utilisé pour calculer les proportions aux différents stades du développement d'une petite fille. En scindant le corps en huit parties égales (la tête d'un individu adulte mesure environ 1/8 du corps), il est évident que les proportions du corps changent radicalement entre la naissance et l'adolescence.

ET CHEZ L'HOMME ?

Les graphiques de croissance moyenne varient en fonction du sexe. Les garçons sont généralement plus grands que les filles jusqu'à 3 ans, âge après lequel le phénomène s'inverse. À la puberté (11-14 ans), cette différence s'accentue et les filles ont tendance à être plus grandes que les garçons du même âge, pour leur plus grand souci. Cependant, à la puberté, qui arrive avec 2 ans de retard sur celle des filles, les garçons commencent à les dépasser en taille comme en poids, et souvent, en force et en rapidité.

LES SEINS

Le développement des seins de la future femme est divisé en phases distinctes : stade prépubertaire, éclosion des seins, grossissement et formation des aréoles. Les changements interviennent à des âges variables, généralement entre 9 et 14 ans.

Stade prépubertaire

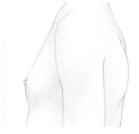

Les seins éclosent

Les seins grossissent

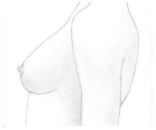

Les aréoles se forment

L'APPAREIL REPRODUCTEUR

Les proportions de l'appareil reproducteur évoluent avec la croissance de la jeune fille. À la naissance, le corps de l'utérus est de la même longueur que le COL DE L'UTÉRUS (1/1), du fait de la présence d'ŒSTROGÈNES dans la circulation sanguine de la mère (et donc du fœtus). Peu après la naissance, le taux d'œstrogènes diminue et l'utérus croît plus lentement (1/2) jusqu'à la puberté, où la jeune fille produit de grandes quantités d'œstrogènes.

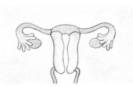

Rapport à la naissance 1/1

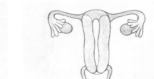

Rapport durant l'enfance 1/2

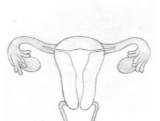

Rapport à la puberté 1/1

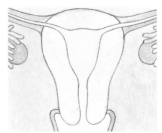

Rapport durant l'adolescence 2/1

ET CHEZ L'ANIMAL ?

Il faut plus de 1 an avant qu'un enfant soit capable de se tenir debout et de marcher. C'est très long en comparaison de la plupart des animaux. Les poulains nouveau-nés sont parmi les plus rapides à se tenir sur leurs pattes après la naissance (ci-dessous) ; ils partagent cette capacité avec d'autres herbivores, qui doivent compter sur leur agilité pour échapper à leurs prédateurs.

Âge : 10 minutes
Le poulain nouveau-né a été complètement nettoyé.

Âge : 30 minutes
Le poulain essaie de tenir fermement sur ses jambes.

Âge : 60 minutes
Le poulain est relativement stable, il peut marcher et téter.

ACQUISITION DU DÉPLACEMENT

Supporter le poids de sa propre tête est la première étape que doit franchir un bébé pour apprendre à se déplacer tout seul. Ce mécanisme acquis, il apprend à s'asseoir en se tenant droit, à se tourner, à utiliser ses mains pour se traîner sur les fesses, à ramper, à tituber, à marcher puis à courir. D'autres techniques de coordination seront plus tard nécessaires pour monter et descendre des escaliers (monter est plus facile que descendre), sauter ou rouler en tricycle. Il les acquerra en grandissant.

3 mois
L'enfant peut tenir sa tête, même en position couchée. Il tente déjà de ramper.

2 ans
L'enfant saute et court, bien qu'il ait du mal à ralentir ou à changer de direction.

4 ans
L'enfant descend les escaliers, un pied sur chaque marche.

13 mois
L'enfant est capable de se tenir debout tout seul et peut parfois marcher.

5 ans
L'enfant saute à la corde et roule en patins.

LE MOUVEMENT DANS UN CONTEXTE CULTUREL

Jeux d'équilibre
Le jeu développe l'habileté.

Dans les sociétés où la marche est le principal moyen de se déplacer, comme chez les Bochimans d'Afrique et les tribus nomades du Moyen-Orient, les jeunes enfants doivent marcher beaucoup plus que leurs semblables dans d'autres pays. Dans les pays industrialisés, la plupart des enfants sont véhiculés en poussette et ont peu l'occasion de marcher sur des distances importantes.

Sauter et se poursuivre ont toujours constitué des jeux populaires qui permettent à l'enfant d'acquérir coordination et équilibre. Ces activités physiques sont indispensables à son épanouissement ; il découvre ainsi ses potentialités et s'approprie peu à peu l'espace. Beaucoup d'exercices pratiqués par les jeunes enfants, comme les rondes, datent du Moyen Âge. Des études ont prouvé que même si les mots ont changé, les jeux se perpétuent de génération en génération.

ACQUISITION DE LA PRÉHENSION

Avant d'apprendre à saisir et à tenir un objet volontairement, le nourrisson doit perdre le réflexe de préhension avec lequel il est né. Ce réflexe est commun à tous les primates arboricoles ; il permet au bébé primate de rester accroché à sa mère quand elle se balance de branche en branche. Ce réflexe est une rémanence de la PÉRIODE AQUATIQUE ; la capacité du bébé à s'accrocher automatiquement aux cheveux de sa mère l'assurait de ne pas couler. Dès qu'un bébé est capable de tenir consciemment un objet, il commence à développer ses techniques de préhension pour appréhender l'espace.

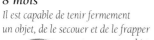

3 mois
L'enfant est capable de tenir des objets pendant quelques minutes d'affilée.

8 mois
Il est capable de tenir fermement un objet, de le secouer et de le frapper contre un autre objet.

1 an
Il peut délibérément jeter des objets et tenter d'en tenir plus d'un à la fois dans sa main.

3 ans
L'enfant peut dessiner, enfiler des perles, boutonner et déboutonner un vêtement.

2 ans
L'enfant apprend à s'habiller et à se déshabiller tout seul, il est capable de tourner les boutons de porte ou de dévisser les couvercles des bocaux. Il peut utiliser un crayon ou un stylo et tourner une par une les pages d'un livre.

ET CHEZ L'HOMME ?

Les enfants du même sexe diffèrent beaucoup plus l'un de l'autre que les filles diffèrent des garçons. Les recherches sur le sujet ont toutefois montré qu'en certains domaines une nette différence existe entre les sexes. Les filles ont tendance à être plus rapides que les garçons pour acquérir les techniques physiques, comme la marche ou la préhension. Les filles sont aussi généralement mieux coordonnées et, de ce fait, meilleures pour sauter, danser et faire de la gymnastique, spécialement au cours du cycle préscolaire. La différence se poursuit souvent au-delà de l'enfance, les femmes présentant généralement une plus grande HABILETÉ MOTRICE que les hommes. Jusqu'à la puberté, on remarque peu de différences de rapidité ou de force entre garçons et filles, mais par la suite, les garçons deviennent les plus rapides et les plus forts.

LES TECHNIQUES DE JEU ET D'APPRENTISSAGE

L'apprentissage est le résultat naturel du jeu que les enfants de toutes les cultures pratiquent pour découvrir le monde et donner un sens à ce qui les entoure. Les meilleurs jouets sont souvent les plus simples, comme une boîte en carton, du sable et des cailloux, ainsi que des poupées fabriquées dans des matériaux usuels. Les archéologues ont parfois retrouvé des poupées qui prouvent bien que le besoin de jouer avec un modèle humain est très ancien. Le jeu qui demande une manipulation physique compliquée, comme tresser des herbes ou faire des colliers de pâquerettes, donne la dextérité nécessaire à la pratique d'autres activités.

Poupée de chiffon
Cette poupée de chiffon a été trouvée dans une fouille archéologique ; elle est romaine et date du IIIe siècle av. J.-C.

Nouer ses lacets
Savoir nouer ses lacets demande une grande habileté.

LE DÉVELOPPEMENT INTELLECTUEL

Le développement de l'INTELLIGENCE est le résultat d'une combinaison entre les capacités mentales inhérentes à un enfant et l'environnement dans lequel il est élevé.

Le bébé est, en moyenne, capable de sourire à 6 ou 8 semaines (ce qui prouve qu'il est capable de reconnaître ses proches), il commence à montrer un sens de l'humour à 16 semaines, émet des sons reconnaissables à 28 semaines, répond à son nom à 36 semaines, forme des mots compréhensibles vers 48 semaines, comprend de simples questions à 1 an et parle à 2 ans. Entre 3 ans et 4 ans, le langage de l'enfant est élaboré ; il sait aussi se déshabiller. La plupart des enfants apprennent à lire vers 4 à 6 ans. Les concepts abstraits, comme la démocratie, seront assimilés vers la puberté.

Chacun sait que l'intelligence est difficile à quantifier mais les tests de QI (quotient intellectuel) sont une méthode pour la mesurer. Cependant, ils sous-estiment souvent les facilités et les capacités d'apprentissage de la personne testée, étant basés sur des données d'évaluation universelles qui ne tiennent pas compte des différences culturelles ou sociales.

Les jeunes filles surdouées
Il arrive qu'une jeune fille fasse preuve d'une capacité intellectuelle exceptionnelle. Ruth Lawrence (ci-dessus), à qui il fallut à peine 2 ans pour obtenir une licence de mathématiques avec mention « bien » (elle avait à peine 14 ans quand elle a été reçue), est un excellent exemple de jeune fille surdouée.

ET CHEZ L'HOMME ?

Les filles et les garçons communiquent de manière différente dès l'âge le plus tendre. Les filles ont tendance à passer beaucoup de temps à parler avec leur meilleure amie et discutent généralement de sujets personnels.

Les garçons préfèrent jouer en groupe et sont souvent plus actifs et plus batailleurs que les filles. Les problèmes personnels, aisément partagés entre filles, sont le moyen d'exprimer mutuellement leur affection et de consoler celle qui souffre ; pour exprimer leur amitié et leur respect, les garçons éludent volontiers les problèmes (« Je pense que tu t'en sortiras »). Quand elles parlent, les filles s'assoient généralement face à face. Les garçons s'assoient rarement pour parler et, s'ils le font, c'est plutôt côte à côte pour moins s'impliquer personnellement, semble-t-il. Se regarder directement pourrait être considéré inconsciemment comme un signe d'agressivité.

LE SAVIEZ-VOUS ?

On estime que la position d'une fille dans la cellule familiale influe sur son développement et son caractère. Les filles aînées ont souvent plus confiance en elles et savent mieux s'affirmer.

◆

Elizabeth Barrett Browning, née en 1806 au Royaume-Uni et l'aînée de onze enfants, fut un brillant poète dont les œuvres sont restées à juste titre populaires.

◆

Margaret Mead, née en 1901 aux États-Unis et l'aînée de cinq enfants, fut une anthropologue connue pour ses recherches dans le monde entier.

LE LANGAGE

L'acquisition du langage est considérée comme étant intervenue pendant la PÉRIODE AQUATIQUE. Les moyens de communication animale les plus évidents – attitudes et langage du corps – auraient été peu efficaces parce qu'une grande partie du corps était fréquemment immergée. L'émission des sons serait alors devenue un outil important de communication.

Les enfants apprennent à parler en écoutant et en imitant les paroles qu'ils entendent autour d'eux ; ceux qui grandissent dans un environnement très « verbal » ont de fortes chances de parler eux-mêmes beaucoup, alors que d'autres, évoluant dans un entourage taciturne, seront vraisemblablement peu bavards. Les enfants élevés dans un environnement où le fond sonore est constant – fond musical continu, télévision allumée en permanence – mettent plus longtemps à apprendre à parler.

Tous les bébés, même les sourds, babillent avant que les sons émis deviennent un langage proprement dit. Tous les bébés babillent de la même façon, quels que soient leur sexe, leur race, leur culture ou leur environnement. Les enfants qui entendent deux langues ou plus pendant leur enfance deviennent souvent polyglottes. Avant l'âge de 8 ans, les accents sont fluctuants bien que celui des parents constitue généralement l'influence prédominante.

Un contact proche
Les petites filles se parlent face à face.

L'ÉDUCATION

La technologie en classe
Les jeunes filles occidentales utilisent de plus en plus les ordinateurs à l'école.

Les jeux de ballon
Ils encouragent la camaraderie.

L'école est obligatoire au Québec, entre l'âge de 6 et 16 ans. Les filles fréquentent généralement des écoles mixtes, bien qu'il existe encore certaines écoles qui leur sont réservées ; une minorité est éduquée à la maison. La différence fille-garçon, dans les résultats aux examens, est en moyenne très faible, mais les filles dépassent les garçons dans toutes les matières, sauf les mathématiques, la physique et la chimie. Pendant des années, on a expliqué cet état de fait par une différence fondamentale entre les deux sexes, mais des recherches récentes présument que ces résultats proviennent des disparités entre sexes en matière d'espérances sociales et d'expériences.

De vieux préjugés selon lesquels les mathématiques ne sont pas une matière « pour les filles » prévalent encore ; on continue d'offrir des jouets mécaniques beaucoup plus souvent aux garçons qu'aux filles, ce qui leur facilite l'apprentissage de la physique – l'utilisation d'un chronomètre, par exemple, les éclairera très tôt sur le lien mouvement/temps. Les filles réussissent généralement mieux dans les écoles de filles, sans doute parce que, inconsciemment, les professeurs s'occupent plus des garçons dans les classes mixtes ; les garçons ont, en effet, des comportements qui attirent l'attention du maître, du fait qu'ils sont plus lents que les filles à comprendre.

ET CHEZ L'HOMME ?

Les différences de résultats aux examens entre filles et garçons sont les plus sensibles en français, où les filles ont en moyenne des résultats de 13 % supérieurs à ceux des garçons, et en maths, où les garçons ont des résultats de 7 % supérieurs à ceux des filles.

On pense généralement que les garçons font plus facilement l'école buissonnière que les filles. Une étude récente portant sur 38 000 élèves révèle cependant que les filles de 15 ans font plus l'école buissonnière que les garçons (25 % contre 23 %) puis moins à 16 ans (33 % contre 36 %).

Les filles ont tendance à poser des questions qui confortent le professeur, au contraire des garçons.

L'ÉCOLE DANS DIFFÉRENTES CULTURES

Traditionnellement, les filles ont été beaucoup moins favorisées que les garçons en ce qui concerne l'école. L'éducation d'un garçon a toujours été considérée comme nécessaire pour sa vie future, alors qu'on attendait d'une fille qu'elle se marie. Elle n'avait donc besoin de devenir habile que dans des activités domestiques, comme la cuisine ou la couture, qui lui seraient utiles dans sa vie de femme mariée. C'est toujours le cas dans une grande partie du monde.

Par contraste, dans la Russie impériale, durant le règne de Catherine la Grande, au XVIIIᵉ siècle, l'éducation des femmes s'étant développée, les intellectuelles y furent célébrées. Dans la Chine moderne, dans le cadre de la campagne gouvernementale pour réduire le nombre des naissances, seuls les enfants uniques reçoivent une éducation gratuite. Dans les écoles, l'accent est mis sur le comportement coopératif, alors que la compétition et l'individualisme sont découragés. On a toutefois observé qu'un nombre croissant d'enfants uniques sont mal adaptés socialement, car trop gâtés. Dans la Chine rurale, environ 20 % des filles de moins de 14 ans ne sont pas envoyées à l'école, afin d'aider à la maison ou dans les champs.

Écolières indiennes
L'école en Inde a généralement lieu dans des cours en plein air. Apprendre par cœur est la partie principale de l'éducation d'une petite fille indienne. Pour 100 garçons indiens qui vont à l'école, il y a environ 60 à 65 filles.

LE DÉVELOPPEMENT DU SENS SOCIAL

Un enfant apprend les principes de la vie en société dès la première année de sa vie – d'abord à travers ses parents, mais aussi avec le reste de son entourage. Il développe et affine son sens social pendant l'enfance et l'adolescence, grâce à ses proches ou à ses relations, tels ses frères et sœurs, ses camarades, ses professeurs et les médias, notamment la télévision et les magazines, qui bien utilisés sont d'excellents outils pédagogiques. Plus ses rencontres avec le monde extérieur seront nombreuses, plus son comportement social s'enrichira.

À 1 an
À cet âge, une petite fille a déjà appris des conduites sociales de base.

À 3 ans
La fillette commence à se faire des amis et joue sans réticence avec les autres enfants.

L'adolescence
Beaucoup d'adolescentes passent des heures au téléphone.

ACQUISITION DE LA PROPRETÉ
Apprendre à contrôler les fonctions excrétoires est une technique sociale extrêmement importante dans toutes les cultures. À l'âge de 5 ans, environ 90 % des enfants sont propres, nuit et jour, et contrôlent leur transit intestinal. Généralement, les filles arrivent à ce stade plus tôt que les garçons.

L'apprentissage de la propreté
À l'âge de 2 ans, beaucoup de petites filles sont fières d'utiliser leur pot toutes seules.

LES TECHNIQUES DE RELATION
Les bébés naissent avec le désir inné de communiquer avec les adultes, en premier lieu pour assurer leur survie. Les tout-petits manifestent des attirances et des dégoûts très prononcés (ils préfèrent regarder leur mère plutôt qu'un autre visage, mais aussi quelqu'un d'inconnu plutôt qu'un visage déjà vu). Ils les développent en grandissant. Dès l'âge de 3 ans, la plupart des petites filles ont au moins une amie intime. Beaucoup de petites filles entretiennent des relations particulièrement proches avec leurs grands-parents.

Afin d'établir des relations sociales harmonieuses, les filles qui grandissent dans une société où elles ont un espace personnel réduit doivent mieux adapter leur comportement que celles qui vivent dans des régions sous-peuplées, comme l'Australie.

Enfants chinois
Grandir dans des sociétés où il y a peu d'espace personnel, comme en Chine ou au Japon, induit des comportements réfléchis et mesurés, essentiels à une vie sociale harmonieuse.

ET CHEZ L'HOMME ?
On attend souvent des petites filles qu'elles soient polies et obéissantes et qu'elles fassent ce qu'on leur dit sans poser de questions. L'indépendance de l'enfant et sa capacité à penser par lui-même en est réduite d'autant. Une obéissance aveugle augmente chez les petites filles les risques d'enlèvement ou de viol, du fait qu'on les a habituées à obéir à n'importe quel adulte, même inconnu. D'après une étude récente, il serait inutile d'interdire aux enfants de parler à des inconnus ; en effet, pour les enfants en général, l'étranger est un individu au regard inquiétant et au comportement insolite.

Une fille qui se comporte en permanence en garçon – courant en tous sens, criant, montant aux arbres ou se salissant – est souvent qualifiée péjorativement de garçon manqué.

LES FILLES À TRAVERS LES ÂGES

Les vêtements reflètent clairement l'étendue des restrictions exercées sur l'esprit et le corps d'une petite fille par la société où elle grandit. Dans les pays occidentaux, les filles commencent à être vraiment autonomes vers la fin du XXᵉ siècle. L'indépendance, la capacité à avoir sa propre forme de pensée et le non-conformisme sont désormais plus largement acceptés et même préconisés.

Les années 1920 (ci-contre)

Après la Première Guerre mondiale, les vêtements féminins ont raccourci et sont devenus moins compliqués. Ils étaient le reflet d'une plus grande liberté. Les vêtements des fillettes, ont suivi le mouvement.

Le XVIIIᵉ siècle
Le corset en V, fabriqué dans un matériau rigide, et la robe longue évoquent apparat et contrainte.

L'ère victorienne (ci-dessus)
Vers la fin du XIXᵉ, les vêtements ont commencé à se libérer, mais le corps des petites filles restait entièrement couvert.

Les années 1950
Socquettes et sandales ont libéré les jambes et permis de jouer et de travailler plus librement.

L'Afrique actuelle
Les fillettes du tiers-monde sont encore confrontées aux restrictions et à la pauvreté.

Un bébé emmailloté
Ce nouveau-né chinois emmailloté dans des langes est protégé de tout contact avec le monde.

Fillettes occidentales modernes
Chez nous, les fillettes apprécient les choix individuels qui leur sont désormais offerts. Elles grandiront en pensant à l'égalité des chances.

LE DÉVELOPPEMENT SEXUEL

La puberté intervient à des âges variables selon les individus. La majorité des filles y parviennent entre 9 et 15 ans. Une puberté est jugée anormalement précoce lorsqu'elle survient avant 8 ans. On constate toutefois qu'à un âge intermédiaire, 12-13 ans, les fillettes montrent d'importantes différences de développement (ci-dessous). La maturité sexuelle suppose le plein développement des seins et des parties génitales, l'élargissement du bassin et la poussée des poils pubiens.

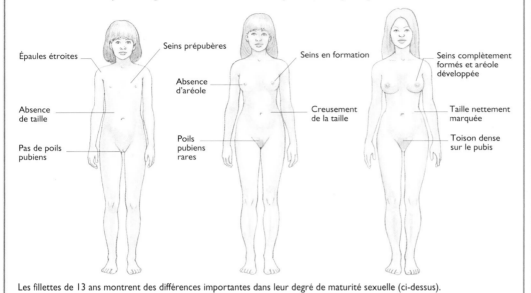

Épaules étroites

Seins prépubères

Seins en formation

Seins complètement formés et aréole développée

Absence d'aréole

Absence de taille

Creusement de la taille

Taille nettement marquée

Pas de poils pubiens

Poils pubiens rares

Toison dense sur le pubis

Les fillettes de 13 ans montrent des différences importantes dans leur degré de maturité sexuelle (ci-dessus).

LES RITES DE PASSAGE

L'attitude envers les adolescents varie d'une société à l'autre. Dans beaucoup de cultures occidentales, les adolescents sont considérés comme des enfants. L'attitude des pays varie à cet égard ; l'âge nubile, qui n'est pas le même partout en Occident, en est la preuve. Au Canada, l'âge minimal sans le consentement des parents est 18 ans, 15 ans en France et 12 ans en Espagne. Dans d'autres pays, particulièrement en Amérique du Sud, en Inde et dans une grande partie de l'Afrique, les filles sont fréquemment mariées et mères dès l'âge de 15 ans.

Le flirt (ci-dessus)
En Occident, où les mariages ne sont pas arrangés, les jeunes gens se fréquentent avant de découvrir leurs affinités.

Une enfant-mariée en Inde
Le mariage des filles prépubères n'est souvent pas consommé avant la puberté.

ET CHEZ L'HOMME ?

En Occident, filles et garçons découvrent la masturbation entre 11 et 13 ans ; en moyenne, ils ont leur premier rapport sexuel entre 15 et 18 ans.

Âge de la première masturbation

Âges	Homme	Femme
Vers 10 ans	19	19
11-13 ans	53	25
14-16 ans	16	18
17-21 ans	5	15
22-30 ans	1	7
Plus de 31 ans	1	5
Jamais	5	11

Âge du premier rapport sexuel

Âges	Homme	Femme
Vers 10 ans	3	2
11-14 ans	18	13
15-18 ans	70	68
19-25 ans	9	16
26 ans ou plus	0	1

Les chiffres ci-dessus – pourcentage des personnes ayant répondu – sont extraits du sondage Janus de 1993 (effectué aux États-Unis).

LA GROSSESSE CHEZ L'ADOLESCENTE

Le Royaume-Uni a le plus grand pourcentage de grossesses d'adolescentes d'Europe occidentale. L'influence des médias et de leurs camarades ont contribué à une augmentation de 27 % des grossesses chez les filles de moins de 16 ans, au cours des années 1984-1994. L'ignorance du fonctionnement de leur propre corps constitue un facteur aggravant.

INDEX

Remerciements

Composition :
Deborah Rhodes, Rowena Feeny

Illustrations :
Joanna Cameron, John Lang, Joe Lawrence, Annabel Milne, Coral Mula, Howard Pemberton, Emma Whiting, Paul Williams, Lydia Ummey

Recherche iconographique :
Diana Morris, Donna Thynne

Index :
Anne McCarthy

Crédit photographique :
AFIP, Photo Researchers/SPL : 152 (en haut au centre à gauche) • Allsport/Gray Mortimore : 16 (en bas) • Alwin H Küchler : 78 (en haut à droite) • Ancien Art & Architecture : 148 (en haut) • Barnaby : 213 (en haut à gauche) • Barnabys/Ernest R Manewah : 210 (en bas au centre) • Boots of the Opticians : 201 (en bas à droite) • Bridgeman : 117 (en haut à gauche) • Bridgeman Art Library : 215 (en haut à gauche) • Bridgeman Art Library & Source : 39 (en haut à gauche), 61 (en bas à droite), 70 (en haut), 111 (en haut), 114 (en haut à droite et en haut à gauche), 115 (en haut à droite), 119 (au centre et en haut à droite), 125 (au centre à gauche), 150 (en haut à droite) • Bruce Coleman Ltd : 121 (au centre à droite), 136 (au centre à gauche en bas, au centre à gauche et en bas à gauche), 151 (en haut à droite) • Bruce Coleman Ltd/Jane Burton : 210 (au centre à gauche en bas, au centre à gauche et en bas à gauche) • Bubbles : 208 (en haut à droite) • Bubbles/Loisjoy Thurston : 147 (en bas) • Clive Barda : 60 (en haut) • C.M. Dixon : 64 (à gauche) • Coleman : 61 (en bas à gauche) • Coleman/J. Cancalosi : 34 (en bas à gauche), 52 (au centre à gauche en bas) • Coleman/Jane Burton : 52 (en bas à gauche) • Coleman/John Shaw : 34 (au centre en bas à droite) • Coleman/Peter Davey : 52 (au centre à gauche) • Collections/Anthea Sieveking : 67 (en bas à droite), 189 (à droite, en centre en haut, au centre et en bas), 191 (au centre, en bas en haut et en haut) • DK © BM : 211 (en bas à gauche) • Fortean Picture Library : 29 (en bas à droite) • Françoise Sauze/SPL : 151 (au centre, en bas à droite et en bas au centre) • Harry Smith : 151 (au centre à droite) • Hulton : 112, 113 (en bas et en haut), 117 (au centre à droite, au centre à gauche, au centre, en bas à gauche et en haut au centre), 121 (au centre et en bas à gauche), 122 (au centre) • Hulton Deutch Collection : 18 (à droite), 39 (au centre à droite, en bas à gauche et en haut à droite), 53 (en haut), 111 (en bas) • Hutchison : 198 (en bas à droite) • Hutchison Library/Nancy Durell McKenna : 184 (en haut à droite) • Hutchison Picture Library : 79 (en bas au centre), 87 (en bas à gauche) • Image Bank : 18 (en bas à gauche), 143 (en bas au centre) • Image Select : 13 (en haut à droite) • Images : 115 (au centre) • Janine Wiedel : 184 (au centre à droite) • Jules Selmes : 100 (au centre à gauche), 143 (au centre) • Kobal : 53 (au centre) • Kobal Collection : 30 (à gauche), 43 (au centre à gauche) • Lucinda Lambton : 107 (en bas à droite) • M. Evans : 82 (en bas à gauche), 100 (en bas à gauche), 114 (en bas au centre), 116 (en bas à droite), 119 (en bas) • M. Evans Picture Library : 78 (en bas à gauche) • Manfred Kage/SPL : 154 • Mansell Collection : 79 (en bas à droite) • Mary Evans : 122 (à droite), 150 (en bas à gauche), 215 (au centre à droite, en haut à droite et en haut au centre) • Mary Evans Picture Library : 17 (en bas à gauche et en haut à droite) • Mr. Shepherd, St. Bartholomew's Hospital : 75 (en haut à droite et en haut à gauche) • Nancy Durell McKenna : 178, 184 (en haut à gauche), 186 (en bas) • National Medical Slidebank : 30 (à droite), 33 (en bas au centre), 63 (en haut à gauche), 65 (en bas à gauche) • Natural History Museum Picture Library : 14 (en bas à gauche) • Nurture : 165 (en bas au centre) • Paul Biddle/SPL : 149 (au centre et au centre à gauche) • Popperfoto : 18 (en bas au centre), 39 (au centre en bas) • R. Harding : 114 (en bas au centre), 213 (en bas), 215 (en bas à gauche et en bas au centre) • R. Harding/Nigel Blyton : 214 (en bas au centre) • Réunion des Musées : 77 (en bas à droite) • Rex : 14 (en haut à droite, centre gauche), 18 (en haut à gauche), 50 (en haut à droite), 56 (au centre à gauche), 63 (en bas à droite et en bas à gauche), 100 (au centre en bas), 115 (en bas à gauche), 117 (en bas à droite), 120 (en bas à droite), 140 (en bas et en haut), 204 (en bas à droite), 212 (en haut) • Robert Harding Picture Library : 38, 40, 46 (au centre) • Robert Harding Picture Library/Jake Chessum : 46 (en haut) • Robert Harding Picture Library/Thierry Mauger : 46 (au centre à gauche) • S. Halliday : 107 (en bas au centre) • Sally & Richard Greenhill : 31, 50 (au centre), 190 (grand format), 191 (à droite) • SPL : 7 (en bas), 23 (en haut), 49 (en haut à droite), 55 (en haut à droite), 70 (en bas au centre), 95 (en bas au centre), 102 (en bas à gauche), 103 (en bas à droite), 105 (au centre à droite), 106 (au centre), 120 (en haut à droite), 121 (en bas au centre), 141, 151 (en bas à gauche), 152 (en haut au centre à droite), 155 (à droite), 164 (en bas), 177 (à droite), 200 (en bas à droite) • SPL/Adam Hart-Davis : 44 (en bas à droite) • SPL/Alexander Tsiaras : 26, 65 (au centre à gauche), 176 (en bas) • SPL/Biophoto Ass. : 190 (dans grand format en haut) • SPL/CNRI : 15 (en bas), 29 (en haut à doite), 41 (en bas), 59 (en bas à droite et en bas), 93 (en bas et en haut), 94 (en bas et en haut), 95 (en haut à gauche), 202 (au centre à gauche) • SPL/David Scharf : 156 (en haut) • SPL/Dr Brian Eyden : 15 (au centre) • SPL/Dr Goran Bredberg : 50 (en bas à droite) • SPL/Dr J. Burgess : 34 (en bas à gauche) • SPL/Dr P. Manazzi : 33 (en bas à gauche), 34 (au centre à droite) • SPL/Dr Ray Clark & M.R. Goff : 28 (à droite) • SPL/FriederMichler : 85 (au centre) • SPL/Hank Morgan : 97 (au centre à droite), 166 • SPL/Institut Pasteur/CNRI : 173 (en bas) • SPL/James Stevenson : 33 (en bas à droite), 64 (en bas à droite), 190 (dans grand format en bas) • SPL/John Burbidge : 28 (en bas au centre), 37 (en bas) • SPL/Manfred Kage : 15 (en haut), 41 (en haut) • SPL/Marcelo Brodsky/CNRI : 174 (au centre) • SPL/Martin Dohrn : 29 (en bas au centre) • SPL/Neil Brumhall : 164 (en haut) • SPL/NIBSC : 93 (au centre) • SPL/Pascale Roche/Petit Format : 184 (au centre à gauche) • SPL/Petit Format/CSI : 156 (au centre à gauche et au centre), 157 (au centre) • SPL/Petit Format/Nestlé : 180 • SPL/Philippe Plailly : 68, 97 (à droite, en haut et en bas) • SPL/Pr. P. Motta : 28 (en haut au centre), 44 (au centre en bas), 156 (au centre à droite), 202 (en haut au centre) • SPL/Salisbury District Hospital : 108 (au centre) • SPL/St. Bartholomew's Hospital : 35 (au centre) • SPL/Tim Beddow : 203 (au centre à droite) • Supersport : 213 (au centre à gauche) • Syndication International : 16 (en haut) • TRIP/Bob Turner : 184 (en bas) • TRIP/R. Pommens : 17 (en haut à gauche) • Trustees of the British Museum : 73 (en bas à droite) • Universal Pictorial Press and Agency Lt : 18 (en haut au centre) • Werner Forman Archive : 125 (au centre) • Worldview/Igho Cuypets/SPL : 148 (au centre) • Zefa UK : 19 (en bas et en haut), 34 (au centre à gauche), 49 (au centre à gauche en bas, au centre à gauche et en bas à gauche), 50 (en bas à gauche), 53 (en haut), 56 (au centre), 61 (au centre), 71 (en bas au centre), 120 (au centre), 129 (à droite), 139 (au centre et en bas à droite), 142, 144 (en haut à droite et en haut au centre), 146 (en haut à droite, en haut à gauche et en haut au centre), 149 (au centre à droite et en bas), 150 (au centre et en bas au centre), 211 (en bas à droite), 212 (en bas à droite), 214 (en bas à droite), 215 (en bas à droite), 216 (en bas à droite et en bas au centre) • Zefa UK/Munden : 198 (en haut à droite) • Zefa UK/Stockmarket : 214 (au centre à gauche).

Être Femme
Publié par Sélection du Reader's Digest
Photogravure : Colourscan, Singapour
Impression et reliure : New Interlitho Spa, Milan

PREMIÈRE ÉDITION
Imprimé en Italie
Printed in Italy

95 96 97 98 99 / 5 4 3 2 1